LAURE
Jean Pierre
Noel 2009

Histoires vraies

Pierre Bellemare
Jacques Antoine
Marie-Thérèse Cuny

Histoires vraies

Cette édition de *Histoires vraies*
est publiée par Succès du Livre Éditions
avec l'aimable autorisation des éditions Calmann-Lévy

ISBN : 9782738223814

Oui madame c'était elle

Dans la foule triste qui traverse le village, il y a soudain un grand cri. Les voitures couvertes de poussière, les charrettes encombrées, les brouettes grinçantes, les bicyclettes croulant sous les valises boursouflées, tout s'arrête. Pas longtemps, tout juste ce qu'il faut pour que s'extraie de la longue cohorte de réfugiés un petit groupe échevelé portant le corps d'une jeune fille.

Est-ce un obus, est-ce une bombe ? D'où venait le projectile meurtrier ? On ne le saura jamais. À quoi bon d'ailleurs. Ce qui importe, c'est le résultat : cette jeune fille, allongée dans son sang sur le bord de la route.

Sur elle se penche une famille abandonnée de tous.

« Et les Allemands qui arrivent ! crie une voix.

— Portez-la jusqu'à l'église ! » suggère une vieille femme, passant sans s'arrêter.

Pendant ce temps, là-haut, sur la colline, surgit un grand animal verdâtre. Formidable, tapi, comme accroupi, le char tourne la tête à droite et à gauche et contemple le spectacle. Il a gagné : se bousculant dans la vallée, la foule grouillante et méprisable s'enfuit en débandade.

Ne craignant plus rien ni personne, le grand animal doit rire dans son ventre blindé : partout le long de la frontière franco-belge c'est le même spectacle, le même triomphe, la même gloire. Alors le blindé recule dans le grincement de ses chenilles et rejoint sur la route la meute des chars victorieux et le 1er bataillon de marche des *Strosstruppen*.

Blond, les yeux bleus, la nuque rasée, maigre et pâle sous le casque d'acier, le soldat Hermann Ropp est heureux de frôler ces tôles brûlantes. La veille il a écrit à sa mère : « Ma chère maman, mes bien chers tous. Soyez fiers, demain nous montons en ligne, nous accompagnons les chars : je vais enfin recevoir mon baptême du feu. »

Dans le vacarme, Hermann Ropp, dix-neuf ans, descend avec enthousiasme vers ce village presque anonyme où l'attend dans une humble église tout autre chose que la gloire.

Cela se passe en juin 1940 au nord de Béthune.

Jadis, c'est-à-dire naguère, garçons et filles allaient danser sur la place à l'ombre des tilleuls en fleur. Mais ce matin le tocsin a fait taire les oiseaux qui se sont envolés devant le déferlement des réfugiés. Maintenant la place est déserte. Une maison brûle et les flammes n'en finissent pas de lécher le mur de la mairie où, hier encore, un communiqué annonçait :

« Sur l'ensemble du front, rien à signaler. »

L'orage s'est déchaîné si vite que c'est à peine si les villageois ont eu le temps de se mettre à l'abri. Et puis le silence est revenu. Un silence de mort. De-ci de-là quelques villageois têtus qui ont décidé de s'accrocher à leurs biens se cachent derrière leurs rideaux.

À l'orée du village les chars allemands sont arrêtés : ils attendent la piétaille.

Dans une maison, un petit garçon qui guettait à la fenêtre d'un grenier se met à crier :

« Les voilà ! »

C'est vrai, ils arrivent dans un nuage de poussière. Le premier bataillon de marche des *Stross-truppen* débouche sur la place avec d'étranges regards. Comme Hermann Ropp, qui croit vérifier autour de lui combien ses maîtres avaient raison lorsqu'ils affirmaient que le courage et la vertu donnent la victoire. Tous ces gens que la facilité a pourris, à demi dissimulés dans l'encoignure des portes, ont désormais peur d'Hermann Ropp.

« *Vorwärts für Hitler und Reich !* » a écrit Hermann sur la première page de son journal de campagne dans lequel il s'apprête à raconter une chevauchée fantastique. Ce journal, il l'a commencé il y a trois jours. Il doit aujourd'hui en écrire la quatrième page.

Des ordres sont lancés à tue-tête. Des side-cars vont et viennent en dérapant sur le gravier. Une voiture s'arrête devant la mairie. Les nouveaux arrivants casqués portent sur la poitrine comme une décoration de légende, comme une sorte de mystérieuse Toison d'Or, l'énorme plaque qui distingue les *Feld-gendarm*. Ils brandissent des panneaux indicateurs qu'ils vont planter aux carrefours. C'est beau à voir, cette conquête qui déjà s'organise. Les guides de la *Hitlerjugend* dans laquelle s'est engagé Hermann Ropp après des études bâclées à Berlin avaient raison : il n'y a que dans le travail et l'organisation que pourra se bâtir la société nouvelle.

Mais la *Wehrmacht* ne va pas en rester là. Elle ne va pas moisir ici. Son destin l'attend beaucoup plus loin. « Beaucoup plus au sud », pensent tous ces hommes, bien loin d'imaginer que la plupart d'entre eux se retrouveront, après cette gloire fugitive, prisonniers de la boue et de la glace en Russie. Par petits groupes, tandis qu'un officier discute avec un notable local, les soldats un peu partout s'affairent. Il faut mettre de l'ordre dans tout ça, assurer ses arrières. Le père d'Hermann, le docteur Ropp, qui fait partie de cette génération d'hommes qui croit au père Noël-Hitler, avait raison : le voici, ce miracle allemand.

Aucune mission ne lui incombant, le jeune soldat Hermann Ropp décide alors de visiter l'église.

Les deux mains crispées sur sa mitraillette, il a poussé d'un coup de pied le vieux portail. Celui-ci avec les siècles a perdu la souplesse de ses gonds. Hermann doit s'aider de l'épaule pour se glisser dans l'église.

Ce n'est pas un vrai silence qui règne dans cette pénombre. Il croit avoir entendu quelques murmures, et même une respiration...

Son regard court sur les dalles disjointes de l'allée centrale jusqu'à l'autel et, là, découvre, rassemblé au milieu du chœur, un groupe étrange : un homme, en bras de chemise maculée de sang ; une femme pâle dont les cheveux sont défaits ; deux garçons de dix et treize ans à genoux. Tous quatre, surpris par son irruption, ont le visage tourné vers lui. Un corps sanglant est allongé sur une civière au pied de leur petit groupe, rassemblé comme s'il cherchait à le protéger.

Interdit, Hermann Ropp reste debout, sa mitraillette à la main. Ce tableau lui a causé un choc. Il a l'impression de commettre une profanation. Peut-être même est-il angoissé, parce qu'il ne sait pas vraiment ce que font ces gens et ce qu'ils vont faire, ce que lui doit faire. Ses maîtres ne lui ont pas appris. Peut-être aussi parce que son inconscient le prévient : « Attention, Hermann Ropp. C'est ici le tournant de ta vie. »

Le corps allongé sur la civière a de longs cheveux noirs. C'est une femme, sans doute. Est-elle blessée ? Est-elle morte ? Pour le savoir, sans bien réaliser ce qu'il fait, il s'approche.

C'est une jeune fille.

Sans s'occuper de lui l'homme, qui doit être le père, s'est à nouveau penché sur elle. Il s'efforce de fixer une attelle au bras droit de sa fille. La mère lui prépare des bandelettes de tissu en déchirant une chemise. L'un des garçons éponge le sang qui suinte d'une blessure au front.

Le jeune soldat, du regard, interroge l'homme et la femme qui comprennent qu'il ne parle pas français et, ne parlant pas allemand, haussent les épaules.

Trottinant depuis le presbytère, apparaît un vieux et laid petit curé, portant une trousse à pharmacie. On lui donnerait bien cent ans. Mais ce vieux curé connaît quelques mots d'allemand :

« Elle va mourir si on ne s'en occupe pas, lui dit le vieux curé.

— Mais qui lui a fait ça ? »

Le vieux curé, pendant une, deux ou trois secondes, car il y a dans la vie des instants qu'on ne peut mesurer, regarde Hermann Ropp. Sous ses sourcils grisâtres, dans le fouillis des rides, ses yeux le fixent avec étonnement :

« Vous demandez qui lui a fait ça ?... Mais c'est vous. »

Comme un écolier indigné par l'injustice d'un professeur, Hermann Ropp s'est redressé, prêt à nier. Mais il ne dit rien. Il a compris : évidemment que c'est lui. C'est bien lui qui a écrit hier : « Ma chère maman, mes bien chers tous. Soyez fiers. Demain nous montons en ligne. Je vais recevoir mon baptême du feu. »

Seulement voilà, il ne s'attendait pas à ça. Depuis hier il n'a vu que des chars gronder sur la route ; ses camarades avancer en chantant les manches retroussées ; des gens qui s'enfuyaient ; des maisons qui brûlaient ; les mitraillettes qui crépitaient ; des avions qui hurlaient ; des canons qui tonnaient. Pas un seul mort, un seul blessé... Et le premier sang qu'il voit couler c'est celui d'une jeune fille brune, au cœur d'une église. Il ne s'attendait pas à ça.

« Elle était sur la route, explique tout bas le vieux curé. Son bras est presque arraché. Elle a reçu un éclat au front. Je crains qu'elle ne soit devenue aveugle. Et il y a deux heures qu'elle est là. Elle a déjà perdu beaucoup de sang. Pas un docteur, aucune voiture dans le village. Il faut prévenir un de vos officiers.

Comme un petit garçon ému et que la soutane impressionne, Hermann répond :

“Oui Monsieur.

— Il faut qu'on la transporte dans un hôpital, sinon elle va mourir.

— Oui Monsieur.

— Vous vous en occupez ?

— Oui Monsieur.

— Je compte sur vous ?

— Oui Monsieur."

Après avoir reculé de trois pas, Hermann Ropp fait demi-tour, se glisse dans l'entrebâillement de la lourde porte et se retrouve sur les marches de l'église, en plein soleil.

Elle est là, la belle *Wehrmacht*. Par petits groupes les soldats cassent la croûte gaiement ; les conducteurs de chars – qui ont garé leurs engins à l'ombre des tilleuls, si près du tronc qu'ils en ont arraché l'écorce – inspectent les chenilles. Dans une sorte de command-car des officiers consultent la carte. Un radio, casque d'écoute aux oreilles, note les instructions de l'État-major. La belle *Wehrmacht* graisse ses rouages avant de reprendre la route.

Hermann Ropp court chercher le major. Celui-ci, en officier consciencieux, apparemment humain, n'ignorant rien de ce qu'on doit aux civils sans défense, et à une jeune fille qui plus est, très respectueux des conventions de Genève, le suit en soufflant jusqu'à l'église. Le jeune soldat, pressé, lui répète plusieurs fois :

« Vite ! Sinon elle va mourir. »

Une piqûre, un garrot, l'hémorragie est arrêtée.

Hermann Ropp court partout. Il est en même temps aux quatre coins du village et se démène tant et si bien qu'on hisse la civière de la jeune fille dans une ambulance qui l'emmène vers l'hôpital de Béthune.

Empilés, le père, la mère et les deux gamins se sont serrés contre elle. Le père tient sa main valide. La mère sanglote. Hermann Ropp ne les a pas quittés.

Il ne les quitte pas non plus lorsque deux brancardiers saisissent la civière pour la monter au premier étage de l'hôpital.

« Tu m'attends... Hein, tu m'attends ? Je redescends... » dit-il au chauffeur de l'ambulance.

Une heure, le jeune soldat reste au chevet de la jeune fille. Le temps de découvrir qu'elle est jolie et, lorsqu'un infirmier soulève ses paupières, qu'elle a des yeux noisette, le temps de découvrir, aussi, que le nerf optique a peut-être été sectionné, et que son bras est probablement perdu. Le temps d'apprendre enfin, tant bien que mal, qu'elle s'appelle Rose, qu'elle est née à Courtrai en Belgique et qu'elle a été blessée au moment où la colonne de réfugiés traversait le village.

Quand Rose reprend connaissance, Hermann Ropp se lève déjà, prêt à partir. Là-bas dans le village, le premier bataillon de *Strosstruppen* va bientôt se remettre en marche. En bas, l'ambulance klaxonne et s'impatiente.

Hermann Ropp n'a qu'une minute pour dire à cette jeune aveugle qui revient doucement à elle... pour dire... mais pour dire quoi ? Comme si on pouvait résumer en un mot tout ce qu'il vient de comprendre. Alors il lui prend la main, la serre très fort :

« *Verzeihung*... dit-il. *Verzeihung*... »

« *Verzeihung*. » Cela veut dire « Pardon ».

La mère ne le voit pas s'en aller. Mais le père, presque sanglotant, se cramponne à son bras et le remercie.

Quelques jours plus tard, devant Dunkerque, le soldat Hermann Ropp, dégoûté de la guerre, se constitue prisonnier.

Depuis son camp de prisonniers en Angleterre, Hermann Ropp voit la victoire changer de camp. Les chars, plus gros qu'au début de la guerre, repartent dans l'autre sens. Les avions, plus nombreux, plus rapides et plus lourds, lâchent par myriades des bombes énormes qui tuent désormais des jeunes filles allemandes. Les canons tonnent sous d'autres cieux. Manches retroussées, les soldats alliés – avec dans les yeux la fierté de la victoire – entrent en Allemagne. Mais pour Hermann Ropp la guerre n'a fait qu'une victime : la jeune blessée dans l'église près de Béthune. Il ne l'a pas oubliée. A-t-elle survécu ? Qu'est-elle devenue ? Où est-elle ?

En 1945, libéré, il retourne dans son pays à Bichfield, sur le Lutterbach en Westphalie. De la maison il ne reste plus grand-chose. Et de la famille moins que rien : un de ses frères est mort avec la belle *Wehrmacht* dans la plaine russe. L'autre est prisonnier dans l'Oural. Le docteur Ropp, l'ancien nazi qui croyait au miracle allemand, terré dans ses ruines, n'est que l'ombre de lui-même.

Hermann Ropp décide alors de quitter l'Allemagne pour réaliser le projet qu'il avait formé dans le camp où il était prisonnier : retrouver la jeune Belge. D'elle il ne sait rien, sinon qu'elle s'appelle Rose et qu'elle vivait à Courtrai.

Muni de faux papiers, il franchit la frontière et gagne Courtrai où il vivote pendant trois semaines. Un jour, il finit par apprendre que Rose n'est jamais revenue en Belgique, mais qu'elle est vivante et réside quelque part en France avec sa famille.

Hermann Ropp franchit le soir même la frontière franco-belge.

« Connaîtriez-vous dans la région une jeune fille brune, aveugle avec un bras en moins ?

— Non... Ma foi non... »

Pendant trois mois il va la chercher ainsi, errant de village en village, faisant n'importe quel travail pour vivre, jusqu'au jour où il retrouve la trace de la jeune fille à Neufchatel. Cette fois l'espoir l'accompagne dans un petit bourg du Calvados où il pense trouver Rose. Hélas il ne rencontre que les gendarmes. Arrêté, il s'en tire tant bien que mal et reprend la route.

Pendant ce temps, une jeune fille brune aveugle avec un bras en moins est allongée sur une chaise longue dans le jardin d'un petit hôtel à Beaulieu-sur-Mer, près de Nice, dans les Alpes-Maritimes. Près d'elle, son père lui raconte pour la dixième fois comment elle a été sauvée, cinq années plus tôt, lors de l'exode de 1940 :

« Nous t'avions transportée dans l'église, raconte le père. Tu étais couverte de sang. Il n'y avait ni docteur, ni voiture dans le village. Je voyais bien que ton bras était presque arraché mais je ne me rendais pas encore compte que tu allais perdre la vue. Pendant que j'essayais de te donner quelques soins, les Allemands sont arrivés. Tout d'abord nous n'avons vu personne qu'un pauvre curé qui est allé chercher une trousse à pharmacie. C'est alors que ce jeune Allemand est entré. Il nous a fait peur. Il était casqué. Il tenait sa mitraillette à la main. Il avait l'air terrible. Mais quand il a vu que nous soignions un blessé et que ce blessé était une jeune fille, il a paru décontenancé. Plus tard il a expliqué au curé qu'il venait de recevoir le baptême du feu et qu'il n'avait pas encore vu le sang couler. Lorsque le curé lui a dit que tu perdais ton sang depuis deux heures, ce terrible soldat n'était plus qu'un pauvre gosse affolé. »

La jeune aveugle, sans doute pour la dixième fois, demande :

« Comment était-il ?

— Eh bien, je te l'ai déjà décrit, tout à fait le jeune Fritz, blond, la nuque rasée, les yeux bleus, plutôt maigre. Je me souviens encore que sa tunique faisait des plis. Il devait être fatigué car il traînait ses bottes en entrant dans l'église. »

Après quelques secondes de silence, pour aider la jeune fille à mieux imaginer, le père conclut son portrait :

« En fait un gosse, quoi ! Sans son casque et son uniforme, il a certainement l'air d'un très gentil garçon. Pour lui, que ce premier sang soit celui d'une jeune fille ç'a été un choc. Quand le curé lui a dit qu'il fallait qu'il prévienne un de ses officiers, il est parti comme un fou. Il s'est mis en quatre. Il a réussi à faire venir un major et à te faire conduire à l'hôpital. Là il ne nous a pas quittés pendant une heure. Malheureusement, quand tu as repris connaissance, il était obligé de partir. Comme il ne parlait pas un mot de français, il ne savait pas quoi te dire. Alors, en allemand, il t'a demandé pardon.

— Je me souviens, dit la jeune aveugle. Ce sont les premiers mots que j'ai entendus en sortant du coma. J'aurais bien aimé le connaître...

— Je comprends... dit le père. Malheureusement, s'il nous a dit son nom – et il a dû nous le dire – je ne l'ai pas compris. En tout cas je ne m'en souviens pas. Moi aussi j'aurais bien aimé le revoir. D'ailleurs, longtemps j'ai pensé qu'on le reverrait. Je ne sais pas pourquoi. Il avait l'air tellement ému que j'ai cru qu'après la guerre, il essaierait de te revoir. Mais peut-être est-il mort, le pauvre gosse. »

Et le temps passe, il fait un bond de trente-trois ans dans la vie de la jeune fille aveugle. Nous sommes en 1978. Non pas dans le jardin du petit hôtel de Beaulieu, mais sur une terrasse d'un immeuble qu'on a construit non loin de là, à l'entrée du Cap Ferrat, au pied des collines de Villefranche. Sur cette terrasse un vieillard encore alerte a chaussé ses lunettes pour lire *Nice-Matin*. Le vieillard vient de laisser tomber *Nice-Matin* sur ses genoux.

« Yvonne, dit-il à sa femme, tu m'entends ?

— Oui.

— Écoute ce que je viens de lire : « Nous déplorons la mort d'Hermann Ropp, survenue le 18 février, des suites d'un accident cardiaque. Il était dans sa cinquante-deuxième année. À Villefranche, où il résidait depuis vingt ans et à l'aéroport de Nice où il dirigeait le bureau de la compagnie aérienne Luftansa, Hermann Ropp ne comptait que des amis. À sa famille et à ses proches, nous adressons nos sincères condoléances. »

La femme et son vieux mari se sont compris.

« Quoi ? Tu crois que c'est lui ? »

Bien que trente ans se soient écoulés, ils n'ont pas oublié les détails de cet instant qui fut le tournant de leur vie.

« Je ne sais pas, mais ce nom : Hermann Ropp, ça me dit quelque chose. C'est probablement idiot, mais j'ai envie de téléphoner. »

Et le vieil homme se lève pour appeler *Nice-Matin*.

Quelques minutes plus tard, au numéro qui lui a été communiqué, une voix de vieille femme – s'exprimant avec un fort accent allemand – lui répond :

« Allô ?

— Suis-je bien chez M. Hermann Ropp ?

— Oui, je suis sa mère, mais mon fils est décédé avant-hier.

— Toutes mes condoléances, Madame. Je l'ai lu dans le journal. Excusez-moi de vous importuner. Voilà... Je voulais vous demander : est-ce que votre fils a fait la guerre ?

— Oui Monsieur...

— Est-ce qu'au moment de l'offensive allemande en juin 1940, il serait passé par Béthune ?

— Il est passé par Béthune, oui Monsieur.

— Et il vous a raconté cette période ?

— Oui. Pourquoi ?

— Parce que j'étais aussi à Béthune avec ma fille. Or ma fille a été blessée et... »

La vieille Allemande l'interrompt :

« Rose ? Votre fille s'appelle Rose ?

— Elle s'appelait Rose... Elle est morte il y a trois mois.

Il y a un long silence.

« Allô ? demande le père de Rose. Nous sommes coupés ?

— Non, non, reprend la vieille Allemande. Mais sa voix est cassée. Elle doit pleurer.

— Il a beaucoup cherché votre fille, Monsieur, longtemps, si longtemps. D'où m'appelez-vous ?

— De Beaulieu-sur-Mer.

— Mais moi je suis à Villefranche ! Mon fils et moi nous habitons Villefranche depuis plus de vingt ans !

— Et où êtes-vous ?

— Au-dessus de la Corne d'Or. Le grand immeuble au bord de la route. Et vous ?

— En bas, à l'entrée du Cap Ferrat, l'immeuble qui est juste à l'entrée.

— Mais alors je vois votre maison !!! »

En bas, le vieillard – son téléphone à la main – sort sur la terrasse, lève les yeux, aperçoit là-haut sur la colline le grand immeuble au bord de la route.

« Moi aussi, Madame. Je vois votre maison. Je la vois depuis vingt ans.

— Je suis sûre que mon fils voyait vos fenêtres.

— La terrasse, Madame. Nous c'est l'appartement du premier avec une terrasse. Où ma fille était très souvent allongée, elle y écoutait de la musique.

— Sur un canapé en osier ?

— Oui Madame. C'était elle. »

Un hold-up comme si l'on y était

M. Parker enfile son pyjama et, tout en bâillant, s'assoit devant son matériel de radioamateur. Il a l'intention de contacter un correspondant en Australie.

M. Parker, célibataire, âgé de trente-deux ans, dirige un petit laboratoire pharmaceutique. Il est vingt-trois heures lorsque, sur la fréquence 27,15 mégahertz, ne tenant qu'un écouteur sur son oreille gauche, il entend distraitement une voix d'homme grogner assez clairement :

« Soyons sérieux, les enfants, il y a 300 millions pour nous là-dedans ! »

M. Parker, intrigué, se coiffe cette fois de ses deux écouteurs et manipule son récepteur pour mieux entendre une voix d'homme qui interrompt le premier :

« Mais bon sang ! dit cette voix. Ne faites pas autant de bruit, faites gaffe, le quartier devient calme, la circulation a baissé. »

M. Parker s'assoit sur son lit, toujours relié au récepteur par ses écouteurs. Il est tellement passionné par la radio que son matériel est installé dans sa chambre, à portée de sa main.

Pour le moment il n'entend plus rien sur la fréquence 27,15 mégahertz : les deux hommes se sont tus, mais M. Parker, qui n'en croit pas ses oreilles, attend la suite. Car il n'y a pas de doute, il ne voit pas d'autre explication à cette brève conversation : les deux hommes sont en train de préparer un hold-up. Et pas une petite affaire : 300 millions de livres, c'est 3 milliards de centimes. Or, la veille encore, M. Parker a lu dans le *Daily Mail* que les compagnies d'assurances, après l'attaque du train postal et devant la recrudescence des attaques de banques, annonçaient qu'elles paieraient des primes énormes, allant jusqu'à dix pour cent de la somme convoitée par les gangsters, à toute personne qui ferait échouer un hold-up.

Dix pour cent de 3 milliards de centimes, cela fait 300 millions de centimes, 3 millions de nouveaux francs.

Il est maintenant 23 h 10, le samedi 11 septembre 1971, la conversation des gangsters reprend. Et M. Parker, qui habite non loin de Becker Street, se cramponne à ses écouteurs, en pensant à ses 3 millions.

À 23 h 15, M. Parker appelle la police.

« Allô ! Le commissariat de Becker Street ?

— *Yes sir*, répond une voix fatiguée.

— Est-ce que votre chef est là ?

— Non, il n'est pas là. Mais il n'y a peut-être pas besoin de lui : de quoi s'agit-il ?

— Voilà. Je suis radioamateur. Je voulais appeler un correspondant en Australie et puis sur la fréquence de 27,15 mégahertz, je viens de tomber sur une conversation bizarre.

— Ah oui, et quel genre de conversation ?

— Eh bien, je crois que ce sont des gens qui préparent un hold-up.

— Tiens, tiens...

— Un hold-up important. 300 millions de livres.

— Et ils vous ont dit ça dans le poste ? »

La voix au bout du fil a l'air de se payer sa tête.

« Mais c'est très sérieux. Il s'agit très certainement de gangsters qui communiquent par messages radio. Si vous ne me croyez pas, venez l'écouter vous-même ; d'ailleurs j'enregistre tout sur magnétophone.

— Et où il se passerait, votre hold-up ?

— Mais tout près de chez vous. Dans le quartier, probablement sur Becker Street : on entend très bien les bruits de circulation des autobus.

— Et qu'est-ce qu'ils disaient, ces gangsters ? »

Lorsque M. Parker rapporte la conversation qu'il a entendue et qu'il entend encore en ce moment même, l'agent, au bout du fil, conclut :

« Oui. Ce n'est pas convaincant ! Ces gens-là parlent peut-être d'autre chose. Il faudrait en savoir un peu plus. Si vous le voulez, continuez à enregistrer et rappelez-nous si c'est intéressant. »

M. Parker, très contrarié par l'attitude de la police, raccroche le téléphone. Avoir l'équivalent de trois millions de nouveaux francs à portée de la main et tomber sur des abrutis pareils ! Pour les convaincre, il faut en savoir plus. Alors, son casque d'écoute sur la tête, il ne perd pas un mot de ce qu'il entend.

C'est ainsi qu'il va faire connaissance avec toute l'équipe des gangsters :

« Allô Bob, tu m'entends ?

— Oui Steve, je t'entends très bien. »

D'après la conversation qui suit, Bob est juché sur un toit, probablement assez haut, d'où il observe avec des jumelles ce qui se passe aux alentours. Mais Bob est gelé, complètement frigorifié sur son toit où souffle un vent de nord-est. Il voudrait bien descendre se reposer sur un balcon où il a préparé un sac de couchage.

Le dénommé Steve le console en lui rappelant qu'à une heure du matin il pourra descendre se reposer, à condition de remonter sur son toit à 8 h 30.

Bob n'est pas d'accord. À huit heures, il fait jour et il trouve dangereux de monter sur son toit en plein jour. Il préférerait que le travail soit fini cette nuit même.

C'est alors que quelques répliques de Steve éclairent encore la situation.

« Impossible, répond Steve. Nous, on sera obligés d'arrêter. Les chalumeaux ont fait une fumée terrible dans le souterrain. Si on perce la dalle maintenant, et si le veilleur de nuit fait sa ronde, il sentira la fumée. On va être bientôt obligés d'arrêter. »

Lorsque Steve conclut en disant : « Ici, tout le monde pense que tu dois rester là-haut », M. Parker comprend qu'ils sont toute une équipe.

Si fatigué à vingt-trois heures, à minuit M. Parker se fait du café, tout excité par cette aventure. Il vit chaque seconde de cette nuit étrange avec les gangsters que petit à petit il finit par connaître tous ; par exemple la femme. Car c'est une femme qui répond à Bob lorsqu'il demande :

« Pourquoi est-ce qu'on recommence si tard demain matin ? »

La voix de femme répond :

« À 8 h 30 tu trouves ça tard ?

— Mais oui, pourquoi si tard ?

— Parce qu'avant, le quartier est trop calme. Et puis il faut laisser à la fumée le temps de se dissiper.

— Tu dois étouffer dans ce trou.

— Moi non, ça va encore, je tiens presque debout, mais les hommes sont à quatre pattes. »

M. Parker en arrive même à connaître leur personnalité dans les grandes lignes. C'est ainsi qu'il détecte le chef lorsque celui-ci déclare d'une voix autoritaire :

« Je sais, Bob, tu es fatigué. Ta position n'est pas commode. Mais nous aussi on est vannés. On n'en peut plus. Et puis maintenant que le quartier est calme, on fait trop de bruit. Alors on arrête. Si tu as peur de ne pas te réveiller, mets-toi les écouteurs sur les oreilles et je ferai le réveille-matin. Je t'appelle à huit heures. *Alright !* »

À partir de ce moment, M. Parker, qui n'entend plus rien sur la fréquence des 27,15 mégahertz, se décide à rappeler la police.

Vers deux heures du matin, après son appel, un grand Bobby timide au visage plein de taches de rousseur se présente chez lui. M. Parker l'assied sur son lit, lui sert du café et commence à lui faire écouter les bandes magnétiques.

Le jeune Bobby les écoute sans passion. Distraitement, comme si tout cela n'était pas vrai, comme une mauvaise pièce de théâtre qu'il écouterait à la radio.

Au bout d'une demi-heure, il se lève :

« Tout ça c'est bien beau, sir. Mais où sont-ils ? Comment voulez-vous qu'on les trouve ?

— Mais je vous dis qu'ils sont dans le quartier ! Je reconnais très bien les bruits de la circulation. »

Le Bobby est dubitatif :

« Vous avez bien de la chance. Pour moi rien ne ressemble plus à un bruit d'autobus qu'un autre bruit d'autobus.

— Bon, alors demandez à un spécialiste des télécommunications. Ils ont des appareils de détection avec lesquels en moins d'une heure ils peuvent déterminer l'emplacement des émetteurs. »

Le jeune policier, qui ne veut pas avoir l'air trop négatif, appelle le commissariat pour demander qu'un spécialiste de la détection radio soit mis sur l'affaire.

En raccrochant, il rassure M. Parker.

« Ne vous inquiétez pas, l'affaire suit son chemin.

— Mais je vous rappelle que le hold-up a lieu demain ! Demain à 8 h 30. »

C'est alors que l'on sonne à la porte de M. Parker. Ce sont quatre policiers en uniforme.

« Vous venez pour le hold-up ? leur demande M. Parker.

— Quel hold-up ? Est-ce que notre collègue est là ?

— Oui...

— Ah bon ! C'est lui qu'on vient chercher. On craignait qu'il lui soit arrivé un malheur. »

Au moment où les Bobbies s'en vont, M. Parker, inquiet, leur demande :

« Mais le hold-up ?

— Ne vous en faites pas, on s'en occupe. On est comme ça, dans la police, on a l'air de rien, mais je vous l'ai dit, les choses suivent leur chemin. »

300 millions de livres, l'équivalent de 3 milliards de centimes, dix pour cent de cette somme pour empêcher le hold-up. L'équivalent de 300 millions de centimes. Malgré lui M. Parker ne pense qu'à ça. Car ces 300 000 livres, elles sont à portée de sa main. Il suffit que la police empêche le hold-up et déclare que c'est lui qui l'a prévenue. Comme preuve il a ses bandes.

À sept heures du matin, ce dimanche 12 septembre, M. Parker n'y tient plus. Il saute de son lit, et met son récepteur en marche. Bien entendu il est muet. Il se prépare à nouveau du café, fait sa toilette, et se remet à l'écoute à huit heures. À huit heures pile, il entend :

« Allô Bob ! Il est huit heures ! Allô Bob ! Allô Bob ! Ici Steve. Debout ! Il est huit heures.

— Ça va, répond Bob, ne te casse pas la tête, je suis réveillé. Je suis déjà là-haut. »

Cette fois c'est le chef qui intervient :

« Et tout est normal ?

— Oui, personne n'est entré, personne n'est sorti.

— Parfait. Alors voilà le programme : à 8 h 30 on fait sauter la dalle, à neuf heures on ouvre les coffres, à midi, quoi qu'il arrive, qu'on ait fini ou non, tu descends de ton toit et nous on sort, O.K. ?

— O.K. »

M. Parker s'est à nouveau jeté sur le téléphone. Il pense que ce serait le moment ou jamais pour la police d'intervenir : elle prendrait toute l'équipe en flagrant délit.

« Allô, je suis M. Parker. Je vous appelle au sujet du hold-up.

— Quel hold-up ? »

Cette fois M. Parker qui pense à la récompense de l'assurance, sent tout à la fois ses cheveux se dresser sur sa tête et la moutarde lui monter au nez.

« Mais enfin ! Depuis onze heures du soir je vous préviens qu'un hold-up se prépare dans le quartier ! Il a commencé il y a dix minutes. Les gangsters sont en train de faire sauter la dalle d'une salle des coffres. »

Le policier au bout du fil l'interrompt.

« Ah c'est vous le radioamateur ? Je suis au courant. Ne vous inquiétez pas : le quartier est surveillé et nous faisons des rondes.

— Mais il s'agit bien de faire des rondes ! J'ai dit qu'il fallait prévenir les télécommunications pour qu'ils envoient un spécialiste qui pourra détecter les émetteurs. Est-ce que c'est fait ? Est-ce que vous les avez prévenus ?... Écoutez, si cette affaire ne vous intéresse pas, je vais prévenir Scotland Yard !

— *Very well, sir*. Voulez-vous que je vous donne le numéro de téléphone ? »

Lorsqu'il a Scotland Yard au bout du fil, pour expliquer qu'un hold-up de 300 millions de livres se prépare dans le quartier et qu'il appelle en vain la police depuis la veille, l'inspecteur qui lui répond est presque furieux.

« Mais il fallait nous appeler tout de suite, voyons ! Les policiers en uniforme ne comprennent rien à ce genre d'affaire. Ça n'est pas du tout leur travail. »

Dès que M. Parker explique qu'il a enregistré sur magnétophone les émissions que les gangsters échangent par radio, son correspondant déclare qu'il lui envoie immédiatement deux inspecteurs pour les écouter.

« D'accord, mais faites vite ! Il est neuf heures et tout doit être fini à midi. »

Là-dessus M. Parker raccroche et se remet à l'écoute sur la fréquence 27,15 mégahertz. Il ne reste plus qu'à attendre les hommes de Scotland Yard qui vont surgir d'une minute à l'autre.

Ce sont deux vieux flics rassis que rien n'émeut. Ils écoutent à leur tour religieusement les bandes magnétophones qu'il a enregistrées dans la nuit. Pendant ce temps, M. Parker, au comble de l'excitation, garde ses écouteurs pour suivre les péripéties du hold-up qui est en train de se dérouler. À dix heures il sursaute :

« Écoutez ! Écoutez ! »

Il arrête le magnétophone et pousse le son du haut-parleur, où l'on entend la voix dramatique d'un des gangsters, le dénommé Bob :

« Arrêtez ! dit-il, un type arrive ! Ne bougez plus... Ne faites pas de bruit... Il regarde notre vitrine... Il essaie de voir à travers la vitre... Maintenant il s'en va. »

Après un silence, c'est maintenant la voix d'une femme qui fait partie de la bande qui interroge :

« Allô Bob. Qu'est-ce qu'il fait maintenant, ce type ?

— Il rentre chez lui.

— Qui c'est ? Comment est-il habillé ?

— Je le connais : c'est le garçon du restaurant d'à côté. Heureusement qu'on a barbouillé la vitre avec du tripoli, sinon il aurait vu tout notre bazar. »

M. Parker, atterré, regarde un des inspecteurs allumer une pipe, et l'autre sortir quelques tablettes de chewing-gum.

« Mais enfin, est-ce que vous vous rendez compte ? C'est un hold-up voyons ! Et ça se passe dans le quartier ! L'écoute est tellement nette, je suis sûr qu'ils sont dans un rayon de moins de 800 mètres.

— Mais 800 mètres... fait remarquer l'un des inspecteurs.

— De rayon... précise l'autre inspecteur.

— Ça fait un drôle de cercle.

— D'accord, mais nous savons des tas de choses. D'abord que ce doit être une banque, puisqu'il y a une salle des coffres. Ensuite que ce doit être sur Becker Street puisqu'on entend passer plein d'autobus. À côté de la banque il doit y avoir un restaurant et une boutique avec une vitrine passée au tripoli où les gangsters entreposent leur matériel. Enfin, à proximité, il y a un immeuble assez haut pour qu'un guetteur se soit installé sur le toit avec des jumelles. »

Les deux inspecteurs de Scotland Yard concèdent qu'en effet ces renseignements sont intéressants et s'en vont.

Dans l'heure qui suit, plusieurs fois, M. Parker entend les gangsters se réjouir de ce que leur affaire se déroule bien et sans accroc.

À onze heures ils se congratulent mutuellement, ils ne sont pas loin d'avoir atteint leur objectif, c'est-à-dire les 3 milliards.

M. Parker n'y tient plus et rappelle Scotland Yard.

« Ne vous inquiétez pas, lui répond un inspecteur, on a bouclé le quartier. »

À 11 h 45, un spécialiste des télécommunications, c'est-à-dire de la *Royal Post* d'Angleterre, survient, accompagné d'un détective.

Mais à midi la voix du chef des gangsters se fait entendre pour la dernière fois.

« C'est fini, Bob, on a à peu près ce qu'on voulait. On évacue et toi tu descends de ton perchoir.

Maintenant tu changes la fréquence de ton émetteur. Encore bravo, les gars ! »

C'est bien inutilement que la police a cerné toute une partie de Londres, car les gangsters ne sont pas pris.

Par contre, le lendemain matin, lundi 13 septembre, à huit heures, M. Colley qui rentre de vacances, en pénétrant dans la *Lloyd Bank* dont il est le directeur, au coin de Becker Street et de Marylebone Road, sent une odeur bizarre. Il se précipite à la salle des coffres où il découvre un trou de 37 centimètres dans le sol. Seule une petite femme mince a pu passer par là.

À part cela, le matériel habituel de ce genre de hold-up, chalumeaux, bouteilles de gaz, thermos de thé froid, pioches, pelles... et tous les coffres sont ouverts. Perte sèche : environ 300 millions de livres.

Le trou conduisait à un égout abandonné, qui servit de tunnel pour relier la salle des coffres à une maroquinerie fermée depuis un an et dont les gangsters avaient fait leur entrepôt et leur atelier après avoir barbouillé la vitrine au tripoli. Ce tunnel passait sous un restaurant fermé le dimanche. C'est sur le toit du Polytechnicum, au 21e étage, que se tenait le dénommé Bob avec ses jumelles.

Quant à M. Parker, il a enfin pu joindre son correspondant australien.

« Comment ça va ? lui demande la voix lointaine.

— Mal, je viens de perdre 300 millions, a répondu sans rire M. Parker. »

Monsieur le juge est intraitable

Des couloirs nus et blancs, d'un blanc froid et sale. Des couloirs qui n'en finissent pas, et ont l'air de tourner en rond lugubrement. Puis une cellule. Porte noire sur murs blancs. Le policier italien s'arrête. Il fait signe aux deux carabiniers :

« Allez-y... »

Entre les deux carabiniers, une femme brune, aux traits tirés. Elle se laisse guider à l'intérieur de la cellule sans réagir. Un moment le policier italien hésite. Il a l'air gêné :

« Vous serez soignée ici, madame. C'est une prison-hôpital. Un médecin va venir vous voir. »

La jeune femme considère le lit étroit, la table vide et le petit lavabo. Elle frissonne et s'assoit d'un air las.

« Vous savez bien que je ne demande qu'une chose : voir mon médecin personnel.

— C'est impossible. Les médecins privés n'entrent pas ici.

— Alors laissez-moi au moins faire venir mes médicaments.

— Pas question, je vous le répète. La loi interdit l'utilisation de médicaments venant de l'extérieur. Un médecin va venir vous voir et il établira lui-même l'ordonnance.

— Combien de temps me garderez-vous ici ?

— Je l'ignore, madame, tout dépend de l'instruction. »

Il est poli et gêné, ce policier. Et l'on ne sait pas s'il est poli parce qu'il est gêné, ou le contraire ; gêné d'être poli. C'est qu'il n'a pas l'habitude de mettre en prison une ravissante comédienne de trente-huit ans, et pas l'habitude non plus de mettre en prison une jeune femme malade. Alors sur le pas de la porte de la cellule, il dit : « Au revoir, madame. »... Comme s'il sortait de chez elle. Et la porte noire se referme, sur les murs blancs. Pour huit mois de prison préventive.

Lydie B., trente-huit ans, comédienne, née aux États-Unis, épouse de Stewart B., quarante-trois ans, comédien, né en Autriche, est accusée, ainsi que son mari, par la justice italienne, de détention de drogue.

On a découvert, chez eux, neuf dixièmes de grammes de marijuana, c'est peu et c'est tout. Ils disent en ignorer l'existence, ne pas savoir comment ces neuf dixièmes de grammes se trouvaient dans une petite boîte, à qui est cette petite boîte, et ce qu'elle faisait dans leur salon. Ils ne se droguent pas eux-mêmes. Ils ne fument que des cigarettes américaines. Lydie et Stewart ne comprennent rien à ce qui leur arrive. Ils croient s'en tirer très vite.

Mais en Italie, la possession, le commerce, l'utilisation de stupéfiants sont passibles de la même peine, quel que soit le stupéfiant. Et le juge d'instruction est un homme dur. Un spécialiste. Une sorte de Fouquier Tinville de la drogue à Milan.

Depuis 1969, il accumule les dossiers que la police lui apporte. Il s'est juré peut-être de purger Rome. Louable intention, certes, mais qui va le mener loin, Lydie et Stewart aussi, surtout Lydie.

Donc en 1969, c'est une razzia monstre en Italie, sur les détenteurs, passeurs et autres utilisateurs de drogue.

La police traque les revendeurs bien sûr, et la douane fouille les bagages, mais en dehors de ce travail de routine, il existe une technique beaucoup plus subtile, et beaucoup plus aléatoire : la technique du soupçon.

Soupçonner, pour un policier, est une seconde nature. Mais soupçonner qui ? Essentiellement les gens assez riches pour se procurer de la drogue. C'est un premier point. Les gens susceptibles d'avoir besoin de drogue, c'est un second point. Puis les gens assez libres sur le plan des mœurs pour se le permettre, c'est le troisième point.

En rassemblant ces trois points : argent-besoin-amoralité, la police dirige donc ses soupçons vers les artistes. En tout genre et de tout poil : musiciens, comédiens, producteurs, écrivains, peintres. À Rome, il y a des groupes d'artistes, des amis qui se reçoivent les uns les autres et constituent des sortes de clans. Or, Lydie et Stewart B., comédiens tous les deux, font partie d'un petit clan. Ils reçoivent chez eux, dans leur magnifique villa d'Amalfi. Ils sont américains, ils ont fait partie du *Living Theater* de New York, et ils sont installés en Italie depuis peu.

C'est dans la nuit du 5 au 6 août 1970 que cent policiers cernent la villa. Un commissaire soupçonneux a décidé que cette villa était suspecte, qu'il s'y commettait sûrement des orgies, et que la drogue devait en faire partie.

Les cent policiers envahissent au galop les 15 pièces et ne trouvent que sept invités réunis au salon entre Lydie et Stewart. Pas la moindre orgie à l'horizon, pas la plus petite odeur bizarre.

Vexé, le commissaire ordonne une fouille en règle.

Et c'est ainsi, au bout de trois heures de perquisition, qu'un policier découvre, triomphant, une petite boîte de métal, contenant 0,9 gramme de marijuana. Il dit l'avoir trouvée dans une chambre inoccupée, sur une commode. Le commissaire satisfait embarque tout le monde : Lydie, Stewart et leurs sept invités.

Le dossier est remis au juge d'instruction. L'enquête dure deux mois. Deux mois au bout desquels le juge doit remettre en liberté les sept invités, car aucun d'eux ne se droguait. « Erreur, excusez-nous, vous pouvez rentrer chez vous », dit la police.

Mais Lydie et Stewart restent en prison. Pourtant ils ne se droguent pas non plus, l'examen médical l'a certifié. Mais ils sont responsables des neuf dixièmes de gramme de marijuana découverts chez eux. Et le juge refuse de les mettre en liberté provisoire. Monsieur le juge est un dur. Monsieur le juge a mis deux mois également pour accepter que Lydie soit transférée dans un hôpital pénitentiaire. Car elle est malade. Il a fallu qu'elle s'évanouisse un peu trop longtemps pour qu'il daigne se pencher sur la question, et écouter son avocat furieux. Car il est hors de lui, l'avocat, et il a bien raison.

« C'est scandaleux, vous m'entendez ! ma cliente a été opérée il y a six mois à peine, elle suivait un traitement particulier. Or, non seulement vous la gardez en cellule, non seulement vous refusez qu'elle voie son médecin, non seulement vous lui refusez ses médicaments, mais en plus, vous l'expédiez dans un hôpital pénitentiaire de troisième ordre ! »

Le juge est inébranlable autant que persuadé de l'efficacité des médecins de prison, de leurs diagnostics et de leurs soins.

« Que votre cliente soit malade est une chose qui regarde l'administration. Je n'ai à m'occuper que de sa culpabilité.

— Monsieur le Juge, c'est grave. Vous avez lu mes conclusions, je suppose ?

— J'ai lu, Maître, j'ai lu.

— Donc vous connaissez la maladie de ma cliente...

— Si j'ai bien lu, Maître, ce n'est plus une maladie, elle a été opérée.

— Il y a six mois à peine, et d'un cancer ! Elle a encore besoin de soins spéciaux. Son médecin est prêt à s'en occuper.

— Il n'en est pas question. Vous connaissez la loi. Et je n'ai aucune envie d'instituer un régime de faveur.

— Vous savez pertinemment qu'elle ne se drogue pas !

— Possible. Mais je ne prendrais pas le risque de la laisser en contact avec son médecin personnel.

— Je vous préviens, monsieur le Juge, c'est un autre risque que vous prenez, elle peut mourir faute de soins.

— Cher Maître, elle ne manquera pas de soins là où elle est. L'incident est clos.

— Oh non, monsieur le Juge, il n'est pas clos. Cette femme ignorait jusqu'à présent la nature de son mal. Elle est trop sensible. Elle croit avoir subi une opération classique. Le médecin lui a fait croire à une tumeur bénigne. Il attendait d'être sûr de la guérison pour tout lui dire. Vous savez, comme moi, que le moral du malade est important dans ce genre de choses. Or elle avait toutes les chances de guérir. Ce genre de cancer est guérissable à 90 %, on le sait maintenant...

— Et alors ?

— Alors, je doute que vos médecins de prison prennent les mêmes précautions.

— Vous doutez trop, cher Maître. L'incident est clos, je le répète, ceci n'est pas mon problème.

— Je peux faire intervenir mon conseil de l'ordre, en appeler à votre ministre !

— Faites, mais ne m'en parlez plus. J'ai 500 dossiers de drogue sur mon bureau, dont celui de votre cliente, et c'est la seule chose qui compte pour moi. »

Voilà pourquoi Lydie a longé des couloirs nus et blancs, pour se retrouver dans une cellule-hôpital, seule. Voilà pourquoi le jeune policier qui a refermé la porte sur elle était un peu gêné. Il avait l'impression de faire du mal inutilement.

Mais la vie continue, en prison comme ailleurs, au rythme de l'instruction qui va durer huit mois.

Lydie B., trente-huit ans, est une jeune femme assez jolie, petite, elle porte une chevelure épaisse et sombre sur les épaules et une frange vient souligner la beauté de ses yeux gris. Elle est pâle, un peu vieillie prématurément, lasse de tout.

Depuis deux mois, elle a épuisé sa colère, son indignation et le peu de force qu'elle avait en réserve.

Un brave vieux médecin l'examine dans la salle de consultation de l'hôpital pénitentiaire.

« Alors, mon petit, qu'est-ce qu'on vous a fait ? »

D'une voix morne, Lydie énumère les examens, l'opération. Le médecin n'est pas un grand spécialiste, mais il comprend très vite.

« Bon, je suppose que le travail a été bien fait. De nos jours vous savez ce genre de cancer guérit très bien.

— Cancer ? »

Trop tard. Et c'était inévitable... dans les circonstances présentes en tout cas. Bien entendu, si « on » avait permis au médecin traitant de Lydie de prendre contact avec son successeur, il n'aurait pas commenté la chose avec autant d'inconscience. À présent il ne sait plus quoi dire, car Lydie le regarde les yeux exorbités :

« Cancer ?

— Mon petit, on a dû vous le dire, je suppose. Si j'en crois ce que vous me dites, et les soins qu'on vous a donnés... je suis désolé...

— Cancer ? Docteur, je vous en prie, je veux savoir la vérité. Je veux voir mon médecin.

— Il ne peut pas venir, vous le savez, le règlement est formel. C'est moi qui vous prends en charge maintenant. Mais n'ayez pas peur, il ne s'agit que de soins post-opératoires.

— Je vous en prie ! Je veux mon médecin ! Téléphonez-lui ! C'est ça, téléphonez-lui, vous, vous pouvez le faire ! Vous avez le droit de parler à un confrère je suppose ? Faites-le, s'il vous plaît. Je veux qu'il le dise lui-même. »

Le brave médecin n'a aucune raison de refuser. Il a parfaitement le droit de se renseigner sur le passé médical d'une patiente, et il n'en est pas mécontent d'ailleurs, car il n'est pas spécialiste.

« Écoutez, je veux bien lui téléphoner, mais mettez-vous bien dans la tête qu'il ne pourra pas venir vous soigner.

— Appelez-le, je veux savoir. Je veux l'entendre de sa bouche, c'est un ami. »

La conversation entre les deux médecins est courte.

« Vous lui avez dit ? Personne ne vous a prévenu ? Et son avocat, à quoi il sert ?

— Je n'ai pas pu le rencontrer avant. On a transféré Mme B. chez moi ce matin, et le juge n'avait pas encore autorisé les visites, à part les miennes bien sûr.

— C'est de l'assassinat, vous comprenez ça ? De l'assassinat ! Lydie n'est pas capable de supporter un pareil choc. Il y a des malades à qui l'on peut tout dire, pas elle. Comment est-elle ?

— Elle veut entendre la vérité de votre bouche.

— Passez-la-moi.

— Je ne peux pas. Elle n'a pas le droit de communiquer avec l'extérieur. Elle est en face de moi. Que puis-je lui dire ?

— Dites-lui que c'est vrai. Mais qu'elle s'en tirera. J'ai fait venir un nouveau médicament de Suisse. J'ai confiance, elle s'en tirera, dites-le-lui, et je vous promets que je vais faire un scandale auprès de l'administration. Lydie devrait être en liberté provisoire depuis longtemps ! Tenez-moi au courant surtout, à la moindre complication ! »

Les yeux secs, Lydie écoute le compte rendu du médecin. Elle comprend à présent. Elle comprend tout. Cette fatigue persistante, ces nausées, cette douleur, elle réalise qu'on lui a menti depuis des mois. Ce qu'elle prenait pour des soins classiques après l'opération, c'étaient donc ça. Et ces médicaments mystérieux, ces piqûres sans nom, ces radios sans détails. Voilà, c'était ça, le cancer.

Lydie se lève.

« Je voudrais dormir, s'il vous plaît. Faites-moi dormir... Je ne veux plus penser à tout ça. Je ne pourrais pas y penser, c'est trop horrible. »

Demeuré seul, le vieux médecin se dit qu'il est imbécile. Il est évident que Lydie n'a pas un caractère de combattante. Et il s'en veut tellement d'avoir commis une pareille faute professionnelle, car c'en est une, qu'il décide de tenter lui aussi une intervention auprès du juge d'instruction. Cette femme a au moins le droit de recevoir les médicaments dont parle son collègue.

Monsieur le juge d'instruction écoute impatiemment le vieux médecin.

« Docteur, vous connaissez la loi comme moi. Aucun médicament de l'extérieur. Utilisez les produits agréés par l'administration. Vous avez sûrement l'équivalent. L'Italie n'est pas un pays arriéré, que je sache !

— En ce domaine, je ne l'affirmerais pas, monsieur le Juge. Aucun médecin d'aucun pays ne peut dire qu'il détient le médicament miracle.

— Alors ? Je ne vois pas où est le problème ?

— Je n'ai pas l'équivalent. Il sort des produits nouveaux tous les ans. Celui-là n'est pas encore utilisé chez nous, mais il l'est en Suisse, et le médecin traitant de Mme B. estime qu'il est le mieux adapté à son cas. Je vous demande donc l'autorisation de l'utiliser.

— Non.

— Comment, non ?

— Non ! Vous me demandez de transgresser les lois de l'administration pénitentiaire ; dois-je vous rappeler, Docteur, que cette femme n'a plus rien à voir avec l'extérieur tant que l'instruction n'est pas close. Donc qu'elle est à la charge de l'administration, donc juridiquement à la mienne, et médicalement à la vôtre. Vous êtes employé comme moi par l'administration, faites ce que vous avez à faire, ou exercez dans le privé.

— Puis-je vous poser une question, monsieur le Juge ?

— Allez-y...

— Dans combien de temps sera-t-elle relâchée ?

— Je l'ignore. Cela dépendra du tribunal. Elle risque au maximum trois ans.

— Et au minimum ?

— La relaxation pure et simple, c'est une chose possible.

— Quand sera-t-elle jugée ?

— Quand l'instruction sera close et l'affaire inscrite au rôle.

— Et où en est votre instruction ?

— Vous allez trop loin, Docteur. L'instruction c'est l'instruction. Elle est secrète, elle ne regarde que moi. »

L'entretien est terminé.

Trois mois plus tard, Lydie B. doit subir une nouvelle intervention chirurgicale en prison. Elle demande à voir son mari. L'entretien ne dure que quelques minutes, et en présence du juge d'instruction, toujours aussi impassible.

Stewart a du mal à garder son calme devant le pauvre visage de sa femme et ses traits creusés. Lui-même ne l'a pas vue depuis leur arrestation.

Stewart est un garçon athlétique, spécialiste des rôles de gangster au cinéma. Il domine le juge de

20 bons centimètres, et la diplomatie n'est pas son fort :

« Vous êtes un assassin !

— Modérez vos paroles ! Vous n'êtes pas en état de formuler des accusations qui ne feraient qu'aggraver votre cas. »

Et voilà. Il n'y a rien à faire, rien à dire. Monsieur le Juge est inflexible, vissé dans son droit, glacé dans sa justice, emberlificoté dans les devoirs de sa profession, intouchable, inhumain pourrait-on dire.

Il faut donc en arriver à la conclusion. Elle est désespérante. Sept mois après leur arrestation, Stewart et Lydie se revoient pour la dernière fois. Elle va mourir.

Elle est morte quinze jours avant le procès. Stewart, seul accusé d'avoir détenu neuf dixièmes de grammes de marijuana à son domicile, fut acquitté rapidement et libéré le jour même.

Au Parlement de Rome, un député déclara :

« Nous aimerions tous entendre une autocritique du juge d'instruction au sujet de la mort de cette femme, qui avait le droit d'être considérée comme innocente, et comme malade. »

S'il y eut autocritique, personne n'en entendit parler. D'ailleurs, à quoi servent les autocritiques, quand le mal est fait ?

Le prisonnier oublié

Lorsque le commissaire pointe son grand nez à la mairie de Hochst dans le Voralberg en Autriche, il vient chercher une explication à l'affaire la plus extraordinaire qu'il ait connue au cours de sa longue carrière, et absolument unique dans les annales des polices du monde entier.

Le bureau de la mairie qui a été mis à la disposition du commissaire par le maire de Hochst sent la peinture chaude, car on vient d'y installer le chauffage central. Le commissaire frotte ses joues barbues, abaisse son grand nez sur un dossier qu'il ouvre et demande au planton de faire entrer le gendarme Wilhem.

Le gendarme en question sait exactement ce qui l'attend. Et il prend tout de suite l'affaire de très haut. C'est-à-dire qu'il relève la tête, se dresse sur ses petites jambes car il est haut comme trois pommes, puis déclare :

« Monsieur le Commissaire, je ne sais pas pourquoi on fait cette enquête. Tout était dans le rapport. Je vous dis tout de suite qu'en mon âme et conscience nous n'avons rien à nous reprocher. C'est un affreux concours de circonstances !

— C'est possible, gendarme Wilhem, mais à la suite de cette terrifiante histoire, le ministre de l'Intérieur a été durement attaqué. C'est à sa demande que je suis ici. Alors pour commencer, asseyez-vous, et racontez-moi exactement ce qui s'est passé. »

Les pieds du gendarme quittent presque le sol quand il s'assoit dans le siège indiqué.

« Eh bien voilà... dit-il, comme s'il faisait un rapport : Le 1er avril 1979, vers onze heures du matin, nous avons été appelés, mon collègue Solenz et moi-même, pour un accident d'automobile sur la route de Hochst à Bregenz. Nous avons trouvé là une Volkswagen en travers de la route et une Skoda dans le fossé. Il y avait un blessé dans la Skoda. Et un autre passager qui était en train de se battre avec l'un des occupants de la Volkswagen. D'après les déclarations des différents témoins, la Volkswagen était responsable de l'accident. Nous avons alors relevé l'identité des passagers de la Volkswagen : le dénommé Peter Studer, dix-huit ans, et Stephan Rude, vingt et un ans.

— Lequel des deux conduisait ?

— Sur le moment, j'ai eu l'impression que c'était le plus jeune : Peter Studer. Je n'en sais pas plus, car à ce moment, nous étions appelés pour un accident beaucoup plus grave qui venait de se produire à la sortie de la ville. J'ai donc appelé l'inspecteur Schultz pour qu'il mène l'enquête et puis la gendarmerie de Bregenz pour qu'elle vienne à la rescousse. Puis je suis parti en laissant mon collègue pour les attendre.

— C'est tout ?

— C'est tout, monsieur le Commissaire.

— Merci, gendarme Wilhem. Vous pouvez disposer. »

Le gendarme se retire avec empressement. Là-dessus, le commissaire tourne une page du dossier et appelle :

« Faites entrer le gendarme Solenz. »

Fort comme un Turc, des yeux d'épagneul breton, tristes à pleurer sous un crâne minuscule, tel est le gendarme Solenz. Il ne s'est pas remis du drame épouvantable dont il est peut-être l'un des responsables et ne s'en remettra sans doute jamais. Il confirme d'abord point par point le récit de son collègue.

« Et lorsqu'il est parti, qu'avez-vous fait ? demande le commissaire.

— Je n'ai rien fait, monsieur le Commissaire. Enfin je veux dire que, puisque l'inspecteur Schultz était là pour mener l'enquête, je me suis surtout occupé d'aider à sortir le blessé de la Skoda pour qu'on le mette dans l'ambulance. Et puis quand nos collègues de Bregenz sont arrivés, je leur ai demandé de conduire le coupable à Hochst.

— Et, selon vous, qui était le coupable ? Peter Studer ?

— Non... J'ai eu l'impression que c'était l'autre.

— C'est tout ?

— C'est tout, monsieur le Commissaire.

— Merci, gendarme Solenz. Vous pouvez disposer. »

Le deuxième gendarme dispose avec soulagement. Le commissaire tourne une nouvelle page de son dossier et appelle les gendarmes de Bregenz. Ils sont deux. *Double-patte* et *Patachon*, les gendarmes de Bregenz, ont dû se lever ensemble du banc où ils étaient assis dans le couloir, car ils se présentent ensemble à la porte et s'y bousculent un instant. *Patachon*, le plus petit, l'emporte sur *Double-patte* le plus grand et entre le premier.

« Asseyez-vous, Messieurs, et dites-moi ce que vous savez... »

De leurs vrais noms Rohman et Bergeletz, les deux hommes se regardent. C'est qu'ils ne savent rien, justement. Et c'est bien ça le drame. Rien du tout. Lorsqu'ils sont arrivés sur les lieux de l'accident du 1er avril 1979, l'inspecteur Schultz leur a montré les deux jeunes gens en leur demandant de conduire le coupable à Hochst. Là-dessus, il est parti. Ils ont eu l'impression que l'inspecteur avait désigné Peter Studer. Ils lui ont donc passé les menottes pour le conduire à Hochst.

« Et à Hochst, qu'est-ce que vous avez fait ?

— Eh bien on est passés à la mairie pour voir Karl, le policier de la commune... Y avait personne... On a pris la clé de la cellule, qui est dans la cave de la mairie, et on a enfermé Peter Studer. Et puis on est repartis. »

Le commissaire n'en revient pas. Donc c'est ainsi qu'aurait commencé cette incroyable histoire ? Aussi bêtement ?

Il rappelle alors les premiers gendarmes, Wilhem et Solenz :

« Alors... dit-il. Vous ne vous êtes pas inquiétés de savoir si vos collègues de Bregenz avaient amené le coupable ?

— Non, monsieur le Commissaire, on a pensé, puisqu'ils ne nous ont rien dit, qu'ils ne l'avaient pas arrêté.

— Et vous, les gendarmes de Bregenz, vous n'avez pas pensé à les prévenir ?

— Ben non, monsieur le Commissaire, puisqu'ils nous avaient dit de le faire, on l'a fait, c'est tout.

— Donc personne n'a prévenu Karl, le policier de la commune ?

— Ben non, monsieur le Commissaire. »

Le commissaire, atterré, secoue la tête en se frottant la barbe :

« C'est bon. Vous pouvez disposer. Mais vous, gendarme Solenz, conduisez-moi. Je veux voir cette cellule. »

Au plus profond de la cave de la mairie, il existe une porte munie d'une énorme serrure. Le gendarme Solenz qui, au passage, a pris une clé dans le bureau du policier de la commune, l'ouvre avec peine malgré la puissance évidente de sa poigne. Puis il tourne vers le commissaire son regard d'épagneul et son front minuscule plissé d'inquiétude :

« Entrez, monsieur le Commissaire... »

C'est un couloir de 5 ou 6 mètres de long, faiblement éclairé et qui ruisselle d'humidité. Sur les côtés, plusieurs portes. Le gendarme explique :

« Des pièces où y'a des vieux trucs, monsieur le Commissaire.

— Des vieux trucs ? Vous voulez dire des archives ?

— Oui, monsieur le Commissaire. »

Le commissaire renifle avec son grand nez l'odeur de moisi et pense qu'elles doivent être pourries, ces archives.

Au bout du couloir il aperçoit la porte caractéristique d'une cellule : massive, blindée, munie d'un judas fermé par une énorme targette. C'est donc dans cette cellule d'à peine 4 mètres sur 3, sans lavabo ni water, simplement équipée d'un châlit, que s'est retrouvé le 1er avril vers midi, le jeune Peter Studer, dix-huit ans, 1,80 m, 78 kilos, et particulièrement confiant.

C'est un sportif, au visage lunaire. Un peu trop calme, ennemi du scandale, sans doute a-t-il pensé qu'il s'agissait d'un malentendu. Il s'est laissé enfermer, persuadé que l'enquête allait dans quelques heures établir son innocence. Car il n'était pour rien dans cette affaire. Ce n'est pas lui qui conduisait la voiture.

Il s'est assis sur ce châlit. À son âge, quelques heures de perdues ce n'est pas grave : on a la vie devant soi. Il chantonnait.

Le commissaire quitte la cellule, pensif, pour se rendre dans une modeste maison de Bregenz. Là une rouquine de quarante-cinq ans, manifestement accablée de fatigue, la mère de Peter Studer, serveuse de restaurant, le reçoit. Elle parle d'un ton morne et triste, à peine relevé parfois d'une pointe d'indignation :

« Je n'ai commencé à m'inquiéter que le soir. Ce qui m'étonnait c'est que Peter n'avait pas fait prévenir par la voisine qui a le téléphone. Ça lui arrive de ne rentrer que vers minuit, même plus tard, mais il me prévient toujours. Le lendemain matin, j'étais vraiment folle d'inquiétude. Évidemment j'ai eu peur d'un accident. J'ai téléphoné dans tous les hôpitaux de la région. Il n'y était pas. Alors j'ai appelé la police de Bregenz pour signaler sa disparition.

— À votre avis, est-ce que la police de Bregenz a fait des recherches ?

— Non. Je ne crois pas. Ils m'ont simplement dit de m'adresser à la gendarmerie de Hochst car

Peter était impliqué dans un accident. Alors j'ai téléphoné à Hochst où le gendarme Wilhem m'a répondu que le gendarme Solenz – qui s'était occupé en dernier de l'accident – était en congé, et que, de toute façon, on avait remis en liberté toutes les personnes impliquées dans cette affaire. »

Pendant ce temps, à la mairie, dans la cave, au bout du couloir humide, dans sa cellule sans lavabo ni water, Peter, dans l'obscurité totale, attendait. En fait, il s'est endormi, convaincu que si la lumière s'éteignait c'est que la nuit était tombée et qu'il fallait dormir. En réalité, un employé de la mairie passant par là, certain qu'il n'y avait personne dans la cellule, a pensé qu'il s'agissait d'un oubli et, voyant l'interrupteur général ouvert, il a coupé le courant par mesure d'économie.

Peter se réveillait souvent. Mais toujours dans l'obscurité et sans pouvoir lire l'heure à sa montre, alors il essayait aussitôt de se rendormir, persuadé que la nuit n'était pas terminée.

Enfin il lui fallut se rendre à l'évidence lorsque, définitivement réveillé, l'œil complètement rond, il se rendit compte que les vibrations et la vague rumeur qu'il entendait depuis longtemps, c'étaient les bruits de la ville. Et puis il avait faim et soif. Alors, et alors seulement, la colère a commencé à l'envahir. Il s'est mis à frapper contre la porte en hurlant :

« J'ai faim ! J'ai faim ! Donnez-moi au moins à manger, nom d'une pipe ! »

La lumière s'est allumée. Il a entendu un pas dans le couloir. Le judas s'est ouvert, un œil l'a regardé quelques instants, puis le judas s'est refermé d'un coup sec et l'homme est reparti.

Le commissaire interroge à présent ce curieux visiteur. C'est un moustachu en salopette, du genre fataliste.

« Je suis employé à la mairie depuis dix ans... explique-t-il. C'est moi qui fais toutes les bricoles d'entretien. Ce jour-là, je venais de constater que la nouvelle installation de chauffage central ne marchait pas. Avant de l'arrêter, j'ai quand même vérifié tous les radiateurs. C'est comme ça que je suis descendu à la cave. Là, j'ai entendu un type qui tapait et qui criait qu'il avait faim. J'ai jeté un coup d'œil et j'ai vu ce grand garçon. Ça ne m'a pas étonné du tout parce que c'était pas la première fois qu'il y avait un prisonnier dans la cellule.

— Oui, mais il criait !

— Oui, monsieur le Commissaire... Mais ils crient toujours quand ils sont en colère. »

Plusieurs jours ont passé, après les cris dont il parle et dans la cellule de Peter, c'est à nouveau l'obscurité complète. Pas un instant il n'a pensé qu'on l'avait oublié. Tant de gens s'étaient occupés de lui : tous ces gendarmes, tous ces inspecteurs. Cela l'a amené à réviser ses jugements sur la démocratie : tout ce qu'on disait de la police et de ses manigances devait être vrai. Les policiers le croyaient coupable mais n'osaient pas le tabasser pour le faire avouer, alors ils avaient décidé de l'affamer.

Ce qui lui est alors le plus pénible, c'est d'être sans nouvelles de sa mère, de ses quatre frères et sœurs dont il est l'aîné, de ne pas pouvoir communiquer avec ses amis, l'impression d'être rayé du monde des vivants, sans avoir pu prévenir personne. Et la soif devient tellement intolérable qu'il en vient à boire son urine.

À son tour convoqué par le commissaire, le secrétaire de mairie, un pète-sec qui, pourtant, devrait être un homme organisé, ne se sent nullement concerné.

« Bien sûr, monsieur le Commissaire, nous avons forcément une responsabilité morale. Mais, en somme, nous n'avons rien à faire avec la cellule des prisonniers. Ça ne nous regarde pas, ce qui se passe là-dedans. Pour ce qui est de l'entretien et de la nourriture, c'est l'affaire des gendarmes. Jusqu'à présent, toutes les personnes qui y ont été incarcérées l'ont été aux soins de la gendarmerie. Avouez qu'elle n'est pas loin, en face, à peine à cinquante mètres...

— Mais le nettoyage, il n'incombe pas à la mairie ?

— Si. Mais seulement lorsque la cellule est vide. Si la porte du couloir est ouverte, notre femme de ménage nettoie la cellule. Si elle est fermée c'est que la cellule est occupée et tombe dans la compétence de la gendarmerie... »

Évidemment, après huit jours et malgré les précautions qu'il prend, la cellule du pauvre Peter est devenue un lieu infect. Il suit désormais la succession des jours en essayant de percevoir, d'une ouïe de plus en plus sensible, les bruits de la ville à travers l'épaisseur des murs. Ces bruits sont le seul lien avec la vie, la seule raison d'espoir qui lui reste. Car il lui est venu à l'esprit que les policiers veulent tout simplement le liquider, et l'ont pris pour un terroriste. Affamé, il mâche les étiquettes en cuir de son blue-jean.

Le contremaître de l'usine où travaille Peter lève les bras au ciel devant le commissaire :

« Ah ! Bien sûr... Si on avait su ! Mais on ne savait pas ! Le premier jour de son absence, on ne s'est pas étonné. Il avait le droit d'avoir la grippe, ce garçon.

— Mais enfin, Peter est bien noté. Il a toujours été très consciencieux ?

— Ben oui...

— Ce n'est pas son genre de s'absenter sans prévenir ?

— Ben non...

— Et pourtant, au bout de quelques jours, vous l'avez rayé de la liste du personnel, comme ça, sans faire la moindre enquête ?

— Ben oui. »

Des jours et des jours ont passé. Quatorze jours. C'est à peine croyable. Bien qu'il ne soit pas catholique pratiquant, Peter essaie de se rappeler les prières apprises dans son enfance. Il tente aussi de s'écorcher la main pour boire son sang.

Il lui arrive d'entendre des gens converser au loin derrière les murailles. Il lui arrive même d'entendre des pas, de l'autre côté de la porte du couloir. Mais il n'a plus la force ni de frapper ni de crier. Il comprend qu'il faut accepter la mort.

L'inspecteur Schultz qui était de service à Hochst, le 1er avril, jour de l'accident, et qui fut appelé pour enquêter sur ces circonstances, tient à dégager sa responsabilité devant le commissaire :

« Je ne suis pour rien là-dedans. Moi j'ai donné l'ordre d'arrêter le conducteur de la Volkswagen et non son compagnon Peter. Dans l'après-midi, quand j'ai vu le conducteur au commissariat, j'ai cru qu'on n'avait pas exécuté mes ordres. Mais je ne savais pas que c'était Peter qui avait été enfermé. »

Deux autres inspecteurs de Hochst sont d'un avis différent.

« C'est faux ! Lorsque nous sommes passés sur les lieux pour nous rendre à la sortie de la ville où venait de se produire un autre accident, nous avons vu l'inspecteur Schultz. Il était en train d'exiger qu'on emmène Peter. »

Enfin le commissaire va entendre le policier municipal de Hochst dont le témoignage est le dernier de son enquête à rebours.

« Le 18 avril, déclare le policier, la femme de ménage de la mairie est venue me dire : "Dites donc, qu'est-ce qui se passe dans votre cellule ? Ça sent horriblement mauvais !" Évidemment ça m'a étonné parce qu'en principe il n'y avait personne dans la cellule depuis un mois. Et la dernière fois que je l'avais visitée, elle était parfaitement propre. J'ai répondu : "Bon. Ben j'irai voir tout à l'heure." Évidemment, si j'avais su, j'y aurais été plus vite. Ce n'est donc qu'à la fin de la matinée que je suis descendu à la cave. C'était ma foi vrai, quelle odeur ! Je me suis dit : quel peut bien être le cochon qui utilise la cellule comme water ? J'ai allumé, j'ai ouvert la porte du couloir pour aller jeter un coup d'œil par le judas.

« Là, je suis resté comme deux ronds de flan. J'entrevoyais un homme allongé sur le châlit. Vous imaginez si j'étais surpris de trouver un prisonnier ! Et je ne savais même pas pourquoi et depuis quand il était là.

« Mais quand je suis entré, ç'a été le bouquet ! Je me suis rendu compte qu'il était complètement décharné. Il a remué la tête et ouvert les yeux, il paraissait complètement dérangé.

« Je suis remonté quatre à quatre et j'ai appelé le médecin de la police. »

C'est la fin du cauchemar de Peter Studer, le voilà enfin sorti de sa tombe.

Tandis que l'on conduit le prisonnier à l'hôpital de Bregenz, la consternation s'étend de la mairie de Hochst à celle de Bregenz, de la gendarmerie de Bregenz à celle de Hochst.

« Quoi ? Comment ? Qu'est-ce que vous racontez ?... Peter Studer ? Mais il y a longtemps qu'il est libéré ! Mais non. On vient de le trouver dans la cellule. Impossible, voyons, il n'a même jamais été arrêté. Mais si... On vient de l'emmener en ambulance... Alors s'il a été arrêté c'est pas moi. Si c'est pas toi, c'est lui. C'est ni moi ni lui... C'est toi... Et d'abord est-ce que vous êtes sûr qu'il s'agit bien de Peter Studer ? Où est-il, qu'on vérifie son identité ! À l'hôpital ? Pourquoi à l'hôpital ? »

Parce qu'il est presque mort. Parce qu'il pesait 78 kilos et qu'il en pèse maintenant 54. Parce qu'il y a dix-huit jours qu'il a été jeté dans ce trou sans lumière, humide. Dix-huit jours sans manger ni boire.

Tandis que l'affaire remonte en moins de temps qu'il n'en faut pour le dire jusqu'au ministère de l'Intérieur, les médecins, d'abord sceptiques, s'aperçoivent rapidement que le jeune Peter récupère avec une rapidité étonnante. Déjà on parle d'un miracle de la médecine. On ne connaît en effet aucun cas où un homme ait survécu sans boire pendant dix-huit jours. Autre miracle, le jeune homme n'a pas gardé de séquelles psychiques après dix-huit jours passés dans l'obscurité totale. Le temps pluvieux, plutôt froid, et le fait qu'il soit tombé dans une profonde apathie ont sans doute contribué à l'heureuse issue de cette extraordinaire aventure.

Huit jours après son hospitalisation, il plaisante déjà. Mais l'administration, elle, ne plaisante pas. Sur le rapport du commissaire spécial, les gendarmes Wilhem et Solenz sont suspendus ainsi que l'inspecteur Schultz. Le ministre de l'Intérieur met 50 000 shillings à la disposition de la municipalité de Hochst pour les soins à donner à Peter.

La mère du garçon engage un avocat dans l'intention de porter plainte. Mais son avocat, qui a la bosse des affaires, monnaie déjà le drame au profit de son jeune client. Les photos de Peter sont vendues 6 000 shillings pièce. La télé, la presse et les magazines se disputent les droits d'une interview avec la victime. Une agence américaine offre 10 000 dollars pour l'exclusivité de son récit.

Tant et si bien qu'on reproche à la mère de faire des affaires avec le drame de son fils.

Alors une de ses voisines déclare à la télévision :

« Elle a quatre petits enfants. Elle doit servir au restaurant et se rendre à tout bout de champ à la police. Peter était le seul à rapporter un peu d'argent à la maison. Pour un peu on l'aurait tué, et vous trouvez honteux qu'elle en tire quatre sous ! »

Et la mère de Peter interroge le ministre :

« Tout ça, c'est pour lui, vous comprenez. Est-ce que je dois continuer, on me reproche de faire de l'argent...

— Continuez. Vous gagnerez certainement votre procès. Mais qui peut savoir combien votre fils recevra d'indemnités, et quand ? Alors, en attendant, prenez l'argent où vous pouvez. »

Judicieux conseil d'un ministre prudent.

Le premier crime du monde

Hammerfest est la dernière ville du monde, en Laponie. Elle est située au nord, sur un immense plateau recouvert de neige pendant neuf mois de l'année.

Un Américain nommé Ronson, aventurier chasseur de peaux et de fourrures, découvre cette ville un matin de juin 1926.

Ronson est un géant, aux cheveux blonds, à la barbe blonde, vêtu d'un manteau immense de fourrure d'ours. Son équipage est constitué d'un traîneau de tête attelé de rennes et de deux autres attelés de chiens, contenant bagages et provisions.

Ronson a trois fusils, un revolver, et porte, toujours lié à sa botte, un poignard à manche de corne. Mais ses intentions sont pacifiques et commerciales. Il vient acheter les peaux d'ours noirs ou blancs, les zibelines, les martres et les renards bleus.

Il fait soleil à Hammerfest. Un soleil qui ne se couche jamais, du 16 mai au 27 juillet.

Ronson cherche une chambre, dans le baraquement de bois qui sert de grand hôtel à Hammerfest. Il est rompu de fatigue. Son voyage a duré six semaines debout sur son traîneau à chasser les loups ou à dormir d'un œil, enfoui sous des couvertures gelées, et des peaux d'ours.

Le petit homme qui le reçoit et empoche ses dollars pour le prix d'un lit est un Lapon. C'est un nain ou presque, d'une laideur repoussante. Le visage est large, disproportionné, et plat. La peau jaune safran et le nez écrasé entre deux yeux minuscules.

Son peuple est ainsi, fait de petits hommes, dont la laideur choque les explorateurs de l'époque. Ils sont 25 000 nomades dans cette région, depuis le Cap Nord jusqu'aux fjords les plus profonds de Norvège. Ils possèdent un troupeau de 400 000 rennes, et passent de Russie en Finlande, de Suède en Norvège, au mépris des frontières, à la recherche du lichen qui nourrira leurs bêtes. Et aussi pour échapper aux impôts.

D'ailleurs, où sont les frontières sur ce plateau de glace ? On ne voit que sapins et bouleaux. Mais à Hammerfest, surnommée la dernière ville du monde, les Lapons viennent à la rencontre des acheteurs. Ils viennent par tribu, traînant de lourds chariots couverts de peaux, avides de les échanger contre des dollars, de l'or, et même du ravitaillement.

Il y a 2 000 habitants à Hammerfest, presque tous pêcheurs. Chaque saison, ils accueillent avec bienveillance les tribus nomades venues faire leur commerce, et aussi les acheteurs venus de si loin : d'Amérique, du Canada, d'Europe même. Car ces acheteurs, comme Ronson, sont des nomades eux aussi par la force des choses.

Cette nuit du 4 juin 1926, le soleil veille sur le repos des Lapons, installés un peu partout dans les rues, sous des tentes, et dormant sur les fourrures.

Le Lapon est un être à part dans le monde. Il ne connaît pas le crime, il ne connaît pas le vol. C'est un doux, qui ignore la violence. Or, ce 4 juin 1926, à minuit au soleil, alors que tout le monde dort, hommes, chiens et rennes mélangés, voici que se commet le premier crime du monde, pour les Lapons. Le premier de leur histoire, et qu'ils n'oublieront jamais.

Dans la nuit, Ronson est réveillé en sursaut par des cris étranges. Les chiens aboient. De la fenêtre du baraquement il distingue les petits hommes courant dans tous les sens... Dans la rue s'est installée une tribu, venue du golfe de Botnie. Ils ont eu de la chance durant toute la période de chasse, et ont amené à la ville des lots de fourrures magnifiques : des zibelines. Ronson les a aperçues la veille, empilées sous une tente et gardées par un petit homme graisseux et sale. Une fortune gardée par un nain.

Le nain est mort. La fortune a disparu. C'est ce que crient les Lapons. Ronson fait le tour des tentes pour arriver jusqu'au lieu du crime.

Étendu sur la neige immaculée, le gardien du trésor de la tribu fait une tache de sang. Il a été égorgé et éventré comme un ours. Son visage, plat et grimaçant, raconte la douleur et la surprise d'un homme, tué en plein sommeil.

Ronson, qui en est à son dixième voyage, comprend le langage des Lapons. Il connaît même le chef de cette tribu : un chasseur redoutable, vieux et malin, aux jambes torses, au visage si ridé et si jaune qu'on le croirait de cire. Il porte le nom de Kapick.

« Qui a fait ça, chef ?
— Personne ne tue chez nous. Jamais.
— Je sais. Tu crois que c'est un Blanc ?
— Je le voudrais bien, l'Américain, mais j'ai peur. Les hommes de ma tribu pensent qu'il s'agit de l'un des nôtres...
— Un Lapon ?
— Oui, un Lapon, de la tribu voisine.
— Pourquoi le pensent-ils ? Depuis que je vous connais, je sais qu'aucun de vous ne prendrait la vie d'un homme.
— Celui-là est différent, l'Américain. Tu l'as peut-être vu déjà, les autres saisons. Il se nomme Nadouk... Nadouk le géant. Il est grand et féroce. Il n'est pas comme nous. Tout le monde le connaît sur le plateau. C'est un téméraire, un fou... Quand il attaque un ours, il enfonce son poing dans la gueule de l'ours, et de l'autre il l'éventre... Il est d'une grande force, et presque grand comme toi. »

Ronson connaît l'individu, en effet. Sa taille relativement haute le fait passer pour un géant parmi son peuple.

Nadouk n'a ni femme ni enfant et il aime boire l'alcool que l'on vend à Hammerfest. Ronson l'a souvent vu, ivre mort, se traînant dans les rues enneigées, avec son bonnet extraordinaire. Un bonnet fait de la dépouille d'un oiseau, appelé *loom*. La tête de l'oiseau dépassant au milieu du front, et les ailes recouvrant les oreilles. Sous cette étrange coiffure, deux yeux ronds et noirs, une bouche énorme et lippue.

Jusqu'à présent, Nadouk n'avait fait que se distinguer par des exploits de chasseur, des bagarres avec ses chiens et des soûlographies gigantesques...

Ronson est étonné tout de même.

« Nadouk est fou, comme tu dis, mais il n'a jamais volé, et encore moins tué.

— Mes hommes ont vu qu'il était parti cette nuit. Et sa tribu l'a confirmé. Il a pris quatre rennes, les plus rapides, et plusieurs outres d'huile de phoque, pour la boisson. C'est donc qu'il veut aller loin, vers un port de Norvège, pour vendre les fourrures.

— Alors il faut prévenir les policiers, cet homme a ruiné ta tribu.

— Tu peux le faire si tu veux, l'Américain. Nous, nous allons le prendre en chasse. Il doit mourir. C'est un mauvais exemple pour toutes les tribus. Vois-tu, notre vie a changé depuis que nous faisons commerce. Le Lapon est devenu cupide. Il ne se contente plus de la graisse et de l'huile de phoque, il veut l'or que tu amènes ici. Pour la première fois de notre mémoire, un Lapon a tué son frère pour cela. Il ne doit plus vivre, nous devons le chasser comme un loup enragé et affamé. »

Le chef a parlé. Ronson, lui, va prévenir la police norvégienne. Et les policiers eux aussi décident d'entamer la chasse à l'homme. Car eux aussi veulent un exemple. La paisible cité de Hammerfest n'a jamais connu cela. La hausse folle du prix des zibelines, provoquée par la coquetterie des femmes de Berlin, de Londres, de New York ou de Paris, a déjà suffisamment troublé l'existence des 2 000 citoyens, pêcheurs tranquilles et accueillants. La justice doit leur montrer que ce trouble n'ira pas plus loin.

Mais comment faire en ce vaste pays de neige et de glace, sans poste frontière ? La chasse à l'homme s'annonce difficile.

Nadouk, le Lapon géant, et son bonnet d'oiseau ont disparu. Les recherches minutieuses de la police norvégienne, et même de son homologue suédoise, n'ont rien donné. L'homme n'a été signalé nulle part. Ronson l'Américain s'est lui-même rendu dans le dernier port possible, à 600 kilomètres de Hammerfest. À Torno, sur le golfe de Botnie.

Le port n'est qu'un amas de cabanes de bois, et Nadouk y aurait été infailliblement repéré. Or nul ne l'a vu. Ronson va passer les derniers jours de l'été arctique dans ce petit port, le temps d'expédier ses fourrures sur un cargo. Il y arrive alors que l'hiver y accumule déjà la neige et la glace.

La nouvelle du crime a fait le tour de la Laponie, de bouche à oreille. Cet événement extraordinaire : un crime chez les Lapons, fait l'objet de toutes les conversations. Il n'est pas un chasseur sur son traîneau et en rencontrant un autre, qui ne s'informe du géant Nadouk, toujours introuvable.

Au mois de janvier 1927, une information circule ainsi, de tribu en tribu, de chasseurs en chasseurs, jusqu'à Hammerfest. Elle vient de la région de Torno – Elf. Une tribu descendait la rivière et y pêchait le saumon, pour se rendre en Finlande par les glaces du golfe de Botnie. Et elle a signalé à la police de Torno que l'un des pêcheurs avait entendu parler de Nadouk.

Les Lapons de cette région le fuient comme un pestiféré car il porte la mort. Mais l'un d'eux a vu le géant à tête d'oiseau. Il se cache sur le mont Avasaxa, à 70 kilomètres de Torno, où se trouve toujours l'Américain. Aussitôt la nouvelle connue, les trois policiers norvégiens partent dans la direction indiquée, et Ronson se joint à eux, car il a l'avantage de comprendre le langage de Nadouk.

Quatre traîneaux, attelés de rennes, suivis des coffres à provisions, tirés par les chiens longent la rivière, sur la rive gauche. De leur côté, les Suédois de Haparanda détachent également trois policiers, qui remontent la même rivière, côté rive droite.

Le chemin est difficile. On sort à peine de l'obscurité complète des nuits polaires, et les rares cabanes de quelques tribus sédentaires font des ombres vertes sur la neige rose. C'est un spectacle d'une grande beauté, avec au loin les montagnes violettes, sur un ciel bleu clair.

Ronson et ses compagnons de voyage ont couvert 50 kilomètres lorsqu'ils rencontrent la tribu du vieux chef Kapick, celle de la victime, ruinée par le vol des zibelines, et en chasse depuis des mois, après l'assassin Nadouk.

Ronson le salue :

« On t'a donné la nouvelle ?

— Il y a quatre semaines, et nous sommes en route depuis.

— Que veux-tu faire ? Les policiers sont là, c'est à eux de faire la loi, Kapick.

— Chacun sa loi l'Américain, et chacun son traîneau, le premier chasseur qui attrape l'ours pourra prendre sa peau. »

Et le vieux chef hurle après ses rennes, les fouets claquent, une dizaine de traîneaux dévalent sur la rivière glacée... Les policiers suivent le train d'enfer que leur imposent les Lapons.

Arrivés à proximité de la cachette de Nadouk, un pêcheur les arrête. Le criminel a pris la fuite, vers le nord. On voit encore les traces de son traîneau. C'est alors une course folle, éperdue, à toute vitesse de rennes. Les hommes ont abandonné sur place les coffres et les chiens pour aller plus vite.

Ces traîneaux que l'on appelle *Pulkas* sont en forme de canots larges de 70 centimètres. Ils ne glissent que sur un seul morceau de bois. Le conducteur y est enfoncé jusqu'à la moitié du corps, comme dans une boîte, et il doit rester immobile pour ne pas perdre l'équilibre, en conduisant l'attelage d'une main. De l'autre, il tient un fer pointu qui sert à freiner ou à stopper le traîneau.

Courir à plus de 80 kilomètres à l'heure sur des pentes glacées dans ces conditions relève de l'exploit.

Les traîneaux descendent les rochers escarpés à des vitesses vertigineuses, et bientôt les poursuivants aperçoivent Nadouk loin devant. Ses rennes donnent des signes de fatigue.

Ronson et les policiers forcent l'allure, mais ils n'arrivent pas à gagner du terrain sur le vieux chef lapon. Kapick mène ses chasseurs à la curée avec des cris sauvages. Sans aucun doute, ils arriveront les premiers.

Nadouk est en terrain découvert à présent. Il glisse moins rapidement, on dirait que l'un de ses rennes boite. À sa droite, la lisière d'une forêt, qu'il espère atteindre pour s'y perdre.

La lutte est serrée, Kapick le vieux chef est à 500 mètres de lui. C'est alors que surgit, venant justement de la forêt, une horde de grands loups gris. Ils sont une bonne dizaine, peut-être plus, ventre à terre sur la neige glacée, la queue basse et le museau relevé, ils courent perpendiculairement au traîneau de Nadouk. Ils ont senti la proie, la victime facile, et comme les hommes, ils foncent, dents dehors. Nadouk, à genoux dans son traîneau, se sert de son pic pour activer les rennes.

Les policiers, eux, se mettent à tirer au hasard. Mais les loups les ignorent, c'est Nadouk qu'ils veulent. Et ils le rejoignent bientôt, encerclant le traîneau. Un loup immense, le chef de la meute certainement, se jette à la gorge d'un renne, obligeant le traîneau à stopper brusquement. Un autre loup attaque par-derrière, et Nadouk se bat, coincé dans son traîneau, avec pour seule arme son pic de fer.

Les Lapons se rapprochent, les policiers tirent de loin. Nadouk réussit à enfoncer son pic dans la gueule de son agresseur, mais les autres se jettent sur lui en l'espace d'une seconde. De loin, on n'aperçoit plus qu'une boule grise, acharnée et hurlante. Les policiers norvégiens sont rejoints par les Suédois, alarmés par les coups de feu, et les hommes s'emploient à disperser la meute, les uns à coups de feu, les autres à l'aide de grands fouets. Quand le dernier des loups lâche enfin prise. Nadouk gît dans son traîneau, à demi dévoré. Son étrange bonnet d'oiseau a volé dans la neige, les rennes sont morts, l'un égorgé, l'autre d'épuisement.

Ronson observe le vieux chef lapon, immobile dans son traîneau.

« Les loups ont gagné, chef... Tu n'as pas eu ta vengeance.

— Ta police non plus, l'Américain. »

Venus de partout les Lapons qui chassaient dans les parages sont accourus aux premiers coups de feu. Les uns après les autres, ils viennent contempler l'assassin dévoré par les loups. Certains repoussent du pied avec répulsion ce grand corps qui ne leur ressemble pas.

Mais bien qu'il s'agisse d'un monstre pour eux, et du premier assassin de leur histoire, ils ne peuvent se résigner à le laisser sans sépulture. Et le vieux chef Kapick organise la cérémonie.

Ronson est étonné :

« Pourquoi ne pas le laisser dans la neige ?

— Un mort sans sépulture renvoie son âme sur la terre pour vous faire du mal. Mes hommes vont lui faire un cercueil dans un tronc d'arbre creusé. »

Ronson est resté. Les policiers sont partis. L'Américain voulait voir la cérémonie. Il fut gâté.

Le corps de Nadouk, tassé dans un tronc d'arbre, va être enseveli. Contrairement à la coutume, le chef ne lui rend pas ses armes, son arc, ses flèches, sa lance et son couteau. Un chasseur lapon doit revenir à la vie, et lorsqu'il revient, il doit pouvoir exercer à nouveau sa profession. On l'enterre donc toujours avec ses armes.

Pour Nadouk, le vieux chef déclare :

« Il renaîtra les mains nues et ne pourra plus jamais assassiner. »

Puis il brise l'arc et les flèches, la lance et le couteau. Nadouk est enfin enseveli dans la neige, à l'abri des bêtes sauvages, dans son tronc d'arbre.

Alors les petits hommes jaunes se mettent à piétiner la tombe, et à se rouler dessus dans leur fourrure graisseuse. Ils versent de l'eau-de-vie à l'emplacement du corps, et se mettent à boire, hommes et femmes mélangés. La nuit tombe, les grands loups gris hurlent au loin dans la forêt.

Ronson l'Américain se sent au bout du monde, seul devant son feu, dans l'odeur de graisse d'ours et d'huile de phoque, à contempler la dernière scène de cette équipée sauvage.

Le vieux chef Kapick, ivre mort comme toute sa tribu, lui a dit :

« Ce jour doit être mémorable. Le peuple entier doit transmettre aux générations que Nadouk, le premier assassin, est mort dévoré par les loups, car il était un loup. »

C'est le 4 juin 1926 à Hammerfest, la dernière ville du monde, qu'eut lieu le premier crime de la civilisation lapone, alors que le soleil brillait à minuit. Et les Lapons d'aujourd'hui parlent encore de Nadouk le géant, comme le loup d'une histoire devenue légende.

En Laponie, on ignore encore le crime, ce peuple est le plus sage du monde.

Un intellectuel mince et tranquille

Vers minuit, dans un bar tout proche du *Chinese Theater* à Hollywood en 1960, la jeune serveuse retire son tablier, ferme la caisse en trois tours de clé et lance un œil attendri et complice vers son dernier client, accoudé au comptoir devant un coca-cola.

« Je vais fermer, Adolphe ! »

Henry Adolphe Busch, visage mince et lorgnons, est un intellectuel mince et tranquille. La serveuse, une adorable petite bonne femme de vingt et un ans, suit dans la journée des cours car elle veut devenir herboriste.

Cette passion pour les plantes et les fleurs, voici plusieurs jours qu'elle essaie de la communiquer à Henry Adolphe Busch. Mais elle ne se fait guère d'illusions. S'il est là chaque soir, depuis près d'une semaine, timide mais la dévorant des yeux, ce n'est pas par amour de la botanique.

La petite serveuse enfile son imperméable, Adolphe attrape son blouson et ils sortent du bar.

Debout sur le trottoir, ils s'observent un instant. Adolphe n'a rien d'un Apollon. C'est un « vieux », il a trente ans ! Mais avec ses cheveux blonds bien rangés et sa raie sur le côté, il a vraiment l'air attendrissant d'un petit garçon timide.

« Vous venez boire quelque chose chez moi ? demande-t-il... Ma voiture est là... et j'habite à côté. »

Que se passe-t-il dans la tête de la jeune serveuse ? Elle est fatiguée, seule, vraiment trop seule à Hollywood. Elle accepte, contrairement à son habitude.

Une heure plus tard la voilà nue comme un ver, reculant devant Henry Adolphe Busch. Elle ne voit plus que ses yeux devenus, derrière ses lorgnons, deux petits trous noirs et méchants. Il s'avance vers elle et elle sent la porte dans son dos, elle l'ouvre et s'enfuit à toutes jambes. Elle est nue ? Tant pis ! Elle dégringole l'escalier, ouvre la dernière porte qui donne sur la rue et court, en pleine nuit, sur un trottoir de Hollywood, dans le plus simple appareil.

C'est là le premier épisode de la saga de « l'intellectuel mince et tranquille ».

Un beau matin, d'assez bonne heure, à l'intersection de la Vermont Avenue et du Prospect Boulevard, c'est-à-dire presque au centre de Hollywood, une petite voiture est arrêtée. À l'intérieur, une femme d'une quarantaine d'années, dont la beauté doit beaucoup aux artifices, mais qui ne manque pas d'élégance. À ses côtés, un petit homme au visage mince orné de lorgnons.

Hollywood est une ville où l'on ne circule guère qu'en voiture. À cette heure-là il n'y a jamais beaucoup de piétons sur les trottoirs. Ce ne sont pas les conducteurs de voitures qui, à ce croisement de deux artères, vont prêter attention à ce qui se passe dans un petit cabriolet mal garé, deux roues sur le trottoir et deux roues sur la chaussée...

Stoppé puis relâché par le jeu des feux rouge et vert, le flot des véhicules s'écoule dans un sens et dans l'autre dans un sourd grondement de moteurs et le souffle des pots d'échappement. Personne n'entend donc la femme crier dans les bras de l'homme.

Un piéton remarquerait sans doute qu'ils se battent. En réalité c'est l'homme qui attaque la femme et celle-ci se défend comme elle peut. Des deux mains l'homme cherche à l'étrangler. Elle se débat, le repousse. Elle parvient même à lui asséner sur le tibia un coup de talon et la douleur lui fait lâcher prise dans un juron. Alors il tire de la poche de son veston un couteau. D'une simple pression du doigt, une énorme lame en jaillit.

Mais le feu rouge vient d'arrêter, juste à la hauteur du cabriolet, une camionnette de livraison. Et Henry Adolphe Busch, car c'est lui, dissimule dans son dos la lame du couteau et, de l'autre main, essaie de maintenir la femme. Il veut l'empêcher d'appeler à son secours le livreur en salopette assis à côté du conducteur de la camionnette. Mais il est trop tard.

« Qu'est-ce qu'ils font, ces deux-là ? » dit le livreur en donnant un coup de coude à son compagnon.

Le conducteur se penche :

« Ils se battent ! »

Avec un bel ensemble, le livreur en salopette et le conducteur, en bras de chemise, manches retroussées, ouvrent chacun leur portière pour sauter sur la chaussée. Le feu est passé au vert et derrière eux les voitures klaxonnent.

Henry Adolphe Busch, qui a remarqué leur mouvement, court déjà sur le trottoir. Le chauffeur arrive juste à temps pour recevoir dans ses bras la femme qui s'évanouit. Le livreur prend en chasse le fuyard. Il saute pour ne pas trébucher sur le sac à main que celui-ci lui jette dans les jambes. Finalement, parvenant à l'attraper par son blouson, il le renverse sur le sol, face contre terre et l'immobilise par une clé au bras. Quelques minutes plus tard voici donc Adolphe Busch, debout sur le bord du trottoir les menottes aux mains et entre deux policiers. Un autre policier interroge la femme qui reprend ses esprits, un autre enfin revient vers eux, ramenant le sac à main abandonné sur le macadam.

L'affaire est des plus banales. Le bonhomme qu'ils vont emmener au commissariat est un voleur de sacs à main, un détrousseur de femmes comme il n'en manque pas à Hollywood. Et ils savent qu'il n'a pas eu à déployer beaucoup d'éloquence pour décider la femme à monter dans sa voiture : c'est une prostituée. Cela fait partie de son métier, et son métier comporte des risques.

L'agent qui ramène le sac à main l'a ouvert pour y jeter un coup d'œil et le rend à la femme d'un geste désabusé :

« Regarde s'il ne manque rien... »

La femme retourne le sac sur la banquette de la voiture, compte les quelques dollars qui en tombent.

« Non. Il ne manque rien.

— C'est tout ce que tu avais comme argent ?

— Oui c'est tout, j'ai rien fait cette nuit. »

Le jeune sergent se tourne vers Henry Adolphe Busch :

« C'était bien la peine, mon vieux ! Se battre avec une femme pour 6 dollars ! Allez, monte ! »

Et il le pousse dans la voiture qui démarre toutes sirènes hurlantes. Dans la voiture, les policiers sont silencieux. C'est tout juste si l'un d'eux jette de temps en temps un regard méprisant sur Henry Adolphe Busch. Le sergent écoute la radio car ils peuvent à tout instant être appelés pour une autre intervention. Leur prisonnier n'est guère encombrant. Il est tassé sur sa banquette. Dans son blouson fripé, regardant droit devant lui, l'œil perdu. Ce voleur de sacs, malgré son air d'intellectuel, est bien le plus menu fretin qui se puisse voir. Or, soudain, il marmonne à voix basse :

« Mmumuin... Mmumuin... »

Le sergent se retourne :

« Qu'est-ce que tu dis ?

— Je dis que je ne voulais pas la voler. Je voulais simplement la tuer.

— Ah vraiment ? »

Et le sergent, goguenard, se détourne.

« Parfaitement ! » insiste Busch.

Le sergent hausse les épaules. Mais l'autre continue :

« D'ailleurs j'ai déjà tué d'autres femmes.

— Tiens... Monsieur veut du galon ! » ricane le conducteur.

Un autre policier surenchérit :

« Monsieur se sent minable ? Trop minable d'avoir battu une femme pour 6 dollars ! Alors, Monsieur préférerait être un grand assassin, c'est ça ?

— C'est vrai. J'ai tué d'autres femmes. Je ne sais plus combien, mais plusieurs.

— Arrête de dire n'importe quoi ! grogne le sergent, agacé, sinon c'est pas en taule qu'on t'enverra mais au cabanon. »

Dans l'agitation du commissariat, on a d'autres chats à fouetter que d'écouter le délire de cet hurluberlu. On a pris son identité : Henry Adolphe Busch, ingénieur opticien. On va peut-être le relâcher, quitte à le convoquer pour le juger ultérieurement sous l'inculpation de tentative de vol de sac à main.

Soudain, grand brouhaha. Une ravissante petite bonne femme en imperméable attrape par le bras tous les policiers qui passent à sa portée. Elle montre Henry Adolphe Busch :

« C'est lui ! J'en suis sûre ! Je vous dis que c'est lui. »

La jeune femme est serveuse dans un bar. Elle a été interpellée il y a une semaine parce qu'elle courait, complètement nue, sur un trottoir. Toute la flicaille dévisage Henry Adolphe Busch.

« Elle a raison, dit-il. J'ai voulu la tuer. Mais je n'ai pas réussi. »

Puis, voyant qu'enfin on semble lui porter quelque attention, il déclare d'un air triomphant :

« Ah tout de même ? Vous m'écoutez maintenant ! Vous seriez encore plus convaincus si vous veniez chez moi, parce qu'il y a un cadavre. »

Le sergent veut en avoir le cœur net. Une heure plus tard il descend de voiture devant une maison du centre-ville, et en attendant que celle qui transporte Henry Adolphe Busch arrive, il demande les clés à la logeuse. L'ex-comédienne du muet, qui a acheté ce petit immeuble assez vétuste avec ses économies, s'étonne :

« Les clés de M. Busch ? Qu'est-ce que vous lui voulez ? »

La logeuse est stupéfaite. Pour elle, Busch est un jeune homme plein de charme, intellectuel très cultivé, de commerce agréable :

« Un vrai gentilhomme... » dit-elle.

Il y a maintenant une longue file de policiers dans l'escalier, encadrant Henry Adolphe Busch, le gentilhomme.

« Vous permettez... » s'empresse celui-ci qui, malgré ses menottes, avance les mains pour aider le sergent à ouvrir la porte.

Dès qu'ils entrent dans son minuscule appartement, l'odeur révèle que Busch a dit vrai. Il y a là un sac de couchage tout neuf. Dans le sac de couchage un cadavre : le cadavre d'une vieille femme dont les pieds et les mains sont attachés par des menottes. Elle a été étranglée.

« Qui est-ce ? demande le sergent.

— Shirley Payne, répond Busch. Elle doit avoir soixante et onze ans. C'est une vieille amie de ma tante. »

Busch répond d'un ton tellement tranquille, comme si tout ceci était absolument normal, que le sergent adopte presque le même ton désinvolte pour lui demander :

« Ah bon. Et comment l'avez-vous tuée ?

— Nous sommes allés ensemble au cinéma voir un film de Hitchcock. Je l'ai ensuite invitée à venir chez moi prendre un verre de coca-cola. Elle me connaît depuis que je suis enfant. Elle a accepté. Elle ne se méfiait pas. Je lui ai passé les menottes aux mains puis aux pieds et je l'ai étranglée.

— Mais pourquoi ?

— Je ne sais pas. Pour la tuer. Ça ne vous arrive jamais d'avoir envie de tuer ?

— Et quand l'avez-vous tuée ?

— Il y a quatre jours. Elle vivait seule. Personne ne s'est inquiété de son absence. »

Le sergent fait le tour du petit logement : coquet et assez ordonné. Il remarque surtout une bibliothèque comprenant une centaine d'ouvrages parmi lesquels beaucoup de philosophes : Platon, Spinoza, Hegel, etc. En dehors des ouvrages de philosophie, beaucoup de romans policiers. Un peu plus loin, dans un tiroir entrouvert, des dessins, d'ailleurs exécutés sans grand talent.

« C'est de vous, ça ?

— Oui. »

Les dessins au crayon représentent des femmes en bikini ou complètement nues dont les pieds et les mains sont attachés. Le sergent se retourne vers Busch.

« Au fait, pourquoi lui avez-vous mis les menottes ?

— À cause de mes cheveux. »

Devant l'air ahuri du sergent, Adolphe Busch s'explique :

« Si ! Tenez, c'est dans ce livre... »

Et il montre le livre qui traînait sur un meuble et que le sergent tient dans la main. Le livre s'intitule : *Comment la police de New York combat le crime*. Busch y a souligné plusieurs passages au crayon. L'un de ces paragraphes explique comment la police réussit à identifier des criminels en retrouvant sous les ongles de leurs victimes quelques cheveux que celles-ci arrachent au cours de la lutte.

« Et que comptiez-vous faire du cadavre ?

— Je ne sais pas. Je n'y ai pas songé. Il fallait seulement que je la tue. Depuis, je crois que j'ai tué aussi ma tante...

— Ah bon... dit le sergent un peu hébété. Et où est le cadavre ?

— Chez elle. »

Le sergent lance à la cantonade :

« Messieurs, on va ailleurs ! D'autres cadavres nous attendent. »

Et toute la caravane de policiers redescend l'escalier à la suite du sergent pour se rendre Virginia Avenue, où habite la tante Margaret Briggs, cinquante-quatre ans. On la trouve étendue dans une robe pimpante, devant un poste de télévision, morte.

« Pourquoi avez-vous étranglé votre tante ? demande patiemment le sergent.

— Je ne sais pas. Nous regardions ensemble la télévision. Je me suis levé pour aller chercher des cigarettes dans un meuble. En passant derrière elle, j'ai vu son cou. J'ai mis mes mains autour de ce cou et j'ai serré jusqu'à ce qu'elle meure. Ensuite j'ai essayé de couper le dos de sa robe avec mon canif. Je n'ai pas pu. J'ai pris des ciseaux.

— Pourquoi avez-vous coupé ce vêtement ?

— Je ne sais pas.

— Qu'est-ce que vous avez fait après ?

— Je me suis assis et j'ai regardé la télévision. C'était un show de music-hall. Puis j'ai été m'étendre sur le lit de ma tante et j'ai dormi. Au matin je me suis levé. J'ai pris le cabriolet de ma tante pour me rendre à l'usine où je travaille. En route, dans un bar, j'ai rencontré une fille. Je l'ai invitée à venir avec moi. Elle est montée dans ma voiture. L'envie m'a pris de l'étrangler...

— Mais ça c'était ce matin !... s'exclame le sergent.

— Non. C'était hier. À cette heure-là, ça m'arrive souvent d'avoir envie de tuer. Et vous ? Vous n'avez jamais envie de tuer ? »

La spontanéité avec laquelle Henry Adolphe Busch avoue ses crimes ne le dispense pas d'être soumis au contrôle de la machine à détecter le mensonge. Là, livré à l'appareil, les aveux de Busch se multiplient encore.

C'est ainsi qu'il explique comment au mois de mai dernier il a été rendre visite à une autre vieille amie de sa tante, Elmira Miller, soixante-quatorze ans. Il avait bavardé avec elle gentiment, évoquant des souvenirs d'autrefois, rappelant avec émotion sa mère décédée. Subitement, sans motif apparent, il lui avait tordu le cou :

« Comme à un poulet maigre », ajoute-t-il.

La police avait découvert le cadavre mais n'avait jamais trouvé l'assassin.

Les policiers fébriles sont suspendus au délire d'Henry Adolphe Busch car, au cours de cette année à Hollywood, huit autres femmes ont été étranglées sans que la police puisse recueillir le moindre indice sur le coupable.

Ces femmes étaient d'âges très différents, de dix-huit à quatre-vingts ans. Aucune n'a été violée ni dépouillée. Elles ont été tuées sans qu'on puisse établir pour quelle raison. Adolphe Busch serait le coupable idéal puisqu'il tue sans raison et répète indéfiniment :

« Je l'ai tuée parce que j'avais envie de tuer. Vous n'avez jamais envie de tuer, vous ? »

Busch affirme pourtant ne pas être l'auteur de ces crimes sans coupable. Mais comme le font observer les psychiatres, il peut parfaitement avoir tué et ne plus s'en souvenir.

Au cours de son long délire, les souvenirs lui reviennent en désordre. Il raconte comment il a cambriolé plusieurs fois et sans aucune nécessité, car son salaire est important. Il se souvient aussi qu'en 1952, alors qu'il était soldat en Corée, il a tué d'un coup de baïonnette un prisonnier chinois blessé. Un cadavre de plus ou de moins... Personne ne s'était aperçu de son geste. On ne compte plus les images de violences qui lui reviennent auxquelles il s'est livré sur des femmes. Mais c'était toujours des prostituées plus ou moins consentantes. Enfin Busch se souvient de la première fois où lui est venue l'envie de tuer : c'était en se livrant à des actes sadiques sur une fille publique. C'est là que l'envie de tuer l'a saisi et ne l'a pratiquement plus jamais quitté.

L'obsession était d'autant plus forte que la femme ne pouvait pas lui offrir de résistance ; c'est pourquoi il tuait des vieilles femmes ou, lorsqu'il s'agissait de femmes plus jeunes, il leur attachait les pieds et les mains.

Les médecins recherchent dans son enfance l'origine de cette effroyable folie et de son insensibilité totale. Bien sûr Busch a été orphelin à quatre ans. Bien sûr sa mère était épileptique. Mais cela n'explique pas tout.

Il a été élevé par une demi-sœur, fille d'un premier lit de son père qui s'est débarrassée de lui dès qu'il a été en état de gagner sa vie, car il lui faisait peur.

Finalement, la seule explication des crimes d'Henry Adolphe Busch, il la fournit lui-même lorsqu'il demande inlassablement aux policiers qui l'entourent : « Mais vous ? Vous n'avez jamais envie de tuer ? »

« Si... lui a répondu un jour le sergent qui l'avait arrêté. Quand je me dispute avec ma belle-mère et qu'ensuite je passe derrière elle et que je vois sa nuque, moi aussi j'ai envie de l'étrangler. Seulement, moi, je ne le fais pas. »

Henry Adolphe Busch, lui, le fait. Et c'est toute la différence... Le sergent refoule son agressivité et se défoule en flanquant des contraventions. Busch ne refoule rien, il tue sans réfléchir. Il est comme ça. Or, se contenter d'être ce que l'on est, cela s'appelle : la sagesse. Mais agir comme bon vous semble, quelles que soient les conséquences, cela s'appelle : la folie.

Et Henry Adolphe Busch finira chez les fous, bien qu'il soit persuadé de ne pas l'être, et passera le restant de ses jours à le répéter aux infirmiers.

Métis de Dieu et du Diable

Mexico 1952. La capitale du Mexique peut rivaliser par certains côtés avec Paris, Londres ou New York. Des rues illuminées, des gratte-ciel, de somptueuses résidences. C'est le centre, le côté riche.

Le côté pauvre est à l'est. Des quartiers misérables, qui s'étendent sur des kilomètres, jusqu'aux marécages qui rejoignent le lac Texcoco. Plus les marécages approchent, et plus les maisons sont rudimentaires. Ce sont des cases de boue séchée, dont l'architecture n'a pas varié depuis des millénaires.

Tout un peuple d'Indiens et de métis s'y entasse dans un grouillement défiant tous les recensements, et tous les règlements de police.

Là, tout est possible. Le crime, la prostitution, les combines misérables qui aident à vivre des familles nanties pour la plupart d'une demi-douzaine d'enfants. Quelques prêtres tentent de moraliser cet état sauvage, avec plus ou moins de bonheur. Ici se dresse une église, dont le clocher dépasse majestueusement les cases. Mais les fidèles sont rares, car il est de bon ton, dans ce quartier pauvre, d'être un prolétaire anticlérical.

C'est une manière de rompre définitivement avec le passé féodal, trop longtemps confondu avec l'image des prêtres eux-mêmes.

Voici pourtant une exception : Manuel Fragoso, Manuel le tisserand. Un homme grand et maigre, d'allure ascétique, au visage extraordinaire. On le dirait sculpté dans du bois ancien.

Manuel est un ouvrier remarquable, un travailleur infatigable. Ses relations avec ses voisins de case sont d'une douceur et d'une bonté angélique. Il assiste à la messe régulièrement, et pour le curé de sa paroisse, Manuel Fragoso est un saint homme. Un homme digne dans la pauvreté et le travail, comme dans le célibat.

Le visage terrible de cet homme, terrible de beauté et de rigueur, de noblesse espagnole et indienne, ferait le bonheur des touristes photographes et à lui seul, il pourrait représenter le Mexique traditionnel sur une affiche d'agence de voyage.

Manuel Fragoso, quarante-sept ans, tisserand habile, métis à la beauté étrange, a le visage d'un Christ qui serait né mexicain. Mais il est le héros d'une Histoire vraie incroyable, un héros satanique, dont la vie secrète et monstrueuse dépasse l'imagination.

Dans la partie du quartier pauvre la moins pauvre, celle des commerçants, les magasins ne sont pas luxueux. Les boutiques sont en bois et couvertes de tôle, mais portent un nom et un numéro. Épicerie Fernandez n° 7, calle San Fernando, par exemple.

Là, on vend et on achète, le facteur apporte le courrier, c'est un endroit répertorié, à la limite de la jungle aux cases de boue séchée. Pour autant, cette partie du quartier bénéficie du même curé, et de la même police que l'autre. Le curé a soixante-dix ans, le commissaire de police presque soixante. Tous deux connaissent bien leurs ouailles : les commerçants des baraques en bois, comme les acheteurs des cases rudimentaires.

Fernandez, l'épicier, est dans sa boutique, ce matin d'avril 1952. Il vend de l'huile et des piments, du sel et des conserves, de la tequila et des galettes de maïs.

Le facteur passe la tête par-dessus les conserves.

« Fernandez ? Oh ! Fernandez ! J'ai quelque chose pour toi.

— Une lettre ?

— Non, y'a pas de timbre, et pas d'enveloppe. »

Le facteur tend à l'épicier une espèce de chiffon de papier plié en quatre.

« Qu'est-ce que c'est ? Qui t'a donné ça ?

— Un gamin dans la rue. Il a cru que c'était une lettre que j'avais perdue. Il me réclamait 1/2 peso pour la peine, tu te rends compte ! Je l'aurais pas pris, s'il n'y avait pas eu ton nom, écrit dessus : Pedro Fernandez, épicier, c'est bien toi !

Pedro Fernandez déplie le chiffon de papier, où son nom est bien écrit, maladroitement et au crayon. Le reste est un griffonnage difficile à déchiffrer, à moitié effacé par l'eau des caniveaux, et couvert de taches :

> « Pedro, aujourd'hui seulement, je trouve l'occasion de faire partir cette lettre, avec quelque chance qu'elle ne soit pas interceptée. Viens à mon secours, Pedro. Je suis gardée prisonnière

avec trois autres femmes. Je ne peux pas dire où est la maison. J'entends parfois l'église. Nous filons le coton et celui qui nous garde est très méchant. Je vais mourir si tu ne viens pas. Cherche près de l'église, et viens à mon secours. »

Deux lignes sont indéchiffrables, le papier est déchiré, sali... Mais au bas de la lettre, une signature malhabile et parfaitement lisible : Maria Pia.

Pedro Fernandez reste un moment stupéfait. Maria Pia ? Maria Pia...

Le facteur le regarde, curieux :

« Qu'est-ce que c'est, Pedro ? Qu'est-ce que c'est ? J'ai eu raison, hein ? C'est bien pour toi ? Je t'ai rendu service ? Tu sais, le 1/2 peso, je l'ai donné au gamin !... »

Pedro Fernandez réfléchit sans comprendre. Il tend une bouteille d'alcool au facteur, pour qu'il disparaisse et le laisse seul.

Maria Pia ? C'est un cauchemar. Maria Pia est morte depuis plus de vingt ans ! Maria Pia, sa sœur, était si belle, si fraîche, elle riait toujours. À seize ans, tout le monde voulait la voir danser, avec ses nattes brunes qui tourbillonnaient autour d'elle.

Pedro Fernandez tourne et retourne le chiffon de papier dans ses mains. Il n'y a pas de doute. Pedro Fernandez, épicier, c'est bien lui. Il est épicier depuis la mort de son père, en 1929. L'année qui a précédé la disparition brutale de Maria Pia, la cadette.

Tout à coup, Pedro se décide. Il ferme boutique, c'est peut-être une histoire de fou, une coïncidence, sûrement d'ailleurs, car les morts ne renaissent pas, et ils n'écrivent pas de lettres. Mais tant pis, il veut aller jusqu'au bout.

Un gamin trouve un papier dans la rue, le donne au facteur qui justement connaît Pedro, à qui la lettre est destinée... C'est trop. Il y a du miracle là-dessous, la main de Dieu peut-être.

Or Pedro Fernandez est croyant, et il adorait sa sœur. Le voilà donc chez le commissaire de police, son chiffon de papier à la main.

Il ne le sait pas, il ne le devine même pas, mais une page de l'histoire criminelle du Mexique vient de naître grâce à lui.

Le commissaire Ribero a lu la lettre. Il connaît bien Pedro, comme il connaît beaucoup de monde dans le quartier. Avec le curé, le commissaire est la seule autorité du quartier Est. Une autorité qui n'a pas toujours les moyens de s'exercer, ferme bien souvent les yeux sur des délits et abandonne souvent, faute de preuves et d'effectifs.

« Qu'est-ce que tu crois, Pedro ? Tu crois que c'est ta sœur ?

— Je ne sais pas, señor commissaire.

— Voyons, elle a disparu à l'automne 1930, c'est ça ?

— Le 13 octobre, señor commissaire. Elle allait prendre un autocar, pour rendre visite à la sœur de ma mère.

— Et on a retrouvé son corps carbonisé dans une voiture.

— Oui, señor commissaire, on ne l'avait pas revue, et deux jours après, la police nous a dit qu'il y avait eu un accident le 13 octobre. Une voiture avait brûlé avec ses occupants. Elle n'était pas dans la voiture, elle avait été renversée dans l'accident.

— Tu l'as reconnue ?

— Oui... enfin, ma mère et moi nous avons dit que c'était elle. Vous savez, c'était difficile. La pauvre était déchiquetée, le visage brûlé, on ne voyait plus grand-chose. Et la police était sûre. Il y avait un morceau de robe rouge, et les nattes correspondaient. De plus, l'accident avait eu lieu sur son trajet.

— Donc, il est possible que le cadavre que vous avez reconnu à l'époque ne soit pas celui de ta sœur ?

— C'est possible, señor commissaire. Mais je n'ose pas y croire. Dieu ne m'enverrait pas une épreuve pareille. Si ma sœur était en vie, depuis vingt-deux ans, elle aurait donné de ses nouvelles.

— Tu n'as pas reconnu l'écriture ?

— Non, señor commissaire. Mais ma sœur est allée à l'école, chez les religieuses, elle écrivait mieux que moi.

— Écoute-moi bien Pedro. J'ai une idée, mais tu ne vas en parler à personne ! À personne, tu m'entends ? Surtout pas au facteur. Tu n'as qu'à lui dire que c'était une plaisanterie.

— Mais quelle idée, señor commissaire ? Qu'est-ce que c'est ?

— Je ne vais rien te dire pour l'instant. C'est quelque chose qui me revient à l'esprit, une impression que j'ai besoin de vérifier. Tu comprends, ce serait tellement extraordinaire, que je n'y crois pas moi-même. Rentre chez toi, Pedro. Je viendrai te voir demain, et surtout, surtout n'en parle à personne ! »

Pedro rentre chez lui, et n'a pas de mal à tenir sa langue. Depuis que sa sœur a disparu, la famille n'existe plus. Le père était déjà mort, la mère l'a suivi quelques années plus tard, et Pedro est resté seul, à l'épicerie, sans femme et sans enfants. Pour vivre pauvre, il vaut mieux vivre seul.

Le commissaire Ribero, lui, s'en va par les ruelles du quartier Est, avec sa petite idée derrière la tête. Il pense à un homme, pourquoi à celui-là précisément ? Pour trois détails, apparemment sans lien. Le premier détail est celui-ci : dans la lettre chiffonnée, la femme qui appelle au secours dit : « Nous filons le coton. »

Le commissaire pense à un homme qui exerce le métier de tisserand et cet homme s'appelle Manuel Fragoso. Un honnête homme, qui fréquente l'église et le curé.

L'église, justement, est le deuxième détail. La femme écrit dans la lettre : « J'entends parfois l'église. » Or Manuel Fragoso n'habite pas loin de cette église, apparemment.

Quant au troisième détail, c'est une supposition, une impression même. Un jour, il y a plusieurs années de cela, le commissaire Ribero a vu Manuel Fragoso, le tisserand, acheter de la lingerie féminine. Cela lui a paru curieux, étant donné la réputation de l'homme, son célibat, et son visage de saint taillé dans du bois.

« Tiens, tiens, s'est dit le commissaire, le bonhomme doit se laisser tenter par le diable, de temps en temps. »

Et il aurait oublié ce détail si, en en parlant le soir à sa femme, cette dernière ne l'avait pas rabroué vertement :

« Tu n'as pas honte de dire du mal de cet homme ! Tu es un impie. Tu calomnies à plaisir un serviteur de Dieu. Manuel Fragoso est un ange sur terre, c'est le curé lui-même qui l'a dit ! »

C'est le curé que va voir le commissaire Ribero, pour lui demander incidemment, l'air de rien, où habite exactement son ouaille préférée, Manuel le tisserand.

Il sait, le commissaire, que Manuel vit quelque part du côté des marais, mais pas précisément où. De plus, il aimerait bien que le curé l'accompagne. Pour ne pas risquer de donner l'éveil si son idée, par malheur, était la bonne.

Le curé l'accompagne. Le commissaire a raconté qu'il avait besoin d'un métrage de coton tissé, pour un costume que son épouse veut fabriquer elle-même. Tout cela est très plausible, et Manuel Fragoso ouvre sa porte.

Il habite l'une de ces cases, faites de boue séchée, au toit de tôle. Mais l'entretien dure assez longtemps pour que le commissaire se rende compte que le tisserand est propriétaire de plusieurs cases autour de la sienne. Il les a réunies les unes aux autres, de manière à former une sorte d'îlot séparé. Ce petit domaine est en outre cerné par un mur de terre qui l'isole parfaitement du voisinage. Et, chose plus curieuse encore, seule la case où Manuel reçoit ses visiteurs a des fenêtres ouvrant normalement sur l'extérieur. Les autres sont aveugles, fermées par d'épais volets de bois plein, soigneusement assujettis. L'œil exercé du policier note que ces volets clos n'ont certainement pas bougé depuis des années.

Manuel Fragoso aurait-il là un entrepôt ? Ces volets seraient-ils destinés à décourager les voleurs ? Possible, mais le commissaire n'en croit rien. Sans plus, et sans preuve, mais il n'en croit rien. Cet homme est trop étrange, ses yeux sont trop noirs et trop brillants, il est trop beau, trop parfait, trop tout. Il y a du trop chez cet homme, et ces volets clos depuis des années sont en trop eux aussi.

Le commissaire fait semblant de choisir une cotonnade et puis s'en va. Et puis revient, le lendemain matin, avec un ordre de perquisition en règle et trois agents.

Manuel Fragoso proteste et les voisins s'indignent, mais le commissaire sourit :

« Tu es tisserand, Manuel ? Tu es un bon chrétien, qu'aurais-tu à cacher ? »

L'homme devient soudain très pâle, quand le commissaire le prend fermement par le bras :

« Conduis-moi, Manuel. Ouvre-moi les portes de ta maison. »

Au fond de la case de Manuel, une porte communique avec les autres cases. Un verrou et une barre de bois la ferment. Le verrou saute, la porte s'ouvre sur du noir. Il règne une odeur de transpiration. Le commissaire entrevoit une, puis deux silhouettes qui reculent, effrayées. Il avance encore, et dans une autre pièce heurte une lampe à pétrole. La faible lumière lui permet d'examiner lentement les lieux et les habitants.

Il y a là quatre femmes. Quatre femmes vêtues de lingerie transparente. Elles ont l'air fou, ou drogué. Si pâles, avec des yeux si grands de peur.

Maria Pia est la plus ancienne, elle a trente-huit ans. Il y a vingt-deux ans qu'elle est enfermée là, dans le noir ou presque, sans jamais voir la lueur du jour. Estrella a trente et un ans, elle est là depuis dix-huit ans. Maria Esmeralda a vingt-sept ans, elle est là depuis dix ans. Celia n'a que vingt-cinq ans, elle est là aussi depuis dix ans. Mais ce n'est pas tout. Dans les pièces et les couloirs de cette étrange casbah mexicaine, le commissaire découvre seize enfants, prisonniers comme leurs quatre mères. Seize enfants nés dans le noir, à la lueur des lampes à pétrole, et qui n'ont jamais vu le soleil de leur vie. Qui ne savent même pas que le soleil existe, que le jour existe. Qui ne connaissaient du monde que ces cases en forme de prison et ces murs de boue séchée.

Manuel Fragoso avait enlevé sa première femme, Maria Pia, un jour d'octobre 1930. Quelques mois plus tard, elle lui avait donné une fille. C'était à présent une jolie brune de vingt et un ans, un peu pâle, et à l'esprit lent, comme les autres.

Entre-temps, Manuel avait enlevé Estrella, et puis Maria Esmeralda, et Celia. Elles aussi lui avaient donné des filles. Et cela avait décidé le tisserand à limiter à quatre le nombre de ses captives, puisqu'au bout de quelques années, les filles pouvaient remplacer les mères, et grossir son harem.

Quant aux garçons, ils fournissaient le personnel domestique dont avait besoin ce nouveau pacha. Ils filaient aussi le coton et faisaient la cuisine.

Pendant vingt-deux ans, Maria Pia, qui était restée la plus lucide des quatre, avait mûri projet sur projet pour mettre fin à cet esclavage monstrueux. Elle n'y avait jamais réussi. Son petit message était prêt depuis des années. Et, il y a quelques jours, un léger accident survenu au toit de l'une des cases lui avait enfin permis de glisser au-dehors le petit papier, minuscule bouteille à la mer, dans la boue des ruelles. Le message avait miraculeusement suivi son chemin jusqu'à Pedro Fernandez. Encore fallait-il que le commissaire Ribëro ait de l'intuition et une mémoire remarquable.

Manuel Fragoso, l'homme au visage taillé dans du bois ancien, le saint homme, était un diable lubrique et monstrueux. La drogue l'avait aidé à maintenir captives et sans rébellion ses quatre épouses. L'ignoble geôlier les habillait de dentelle et de nylon transparent. Il était le sultan, elles étaient les courtisanes.

Les pauvres femmes ont revu le soleil, brutalement, égarées, presque folles, traumatisées à jamais. Il leur a fallu du temps, et des soins, pour raconter leur captivité. Elles n'étaient pas maltraitées, du moins physiquement, mais le sultan régnait sur elles, à l'aide de fleurs de pavot.

Restaient les enfants, les seize enfants issus de ce harem.

C'était horrible de les voir tituber dans la lumière comme des oiseaux de nuit, horrible de les voir découvrir le monde et ses bruits. Illettrés, presque muets, drogués eux aussi, sans identité, enfants d'un père monstrueux.

Et c'était au Mexique en l'an 1953 de notre ère. Manuel Fragoso a terminé ses jours en prison, dans le fameux pénitencier de Mexico.

Jusqu'en 1952, cette prison fédérale avait des règlements surprenants, qui en faisaient une manière de palace pour les prisonniers. Manque de chance pour le sultan déchu, ces règlements furent abolis, l'année de son internement, et remplacés par d'autres. Il a donc connu le premier cachot souterrain, réservé aux prisonniers exceptionnels comme lui.

Mais il se confessait et réclamait le droit d'aller à l'office religieux, chaque dimanche. Métis d'Espagnol et d'Indien, Manuel Fragoso était aussi métis de Dieu et du Diable.

Le maso

Un inconnu entre deux âges, emmitouflé dans une épaisse canadienne, tend au gros flic rougeaud qui le reçoit au commissariat de Ville-d'Avray une lettre rédigée au crayon d'une écriture malhabile :

« Je l'ai trouvée en revenant de la pêche, dit-il. C'était posé bien en évidence sur la table de la cuisine. »

Le policier penche son visage écarlate sur la feuille de papier et lit, les sourcils froncés par l'effort :

> « Excuse-moi, mon petit Jeanjean chéri, il faut que je t'avoue quelque chose, ça va te faire beaucoup de peine. L'enfant que je porte n'est pas de toi. J'ai fait tout ce que j'ai pu pour le faire passer, tu t'es rendu compte, cette nuit, comme j'ai eu mal. Pour ne pas faire honte dans la famille, je préfère disparaître, aller rejoindre maman. Pour le temps que nous avons passé ensemble, j'ai été très heureuse, je t'en remercie. Prends bien soin de Sophie. Avec tout l'amour que j'ai pour toi. Adieu. Pauline. »

Le policier repose la feuille de papier et dévisage son interlocuteur. C'est un homme de trente-cinq ans, au visage largement auréolé de cheveux blonds soigneusement rangés et ondulés. Bien qu'il porte encore ses vêtements de pêche, il paraît élégant et méticuleux. Il a tout à fait le physique de son métier : chef de rayon dans un grand magasin parisien. Son attitude calme, affable, un peu solennelle a quelque chose qui évoque en effet la silhouette élégante et discrète du chef de rayon, tel qu'on le concevait autrefois : prêt à s'incliner devant la clientèle et à houspiller la vendeuse.

« Jeanjean, c'est vous ? demande le policier.

— Oui, je m'appelle Jean-Claude Valtaille.

— Et Pauline ?

— Pauline, c'est ma femme.

— Et depuis cette lettre, vous ne l'avez pas revue ?

— Non. »

Les yeux du sympathique chef de rayon s'embuent. Il toussote pour s'éclaircir la voix :

« Je crains qu'elle ne se soit noyée. »

Alors le flic se lève enfin pour aller prévenir le brigadier. Le brigadier a des binocles et des moustaches tombantes. C'est un homme efficace :

« Il y a combien de temps que vous avez trouvé cette lettre ?

— Il y a vingt minutes.

— Lorsque vous avez vu votre femme pour la dernière fois, il était quelle heure ?

— Il devait être cinq heures, elle était encore couchée. Je l'ai embrassée avant de partir... Nous avons eu une nuit agitée, mais à ce moment-là, elle paraissait calme.

— Vous en parlez déjà au passé ?

— Je vous l'ai dit, je crains qu'elle ne se soit noyée. »

Le brigadier lit et relit la lettre de la pauvre Pauline.

« Vous avez eu une discussion cette nuit au sujet de cet enfant ?

— Oui, mais je pensais que c'était fini. J'en avais pris mon parti.

— Et pourquoi pensez-vous qu'elle se soit noyée ?

— Nous habitons tout près des étangs. Et puis cette nuit, une ou deux fois, elle m'a dit que si elle avait du courage, elle devrait se noyer...

— C'est aux étangs que vous étiez à la pêche ?

— Non, j'étais allé à Bougival. »

Déjà le brigadier a décroché le téléphone, s'apprêtant à organiser le ratissage des étangs de Ville-d'Avray, plus connus sous le nom des étangs de Corot, le peintre qui les a rendus célèbres... la routine, en somme.

Mais au même moment, une guimbarde ferraillante s'arrête devant le commissariat et l'affaire va se corser.

Il en descend un rouquin d'une cinquantaine d'années, vêtu comme un moujik, d'un pantalon de velours, de bottes en caoutchouc, de trois pull-overs superposés, avec, sur la tête, un bonnet d'astrakan. Sa portière, qui s'ouvre en grinçant, exhibe une inscription à demi effacée : LAFAILLE, PLOMBIER, MARNE-LA-COQUETTE. Il entre en trombe dans les bureaux surchauffés et reste médusé en découvrant le sympathique chef de rayon.

« Qu'est-ce que tu fais là, toi ?

— Je suis venu prévenir la police... J'ai trouvé ça ! »

Et Jean-Claude Valtaille montre la lettre de sa femme.

Le plombier se penche sur le comptoir et lit la lettre. Puis il prend la feuille de papier, la lève en direction de la lumière pour la regarder par transparence, la repose, examine l'écriture de plus près. Il est manifestement tout à fait déconcerté.

« Ce n'est pas son écriture ? lui demande le brigadier.

— Si si... mais je ne comprends pas...

— Qui êtes-vous ? demande le brigadier.

— Qu'est-ce que tu viens faire ici ? » demande Valtaille.

Le plombier ne les écoute pas : il réfléchit. Cette fois le brigadier demande au chef de rayon :

« Vous le connaissez ? Qui est-ce ?

— C'est mon oncle. »

Enfin le plombier semble avoir pris une décision : il tourne le dos à son neveu pour s'adresser au brigadier :

« Ne cherchez pas sa femme, elle est chez moi ! Ce salaud a voulu la tuer ! »

Le « salaud » a blêmi. Le brigadier tape du doigt sur la lettre.

« Mais alors comment expliquez-vous ça ?

— Je ne l'explique pas. Ce que je sais, c'est que Pauline a frappé à la porte ce matin vers six heures. Lorsque ma femme lui a ouvert, elle est tombée dans ses bras. Elle était grelottante, trempée des pieds à la tête, le visage plein de sang avec de l'herbe dans les cheveux. Tout ce qu'elle a pu dire avant de tomber dans les pommes, c'est que son mari avait voulu la tuer. J'ai été chercher le médecin. Il lui a fait quelques points de suture dans le cuir chevelu. On l'a réchauffée. Maintenant elle dort. »

Tous les visages se sont tournés vers le sympathique chef de rayon qui ne trouve rien d'autre à dire que :

« C'est pas possible... C'est pas possible. »

Vers midi, le brigadier entre dans un pavillon de meulière au fond d'un jardin sauvage de Marne-la-Coquette. C'est le plombier qui ouvre la porte. Derrière lui se tient une grande femme brune solide comme le Pont-Neuf, qui porte dans les bras un paquet à demi défait.

« Entrez, dit le plombier... Pauline va bien... Mais ma femme a été lui acheter une couverture chauffante parce qu'elle grelotte encore de froid. »

Dans la chambre du plombier, tout en chêne clair creusé de style 1935, une jeune femme est allongée. Le plus remarquable en elle est le pansement qui lui entoure la tête. Pour le reste il n'y a hélas pas grand-chose à dire. Elle n'est ni belle ni laide, ni blonde ni brune. Ses yeux marron ne sont ni clairs ni foncés. A-t-elle une bouche ? Oui, une bouche comme tout le monde, mais la bouche de tout le monde. Les oreilles n'ont rien de personnel et le nez se laisse complètement oublier. Parle-t-elle ? Oui elle parle. Et avec une voix de femme, c'est tout ce que l'on peut en dire. Sauf qu'elle n'a pas l'élocution facile, elle cherche ses mots et ne les trouve pas toujours, ce qui émaille son discours d'expressions inattendues, sinon saugrenues.

« Jeanjean avait mis le réveil pour cinq heures, dit-elle... Après il s'est levé pour chauffer le café, et il m'a passé mon médicament.

— Qu'est-ce que c'est que ce médicament ?

— Du... du... enfin quelque chose... parce que je suis enceinte de six mois. Puis il m'a dit qu'il fallait que je m'habille parce qu'on avait rendez-vous avec l'oncle Lafaille... Je lui ai dit : "Et Sophie ?" Il m'a dit : "On n'en a pas pour longtemps... laisse-la dormir."

— Et pourquoi aviez-vous rendez-vous ? »

Pauline ne sait pas. Elle n'a pas jugé utile de poser des questions. En épouse docile elle s'est vêtue : depuis longtemps elle a pris l'habitude de se laisser conduire.

Elle a suivi son mari jusqu'aux étangs de Corot où ils sont arrivés vers 5 heures 20.

L'oncle n'étant pas encore là, son mari a décrété qu'il fallait l'attendre un peu. Le froid était piquant. Autour d'eux lorsque la brise soufflait, les branches des arbres couverts de givre s'entrechoquaient dans un cliquetis comme si elles étaient en verre. Pauline commençait à s'inquiéter. Elle a tout de même demandé :

« Mais qu'est-ce qu'on fait là ?

— Tu vas le savoir bientôt. Mets-toi près de ce buisson, tu auras moins de vent. »

Son mari lui a désigné un endroit où la berge est la plus haute et l'étang le plus profond.

« C'est à ce moment-là, explique-t-elle au brigadier, que Jeanjeari m'a poussée. Il m'a poussée si fort que je suis tombée en arrière. Je pensais que j'allais me faire mal sur la glace de l'étang. Mais la glace était toute mince. Je ne l'ai même pas sentie, j'étais dans l'eau. »

La pauvre Pauline ne sait pas nager. Elle est revenue à la surface car du bout du pied, elle a pu toucher le fond de vase. La peur de mourir de congestion l'a aidée tant bien que mal à se diriger vers une berge plus douce, distante de quelques brasses. Mais au moment où elle allait saisir la branche d'un arbuste, son mari l'a repoussée d'un grand coup de bâton sur la tête.

La scène se déroulait jusque-là dans le silence de la nuit, et Pauline et son mari ressemblaient au fond de la forêt à deux bêtes concentrant leurs forces dans une lutte à mort.

Tout à coup une image a traversé l'esprit de Pauline : Sophie, sa petite fille de trois ans. Elle s'est mise à crier :

« Au secours ! Ma fille ! Ma fille ! »

Comme s'il était pris de remords en songeant à Sophie, son mari lui a tendu la main en lui disant :

« Allez... viens, mon chou. »

Mais ce n'était qu'une ruse pour assener à sa femme un nouveau coup de bâton qu'il espérait décisif.

Cette fois, comme la pauvre Pauline ne bougeait plus dans son bain de glace, son mari s'est éloigné pour prendre des vêtements de pêche secs qu'il avait pris la précaution d'emporter dans une musette.

Allongée dans l'eau glacée qui lui effleurait la bouche, Pauline a attendu d'être sûre qu'il ne reviendrait pas pour se mettre à quatre pattes et remonter la pente. Comprenant dès lors que le froid était son pire ennemi, elle a eu la force et le courage de se traîner jusque chez l'oncle Lafaille, le plombier.

Le brigadier estime que le récit de Pauline se tient. Mais il lui manque deux choses : d'abord une explication sur la lettre d'adieu qu'elle a écrite et qui annonce son suicide ; ensuite un mobile à la tentative criminelle du mari.

Pour ce qui est de la lettre, l'explication est simple. Elle éclaire d'ailleurs la naïveté singulière de la malheureuse. Et cette naïveté conduit au mobile. Un mobile pour le moins étonnant.

Disons tout de suite que le crime, sans être parfait, a été parfaitement prémédité. L'avant-veille du jour fixé pour la noyade de sa femme, le « sympathique chef de rayon » l'a priée d'un air tout à fait naturel de tracer quelques phrases sur une feuille de papier.

« Pour quoi faire ?

— J'ai un camarade graphologue. Grâce à quelques phrases, il te dressera un horoscope valable pour un an.

— Ah bon... et quelle phrase je dois mettre ?

— Prends ce crayon, je vais te dicter. Mais tu laisseras des blancs aux endroits que je t'indiquerai. »

C'est ainsi que, sans manifester ni curiosité ni intérêt particulier, passive comme à son habitude, Pauline écrivit le texte suivant :

> « Excuse-moi (*un blanc*) chéri, (*un blanc*). Il faut que je (*encore un blanc*) quelque chose. Ça va te faire beaucoup de (un *blanc*) que je porte (*un blanc*). J'ai fait (*un blanc*) ce que j'ai pu pour le faire (*un blanc*) tu t'en es rendu compte, cette nuit, comme j'ai eu (*un blanc*). Pour ne pas faire (*un blanc*) dans la famille, je préfère (*un blanc*) aller rejoindre (*un blanc*). Pour le temps que nous avons passé ensemble, j'ai été très heureuse, je t'en remercie. Prends bien soin de (*un blanc*). Avec tout l'amour que j'ai pour toi (*un blanc*) Pauline. »

Il y a de quoi rester confondu devant cette femme qui accepte d'écrire un texte pareil sans chercher à comprendre ! Même sans méfiance, même avec les mots qui manquaient lui retirant tout son sens, quelques bribes de phrases auraient dû la laisser perplexe !

Au magasin, le lendemain, le toujours sympathique chef de rayon avait complété les espaces vides en imitant la maladroite écriture de sa femme. Au crayon c'est évidemment beaucoup plus facile, car il pouvait gommer et recommencer. Le texte prenait alors la signification très précise d'une lettre d'adieu et de l'annonce d'un suicide.

Tout cela bien sûr ne fournit pas le mobile. Et comme le criminel se tait obstinément, les enquêteurs et le juge d'instruction en sont réduits à le trouver eux-mêmes.

Or, il faut signaler que tant à Ville-d'Avray qu'à Marne-la-Coquette, dans les deux familles, et au grand magasin où travaille le criminel, l'opinion générale était très favorable à ce couple.

Le monde judiciaire va donc se pencher avec intérêt sur le cas de cet homme. S'il s'était agi d'un violent, d'un passionné ou d'une crapule, le crime eût été aisément explicable, mais ce n'est pas le cas.

Pendant des semaines on interroge des centaines de gens qui l'ont plus ou moins connu depuis sa naissance et l'opinion unanime confirme l'impression qu'il donne : c'est le meilleur garçon du monde, prévenant, sympathique, excellent travailleur, très sérieux. Il a commencé comme manutentionnaire avant de devenir chef de rayon. Il ne sortait jamais, même le dimanche, et faisait la vaisselle à l'occasion. Un témoin dira : « La douceur faite homme. »

Non seulement Pauline ne lui connaît pas de liaison, mais personne ne l'a jamais vu en compagnie d'une autre femme. C'est tout juste si on lui découvre un petit flirt sans importance avec une vendeuse du magasin qui le trouvait gai et enjoué. C'est une fille au front bombé, assez jolie mais au regard dur. Faut-il découvrir un mobile valable dans une phrase que la vendeuse répète au juge : « Dommage que je sois marié, aurait-il dit, et que je ne vous aie pas rencontrée avant ma femme » ? Boutade à laquelle la vendeuse a répondu : « Vous auriez eu vos chances peut-être. »

« Vous lui avez dit ça ?

— Oui, mais il y a plusieurs mois. S'il avait pris cette remarque au sérieux je pense qu'il n'en serait pas resté la. »

Cette vendeuse a sans doute raison. Alors ?

Alors c'est de sa première femme que va venir la vérité, car le « sympathique chef de rayon » a été marié une première fois et sa première femme l'a quitté. C'est une brunette autoritaire aux yeux pétillants de malice avec une grande bouche, mince, serrée comme les lèvres d'une huître.

« Pourquoi l'avez-vous quitté ?

— Parce qu'il m'agaçait.

— Et pourquoi vous agaçait-il ?

— Parce qu'il était trop gnangnan.

— Il paraît que vous lui avez mené la vie dure...

— On a même dû vous dire que je le trompais et que je le battais. Non ? Eh bien c'est vrai. Moi qui suis haute comme trois pommes, je me permettais de le battre. Et si vous voulez savoir la vérité c'est pour ça que je suis partie, parce que je le battais de plus en plus souvent. Il s'y prenait de telle façon qu'il me mettait hors de moi. Il me cherchait jusqu'à ce que je le frappe. Depuis j'ai réfléchi, et j'ai compris. Je crois qu'il aimait ça, c'est un maso... Et vous voulez que je vous dise ?

Qu'il ait voulu tuer sa femme, ça ne m'étonne pas. D'après ce que j'en sais, cette pauvre Pauline est tout le contraire de moi, jamais un mot plus haut que l'autre : l'homme a toujours raison, pour elle c'est le calme, l'apathie, l'indifférence, la servilité, bref une dépendance complète. Ça devait être effroyable pour lui, invivable, insoutenable. Jean-jean a voulu la tuer parce qu'il s'ennuyait de ne pas être malheureux. »

Aussi étonnant que cela paraisse, c'est en effet le seul mobile que la police retiendra pour expliquer cette tentative criminelle et c'est la seule défense que le sympathique chef de rayon présentera devant le tribunal : il s'ennuyait avec sa femme.

Sado-masochiste il fallait qu'il souffre ou fasse souffrir. Mais Pauline était bien incapable de faire souffrir. Pire que cela : prête à tout, acceptant tout (même en amour) elle donnait l'impression de n'être même pas capable d'une souffrance quelconque.

Fidèle à son personnage, elle refusa d'ailleurs de se porter partie civile. Tout ce qu'elle trouvera à dire lorsqu'elle lui sera confrontée ce sera :

« Pourquoi m'as-tu fait ça ? Tu sais bien que je suis enceinte de six mois. »

Mais elle accouchera à terme d'un garçon parfaitement constitué, et son mari en prendra pour cinq ans.

L'exorcisme

Anna Michel, une belle femme enceinte et brune, se promène dans les bois près de la ville de Klingenberg en Allemagne de l'Ouest en 1953. Elle passe devant une sinistre maison abandonnée. D'une ouverture dont la porte pourrie pend, accrochée par des gonds rouillés, sort une vieille femme borgne. L'œil unique de la sorcière se pose sur le ventre de la femme enceinte et lui dit :

« Ton enfant sera pris par le Diable. »

La malheureuse femme s'enfuit, terrifiée. Ses cheveux bruns en désordre, dans un grand froissement de jupe, elle court à travers bois jusqu'à son mari, Joseph Michel.

Celui-ci, robuste et paisible, pêchait à la ligne. Il écoute attentivement sa femme. Voyant qu'elle a pris la chose au sérieux, il court à la recherche de la vieille femme. La maison existe, sinistre à souhait, mais nulle trace de la sorcière.

Joseph Michel, lui-même né à Klingenberg où il est établi depuis trente ans, riche propriétaire de scieries dans la région, ne la connaît pas. Pendant les jours qui suivent il procède à une enquête discrète, mais personne n'a jamais rencontré cet étrange personnage ni entendu parler d'elle.

Les mois ont passé. L'enfant naît. C'est une fille, Hildegarde, que ses parents prendront l'habitude d'appeler Anneliese. Elle est normale, et même pleine de santé. Mme et M. Michel, petit à petit, oublient l'étrange prédiction de la vieille femme borgne. Les années s'écoulent et d'autres enfants naissent dans cette famille prospère.

C'est durant l'été de 1969, lorsque Anneliese est âgée de quinze ans, que survient la première crise.

Sans prévenir, en regardant la télévision, la jeune Anneliese – une charmante adolescente aux longs cheveux bruns hérités de sa mère – tombe sur le sol, déchire ses vêtements, en gémissant dans une langue incompréhensible.

Puis, ce qui est loin de lui ressembler, car Anneliese est plutôt réservée, sous les yeux horrifiés de ses parents et de ses frères et sœurs, voici qu'elle se contorsionne en des poses volontairement obscènes.

Le lendemain, Anneliese est conduite chez un médecin à Klingen-berg qui la dirige sur un spécialiste des nerfs. Ce dernier pense qu'il s'agit de crises d'épilepsie et prescrit un traitement médical. Mais les crises continuent. Et chose curieuse elles n'ont jamais lieu au lycée où Anneliese est étudiante, ni même dans un endroit public. De sorte que la jeune fille termine ses études secondaires et entre à l'université, sans problème.

Malheureusement, le traitement médical ne fait aucun effet et comme les crises continuent, toujours plus nombreuses et plus fortes, Anna et Joseph Michel, les parents, ne sont pas d'accord avec les médecins. Leur entourage non plus. Chacun, prétendant avoir déjà vu des épileptiques, estime que les symptômes ne correspondent pas à ceux d'Anneliese.

S'il est vrai que les épileptiques tombent sur le sol et gémissent, ils ne prononcent pas comme Anneliese des paroles bizarres. Car lors de ses crises Anneliese parle, mais une langue étrange que ses parents ne comprennent pas. Peut-être est-ce du grec ou du latin, mais ni Anna ni Joseph Michel ne pourraient l'affirmer car ils n'ont pas une grande culture.

Le 14 septembre 1975 les parents se tournent alors vers l'église dont ils pensent que les prêtres sont plus compétents dans un cas semblable.

Le 1er juillet 1976, le docteur Martin Keller reste pétrifié en découvrant la malade qu'on lui présente.

Est-ce un être humain ? Oui. Est-ce une femme ? Seule la chevelure sombre et soyeuse, roulant sur l'oreiller, fournit la réponse : Oui, c'est une femme. Pour le reste le squelette est sec et cassant. S'agit-il d'une adulte, d'une adolescente ou d'une enfant ?

« Mais elle est morte ! s'exclame le docteur Keller. Elle est morte de faim ! Comment est-ce possible ?

— Elle n'a rien mangé depuis le Vendredi saint, répond Joseph Michel.

— Qui est-ce ?

— C'est notre fille. »

Le médecin, atterré, reste quelques instants silencieux, avec l'impression de vivre un cauchemar. Il a lu ou entendu raconter des histoires étranges mais il pensait qu'il s'agissait de romans et que cela ne lui arriverait jamais. Et puis voilà : il entre dans une villa, belle et confortable, appelé par des gens riches, des notables connus dans toute la région, jusqu'à Francfort. Et il trouve ça ! Vu l'âge des parents, la morte ne peut en aucun cas être une enfant.

« Quel âge avait-elle ?

— Vingt-trois ans.

— Comment en est-elle arrivée là ?

— Elle était possédée du démon, explique Joseph Michel.

— Qu'est-ce que vous me racontez ?

— Puisqu'on vous le dit, ajoute Anna Michel, le visage noyé de larmes. Le Diable était en elle. La mort l'a délivrée et maintenant elle est au ciel.

— Bon, bon. Moi je veux bien. Mais vous comprendrez que, dans de telles conditions, je ne puisse pas délivrer de certificat de décès !

— Alors partez, nous demanderons un autre médecin ».

Et Joseph Michel pousse vers la porte le docteur Martin Keller qui, toujours aussi ahuri, a haussé les épaules :

« Vous vous faites des illusions. Vous avez beau être des gens connus et fortunés, vous ne trouverez pas un médecin pour signer de certificat de décès. D'ailleurs, il est de mon devoir de signaler le cas à la police. Et l'on va certainement ouvrir une enquête. »

Anna et Joseph Michel ne répondent rien et le médecin se retrouve à l'air libre sous le soleil de juillet.

À peine vingt minutes plus tard, une équipe de policiers sous la direction d'un jeune commissaire à lunettes et à moustache blonde, flanqué d'un juge d'instruction à lunettes mais à moustache noire, fait irruption dans la villa. Anna et Joseph Michel les conduisent en pleurant vers la chambre où gît le cadavre recouvert d'une couverture.

Le commissaire à lunettes et à moustache blonde soulève la couverture et fait :

« Ah ! »

Le juge d'instruction à lunettes et à moustache noire fait :

« Oh ! »

La tête sur l'oreiller ressemble à un crâne momifié et la peau à du parchemin. Les yeux sont tellement enfoncés dans les orbites qu'on ne voit plus très bien s'ils sont ouverts ou fermés. Seule la chevelure sombre et soyeuse, comme l'avait remarqué le médecin, indique que cet être humain était une jeune fille.

Le commissaire et le juge d'instruction tournent l'un vers l'autre leurs lunettes et leurs moustaches : ils ont déjà vu des cadavres mais osent à peine toucher celui-là.

Le médecin légiste, bien qu'avec une certaine répugnance, vient à leur secours, manipulant délicatement le petit corps comme s'il s'agissait d'une ombre prête à s'évanouir.

« Elle doit faire dans les 30 kilos, dit-il, à peine.

— Est-ce que vous voyez des signes de violence ?

— Violence à proprement parler ? Non. Mais tout de même quelques griffures, sans gravité. Peut-être faites par la victime elle-même, notamment sur les parties génitales. Il y a aussi des marques profondes sur les poignets, sans doute parce qu'on a dû l'attacher. »

La moustache blonde du commissaire se tourne vers les parents :

« Qu'est-ce que cela signifie ? Elle était attachée ?

— C'était pour l'empêcher de se mutiler. »

C'est au tour de la moustache brune du juge d'instruction de se tourner vers Anna et Joseph Michel :

« Mais pourquoi ? Elle était folle ?

— Elle était possédée par le démon. »

Le commissaire et le juge d'instruction, ébahis, promènent dans la chambre leurs regards à lunettes. Ils voient un autel, un crucifix, des cierges, des rosaires.

Les deux hommes éprouvent la même impression : Anna et Joseph vivent dans un autre monde. Indiscutablement ils ressentent du chagrin devant la mort de leur fille mais n'en sont pas étonnés.

« Mais enfin... dit le commissaire. On dirait que tout cela vous paraît normal !

— On dirait que vous vous y attendiez ! » s'étonne le juge d'instruction.

Anna et Joseph Michel s'y attendaient en effet. Plus ou moins consciemment ils s'y attendaient depuis que, voici vingt-trois ans, sortant d'une maison abandonnée, une vieille femme borgne avait regardé le ventre d'Anna avec son œil unique et prophétisé :

« Ton enfant sera pris par le Diable. »

Au commissariat de police où ils sont conduits, Anna et Joseph Michel font une déposition qui va durer deux jours. Elle va mettre en cause beaucoup de personnes et déclencher un procès dont on parlera dans le monde entier.

Au cours du procès, au banc des accusés : Anna et Joseph Michel, respectivement cinquante-six et cinquante-neuf ans, et trois prêtres, les pères Ernest Alt, trente-neuf ans, et Wilhem Arnold Rentz, cinquante et un ans, le jésuite Adolf Rodewyk et l'évêque Josef Stangl. Ils sont accusés d'homicide par négligence sur la personne d'Anneliese, étudiante universitaire âgée de vingt-trois ans.

Mais derrière les accusés se profile une cohorte de personnages non impliqués par la justice, mais dont le rôle a été parfois déterminant.

On ne connaît rien du père Alt sinon la déclaration qu'il fait à la Cour lors du procès :

« Lorsque Anna et Joseph Michel sont venus me dire qu'ils avaient définitivement renoncé à guérir Anneliese par les moyens de la médecine, cela ne m'a pas étonné. J'avais toujours pensé qu'Anneliese n'était pas épileptique mais possédée par le démon.

— Sur quoi basiez-vous votre jugement ? demande le président du tribunal.

— Sur les récits que me faisaient Anna et Joseph Michel.

— Donc vous n'avez jamais assisté à aucune crise ?

— Non.

— De quoi était composé votre traitement ?

— De prières et de purifications.

— Il ne semble pas, remarque le président, que ces conseils aient été indispensables. Anneliese était une jeune fille très croyante dans une famille tout aussi croyante. Depuis sa plus tendre enfance elle possédait un autel pour ses dévotions et priait beaucoup, parfois cinq ou six heures par jour. Les prières n'ont donc pas été plus efficaces que le traitement médical. Anneliese continua à tomber sur le sol, à prendre des attitudes obscènes et à parler des langues étranges. Alors, en désespoir de cause, vous avez fait appel à un expert en la matière : le père jésuite Adolf Rodewyck, de Francfort, âgé de quatre-vingt-deux ans et auteur de deux livres sur la démonologie et la possession. »

Lorsque vient le tour du père jésuite d'être entendu par la Cour, le président lui demande : « Comment avez-vous su qu'Anneliese était possédée du démon ?

— J'ai demandé à Anna et Joseph Michel de présenter un crucifix à Anneliese lors de la prochaine crise et de noter sa réaction.

— Que s'est-il passé ?

— Anneliese s'est mise à gronder en voyant la croix. Elle grondait comme un loup, paraît-il. Et, pour la première fois, elle s'est mise à parler intelligiblement. Elle hurlait : Retirez ça ! Retirez ça ! »

Le diagnostic du jésuite fut sans appel : Anneliese était possédée par un ou plusieurs démons. Il fallait donc l'exorciser. La machine se mit en route. D'abord il convenait d'en appeler aux autorités compétentes. Monseigneur Josef Stangl, évêque de Würzburg, mis au courant des faits, donna son accord pour le grand exorcisme et chargea le père Arnold Rentz de procéder à la cérémonie avec l'assistance du père Ernest Alt.

Anneliese et ses parents ayant donné leur accord, l'exorcisme commença le 14 septembre 1975 et dura jusqu'en juin 1976. Toutes les séances furent enregistrées sur magnétophone, soit 43 bandes et 86 heures d'enregistrement.

Selon le père Arnold Rentz et le père Ernest Alt il y avait au moins six démons qui, tour à tour, possédaient Anneliese et s'exprimaient par sa bouche. Mais leurs langages étaient bien différents.

Le premier était Lucifer. Il crachait sur le crucifix, hurlait sous l'eau bénite et faisait aux prêtres des propositions malhonnêtes. Néron s'exprimait dans un vieux latin qu'Anneliese, paraît-il, ne connaissait pas. Il était aussi très intéressé par les activités sexuelles dont il parlait abondamment.

Le troisième démon, Caïn, semblait plus féru de violence et décrivait avec force détails les tourments qui attendaient dans l'enfer Anneliese, ses parents, les deux prêtres, leurs amis et parents. Il imitait à la perfection les voix de personnes parfois mortes depuis longtemps, affirmant que tout ce monde rôtissait déjà en enfer.

Judas, quatrième démon, ne parlait pas souvent. Lorsqu'il le faisait, c'était pour se plaindre : 30 pièces d'argent, c'était peu, et il voulait une compensation. Toutefois c'était pendant les manifestations de Judas qu'Anneliese avait ses plus grandes convulsions ; avec Judas sa voix devenait grave et basse, tout à fait différente de la sienne. Il semblait paraît-il impossible qu'elle puisse venir de la gorge fragile d'une jeune fille de vingt-trois ans.

Par contre, la voix du père Fleischmann était la plus haute. Si tous les démons étaient très connus, Fleischmann, lui, ne l'était pas. Seul le père Arnold Rentz fut capable de l'identifier. En 1563 ce prêtre-démon avait assassiné sa maîtresse : il fut défroqué, excommunié, pendu, écartelé et selon toute vraisemblance jeté en enfer. Les traitements qu'il y recevait n'avaient pas diminué ses ardeurs sexuelles car son langage était affreux. D'après les deux prêtres, non seulement il s'exprimait dans une forme archaïque d'allemand que personne ne parlait depuis longtemps, mais il était difficile de comprendre comment la prude Anneliese avait pu apprendre de telles horreurs.

Pour les pères Rentz et Alt, il n'y avait rien d'étonnant à tout cela, puisque les démons parlaient par la bouche d'Anneliese.

Le sixième démon était Adolf Hitler. Il annonçait toujours sa présence par le salut nazi et était très calé en politique. Les parents d'Anneliese se souvenaient très bien des discours d'Hitler et c'était bien sa voix qui passait par la bouche de leur fille.

Pendant les neuf mois que dura l'exorcisme, l'état de la jeune fille empira. Les crises devinrent plus fréquentes et plus graves, le langage de plus en plus affreux, les blasphèmes succédèrent aux blasphèmes et les actes sexuels devinrent si graves qu'il fallut attacher Anneliese.

À partir de ce moment, les prêtres virent les stigmates apparaître sur les pieds et les poignets d'Anneliese.

Si la lutte était épuisante pour les exorcistes, elle l'était aussi pour la jeune fille ; déchirée par des forces qui tordaient son corps et son esprit, Anneliese criait parfois : « Je n'en peux plus, je n'irai pas plus loin. »

Nul ne peut donner une explication à ces mots. Par moments, Anneliese était parfaitement consciente et désirait coopérer. Entre ses crises elle priait, demandait sa délivrance avec l'aide de Dieu.

L'aide ne vint pas. La vue d'un crucifix déclenchait des crachats, des vomissements et un flot de paroles en langue archaïque. Plus les mois passaient et plus Anneliese s'affaiblissait. Les démons, eux, se portaient de mieux en mieux. Chaque fois ils semblaient se battre entre eux. Alors les convulsions d'Anneliese étaient terribles à voir.

Le Vendredi saint du 16 avril 1976, Anneliese Michel refusa de manger puis de boire, et le 30 juin elle mourut, enfin délivrée.

Pour la loi, le cas était des plus clairs : Anna et Joseph Michel, les pères Arnold Rentz et Ernest Alt étaient coupables d'homicide par négligence : ils avaient laissé mourir Anneliese sans soin. Au point de vue de l'éthique, cela était largement différent : tous avaient agi au mieux de ce qu'ils pensaient être l'intérêt de la jeune fille. Lorsque la question fatale fut posée : l'exorcisme avait-il tué Anneliese ? d'éminents médecins affirmèrent qu'Anneliese devait être épileptique, mais reconnurent ensuite qu'ils n'avaient jamais vu la jeune fille. Des psychiatres et des psychanalystes affirmaient qu'elle souffrait d'une lutte interne, entre ses sentiments religieux et son sentiment de culpabilité né d'un intérêt coupable dans la personne du Christ. Selon certains, et cela paraît évident, le terrain de cette psychose avait été largement préparé par une névrose familiale, comme en témoigne l'apparition de la sorcière. Peut-être une longue psychothérapie aurait-elle pu guérir Anneliese, mais il s'agit là d'un traitement dont aucun des accusés n'avait ni la connaissance ni même la compréhension. Quoi qu'il en soit, une bonne et simple médecine aurait pu au moins l'empêcher de mourir de faim.

Les tribunaux allemands n'ayant jamais reconnu l'existence des démons, Anne et Joseph Michel ainsi que les deux prêtres furent condamnés à quatorze mois de prison. Le jésuite qui avait diagnostiqué la possession et l'évêque qui avait permis l'exorcisme ne furent pas condamnés.

Mais personne ne fut satisfait du verdict et le débat dure encore. Vers le début de 1978, une religieuse subit à son tour des crises de possession durant lesquelles elle affirma que le corps d'Anneliese serait retrouvé intact dans sa tombe. Sous la pression de certains croyants et des défenseurs des accusés, il fallut procéder à l'exhumation. Le 25 février 1978, le cercueil d'Anneliese fut donc ouvert. Ce n'était qu'une masse informe en putréfaction. Que les hommes se prennent pour Dieu ou Diable, ils ont du mal à retourner à la poussière originelle.

La protection

Le cœur battant, Corrado Barone se dresse brusquement sur son lit. Il vient d'entendre un cri, et il ne s'agit pas d'un cri lointain, mais tout proche. Comme s'il provenait de la maison même. Corrado Barone tend la main, cherche à tâtons le bouton qui commande la lumière de sa table de nuit et allume. Son réveil indique 23 heures 30. Corrado Barone, qui est grutier sur le port de Gênes, doit se lever à cinq heures demain. Il ne tient donc pas à passer une nuit blanche. Il éteint, donne un grand coup-de-poing dans son oreiller et se rendort.

Dans ce triste quartier où s'entassent en désordre quelques centaines de villas qui semblent avoir poussé là par hasard, aucun bruit, sinon une chouette et quelques aboiements de chiens. Mais au n° 8 de la rue Scipion-l'Africain, dans la chambre qu'il a louée voici deux semaines, Corrado Barone est à nouveau réveillé en sursaut.

« Zut ! Qu'est-ce que c'est encore ? »

Le grutier, assis sur son lit dans l'obscurité, a cru entendre un hurlement de douleur, et il perçoit maintenant des gémissements plaintifs.

« C'est gai... Qu'est-ce que ça peut être ? Aucun doute, c'est dans la maison. »

La chambre qu'il occupe est contiguë aux autres pièces qu'occupe la propriétaire, une vieille dame de soixante-treize ans.

« Ce n'est tout de même pas elle qui crie comme ça ! » grogne le grutier.

Il s'allonge, donne à nouveau un grand coup-de-poing dans son oreiller. Se souvenant que la vieille dame héberge en ce moment une fille mariée, mère de trois jeunes enfants, il pense que ces plaintes échappent à l'un des petits, soumis à une rude correction maternelle.

Après tout, ce n'est pas si grave, ça ne le regarde pas, et ça ne doit pas l'empêcher de dormir. Il se rendort donc.

La Sûreté Générale de Gênes a l'air d'un commissariat de police de romans-photos. Il y a, cette année-là, des classeurs poussiéreux et des archives empilés jusque dans les couloirs. Mais le bureau du commissaire Pierangeli, où pénètre Corrado Barone, est net, impeccable et rutilant.

Le commissaire Pierangeli, costume bleu croisé à rayures blanches, cravate bordeaux, grosses lunettes d'écaille, cheveux tellement bien cirés et ondulés qu'on croirait une perruque, a l'air lui aussi de sortir d'un roman-photos. Il regarde s'avancer l'ouvrier endimanché au visage massif sous des cheveux en brosse, qui tourne entre ses mains une casquette flasque.

« Eh bien parlez, monsieur Barone, dit-il d'une belle voix grave. Je vous écoute.

— Oui, monsieur le Commissaire... Voilà... C'est pas facile à expliquer... »

C'est bien la première fois de sa vie que le grutier entre dans les bureaux de la police. Il est ému, et à présent qu'il est devant le commissaire, il a un peu peur d'être considéré comme un délateur. Pourtant, il faut qu'il parle. Il doit parler. Tout cela se lit sur son visage. Le commissaire Pierangeli, lui, semble tellement à l'aise dans son personnage de roman-photos qu'on croirait voir une bulle s'élever au-dessus de sa tête lorsqu'il parle. Dans cette bulle il y aurait écrit :

« Votre confusion même, monsieur Barone, prouve que vous êtes un honnête homme... Alors parlez en confiance, je vous guiderai. »

Tout en s'asseyant sur la chaise que lui désigne le commissaire, le grutier tente de s'expliquer :

« Voilà, monsieur le Commissaire... Ça fait bientôt deux semaines que j'ai loué une chambre chez Mme Gilia, 8 rue Scipion-l'Africain. À côté, il y a plusieurs pièces qui sont occupées par la propriétaire et depuis quelques jours, par sa fille. Remarquez, c'est une vieille dame, plutôt gentille... pas commode, mais gentille...

— Et alors ?

— Eh bien, ça fait déjà plusieurs nuits que j'entends des cris.

— Des cris ? Et souvent ?

— Presque toutes les nuits.

— Quel genre de cris ?

— Des cris de douleur, ou des gémissements.

— Et vous dites qu'il n'y a qu'une vieille dame et sa fille ?

— Oui, monsieur le Commissaire, mais il y a aussi trois enfants.

— Ah bon ! Vous m'en direz tant.

— C'est tout de même bizarre, monsieur le Commissaire. C'est pas des cris normaux.

— Vous pensez que les enfants sont maltraités ?

— Je ne sais pas, mais peut-être que c'est ça, monsieur le Commissaire. »

Des dénonciations de bourreaux d'enfants plus ou moins imaginaires, le commissaire Pierangeli en entend tous les jours, aussi est-ce avec une certaine désinvolture qu'il se lève et congédie le grutier :

« C'est bon, monsieur Barone, je vais faire procéder à une petite enquête. Est-ce que ces gémissements vous empêchent de dormir ?

— Oui... Mais parce qu'il n'y a pas que des gémissements ; il y a aussi des cris.

— D'accord, nous verrons ça. Mais je vous préviens : si l'enquête s'avère négative, vous ne pourrez rien faire. Ces gens sont chez eux. Si vous ne pouvez pas dormir, il faudra déménager. »

Le grutier a l'impression que sa visite n'a été qu'un coup d'épée dans l'eau, et se retrouve dans la rue comme il était venu.

Le commissaire Pierangeli ordonne pourtant une petite enquête discrète. Tellement discrète que le carabinier quinquagénaire et chauve qui en est chargé n'entre même pas dans la maison. Il se contente d'échanger quelques mots avec Mme Gilia et sa fille sous un prétexte anodin, dans la cour minuscule où s'égouttent des draps tendus sur un fil, tandis qu'un chat noir se faufile entre les flaques.

La vieille Mme Gilia, chevelure blanche et robe noire, est dignement assise dans un fauteuil, devant une fenêtre dont les volets fermés ne doivent pas s'ouvrir souvent.

Sa fille, d'une trentaine d'années, brune et plantureuse, tient dans ses bras une fillette aux joues roses. Deux bambins, que le carabinier juge fort bien tenus, jouent sur le pas de la porte avec des jouets qui semblent quasiment neufs.

Les trois enfants semblent gais et bien nourris. Aucun d'eux ne présente la moindre contusion, pas la plus petite égratignure.

De retour au commissariat, le rapport du carabinier peut se résumer en quelques mots :

« Les enfants sont bien soignés, certainement pas maltraités. Ce M. Barone a des visions. C'est vrai qu'il s'agit d'un célibataire. Il ne sait pas ce que c'est que d'avoir trois enfants. »

Pourtant, le jour approche où le grutier Corrado Barone va recevoir un choc.

Ce matin-là, le brave homme, qui doit partir pour quelques jours dans son village natal, entre à l'improviste chez sa propriétaire pour payer le loyer. Les trois enfants sont partis avec leur mère. Tandis qu'il compte ses billets sur la table de la salle à manger, la vieille Mme Gilia semble pressée d'en finir :

« Laissez ça, dit-elle. Je les compterai moi-même. Je vous fais confiance. »

Comme d'habitude, son ton est impératif. Dans son visage sévère, le regard des yeux noirs encore vifs se dirige plusieurs fois vers une porte fermée que Corrado distingue dans un recoin obscur de la pièce et d'où semble provenir un certain bruit.

Soudain, cette porte grince sur des gonds rouillés, laissant apparaître une silhouette épouvantable.

Une créature humaine ? Oui, c'est une créature humaine, ce squelette aux yeux morts dans des orbites enfoncées. Une créature humaine qui palpe ce qui l'entoure avec des mains maigres et si noires que la simple idée qu'elles puissent le toucher fait frissonner le grutier.

Cheveux et barbe hirsutes, le fantôme s'avance, plutôt se traîne, vers Mme Gilia et son locataire, bégayant d'une voix éteinte, dans un souffle à peine perceptible :

« J'ai faim... j'ai faim... »

Il ne va pas bien loin, ce fantôme. Mme Gilia se saisit aussitôt d'un énorme bambou et le chasse comme une bête. Alors jaillissent ces mêmes cris de douleur, ces mêmes plaintes inhumaines qui traversaient comme des cauchemars les nuits du grutier.

Mme Gilia pousse le fantôme dans les ténèbres à l'intérieur de la pièce et referme la porte dans le grincement des gonds rouillés.

Comme Corrado Barone, la bouche ouverte, s'apprête à la questionner, elle lui dit d'un ton sans réplique :

« Ne vous occupez pas de ça !... Au revoir, monsieur Barone. »

Au nº 8 de la rue Scipion-l'Africain, un homme de quarante ans descend de voiture, avec un costume croisé impeccable, des cheveux ondulés bien cirés, des lunettes d'écaille, tous accessoires réunis, semble-t-il, par le régisseur d'une équipe de roman-photos pour en habiller son héros : le commissaire Pierangeli.

Il est accompagné de deux inspecteurs et d'un représentant des services sociaux.

La porte de la maison est entrouverte. Il n'y a qu'à la pousser du pied pour entrer dans une pièce aux murs enduits d'une peinture sombre mais propre. Au plafond bas pendent deux rouleaux de papier tue-mouches.

Deux femmes sursautent en voyant entrer ces quatre hommes à l'allure décidée. L'une, brune et opulente, épluche des légumes ; l'autre, mince et blonde, donne le sein à un bébé.

« Qui êtes-vous ? demande le commissaire Pierangeli.

— Mais... nous sommes les filles de Mme Gilia.

— Et où est votre mère ?

— Elle vient de sortir pour faire des courses. »

Le regard inquisiteur du commissaire Pierangeli parcourt la pièce et s'arrête dans le coin obscur sur une porte hermétiquement close.

L'opulente brune prévient la demande du policier :

« Cette partie de la maison n'a que trois pièces : celle-ci, une chambre, et... »

Elle hésite. Le commissaire répète :

« Et ? »

La jeune femme montre du doigt la porte close.

« Voulez-vous m'ouvrir cette porte ? »

Le ton du commissaire est aimable mais il s'agit bien d'un ordre.

La jeune femme hésite, visiblement troublée :

« C'est que...

— Je vous demande d'ouvrir immédiatement cette porte.

— Obéis, Micheline », conseille à sa sœur la petite blonde.

Micheline se saisit alors d'une énorme clef, la tourne péniblement dans la serrure et s'efface.

Ce n'est qu'après une forte poussée de l'un des inspecteurs que le battant tourne dans son habituel grincement de gonds rouillés.

Le commissaire Pierangeli s'enfonce alors dans ce trou noir, d'où monde une odeur si nauséabonde qu'il a un geste de recul.

« Éclairez-moi, s'il vous plaît. »

Dans le réduit, le briquet d'un inspecteur jette brutalement une lumière tremblotante sur les murs et sur les croisées de l'unique fenêtre barricadée et presque invisible sous une couche épaisse de poussière.

Puis, tout d'un coup... sur un grabat pourri... la vision atroce : squelette vivant, avec des os qui semblent vouloir transpercer la peau, il est bien tel que l'a décrit le grutier Corrado Barone. Une sorte de cadavre vivant, aux yeux morts, enfoncés dans leurs orbites, cheveux et barbe hirsutes, collés de crasse.

L'être, tout d'abord, n'a pas une réaction. Nu, accroupi dans un coin, sa tête repose dans un trou creusé dans le mur. L'enquête révélera que ce trou a été fait au long des heures, au long des jours, des mois, des années par le grattement de ses ongles.

Puis, dans la lueur du briquet, le commissaire Pierangeli voit ce fantôme se contracter, relever lentement les bras au-dessus de sa tête et les replier pour se protéger, comme s'il s'attendait à recevoir des coups.

Le commissaire Pierangeli sort un instant du réduit pour reprendre une bouffée d'air :

« Venez nous aider, dit-il aux deux hommes qui attendaient debout à côté des deux jeunes femmes. Nous allons le transporter dans la chambre. »

Puis il se tourne vers la petite blonde et l'opulente brune :

« Préparez la chambre, et préparez-vous aussi à répondre à mes questions. »

Avec une douceur inattendue chez des policiers, ils soulèvent le malheureux. Mais aussi doux que soient leurs gestes, de la bouche décharnée aux lèvres pâles et sèches s'échappent des gémissements, comme les plaintes d'un petit enfant.

Le voici maintenant allongé sur le lit de la chambre, long et mince, sur l'édredon moelleux où il semble flotter, dessinant autour de lui un petit ourlet, comme fait une aiguille lorsqu'elle flotte sur un verre d'eau. À le voir dans la lumière du jour, il y aurait presque de quoi fuir d'épouvante, comme a fui le témoin Corrado Barone. Le commissaire Pierangeli se penche sur lui :

« Vous m'entendez ? »

La voix est blanche, grêle, incertaine.

« Oui, je vous entends. »

Plus tard, l'enquête établira qu'il fallait que l'homme entende et même qu'il entende bien : son réduit est infesté de rats qu'il devait entendre, faute de les voir, pour ne pas être mordu.

« Vous souffrez ? demande le commissaire.

— J'ai faim... J'ai faim. »

Aux deux sœurs muettes et pâles qui se tiennent à la porte de la chambre, le commissaire demande des aliments.

« Apportez du lait et du pain... Il doit bien y en avoir à la cuisine. »

Quelques instants plus tard, le malheureux engloutit avidement la tranche de pain trempée dans du lait que l'un des policiers a portée à sa bouche.

« Quel âge avez-vous ?

— Je ne sais pas. »

Le commissaire s'adresse alors aux deux sœurs. C'est la petite blonde qui répond.

« Il a trente-huit ans.

— C'est un parent à vous.

— C'est notre frère.

— Bravo ! Et ça fait combien de temps qu'il vit enfermé là-dedans ? »

Cette fois c'est le misérable lui-même qui répond :

« Oh, ça fait longtemps. Depuis toujours. Depuis que je suis devenu aveugle. »

Devant le regard du commissaire, l'opulente brune explique :

« Umberto a perdu la vue à la suite de la variole, lorsqu'il avait sept ans. »

Les quatre hommes ont le même sursaut effaré.

« Lorsqu'il avait sept ans ? Il serait là-dedans depuis trente et un ans ? »

Sans qu'on sache pourquoi, Umberto se met à rire. Le rire est le propre de l'homme et Umberto est un homme, donc il sait rire. Mais il a ses raisons à lui, ce qui le fait rire ne fait pas rire les autres et vice versa. Son rire est atroce : une sorte de grimace muette, qui laisse voir ses dents noires et secoue ses flancs creux de petits soubresauts.

« De temps en temps, dit-il en hoquetant, maman pense que je suis là et me jette un morceau de pain. Des fois, elle n'y pense pas. J'ai beau appeler, crier, personne ne m'entend. Ou alors si maman m'entend, elle vient me battre avec un bâton. »

Et c'est fini. Épuise par ce rire homérique, Umberto retombe dans une profonde léthargie, et le commissaire ne peut plus en tirer un mot.

L'ambulance vient d'emporter Umberto Gilia. Micheline, l'opulente brune, en sanglotant, tente d'expliquer, d'excuser l'inexcusable :

« Il faut que je vous dise d'abord, monsieur le Commissaire, que maman est très pauvre et que ma sœur et moi nous ne vivons pas avec elle. Je ne suis revenue qu'il y a un mois, lorsque mon mari est mort.

— La pauvreté n'excuse pas une séquestration de trente et un ans ! C'est inimaginable. Expliquez-vous !

— Mon frère est devenu aveugle à l'âge de sept ans et puis, il était un peu simple. À l'époque, un docteur avait conseillé à nos parents de le faire admettre dans une maison pour attardés. Mais maman s'est opposée à son internement. Elle ne voulait pas être privée de son fils, même aveugle. Elle disait : « Si je n'ai qu'un morceau de pain je le partagerai avec lui. »

— Curieuse façon de partager le morceau de pain ! Et ça n'explique toujours pas la séquestration.

— Mais, Commissaire, s'il couchait dans cette pièce, c'était pour qu'il échappe aux moqueries des enfants ou à la curiosité des gens du quartier qui le regardaient comme un phénomène de foire.

— C'est vrai, intervient la petite blonde qui berce doucement son bébé dans les bras. Il ne faut pas croire, maman aimait beaucoup Umberto. Du moins elle l'a aimé longtemps. Et puis...

— Et puis quoi ?

— Ça ne s'explique pas, monsieur le Commissaire. Ça se comprend, mais ça ne s'explique pas.

— Parce que vous trouvez cela normal ?

— Moi ? Pas du tout ! Mais je ne vis pas avec ma mère. Si je suis là, c'est parce que nous devions mettre au point la communion de ma nièce. Je ne vois presque jamais mon frère. D'ailleurs il ne sait même pas que je suis sa sœur. Lorsque je rends visite à ma mère, elle trouve toujours une raison pour le laisser enfermé dans son réduit. Les rares fois où je l'ai aperçu, c'est pour l'entendre réclamer à manger. Comme un jour je m'étonnais qu'il soit si maigre, elle m'a répondu qu'elle lui donnait suffisamment à manger : s'il était aussi maigre, c'est parce qu'il était déréglé mentalement. Malgré tout, je lui ai apporté quelquefois des pâtes et du raisin que j'ai tenu à le voir manger devant moi. Je dois dire qu'il mangeait comme un affamé.

— Mais pourquoi n'avez-vous jamais essayé de le sortir de là ?

— Mais souvent j'ai conseillé à mes parents de le mettre dans un hospice ou dans une maison de santé. Ma mère a toujours répondu qu'elle ne se séparerait de son fils qu'à sa mort. Qu'est-ce que je pouvais faire de plus ? On voit bien que vous ne connaissez pas ma mère. Même mon père a toujours dû lui céder. »

À l'hôpital, on allonge Umberto sur un lit frais et blanc. Il reprend ses esprits pour supplier :

« Dites, vous ne me ferez pas retourner chez maman. Je ne veux pas retourner chez maman ! »

Au n° 8 de la rue Scipion-l'Africain surgit alors une femme de soixante-treize ans, à la robe noire et aux cheveux blancs, dont le visage sévère pâlit en découvrant quatre policiers dans sa maison. Elle retient à l'extérieur les trois bambins qui l'accompagnaient dans ses courses. Son regard encore vif s'arrête sur la porte ouverte dans le recoin obscur :

« Où est Umberto ? Qu'est-ce que vous avez fait à Umberto ?

— Il est à l'hôpital, Madame, répond le commissaire Pierangeli, et vous êtes accusée de l'avoir séquestré pendant trente et un ans... »

Un flot de larmes, une bouffée de rage, montent au visage de la vieille dame qui, brusquement, hurle :

« Protégé, Monsieur ! Protégé pendant trente et un ans ! »

Et elle n'en démordra pas.

Dieu, ma patrie et mon droit

Une nuit de novembre 1943, dans un petit appartement sombre et calme de Southampton, se tient une jeune femme à la coiffure blonde et architecturale. Car il est de mode à l'époque d'avoir les cheveux genre pièce montée. La jeune femme pose près de la porte d'entrée une petite valise et ses chaussures. Puis à pas de loup elle entre dans la chambre de Molly sa petite fille de quatre ans, se penche sur son lit et l'embrasse tendrement.

L'enfant s'éveille :

« Où vas-tu, maman ? »

La jeune femme réprime un sanglot :

« Dors, mon chéri... Et ne t'inquiète pas... Papa reste là... Moi je vais faire une course. »

C'est une drôle de course. La jeune femme qui s'appelle Beatrice Corcocan sort de la chambre, essuie les larmes qui coulent sur son visage, se chausse, prend sa petite valise et s'en va. Elle ne va pas loin : un train l'emmène dans une ville voisine où elle s'installe seule dans une chambre d'hôtel.

Voici maintenant le héros de cette histoire. C'est un petit bonhomme : une sorte de John Wayne en miniature. Costaud, viril, un beau visage sympathique, des yeux vifs un peu malicieux et une tignasse rousse.

Comme John Wayne, il est irlandais. Ce détail est essentiel dans cette affaire. Et comme John Wayne, c'est un calme : un solide père tranquille.

Lorsqu'il monte l'escalier ce soir-là il ne se doute pas une seconde de ce qui l'attend. Son ménage avec Beatrice a jusqu'alors été parfaitement heureux. Leur petite fille Molly est intelligente et pleine de santé. Seul point noir : Beatrice. Comme tant d'autres femmes anglaises (car s'il est irlandais elle est anglaise) Beatrice, depuis quelques semaines, est triste et abattue. Généralement bouillante, elle paraît avoir perdu sa vigueur. Un ami médecin consulté a diagnostiqué une de ces déconcertantes dépressions nerveuses si courantes en Angleterre à la fin de la guerre.

Toujours est-il que la stupeur de Dennis Corcocan est énorme lorsqu'il trouve sur la table de la salle à manger ce petit mot : « Pardonne-moi, Dennis. Je suis partie. Je n'en pouvais plus. »

Il se précipite dans la chambre de l'enfant qui s'éveille et lui explique :

« Maman est partie faire une course. »

Ce que l'enfant a déjà entendu une fois.

Le lendemain matin, toujours sans nouvelle de sa femme, Dennis Corcocan mène une petite enquête qui le conduit très vite dans l'hôtel lugubre d'une petite ville voisine.

« Beatrice Corcocan... Beatrice Corcocan... (Le concierge de l'hôtel cherche dans son livre...) Oui, elle a dû arriver cette nuit. Chambre 212. »

Dennis frappe à la porte :

« Entrez... » répond la voix de Beatrice.

Seule la haute chevelure blonde de Beatrice dépasse du dossier de l'immense fauteuil qui est tourné vers la fenêtre.

« C'est toi, Dennis ?

— Oui.

— Je me doutais bien que tu viendrais. »

Dennis Corcocan s'avance pour découvrir les yeux gris de sa femme qui, rêveusement, regarde la mer.

« Qu'est-ce qui se passe ? Qu'est-ce qu'il y a, Beatrice ?

— J'avais besoin d'être seule... »

Bien que placide Irlandais, Corcocan ne peut se contenter de cette réponse. Il insiste pour avoir des explications qu'il n'obtient pas. Alors il supplie Beatrice de revenir à Southampton. Si ce n'est pour lui, au moins qu'elle fasse cela pour l'enfant.

Rien à faire, répond Beatrice. Peut-être plus tard. Pour le moment elle a besoin de solitude.

Le 24 décembre, il pleut sur Southampton tout le jour et toute la nuit. Beatrice, soudain, se demande ce qu'elle fait la nuit de Noël seule dans une chambre d'hôtel au lieu d'être près de sa fille.

Impulsive elle boucle sa valise et saute dans le premier train au petit matin. Elle arrive à Southampton dans la gare déserte et se fait conduire chez elle.

Une terrible surprise l'attend : la maison est vide. Elle interroge les voisins qui lui apprennent que son mari Dennis est parti l'avant-veille avec Molly leur petite fille pour Bishopswood en Irlande. Il a déclaré qu'il allait passer les fêtes chez sa mère.

Jusque-là rien encore d'extraordinaire, rien d'irrémédiable, tout pourrait s'arranger... Seulement voilà... Il y a maintenant un troisième personnage dans cette affaire : Mary Corcocan, la mère.

Le 26 décembre, la bouillante Beatrice, le cœur battant, les bras chargés de cadeaux, traînant derrière elle un landau de poupée, descend d'un taxi dans le village irlandais de Bishopswood.

La maison ancestrale des Corcocan est une vieille bâtisse de pierre au toit de bois manifestant une fâcheuse tendance à s'affaisser tel un vieux chapeau de feutre tiré vers le sol par les lianes d'un lierre sinistre qui l'assaille de toutes parts. Par contre, chaque fenêtre est égayée de pots de fleurs soigneusement peints en vert où dès le printemps doivent fleurir des géraniums.

Dès la porte ouverte, la petite Molly, ravie, court vers Beatrice.

Paraît alors Dennis : il a l'air sévère mais il est pâle, c'est normal. Beatrice est certaine que le malentendu va s'éclaircir.

« Pardonne-moi, Dennis... Je t'en prie... Pardonne-moi. »

Encore sur le pas de la porte, elle tente d'expliquer tant bien que mal l'espèce de folie qui s'est emparée d'elle il y a deux mois. Elle est certaine que Dennis va comprendre. Il comprend sans doute puisqu'il dit :

« Entre. »

Mais lorsqu'il s'efface pour la laisser passer, Beatrice découvre Mary Corcocan raide au milieu de la pièce.

Mary Corcocan est aussi sèche que le jambon qu'on aperçoit pendu au plafond près de la cheminée. Au milieu du visage maigre, osseux et ridé, des yeux vert clair. Sur les joues et le nez, une poignée de taches de son que la main du Seigneur lui a jetée en pleine figure le jour de sa naissance. Car le Seigneur est responsable de tout, ici-bas. Du bonheur qu'il envoie pour vous récompenser comme des malheurs dont il vous frappe pour vous punir ou pour vous éprouver. C'est l'avis de Mary.

Ce fut sans doute une punition pour elle que son fils bien-aimé, irlandais et catholique, ait épousé une Anglaise protestante.

Mais ce fut pour l'éprouver certainement que Dieu voulut que cette femme refusât d'élever Molly dans la foi catholique : de toute sa vie Mary Corcocan n'a pu commettre suffisamment de péchés pour mériter un tel châtiment.

Elle s'écarte de trois pas lorsque sa belle-fille entre, comme si elle avait la peste. Lorsque Beatrice veut l'embrasser elle tend une joue si froide et se retire si vite qu'on pourrait croire qu'elle l'a brûlée.

Lorsque la petite Molly ouvre les paquets de ses cadeaux, Mary Corcocan ramasse au fur et à mesure, et sans un mot, la ficelle et les papiers qu'elle replie soigneusement car comme toute le monde dans ce village elle est pauvre et comme tout le monde économe.

Ces jouets, elle les regarde avec un rien de répugnance. Ce sont les fruits du péché puisque Beatrice les offre pour se faire pardonner. Mais si Molly, la pauvre enfant, pardonne, si son fils pardonne parce qu'il est trop brave, elle, Mary Corcocan, ne pardonnera pas.

C'est ce qu'elle crie le lendemain, à l'issue d'une scène orageuse :

« Partez ! Mais partez donc ! Je ne demande que ça ! Mais partez seule ! Ce que vous avez fait ne se pardonne pas. »

Beatrice reprend donc seule le chemin de l'Angleterre avec la conviction que son mariage est à jamais rompu.

C'est alors qu'intervient l'homme de loi. Dans un cabinet qui enferme, entre ses quatre murs bourrés de livres poussiéreux, toute la science juridique du monde depuis la nuit des temps, l'avocat rondouillard regarde sa cliente d'un air vicieux.

Ce n'est pas l'expression du désir brutal et vulgaire qu'il pourrait ressentir devant une jolie femme, non, c'est la joie libidineuse de l'homme de loi qui vient d'imaginer un coup joliment tordu.

« Si Corcocan... explique-t-il d'une voix légèrement zozotante, avait demandé le divorce lorsque vous étiez seule dans un hôtel en Angleterre, il aurait obtenu tout ce qu'il aurait voulu. Mais vous êtes revenue sans qu'il ait rien fait auprès de la justice. Donc, maintenant, juridiquement, c'est lui qui vous chasse ! »

L'avocat réfléchit encore :

« Bishopswood, c'est riche ou c'est pauvre ?

— C'est un village très pauvre.

— Est-ce qu'il y a une école ?

— Elle est assez loin... Et c'est une toute petite école.

— Donc, nous pourrions prouver que vous êtes en mesure de donner à votre enfant une meilleure éducation que celle qu'elle recevrait à Bishopswood. Je vous conseillerai donc de porter tout de suite l'affaire devant les tribunaux. Vous êtes sûre d'obtenir la garde de votre petite fille. »

Si l'avocat connaissait la suite il ne frotterait pas ses mains, satisfait, en voyant partir sa cliente.

Devant le tribunal, quelques semaines plus tard, l'avocat rondouillard et zozotant acquiert par la vertu de sa robe noire et de sa perruque une certaine prestance.

« Certes ma cliente, les nerfs ébranlés par la guerre, a connu un moment d'égarement. Mais reconnaissez, Votre Honneur, qu'il a été court et qu'elle s'est tout de suite ressaisie. Par contre vous allez décider maintenant de toute une vie : celle de ma cliente bien sûr mais surtout celle de son enfant. »

Là-dessus l'avocat évoque ce que pourrait être l'atroce existence d'une délicate fillette anglaise, privée d'une sage maman protestante, dans le cadre brutal d'un village irlandais et catholique.

Devant de tels arguments, un juge anglais n'a plus à réfléchir, à discuter, à juger même. L'affaire est entendue. Il accepte le divorce. L'enfant sera confiée à Beatrice, et Dennis Corcocan, qui devra lui verser une pension, est condamné aux frais du procès.

Corcocan, le placide, contre-attaque en s'adressant aux tribunaux irlandais. Il fait valoir que sa femme, qui de son aveu même n'a jamais rien eu à lui reprocher, a bel et bien quitté le domicile conjugal et abandonné son enfant. Cette fois c'est à lui que la justice irlandaise donne gain de cause.

Beatrice accourt en Irlande et fait appel devant la justice irlandaise. Elle est déboutée par les tribunaux irlandais qui confirment leur premier jugement.

La bouillante Beatrice fait appel une seconde fois : mais les tribunaux irlandais décident pour la troisième fois que l'enfant appartient à Dennis Corcocan.

C'est alors que l'affaire va prendre un tour inattendu : Dennis Corcocan, fort de l'arrêt rendu par la justice irlandaise, confie définitivement la petite Molly à sa mère, et retourne travailler en Angleterre.

Quelle erreur ! Pour des cas de ce genre, aucun accord n'existe entre les justices anglaise et irlandaise. Pour la justice anglaise les arrêts rendus en Irlande sont sans valeur.

Des messieurs en imperméable et chapeau mou attendent donc Dennis lorsqu'il descend la passerelle du bateau :

« Vous êtes Dennis Corcocan ?

— Oui.

— Vous êtes arrêté.

— Arrêté, moi ? Qu'est-ce que j'ai fait ?

— Vous êtes arrêté pour "mépris du Tribunal".

— Quel tribunal ?

— Vous contrevenez au jugement de la justice de Sa Majesté puisque vous ne restituez pas votre fille Molly à sa mère à la garde de laquelle elle a été confiée. »

C'est ainsi que le placide Dennis Corcocan se retrouve en prison.

Évidemment, il y aurait pour Dennis Corcocan un moyen de recouvrer sa liberté, ce serait de reconnaître sa faute et de restituer l'enfant, ce qu'en bon Irlandais têtu il refuse.

Lorsqu'il le fera, il sera trop tard : lorsqu'on mêle à ses affaires une belle-mère, un avocat, la justice, la religion et le chauvinisme, le moindre incident dans un ménage peut devenir une affaire planétaire.

Même un homme tranquille comme le placide Dennis Corcocan supporte mal la prison. Même Irlandais avec la tête dure, le régime pénitentiaire finit par vous assouplir. Après trois mois de réflexion solitaire dans sa cellule, Dennis Corcocan écrit à sa femme Beatrice qu'il est prêt à un arrangement... Il propose que l'enfant soit confié chaque année six mois à Beatrice et six mois à lui-même, à tour de rôle.

Dans le petit appartement de Southampton où elle vit désormais seule, Beatrice lit la lettre de son ex-mari. Autour d'elle sa famille. Des Anglais. Rien que des protestants qui la regardent inquiets tandis qu'elle réfléchit. La mère de Beatrice est indignée :

« Qu'est-ce que c'est que cette combine ? Six mois l'un, six mois l'autre ! Six mois Irlandais. Six mois Anglais. Six mois protestant. Six mois catholique. Six mois dans une école. Six mois dans une autre. »

Finalement Beatrice relève la tête :

« Vous avez raison, maman ! J'aurai l'enfant et je l'aurai pour moi seule. »

Au mois de juillet de l'année suivante, soit après un an de prison, le malheureux Dennis à bout de résistance capitule : il s'offre à présenter à la Cour ses plus humbles excuses et s'engage à faire revenir l'enfant.

Dans le petit village de Bishopswood, Mary Corcocan la grand-mère, assise à la table de la salle commune près de la cheminée, promène sur les hommes de loi et les notables locaux qui l'entourent le regard affreusement clair de ses yeux verts. Elle pose sur la table la lettre qu'elle vient de recevoir de son fils, lui demandant d'envoyer Molly en Angleterre.

« Je n'y crois pas... dit-elle.

— Comment, vous n'y croyez pas ?

— Non. Mon fils ne peut pas avoir écrit en toute liberté une lettre pareille ! »

Et avec un bon sens qui rejoint la folie tout comme la loi souvent dépasse l'absurde, elle explique :

« Si mon fils n'était pas en prison, il n'aurait pas écrit cette lettre. Il a écrit cette lettre parce qu'il est en prison. Il l'a écrite pour être libre, donc s'il me demande d'envoyer sa fille en Angleterre c'est sous la contrainte. Et vous appelez ça de la justice ? Je refuse ! Si mon fils revient en Irlande, si je le vois ici, dans cette maison, libre d'agir comme bon lui semble, alors il fera ce qu'il voudra. S'il décide d'emmener la petite en Angleterre, il l'emmènera. En attendant je refuse. Il pourrait m'écrire cinquante lettres depuis sa prison que ce serait inutile. »

En Angleterre, l'avocat rondouillard et zozotant se sent peut-être dépassé par les conséquences du coup joliment tordu qu'il a si bien mis au point. Accompagné de sa cliente il va trouver la justice anglaise, faisant valoir que l'important pour Beatrice c'est de récupérer son enfant. Or son enfant ne peut lui être rendue que si son ex-mari va la chercher lui-même en Irlande. Ne pourrait-on envisager de le libérer ? Provisoirement, en quelque sorte. Après quoi, comme il aurait rendu l'enfant, il ne serait plus coupable devant la justice de ce pays qui pourrait alors le libérer définitivement.

« Refusé ! Dennis Corcocan est coupable. Un coupable doit purger sa peine. Il ne sera pas libéré.

— Mais...

— Il n'y a pas de mais... La justice c'est la justice. Trouvez une autre solution. »

Les mois passent. Le sort du placide Dennis Corcocan est positivement tragique.

En Irlande, dans une maison primitive du pauvre petit village de Bishopswood, au cœur du comté de Tipperary, la mère de Dennis Corcocan pleure silencieusement à longueur de journée depuis qu'elle sait que la justice anglaise a refusé de rendre provisoirement la liberté à son fils. Il suffirait d'un geste à Mary Corcocan pour que son fils sorte de prison. Ce geste que son fils, paraît-il, attend, comme il le lui a écrit dix fois. Mais dix fois elle a refusé de le croire, persuadée qu'il écrit sous la contrainte. C'est du moins ce qu'elle prétend.

En attendant, elle garde près d'elle la petite Molly qui a maintenant six ans et écrit presque chaque dimanche à son père :

« Papa, pourquoi ne reviens-tu pas à la maison ? »

La lettre est adressée « Prison de Winchester – Cellule 121 ».

« Je suis sûre que Dieu est avec moi, dit la vieille catholique fanatique. Et puis après tout la justice m'a donné raison. »

À Southampton, Beatrice s'attendrit sur le sort de celui qui fut son mari, gémit sur l'argent qu'elle dépense à traîner dans les cours de justice, pleure sur sa propre solitude, mais conclut avec rage :

« Je continuerai à m'opposer à ce que notre petite fille reste avec sa grand-mère, même si je dois mourir de dénuement et si Dennis doit finir son existence entre les quatre murs d'une cellule. Après tout j'ai la justice pour moi. »

À ce stade, l'observateur a le droit de s'indigner. De penser qu'il n'y a pas *une* justice, mais *des* justices. Que les individus sont quelquefois déraisonnables. Mais qu'à l'échelle de deux peuples et dans un cas aussi absurde, il est possible de trouver une solution. Il doit y avoir une solution ! Que la mère et la femme soient têtues jusqu'à la folie, passe encore... mais il y a bien quelque part des décideurs raisonnables capables de faire libérer ce malheureux. Il ne faut pas penser cela. Car le monde n'est pas ainsi.

L'avocat de Beatrice, qui ne poursuit plus qu'un but : trouver une issue, demande à la police irlandaise de s'assurer de l'enfant. Non pas en vertu du jugement de la justice anglaise, mais pour répondre à la demande de Dennis Corcocan lui-même, qui souhaite que l'enfant soit restituée à sa femme.

C'est alors que l'affaire atteint le sommet de l'absurde : la police irlandaise refuse avec logique.

Motif : l'arrêt de la cour irlandaise est contraire à l'arrêt de la cour anglaise. Si Dennis Corcocan veut que sa fille soit confiée à sa femme il ne respecte pas la décision de la justice irlandaise. Qu'il le fasse, ça le regarde... mais la police irlandaise ne peut tout de même pas l'y aider !

Et cela va beaucoup plus loin. Les juristes irlandais estiment que le traitement infligé à Dennis Corcocan est illégal. On doit considérer ses actes après deux ans d'emprisonnement comme ceux d'un irresponsable. Ce qui signifie que, même si Dennis Corcocan venait en Irlande chercher sa fille, il n'est pas certain du tout que la justice irlandaise l'y autoriserait...

Alors les journaux anglais et irlandais, la radio irlandaise et anglaise parlent sans arrêt de cette affaire. Tout le monde s'indigne mais Dennis Corcocan reste en prison.

Tout le monde le plaint mais tout le monde s'accroche à ses principes. Tant et si bien que – et l'on ose à peine le dire – les années passent, l'affaire se tasse et Dennis Corcocan est oublié dans sa cellule.

À Londres, au ministère de la Justice, vous pouvez demander ce qu'est devenu un certain Dennis Corcocan, on vous répondra à peu près ceci :

« Ah oui, Corcocan... Ç'a été une affaire célèbre !

— Oui, mais qu'est-ce qu'il est devenu ?

— Il a été libéré.

— J'espère... Mais quand ?

— Oh... Très longtemps après l'affaire... Dix ans peut-être... »

La loi du sang

Dans un hôpital de Saint-Louis, aux États-Unis, le patron referme un dossier :

« Bon. Eh bien mes enfants c'est clair. Il faut lui faire une exsanguino-transfusion... C'est la seule chance qu'on ait de la sauver. »

Là-dessus le patron lève sa haute silhouette genre officier des *Marines*, passe une main sur ses cheveux gris en brosse et ajoute :

« Exécution, mes enfants ! Le plus tôt sera le mieux. Il suffit de trouver les donneurs. »

Comme l'affaire se passe en 1951 et que les méfaits du tabac ne sont pas alors formellement établis, beaucoup de praticiens fument encore. Le patron allume donc une cigarette en ajoutant :

« Ah... au fait... Il faut demander l'autorisation des parents. »

La médecine depuis cette époque et dans bien des domaines a accompli d'immenses progrès. Aujourd'hui, sans doute, cette histoire ne pourrait pas se produire, mais peu importe. Elle pose un problème de fond sur lequel on n'a pas fini de discuter.

Cherryl Lynn est un petit bout de femme qui ne se doute pas de l'émotion qu'elle va provoquer : elle n'a encore que quelques mois.

Née au printemps précédent, Cherryl semblait normalement constituée. Hélas on s'aperçut bien vite qu'au lieu de profiter, elle dépérissait. Sur la recommandation d'un médecin, ses parents l'ont fait transporter dans cet hôpital. Après quelques jours d'observation, le patron n'a eu aucune peine à déceler une forme très grave de leucémie.

Dans la leucémie les globules rouges sont détruits par les globules blancs, entraînant un dépérissement de l'organisme. Dans cette forme particulière, la mort survient en quelques mois. En 1951 le seul remède applicable, surtout pour de tout jeunes enfants, est l'exsanguino-transfusion. Peut-être existe-t-il aujourd'hui un autre traitement. Mais le problème n'est pas là. Il suffit de savoir que l'exsanguino-transfusion consiste à remplacer entièrement dans les artères du bébé le sang mal constitué par un sang normal pris à des donneurs soigneusement triés.

C'est donc tout à fait par acquit de conscience que le patron responsable de Cherryl Lynn fait prévenir les parents du diagnostic qu'il vient d'établir et leur demande l'autorisation de procéder à l'application de l'exsanguino-transfusion. Pour lui la réponse ne fait aucun doute puisque c'est la seule chance de sauver le bébé.

Or, quarante-huit heures s'écoulent sans réponse. Au matin du deuxième jour, lorsqu'il a fini de dépouiller son courrier, le patron demande :

« Au fait, on n'a pas de réponse des parents de la petite Cherryl ?

— Non, pas encore, Patron.

— Vous leur avez écrit ?

— Oui, Patron. »

Le troisième jour, le patron jette sur le courrier épars sur son bureau un regard étonné.

« Je ne vois pas la réponse des parents de Cherryl !

— Ils n'ont pas encore répondu, Patron. »

Sa main sèche et bronzée martelant le bureau, le patron exige l'autorisation des parents :

« Ou bien ils sont inconscients... grogne-t-il, ou bien ils n'ont pas reçu notre lettre. Je veux qu'on leur écrive à nouveau ou qu'on leur téléphone. Bref, qu'on se remue ! »

Le quatrième jour un assistant prend les devants tandis que le patron vide sur son bureau la corbeille qui contient son courrier :

« Nous n'avons pas encore la réponse des parents de Cherryl. Mais je les ai eus au téléphone : ils me l'ont promise pour demain. »

Le patron lui jette un sombre regard, chargé de reproches et d'étonnement. Sans doute est-il ahuri qu'on puisse être aussi négligent avec la vie d'un enfant. Peut-être aussi se demande-t-il sans rien dire : « Qu'est-ce que ces gens mijotent ? »

De toute façon, il n'y a plus longtemps à attendre : le sixième jour au matin la réponse est là : c'est un télégramme. Mme et M. Lynn font savoir à l'hôpital qu'ils s'opposent à l'exsanguino-transfusion.

Le médecin est abasourdi. Il n'a même pas la force de crier. Il secoue lentement la tête :

« Mais ces gens sont idiots ! Ils n'ont rien compris.

— Ils ont peut-être peur de faire souffrir inutilement leur petite fille... suggère l'assistant.

— Peut-être... »

Puis le patron retrouve le ton du commandement :

« Je veux les voir ! Convoquez-les !

— Quand ?

— N'importe quand. Aujourd'hui. Je me débrouillerai. »

Lorsqu'ils sortent de voiture sur le parking, Mme et M. Lynn passent totalement inaperçus : deux braves bourgeois comme il y en a tant en Amérique. De même, lorsqu'ils entrent dans l'hôpital, lui en complet veston croisé d'une couleur indéfinissable, tenant du gris et du marron, elle dans une longue jupe en lainage gris et un corsage épais de couleur uniformément rouille des poignets jusqu'au cou, ils ne se distinguent en rien du commun des mortels. À la réception toutefois, lorsqu'ils se présentent, l'infirmière les dévisage avec curiosité :

« Je vais prévenir le Professeur... » dit-elle.

Lorsqu'on lui annonce l'arrivée de Mme et M. Lynn, le patron va les accueillir à la porte de son bureau en frottant comme il en a l'habitude ses cheveux en brosse. En les voyant, il croit bon d'illuminer son salut d'un grand sourire.

Mme Lynn a des yeux gris dans un visage harmonieux au modelé un peu mou : on dirait que sa peau blanche recouvre une chair pas très ferme. Mais dans son corsage rouille et sa jupe de lainage gris elle se tient raide comme la justice. Lui a les yeux bleus, le front étroit, les pommettes légèrement saillantes et d'assez grosses lèvres. Il n'est ni beau ni laid, probablement ni bête ni méchant.

« Je vous ai demandé de venir, madame et monsieur Lynn, parce que je ne puis malheureusement quitter l'hôpital aujourd'hui. Mais je tenais à vous expliquer d'urgence et personnellement en quoi consiste l'exsanguino-transfusion. Vous savez que le cas de votre petite fille est désespéré et que la seule chance que nous ayons de la sauver c'est de pratiquer cette opération. Elle est totalement indolore, ne présente aucun danger et ne peut avoir que d'heureux résultats.

— Je sais », dit M. Lynn d'une voix calme et douce. Un peu trop calme, un peu trop douce. « Je sais, nous nous sommes renseignés. Mais Dieu a dit : "Tu ne prendras point le sang d'un autre être." »

Le patron en reste pantois :

« Il a dit ça ?

— Oui. C'est dans la Bible.

— D'accord, on ne doit pas prendre le sang d'un autre être. Mais dans une transfusion on ne le prend pas : ce sont de braves gens qui le donnent d'eux-mêmes. La preuve, c'est qu'on les appelle des "donneurs".

— N'insistez pas, monsieur le Professeur. Je ne veux pas que ma fille soit sauvée de cette façon. Si elle doit être sauvée, Jéhovah y pourvoira. »

Le patron, devenu blême, se contient. Il sent que la colère n'arrangerait rien :

« Bien. Je n'insiste pas. Mais je pense que vous voudriez voir l'enfant ? »

Tandis qu'ils déambulent dans les couloirs de l'hôpital, M. Lynn explique au patron qu'ils appartiennent à une secte particulière de protestants rigoristes, les Témoins de Jéhovah, qui prend la Bible pour seule règle de vie et l'applique au pied de la lettre.

« Lorsque j'ai reçu votre diagnostic et votre proposition d'effectuer sur ma fille une exsanguino-transfusion, explique M. Lynn, j'ai voulu m'assurer que rien dans la Bible ne condamnait cette pratique. Tout de suite je suis tombé sur ce commandement de Dieu : "Tu ne prendras à ton frère : ni son âne, ni son bœuf, ni sa femme..." J'ai pensé qu'à plus forte raison on ne devait pas lui prendre son sang. »

Le patron n'ose même pas lui faire remarquer qu'il a extrapolé... pour lui, ces gens sont fous.

Devant le petit berceau blanc de Cherryl Lynn, la mère se raidit un peu plus. Des larmes lui montent aux yeux, mais elle serre les dents et n'a pas besoin de sortir un mouchoir. C'est M. Lynn qui paraît encore le plus affecté. Ses mains tremblent sur le bord du petit berceau et le patron voit monter et descendre plusieurs fois sa pomme d'Adam pour retenir un sanglot lorsqu'il se penche sur l'enfant. Cherryl ressemble à un petit cadavre exsangue, abandonné comme un chiffon fripé sur l'oreiller.

« Vous voyez... dit le professeur, il faut faire quelque chose. On ne peut pas la laisser comme ça... Je respecte vos convictions, mais je crois que vous devez réfléchir encore. Peut-être pourriez-vous consulter d'autres témoins de Jéhovah. Ils ne seraient peut-être pas du même avis. »

Cette fois, comme M. Lynn, dont les lèvres tremblent, est incapable de parler, c'est sa femme qui répond, et d'une voix sèche :

« Nous l'avons fait, monsieur le Professeur. Nous avons convoqué nos frères en religion. Une réunion s'est tenue chez nous. Bien sûr il y a eu quelques controverses mais le verdict a été formel :

la transfusion sanguine est un crime contre la nature telle que Dieu l'a établie. »

Cette fois, le professeur explose :

« Et la leucémie alors ! N'est-ce pas un crime contre nature ?

— Les maladies, monsieur le Professeur, c'est Dieu qui nous les envoie.

— Qu'est-ce que vous en savez ? La leucémie, c'est une sorte de cancer du sang. Une maladie qu'on connaissait à peine il y a quelques années. C'est peut-être la civilisation de l'homme qui en est responsable ! »

M. Lynn retrouve sa voix pour déclamer sentencieux un verset en réalité assez obscur de la Genèse :

« Tu ne nourriras point de viande avec la vie, c'est-à-dire avec le sang.

— Taisez-vous ! hurle alors le patron. Tout ceci est un charabia insensé ! La seule chose claire, c'est que vous condamnez votre fille à mort.

— Nous prions le Seigneur... » répond M. Lynn.

Là-dessus, croisant dans les couloirs le personnel hospitalier qui, prévenu par les éclats de voix du patron et le téléphone arabe, les regarde avec stupeur, ils s'en vont dignement. Et chez eux, effectivement, ils se mettent en prière entourés de plusieurs Témoins de Jéhovah.

Bien entendu, l'histoire de Cherryl Lynn a vite fait de franchir les murs de l'hôpital. La presse et la radio s'en emparent et les foyers américains se passionnent. Le patron est assailli de démarches contradictoires. Des associations de parents viennent le trouver, frémissantes d'indignation devant l'attitude de M. et Mme Lynn. Des associations puritaines, au contraire, s'efforcent de le convaincre que si les parents ont donné la vie à cette enfant, ils ont bien le droit de décider des moyens par lesquels cette vie doit être préservée.

Un journaliste lui fait remarquer que dans les régimes totalitaires la question ne se poserait pas puisque leurs doctrines veulent d'abord que l'enfant appartienne à l'État. Ce à quoi le patron répond :

« Certes nos lois sont plus circonspectes et plus humaines et elles respectent les droits paternels, mais Cherryl a aussi un droit : celui de vivre. »

Car le patron, lui, ne voit qu'une chose c'est que, tandis que Mme et M. Lynn prient, Cherryl dépérit dans son berceau. Or pour la sauver peut-être suffirait-il d'une transfusion, et pour effectuer cette transfusion il suffirait d'une autorisation. Alors il lui vient une idée : puisque les parents refusent l'autorisation pourquoi ne changerait-on pas les parents ?

Il s'adresse à un tribunal, qui selon une procédure peut-être assez peu orthodoxe, et en application peut-être approximative de la loi américaine, admet sa requête. Cherryl doit être confiée à un père adoptif provisoire.

Il s'en présente une centaine. Les instances administratives et le patron choisissent celui qui leur semble être le meilleur : un garagiste de trente-cinq ans, grand garçon brun athlétique dont la femme de trente ans, infirmière blonde et sportive, ne peut pas avoir d'enfant.

Dès qu'il est informé que sa requête est acceptée, le nouveau « papa » se précipite à l'hôpital, dans le bureau du patron, pour y signer la fameuse autorisation d'exsanguino-transfusion.

Tout est déjà prêt : les donneurs sont sous pression et l'opération a lieu sur-le-champ.

Pendant les jours et les semaines qui suivent, le père adoptif et sa femme, tour à tour, ne quittent pas le bébé une minute. Leur vie semble suspendue à celle de l'enfant.

Après quelques semaines, Cherryl est considérée comme guérie. C'est alors que surviennent M. et Mme Lynn.

Il a, comme le premier jour, son costume croisé tenant du gris et du marron. Elle a sa jupe de lainage gris et son corsage épais de couleur uniformément rouille des poignets jusqu'au cou.

« Nous venons reprendre notre fille... » dit Mme Lynn.

Consternation dans l'hôpital. Le personnel jetterait volontiers à la porte cette femme aux yeux gris, raide comme la justice et son mari au front étroit et à la voix trop douce. Il s'explique calmement :

« Notre incapacité à assurer la responsabilité de notre enfant tenait à notre refus d'accepter l'exsanguino-transfusion. Notre fille étant guérie, l'incapacité ne peut plus être retenue contre nous et nous reprenons tous nos droits sur notre fille.

— Ce n'est plus votre fille, c'est la nôtre ! » s'exclame alors le garagiste.

Et avec l'aide de sa femme il obtient que l'hôpital lui remette Cherryl Lynn.

Le premier réflexe de M. et Mme Lynn est de leur courir après jusque sur le parking où la police, prévenue par l'hôpital, les interpelle. M. et Mme Lynn n'insistent pas et décident de s'adresser à la justice.

Un avocat va donc plaider pour eux :

« Mes clients, dit-il, n'ont jamais abandonné leur enfant. Mais ils n'ont pas voulu désobéir à Dieu. Nous sommes un pays chrétien où chacun sait que la loi divine doit être respectée avant la loi humaine. D'ailleurs ils ont si peu abandonné Cherryl qu'ils ont prié pour elle jour et nuit. Alors qu'est-ce qui prouve que c'est votre transfusion de sang qui a sauvé Cherryl ? Qu'est-ce qui prouve que ce n'est pas leur prière ? »

En réponse, l'avocat du garagiste produit les conclusions unanimes de dix experts consultés par la justice américaine. Pour eux il ne fait aucun doute que Cherryl serait morte aujourd'hui si l'on n'avait pas opéré la transfusion sanguine.

« Nous reconnaissons parfaitement le droit aux Témoins de Jéhovah de refuser la transfusion sanguine pour eux-mêmes, déclare l'avocat. Mais ce droit ne saurait s'étendre à d'autres personnes qu'à l'individu concerné par la transfusion. Le premier devoir de l'être humain, surtout d'un père et d'une mère, est de tout tenter pour sauver la vie d'un autre être humain, et prendre une décision contraire à ce devoir doit être considéré comme une faute. »

Évidemment, le débat passionne les États-Unis. Les partisans de M. et Mme Lynn évoquent la loi du sang :

« Tous les jugements, disent-ils, n'empêcheraient pas que Cherryl soit et reste la fille de M. et Mme Lynn. »

À quoi leurs adversaires répondent non sans logique :

« La loi du sang ? Vous nous faites rire : Cherryl n'a plus dans ses veines une seule goutte du sang de son père et de sa mère. »

Finalement, la Cour Suprême des États-Unis, après avoir longuement examiné le dossier de Cherryl Lynn, décide qu'elle ne sera pas rendue à ses premiers parents. Elle restera pour toujours la fille de son père adoptif.

En vérité, dans cette histoire, la grande question débordait largement le cas de Cherryl Lynn et l'on pourrait la poser de la façon suivante : « À qui est-on le plus redevable ? À ceux qui un jour (et parfois sans trop y penser) nous ont donné la vie ? Ou à ceux qui, volontairement, nous l'ont conservée ? »

Le trésor du Hollandais

Le sergent William Redgrave, de la police de Sa Majesté, est une caricature du policier colonial britannique, en Guyane anglaise de 1950. Le sergent Redgrave porte un long short kaki, des chaussettes et de grosses chaussures montantes. Certes il ne coiffe plus le casque colonial, mais sous son képi, à l'ombre de la visière, son visage rouge brique est orné d'une moustache dont les poils soigneusement rangés pointent en avant comme ceux d'une brosse à dents en parfait état.

Ce jour-là, le sergent William Redgrave fait arrêter sa jeep au bord de la piste qui conduit à une bourgade profondément enfouie dans la forêt. Soudain il aperçoit un groupe de Noirs sortant d'un épais fourré et qui se dispersent aussitôt. Toutefois l'un d'eux lui dit au passage :

« Ce n'est pas nous... Nous, on n'a rien fait.

— Rien fait ? Mais de quoi s'agit-il ? Qu'est-ce qu'il y a là-bas ? »

Comme le Noir préfère s'enfuir plutôt que de répondre, le sergent décide d'aller jeter un coup d'œil dans les buissons. Il met pied à terre et s'y rend d'un pas tranquille. Les Noirs, hommes et femmes, l'observent de loin ; des gamins demi-nus ou vêtus de chemises en lambeaux se rapprochent lentement.

À première vue, rien d'anormal dans les fourrés. Et quoi qu'il s'y trouve, rien de bien important, se dit le sergent. Mais, dès les branchages écartés, il entend bourdonner les mouches. Puis une puanteur stagne dans l'air chaud. Enfin, sous l'essaim de mouches bleues et de fourmis rouges qui s'acharnent après lui, apparaît un cadavre, sans doute celui d'un animal.

Surmontant son dégoût, le sergent s'en approche. Il a d'abord quelque peine à établir de quel animal il s'agit. Puis il pousse un énorme juron et, soulevant son képi, s'essuie le front avec épouvante. Il s'agit d'un enfant, sans doute une fillette. Le choc est terrible, presque insoutenable.

Pour comble d'horreur, le cadavre ne forme pas un tout. Il est complet mais chaque membre et la tête sont séparés du tronc. Et le tronc lui-même porte, en croix, deux plaies horribles.

Le sergent se redresse, repousse les enfants qui veulent entrer dans le fourré et appelle le policier qui l'accompagnait :

« Tu restes ici, ordonne-t-il. Et tu empêches tout le monde d'approcher. Moi je vais prévenir le gouverneur. »

Le sergent Redgrave fonce vers la maison du gouverneur le képi en bataille et demande à être reçu immédiatement. Non que Clara, la malheureuse petite victime, soit un important personnage. Elle n'a jamais été bien grosse pour ses sept ans, et des petites Négresses comme elle, il y en a des nuées. C'est tout juste si elles sont recensées et si on leur a donné un nom. Le sergent a une autre préoccupation, dont il fait part immédiatement au gouverneur :

« J'ai tenu à vous voir personnellement, monsieur le Gouverneur, car j'ai l'impression qu'il s'agit d'un crime rituel.

— Allons bon... grogne le gouverneur qui sent venir les ennuis. Et à quoi voyez-vous ça ?

— Les membres et la tête ont été détachés du tronc avec soin... Après une ligature des membres, sans doute pour éviter que le sang coule trop. Pour que la victime reste vivante jusqu'à la fin du sacrifice. Les entailles, faites sur le tronc, sont disposées en croix et parfaitement rectilignes. Enfin les viscères ont été sortis...

— Pouah !... grogne le gouverneur qui sort d'un étui en or une cigarette, l'allume et aspire une longue bouffée comme s'il voulait puiser dans la fumée le courage d'entendre la suite.

— Le crime est récent... poursuit le sergent Redgrave. Tout juste quarante-huit heures et je n'aurai aucune peine à retrouver les coupables, ce genre de cérémonie s'accomplit généralement devant un grand nombre de témoins.

— Attendez... Attendez... »

Et le gouverneur, s'avisant que le sergent Redgrave est devant lui au garde-à-vous, raide comme un piquet, lui montre une chaise :

« Et asseyez-vous, bon sang !... Ce n'est pas un problème qu'on va régler en trois coups de cuillère à pot. »

Le gouverneur est lui aussi une caricature : chauve et distingué, il a le ton cassant, le geste impérieux, une belle voix grave et s'exprime dans un anglais parfait. Toute son énergie est mobilisée vers un seul objectif : l'autorité. Son autorité jamais ne doit être contestée puisqu'il représente le gouvernement de Sa Majesté britannique.

Malheureusement, il n'est ni plus ni moins hésitant que les autres hommes et, comme eux, il doute à tout bout de champ. Tandis que le sergent Redgrave l'observe, assis sur le bord d'une chaise, le gouverneur s'interroge une fois de plus : doit-il laisser ce policier professionnel, consciencieux et borné, foncer dans le brouillard ?

Dans ce pays où, en dépit de tous les progrès de la civilisation, le culte vaudou se maintient à l'état endémique, un crime rituel est toujours inquiétant. Il peut être le prélude à quelques dangereux coups de tête de la part du cocktail de Noirs, d'Indiens et de sangs mêlés qui vivent entre la rivière Demarrara et les Monts-de-la-Lune.

« Vous êtes sûr de votre affaire ? demande le gouverneur au sergent Redgrave... Je veux dire : sûr d'arrêter les vrais coupables ?... très vite, et quels qu'ils soient ?

— Oui, monsieur le Gouverneur. »

Le gouverneur n'ose pas dire qu'il préférerait, si l'affaire doit traîner en longueur, qu'on l'étouffe gentiment... C'est le genre d'avis que ne comprendrait pas le sergent Redgrave. Il insiste tout de même :

« Si vous n'en êtes pas certain...

— J'en suis certain, monsieur le Gouverneur.

— Alors allez-y, sergent... Vous avez carte blanche », dit-il en soupirant d'inquiétude.

Le sergent Redgrave ne s'est pas trompé. La façon dont Clara est morte est facilement et rapidement éclaircie. Il s'agit bien en effet d'un sacrifice rituel auquel une centaine d'indigènes ont collaboré. Comment et pourquoi Clara a été choisie comme victime, le policier ne le sait pas encore. Mais quelques témoins, affirmant n'être mêlés en rien à cette cérémonie, vont lui raconter comment une troupe – sorcier en tête – est venue en fin d'après-midi enlever la malheureuse enfant. Ces gens se sont réunis dans une clairière perdue au fond de la forêt vierge où ils ont allumé de grands feux. Au rythme des tambours creusés dans des troncs d'arbres et des calebasses évidées, ils ont chanté, entremêlant les complaintes héritées des esclaves d'autrefois, les hurlements cadencés dépourvus de sens et les hymnes chrétiens. Cet accompagnement sonore soutenait un déchaînement de danses qui ne cessait de croître à mesure qu'avançait la nuit.

Le maître du jeu était un petit sorcier indien vivant dans la forêt et, paraît-il, âgé de plusieurs siècles !

Quand l'aube approcha, le sorcier s'en fut réveiller Clara qui, malgré le tintamarre, dormait sur une couverture dans un coin de la clairière. Le sorcier la fit entrer dans une case construite pour l'occasion et brillamment éclairée avec des bougies. Là elle fut étendue sur une sorte de lit grossier et la scène d'horreur commença.

Tandis que les témoins répétaient, après le sorcier, les paroles d'un chant mystérieux auquel ils ne comprenaient pas un traître mot, celui-ci brandissait un coupe-coupe et désarticulait puis coupait chaque membre du petit corps de Clara, l'un après l'autre, articulation par articulation, faisant chaque fois une rapide ligature de liane pour éviter la perte de sang. Pour que le sacrifice réussisse, il fallait que la victime reste vivante jusqu'au bout, c'est-à-dire à l'instant où son bourreau l'achevait enfin.

Alors le sorcier incisait en croix le buste et le ventre de l'enfant pour en sortir le cœur et les viscères qu'il recueillait soigneusement dans un panier. C'est seulement au bout de quelques jours, en examinant leur aspect, que le sorcier devait connaître la réponse à la question posée aux dieux. Car le but ultime de ce sacrifice était d'obtenir des dieux une réponse.

« Quelle réponse ? » demande le policier à chacun des témoins.

Prolixes tant qu'il s'agissait de décrire la cérémonie du sacrifice, les témoins deviennent brusquement muets lorsqu'il s'agit de révéler son objet.

« Demandez au sorcier... » c'est tout ce qu'ils consentent à dire.

Le sergent Redgrave ne fait ni une ni deux, il s'en va dans la forêt et en ramène un étrange personnage. On est tenté de dire qu'il s'agit encore d'une caricature : la caricature du sorcier.

Il s'agit d'un affreux petit sorcier indien qui se déplace difficilement, plié en deux par l'âge, et dont la peau rugueuse est incroyablement ridée. Il ressemble à un vieux tronc d'arbre, sec. Seuls la bouche et les yeux paraissent humides et vivants. Malheureusement l'affreux petit sorcier se tait, comme s'il était muet. Il n'écoute même pas les questions qu'on lui pose. Il semble vivre « ailleurs », bien loin du monde artificiel de ces Blancs dérisoires et de leurs questions stupides.

Alors le sergent Redgrave poursuit son enquête en dehors du petit sorcier et découvre que, parmi les témoins du sacrifice rituel, figurait un très important personnage sur l'initiative duquel avait été organisée la cérémonie, monseigneur l'évêque Eric Benfield.

Cette découverte a un certain retentissement local. Et le téléphone grésille sur le bureau du policier.

« Allô ? Sergent William Redgrave ?... Ne quittez pas... le gouverneur veut vous parler...

— Allô... C'est vous, sergent Redgrave ?... Qu'est-ce qu'on me dit ! Vous avez arrêté monseigneur Benfield ?

— Oui, monsieur le Gouverneur... Il a participé à l'assassinat de Clara.

— Vous êtes sûr ?

— Certain.

— Il a avoué ?

— Pas encore, monsieur le Gouverneur.

— Nom de D... Mais vous vous rendez compte de ce que vous avez fait ?

— Parfaitement, monsieur le Gouverneur.

— C'est bon. Tenez-le-moi au chaud. J'arrive. »

Ainsi se trouve bientôt réuni un étrange quatuor : la caricature du gouverneur, la caricature du policier colonial, la caricature du sorcier et la caricature de l'homme d'église que voici : monseigneur Eric Benfield est l'« évêque » d'une secte chrétienne connue sous le nom d'« église spiritualiste ». Ce mulâtre, grand, gros, quasiment obèse, est pudique comme une jeune fille, modeste comme une vieille servante et il a tout du saint homme. Réfléchi, calme, il regarde ses ouailles avec des yeux bleus très doux et ne leur donne que de bons conseils. Il n'importune personne avec les manifestations de sa foi mais lorsqu'il le fait sa véhémence éclate, et son énorme corps se met à vibrer. Cette caricature d'homme d'église jouit d'une grande autorité auprès des indigènes.

« Monsieur le Gouverneur, dit-il drapé dans sa dignité, je vous demande d'ordonner immédiatement qu'on me laisse rentrer chez moi. »

Le sergent Redgrave ne laisse pas au gouverneur le temps de répondre. Sa moustache en poils de brosse à dents se pointe, frémissante :

« Je vous libérerai si vous pouvez répondre correctement à mes questions. »

Monseigneur Benfield, sans élever la voix, exprime alors son indignation, jetant la malédiction sur le sergent « qui me traîne dans la boue, moi qui représente l'Église Spiritualiste ». Mais ce nouveau moyen de défense ne réussit pas mieux que le premier. Le sergent William Redgrave lui montre une soutane tachée de sang :

« Nous avons trouvé cette soutane chez vous, après votre arrestation. Pouvez-vous m'expliquer pourquoi elle est pleine de sang ? »

Cette fois l'évêque reste coi, cherchant une explication. Le gouverneur le regarde, espérant qu'il va en trouver une et une bonne car il n'est pas bon politiquement de maintenir en prison un si haut personnage religieux...

Le sergent William Redgrave, lui, en bon flic, boit du petit-lait. Car l'évêque obèse transpire d'angoisse sur sa chaise. Il le houspille un peu, pour le plaisir :

« Alors ? Vous me donnez une explication ? Pourquoi votre soutane est-elle pleine de sang ? »

Incapable de répondre, l'évêque laisse enfin tomber sa tête dans ses mains.

C'est alors que l'affreux petit sorcier trouve le moment venu de parler enfin. Il faut rappeler ici qu'il est un sorcier dit au pouvoir mystérieux. Et il décide que la meilleure attitude possible est de jeter un sort à ces Blancs, venus troubler le bon déroulement d'une sorcellerie folklorique, en quelque sorte.

« Vous avez volé le cadavre qui était destiné aux dieux... » commence-t-il.

Comme le gouverneur interroge du regard le sergent, celui-ci explique en haussant les épaules :

« Je ne l'ai pas volé, je l'ai mis à la morgue. C'est tout. »

Mais l'affreux petit sorcier poursuit comme s'il n'avait pas entendu :

« Mais avant une semaine, les dieux se seront vengés ! »

Cette prédiction ne remonte absolument pas le moral de l'évêque qui ne trouve toujours pas d'explication à la soutane tachée de sang. Alors il cède, son corps énorme agité d'un tremblement nerveux, il raconte toute une histoire. La voici, en termes historiques et précis, pour la compréhension du sujet qui ne manque pas d'intérêt.

L'affaire vient de très loin. Elle commence voici trois siècles sur la côte orientale de l'Amérique du Sud, à la hauteur des Guyanes et des îles méridionales de l'archipel des Caraïbes. La région était alors parsemée de repaires de pirates : ceux que l'on appelait les « Frères de la côte ».

L'un d'eux : Edward Mansveldt, célèbre flibustier hollandais, rêvait de grouper les « Frères de la côte » en un royaume organisé et indépendant. L'idée n'était point stupide. À condition que les « Frères de la côte » puissent accepter suffisamment longtemps l'autorité qui eût permis l'établissement d'une structure politique, administrative et militaire, l'existence d'un tel état eût complètement modifié l'avenir du Nouveau-Monde. Oubliant les régions sans ressources et les forêts impénétrables, cet état profitant des embouchures des fleuves et des rades naturelles abritant des ports pleins d'avenir eût été commerçant, maritime et riche. Donc puissant.

Mais pour réussir dans une telle entreprise, il fallait de grands moyens avant tout financiers. Dans ce but, Mansveldt avait constitué un énorme trésor de guerre. Estimant prudent de le mettre à l'abri en attendant de s'en servir, il le transporta à bord de deux navires à l'embouchure de la rivière Demarrara, dans ce qui est aujourd'hui la Guyane Indépendante.

Pendant plusieurs jours on y vit une file ininterrompue d'esclaves transporter ce trésor jusqu'au plus profond de la forêt vierge, où il fut enfoui dans un souterrain creusé pour lui.

Lorsque cela fut terminé, Edward Mansveldt, en politique prudent autant qu'énergique, massacra les esclaves pour être sûr qu'ils ne parleraient pas.

Hélas, la chance se détournait de lui. Au retour, alors que ses navires passaient en vue de La Havane, une tempête les jeta sur la côte. Les Espagnols s'emparèrent d'Edward Mansveldt et n'eurent rien de plus pressé que de le pendre haut et court. Ce grand rêve qui eût sans doute bouleversé l'histoire de l'Amérique s'écroulait.

Pas un seul des compagnons du Hollandais n'ayant été épargné, le trésor demeura dans la pourriture de la forêt vierge où il est encore. Le trouvera qui peut.

Mais les grandes idées sont immortelles ou plus exactement, comme le phénix, elles renaissent indéfiniment chez des personnages bien divers et sous les formes les plus inattendues : unir l'Europe était l'ambition de Charlemagne, de Napoléon, d'Hitler et de Jean Monnet[1].

En 1950, l'idée d'unir les Guyanes, les petites îles des Caraïbes et d'autres pays de la région, est l'obsession de monseigneur Eric Benfield. Il rêve de faire de sa secte un christianisme adapté aux traditions et aux superstitions de ses frères noirs de la région. En cette époque de fermentation générale, ce nouveau christianisme unirait le grouillement de races bigarrées qui peuplent l'Amérique Latine et souffrent de se sentir traitées en inférieures.

Mais des projets de cette ampleur ne se réalisent pas sans argent. La caisse de l'Église Spiritualiste est vide. Les fidèles à qui elle pourrait faire appel sont, dans leur immense majorité, des gens très pauvres.

C'est alors que monseigneur Eric Benfield – qui a entendu comme tout le monde parler du trésor du Hollandais – se prend à rêver. Au début ce n'est qu'une vision agréable. Une sorte de phantasme. Puis la vision persiste. Elle l'agace. Il la chasse. Elle s'impose. Dans ces conditions, inutile de lutter. À titre de passe-temps, monseigneur Benfield étudie les documents qui tombent à sa portée, fouille les vieux bouquins, interroge les spécialistes au hasard des rencontres. Bien entendu aucun résultat ne couronne ses efforts. L'énigme du trésor demeure insondable.

---

1. *Jean Monnet, brillant économiste français, premier président de la Communauté Européenne du Charbon et de l'Acier dans les années 50.*

C'est à ce moment, en janvier 1950, qu'il rencontre un homme étrange : un affreux petit sorcier indien vieux comme la forêt.

« Je pense... déclare le sorcier d'une voix rauque et sifflante comme un soufflet de forge... Je pense que j'ai les moyens de résoudre cette énigme.

— Quels moyens ?

— Oh, ce serait difficile et très long. Et, bien sûr, ce n'est pas certain mais ce serait possible...

— Mais comment ? »

L'affreux petit sorcier n'explique rien, tout d'abord. Il ne s'exprime qu'en termes vagues, ne laissant nullement prévoir ce qu'il envisage. Monseigneur Benfield va-t-il être envoûté ? C'est bien possible : chaque fois que l'évêque de l'Église Spiritualiste rend visite à l'affreux petit sorcier, il est comme fasciné par ce tronc d'arbre desséché dans lequel s'ouvre une fente humide où bouge une langue rouge. Par ce rocher qui parle et le regarde par deux trous tout petits et tout ronds au fond desquels larmoient deux éclats d'onyx bien noirs.

De plus en plus souvent, le gros évêque s'en va soufflant et transpirant asseoir son monumental postérieur dans la case minuscule de l'affreux petit sorcier. Or, plus monseigneur Benfield cède à l'envoûtement et plus l'intention de l'affreux petit sorcier se précise :

« Si vous voulez vraiment retrouver le trésor du Hollandais, explique-t-il, il faut la complicité des dieux. Pour cela il faut revenir aux rites anciens, notamment invoquer la déesse solaire qui régnait sur nos pays alors qu'ils n'étaient peuplés que par les hommes rouges. »

Enfin, au mois de mars 1950, l'affreux petit sorcier frappe un grand coup :

« Les hommes blancs sont des enfants, explique-t-il. Ils ont inventé des tas de choses amusantes et inutiles et leur religion n'est qu'une religion parmi tant d'autres où tout est agréable et facile. Ils ne connaissent que la surface des choses. Pour obtenir la complicité des dieux, il faut les rejoindre dans les hauteurs ou dans les profondeurs qu'ils habitent. Pour cela, pratiquer comme le faisaient nos ancêtres, non pas les terreurs grotesques du Vaudou et les sacrifices dérisoires, mais le vrai sacrifice, le seul qui puisse concerner les dieux. »

Le gros évêque écoute l'affreux petit sorcier les yeux exorbités.

« De quel sacrifice voulez-vous parler ?

— Mais vous le savez très bien, voyons. Tout le monde le sait, depuis toujours. Ne soyez pas hypocrite : il s'agit d'un sacrifice humain. Et depuis la nuit des temps les hommes font de tels sacrifices. Même votre religion a eu besoin d'un sacrifice humain. Le Christ n'a-t-il pas été sacrifié ? »

L'affreux petit sorcier parle avec une terrifiante et lucide assurance. Il semble sage, impavide, vieux comme les temps qu'il évoque.

« Et, poursuit-il, pas n'importe quel être humain. Mais comme le faisaient les Incas, les Aztèques ou les Mayas, c'est une vierge innocente qu'il faut leur sacrifier, si vous voulez satisfaire les dieux ! »

Le gros évêque ne réagit même plus à cette incroyable proposition, il laisse le sorcier poursuivre.

« Je peux procéder à ce sacrifice. Je connais parfaitement le rituel de la cérémonie. Je descends d'une famille Maya et, qui plus est, d'une famille de prêtres. »

Définitivement convaincu par l'affreux petit sorcier, l'évêque accepte. Voilà pourquoi le sergent William Redgrave découvrit en juin 1950, le cadavre d'une petite fille de sept ans, innocente victime du grand sacrifice rituel.

Mais le sorcier avait menacé au moment de son arrestation :

« Les dieux se vengeront avant une semaine ! »

Sur qui allaient-ils se venger ? Sur le gouverneur ? Le sergent ? L'évêque ? Ou lui-même ?

Sans doute avait-il mal interprété le message des dieux, car ces quatre personnages ont vécu encore longtemps, lui et l'évêque en prison, le sergent et le gouverneur en Angleterre.

Mais trois jours après sa prédiction, il se produisait un incident tout de même assez rare. La morgue brûla entièrement et l'on ne retrouva plus rien du minuscule cadavre de la petite Clara. Les dieux étaient-ils enfin satisfaits ?

Une bouteille au désert

En état de choc, à peine consciente, une jeune fille à travers le désordre de ses cheveux bruns voit dans la nuit l'homme se jeter sur elle une fois de plus. Elle tente de se relever mais ne peut éviter un coup sur la tête. Un coup donné avec une telle force qu'elle retombe en arrière. Des bras puissants soulèvent à demi son corps nu et elle sent qu'on la traîne sur les cailloux jusqu'au pied d'un rocher. Plus morte que vive elle reste là, implorant le ciel pour que son agresseur l'abandonne et cesse de la torturer.

Combien de temps s'écoule avant qu'elle tente de se relever dans le silence du désert ? Elle ne sait pas. Mais tout doucement elle bouge. Toujours à demi consciente elle sent que quelque chose d'horrible lui est arrivé. Bien que totalement hébétée, elle se rend compte qu'elle perd son sang. Dans ses cauchemars les plus affreux elle n'aurait jamais pu imaginer qu'on puisse perdre tant de sang. Elle se met fiévreusement à chercher ses vêtements, et ne les trouve pas. D'ailleurs à quoi bon, puisqu'elle réalise seulement qu'elle n'a plus de bras. Ils ont été tranchés au niveau du coude. À leur place il y a deux moignons sanglants.

Aux dernières heures de la nuit, le 30 septembre 1978, la jeune fille reprend connaissance, au milieu d'une mare de sang, dans le désert californien entre Los Angeles et San Francisco. Elle réalise à ce moment que la voiture bleue et son agresseur, qu'elle ne connaît que sous le nom de Larry, ont disparu. Allongée complètement nue, seule, les deux bras sectionnés au-dessus du coude, perdant son sang par deux moignons horribles, elle est animée soudain d'un formidable instinct de conservation. Elle pense : j'ai seize ans, je suis trop jeune pour mourir dans ce désert.

Elle faisait de l'auto-stop pour aller voir une amie à Los Angeles. Le premier conducteur était avec sa femme et ses enfants. Il venait de Denver. Fatigué il a voulu s'arrêter dans un motel.

Le second allait à Las Vegas. En la déposant sur le bord de la route il lui a fait une pancarte, en écrivant avec un feutre : « Pour L.A. » (Los Angeles).

À Los Angeles elle devrait y être. Peut-être même depuis longtemps. Au lieu de cela elle est abandonnée, horriblement mutilée, dans un canyon à 80 miles au nord-est de la ville.

Elle se souvient maintenant que le dénommé Larry, son agresseur, l'homme à la voiture bleue, le troisième à la prendre à son bord pour l'emmener à Los Angeles, a tourné brusquement dans une route sinistre et déserte. Elle avait remarqué la pancarte *Terrain accidenté à 6 miles*.

Elle se redresse à demi, puis s'appuyant sur ses moignons sanglants elle trouve la force de se lever et de marcher. Toujours en état de choc elle s'en va, titubant à travers le désert. Pendant combien de temps ? Elle ne sait pas. Mais le jour se lève.

Elle entend passer une voiture au loin. Encore quelques centaines de mètres et, affaiblie, elle s'appuie contre le grillage de l'autoroute.

Jim et Liz Gooder sont partis de Los Angeles dans la nuit pour se rendre à San Francisco passer le week-end chez des amis. Le jour se lève. Jim est un sympathique garçon qui semble sorti tout droit d'un catalogue de magasin de sport : cheveux blonds et courts, yeux bleu clair dans un visage bronzé, la musculature bien visible sous sa chemisette légère. Il conduit sa Buick blanche en écoutant les informations à la radio. Liz, sa jolie femme, dort à moitié et n'entrouvre les yeux que lorsqu'elle sent la voiture ralentir brusquement.

« Qu'est-ce qu'il y a, Jim ?

— Je ne sais pas... Regarde... »

Liz aperçoit, à 200 mètres, ce qui lui paraît être une femme en bikini. Puis elle comprend que la femme est nue, qu'elle est couverte de sang, et qu'elle n'a plus de mains.

Jim, qui n'en croyait pas ses yeux, freine brutalement alors qu'il vient de dépasser la malheureuse. En marche arrière il recule dans un ronflement strident.

La jeune femme, les bras pendants, se tient immobile le front appuyé contre le grillage. Elle le regarde descendre de la Buick blanche. Brune avec des yeux noisette, elle est toute jeune, peut-être seize ans. Elle ne pleure pas, mais lorsqu'il s'approche il entend un râle s'échapper de sa bouche entrouverte.

« Qu'est-ce qui vous est arrivé ? »

Elle répond très vite :

« Il m'a violée. »

Manifestement c'est tout ce qu'elle peut dire.

Vingt minutes plus tard, une ambulance s'arrête au motel de Pignon Valley. Jim Gooder et sa femme ont fait vite : cinq minutes pour trouver une ouverture dans le grillage, s'y engouffrer avec la Buick, rouler de l'autre côté, et allonger la jeune fille sur la banquette arrière avec toutes les précautions possibles.

Cinq minutes pour rouler, tombeau ouvert, jusqu'au motel de Pignon Valley et appeler une ambulance. Dix minutes pour que celle-ci arrive. Ce minutage est extrêmement important pour la suite.

Tandis que les brancardiers installent la malheureuse dans l'ambulance, le jeune toubib qui les accompagne murmure :

« Elle revient de loin. »

Jim Gooder, décomposé, grogne pour la dixième fois :

« C'est horrible ! Pauvre gosse... C'est horrible... Il faut retrouver ce type ! »

Sa femme remarque :

« Elle n'a pas l'air de comprendre qu'elle n'a plus de mains...

— Oui, explique le toubib, c'est l'état de choc. C'est un miracle qu'elle n'ait pas perdu tout son sang.

— J'appelle la police, dit Jim Gooder. Il faut retrouver ce monstre...

— Attendez... »

Le médecin l'arrête d'un geste :

« Appeler la police, d'accord. Mais il y a plus urgent. Il faudrait essayer de retrouver ses bras... »

Jim a un sursaut d'incompréhension, et le médecin insiste :

« Oui. Si ça se trouve, la blessure n'a pas plus d'une heure ou deux. Si on retrouvait ses bras... »

Jim Gooder court déjà vers sa voiture :

« J'y vais... J'y vais... »

Et il crie à sa femme :

« Toi, tu appelles la police. »

Deux voitures démarrent en même temps en sens inverse : l'ambulance qui emmène la jeune fille à l'hôpital et la Buick blanche de Jim Gooder qui part à la recherche des bras de la jeune fille.

Lorsqu'il retrouve l'ouverture dans le grillage, Jim Gooder traverse froidement l'autoroute en laissant son pot d'échappement sur le terre-plein qui sépare les deux voies. Puis il s'y engouffre et roule dans un nuage de poussière et de sable jusqu'à l'endroit où il a chargé la malheureuse.

Là, rien... Pas même une goutte de sang. Mais quelques traces de pas, les pas de la jeune fille. Il comprend que le drame s'est produit ailleurs. Mais où ? Il regarde autour de lui et ne voit que le désert : des rochers à droite, une falaise à gauche. Les traces cessent dans la pierraille. Il est impossible de voir d'où elles venaient. Et le comble, c'est qu'il n'y a pas de sang...

Plus tard, un expert donnera l'explication suivante : c'est parce que ses artères ont été complètement déchiquetées qu'elle n'a pas perdu tout son sang. L'état de ses artères a entraîné des spasmes qui ont stoppé l'hémorragie.

À tout hasard, Jim Gooder roule le long du grillage qui s'arrête quelques centaines de mètres plus loin. Rien. Il continue. Là, le sol pierreux est tout aussi vierge : des cactus cierges et candélabres, à perte de vue, gris de poussière.

À l'hôpital, la malheureuse jeune fille vient d'être livrée aux chirurgiens. Avant que ceux-ci lui administrent un sédatif, elle a le temps de crier :

« Mes bras ? Où sont mes bras ? »

Le patron qui examine les plaies se tourne vers le jeune toubib qui vient de l'amener :

« Vous avez raison. Si on pouvait retrouver ses bras. Je crois qu'on pourrait essayer de les greffer, il y a une chance. »

Dans le couloir, il y a un téléphone que le jeune médecin décroche pour appeler la police de Pignon Valley.

« Allô... Ici l'hôpital. On vient d'amener une jeune fille qui a été agressée par un type. Il lui a coupé les avant-bras. Oui : les avant-bras. Pourquoi ? Mais je ne sais pas pourquoi. Si on pouvait les retrouver, les chirurgiens essaieraient de les greffer. Oui... de les greffer ! Et alors il faudrait les chercher ! Non je ne peux pas vous dire où ça s'est passé exactement. Mais vous devez trouver un homme dans une Buick blanche qui est déjà sur place. Le long de l'autoroute. Il les a peut-être trouvés. En tout cas il pourra vous renseigner. Si vous les avez il faut les rapporter très vite. Dans de la glace si possible. C'est une question de minutes... Merci. »

Le jeune médecin raccroche et se tourne vers une infirmière qui lui demande :

« Vous croyez qu'ils ont compris ?

— J'espère...

— Et vous croyez qu'ils les trouveront ?

— Pour les trouver, ils finiront par les retrouver. Mais quand ? »

Sur l'autoroute deux motards qui roulaient tranquilles accélèrent brutalement. On vient de leur expliquer par radio qu'il faut retrouver deux bras pour les recoller à une jeune fille qui vient d'être agressée. Il paraît qu'un homme dans une Buick blanche les cherche déjà et pourrait les renseigner.

Jim Gooder, seul dans le désert au bord de l'autoroute où passe par moments un énorme poids lourd dans un grondement qui se prolonge indéfiniment, est assis sur la banquette de sa voiture. Par la portière ouverte il défait ses chaussures pour en faire tomber le sable, tout en marmonnant une série de jurons.

Il ne peut s'empêcher de revoir la silhouette de la malheureuse jeune fille et de ses moignons. Ses bras sont sans doute quelque part, ici ou là. Mais où ? Peut-être sont-ils tout à fait ailleurs. Peut-être a-t-elle été amenée, déjà blessée, en voiture jusqu'ici. Jim est parti trop vite. Il aurait dû essayer de l'interroger.

C'est alors que deux points noirs apparaissent à l'horizon :

« Tiens... des flics », dit Jim.

Lorsqu'ils sont à une centaine de mètres, Jim Gooder se lève car ils ralentissent. Ils vont lui demander ce qu'il fait là. Il est interdit de stationner à cet endroit. Il va pour leur expliquer, mais c'est inutile. L'un des deux policiers, ayant calé sa moto, vient très rapidement vers lui en soulevant son casque pour essuyer la sueur sur son crâne chauve.

« C'est vous qui cherchez les bras ?

— Oui.

— Vous les avez ? »

Jim Gooder, d'un grand geste, montre le désert autour de lui :

« Non... Comment voulez-vous que je les trouve là-dedans ! »

En quelques mots il explique qu'il n'a pas chargé la victime au lieu où s'est produit l'agression et qu'il lui a été impossible de retrouver cet endroit... Il faudrait plus de renseignements.

Le policier retourne à sa moto pour demander des détails par la radio.

Le permanent de la police lui répond qu'actuellement la victime est dans le coma et que, pour avoir des détails, il faudrait retrouver le criminel.

Quarante-cinq minutes après que Jim Gooder a trouvé la jeune fille, un quart d'heure à peine après son admission à l'hôpital, un policier explique au chirurgien :

« Il faut la faire parler, Docteur...

— Ce n'est pas le moment...

— Si vous voulez qu'on retrouve ses bras, il faut la faire parler... »

Dix minutes encore et la jeune fille, stimulée par une piqûre, revient à elle.

« Mademoiselle... lui demande le policier, où avez-vous été attaquée ?

— Je ne sais pas... Près d'une petite route où il y avait un panneau : *Terrain accidenté à 6 miles*, mais je ne sais pas où...

— Vous avez marché longtemps avant d'arriver à l'autoroute ?

— Oui.

— Combien de temps ?

— Je ne sais pas.

— Une heure ?

— Je ne sais pas.

— Dix minutes ?

— Je ne sais pas.

— Comment était cet homme ?

— C'est un Caucasien. »

Cette précision qui peut surprendre n'a rien d'étonnant dans cette région où les Caucasiens sont nombreux ; les Californiens sont habitués à les identifier.

« Comment est-il ?

— Je ne sais pas dire...

— Il est moyen ? Petit ? Grand ?

— Grand.

— Quelle couleur de cheveux ?

— Noirs.

— La couleur des yeux ?

— Je ne sais pas. Il a des lunettes. »

Patiemment, le policier insiste et finit par arracher à la malheureuse enfant, bribe par bribe, d'autres détails : l'homme avait à côté de lui des bouteilles de vodka et de gin et il buvait souvent à même la bouteille qu'il jetait vide par la portière. Il avait une cicatrice sur le visage et un nez boursouflé comme s'il s'était récemment battu. Sa voiture était bleu foncé et les sièges gris. Sur la plage avant il y avait un rasoir électrique ainsi que son chemisier rose, ses blue-jeans et ses chaussures de tennis blanches... Enfin l'homme avait dit se prénommer Larry.

Avant de perdre à nouveau connaissance, la jeune fille donne enfin son nom et son âge exact : elle n'a pas encore seize ans.

Les deux motards et Jim Gooder, prévenus par radio que l'agression a eu lieu près d'une petite route traversant un terrain accidenté, ont vite trouvé celle-ci. Mais ils ont beau la parcourir dans un sens puis dans l'autre ils ne trouvent aucune trace de l'agresseur. Et les empreintes de pneus sont trop nombreuses, car il n'y a pas eu un souffle de vent ni une goutte de pluie depuis plusieurs jours.

Trois quarts d'heure seulement se sont écoulés depuis que la jeune fille a été conduite à l'hôpital, lorsque plusieurs radios de Los Angeles consacrent un bref instant à l'affreuse agression qui vient de se produire dans la région de Del Puerto Canyon et diffusent une description sommaire de l'agresseur.

Une institutrice demeurant dans une petite ville du nord de Los Angeles avec sa petite fille entend distraitement la nouvelle. Elle ne s'y intéresse pas. Mais au moment où le speaker prononce un prénom : Larry, la petite fille remarque :

« Tiens c'est comme notre voisin de Martinez. »

L'institutrice se souvient en effet avoir connu un Larry qui demeurait à côté de chez elle, il y a dix ans, lorsqu'elle habitait à Martinez près de San Francisco. Bien sûr Larry est un prénom répandu. Mais c'était un Caucasien, avec une balafre, un gros nez, des lunettes.

Elle attend quinze minutes qu'un nouveau bulletin d'informations la renforce dans son impression qu'il s'agit peut-être du même homme. Et elle appelle la police, enfin.

« Un homme répondant au nom de Larry Singleton vivait près de chez moi lorsque j'habitais Martinez. C'était un Caucasien. Il avait une balafre, un gros nez, des lunettes. Lorsqu'il était sobre il était charmant. Mais l'alcool le rendait fou.

— Qui êtes-vous, Madame ?

— Mme Alice Boehn.

— Pouvez-vous me donner son adresse ?

— Bien sûr. »

Il y a une heure et quinze minutes que la jeune fille a été conduite à l'hôpital lorsqu'à Martinez la police se précipite au domicile du dénommé Larry Singleton.

Est-il chez lui ? S'agit-il bien du criminel ? Reconnaîtra-t-il son crime ? Fournira-t-il à temps les renseignements permettant de retrouver les bras de sa victime ?

L'homme à lunettes grand, brun avec une balafre et un nez boursouflé ouvre la porte d'une villa de Martinez, au nord de San Francisco. Un inspecteur essoufflé lui demande :

« Vous êtes Larry Singleton ?

— Oui.

— Avez-vous chargé cette nuit une auto-stoppeuse sur l'autoroute de Los Angeles ?

— Non...

— Il y a combien de temps que vous êtes là ?

— Depuis... deux... ou trois heures...

— C'est votre voiture qui est devant la maison ? J'ai tâté le capot. Il est encore tiède. Vous mentez ! »

L'inspecteur dévisage le suspect : l'homme est pâle, se balance d'avant en arrière, tient à peine les yeux ouverts, ses joues pendent lamentablement.

« Vous êtes complètement ivre.

— J'ai un peu bu... oui... »

L'inspecteur se tourne vers les policiers qui l'accompagnent :

« Vous deux, interrogez les voisins. Quand est-il sorti ? Quand est-il rentré ? Vous autres, fouillez la maison. »

La villa est coquette et pas trop mal tenue.

« Vous vivez seul ici ?

— Non. Avec ma fille.

— Où est-elle ?

— Chez des amis pour le week-end. »

Dans un appentis un policier trouve deux haches, le manche de l'une d'elles est humide. Il y a aussi un tapis de voiture fraîchement lavé qui sèche derrière la maison dans le petit jardin. Dans la boîte à ordures : une chemise rose, un blue-jean, des chaussures de tennis et d'autres affaires ayant peut-être appartenu à la jeune victime.

« Comment expliquez-vous ça ? demande brutalement l'inspecteur en brandissant un soutien-gorge.

— C'est à ma fille.

— Menteur. Il était coincé entre les coussins de la banquette arrière de votre voiture. »

Encore ivre, Larry comprend tout de même qu'il lui faut trouver une explication.

« Bon. C'est vrai... dit-il. J'ai pris une gosse en auto-stop près de Richmond en venant ici. Je ne savais plus très bien ce que je faisais parce que j'avais trop bu. Un peu plus tard j'ai pris deux autres passagers. C'était deux hommes. Tous les trois nous avons payé 60 dollars pour avoir des rapports avec elle. Tout ça à l'arrière de la voiture. Je vous dis, je ne savais plus ce que je faisais...

— Et alors, ça n'explique pas qu'on lui ait coupé les bras ! Qu'est-ce qui s'est passé après ?

— Je ne sais pas. Je m'étais endormi à cause de l'alcool. Lorsque je me suis réveillé on roulait vers San Francisco. C'est l'un des auto-stoppeurs qui conduisait. Et la petite n'était plus dans la voiture.

— Et pourquoi avez-vous lavé le tapis de votre voiture ?

— Parce que j'ai vomi dessus.

— Et cette hache dont le manche est humide...

— Je ne m'en suis jamais servi contre personne. »

Là-dessus les autres policiers qui ont interrogé les voisins viennent au rapport suivis d'un groupe de badauds qui se pressent devant la villa :

« Il est parti hier matin... dit l'un.

— Il y a tout juste une heure qu'il est arrivé... dit l'autre.

— Il paraît qu'il est très dangereux quand il a bu... » explique le premier.

Des voix s'élèvent :

« Il a déjà eu des contraventions pour conduite en état d'ivresse.

— Il se dispute toujours avec sa fille ! crie une autre voix. Souvent elle sort en courant de la maison parce qu'elle a peur de lui quand il a bu...

— C'est vrai... D'ailleurs quand il commence à boire il boit comme une machine : au moins une bouteille par heure...

Sur la petite route accidentée qui serpente dans le désert, une ambulance vient d'arriver avec, à tout hasard et probablement trop tard, de la glace. Elle est accompagnée de plusieurs voitures de police dont les occupants se préparent à faire une battue. Jim Gooder vient d'être rejoint par sa femme et les deux motards sont accrochés à leurs émetteurs.

Tous entendent par la radio la voix d'un policier lointain nasiller dans le désert. Il leur fait le point de la situation. Celle-ci n'a guère évolué puisque le suspect refuse d'avouer. Dans ces conditions la battue ne donnera rien, c'est évident. Ce n'est pas trente policiers, même s'ils sont rejoints dans quelques instants par quelques volontaires de Pignon Valley, qui permettront de retrouver deux bras dans ce désert.

« Si seulement on savait à quel endroit de la route il s'est arrêté avec sa voiture... »

C'est alors que Jim Gooder se souvient de deux remarques : la malheureuse jeune fille a dit qu'« il avait à côté de lui des bouteilles de gin et de vodka qu'il buvait au goulot et qu'il jetait vides par la portière »... Et le policier vient de leur rapporter par radio le propos d'un voisin : « Il boit comme une machine : une bouteille par heure. »

Or, le temps de s'arrêter, d'entraîner la jeune fille dans les rochers, de la violer, de la supplicier comme il l'a fait, le criminel devait avoir très soif lorsqu'il a rejoint sa voiture sur le bord de la route. Il a dû boire. Et, qui sait, peut-être jeter une bouteille vide. Jim Gooder suggère timidement :

« C'est peut-être idiot... mais si on cherchait une bouteille sur le bord de la route ? »

Quelques instants plus tard, à trois miles à peine de l'intersection de l'autoroute, l'un des deux motards trouve en effet une bouteille de gin vide. Elle sent encore l'alcool. Une voiture récemment s'est arrêtée là. Cent mètres plus loin il y a au pied d'une falaise un rocher. Derrière le rocher le soleil luit sur du sang déjà sec. C'est ici qu'a eu lieu, il y a moins de trois heures, l'horrible carnage. Les deux avant-bras sont sur le sol, souillés de poussière.

Aussi extraordinaire que cela paraisse, la greffe opérée ce jour-là sur Mary Coch, probablement trois heures et demie à quatre heures après sa mutilation, réussit parfaitement. Mary Coch a reçu des milliers de lettres de félicitations et quelques demandes en mariage qu'elle a refusées s'estimant trop jeune. Elle veut devenir physicienne à l'Université de Berkeley dont elle suit actuellement les cours.

La Mamma

C'est la guerre. Les Alliés préparent le débarquement en Sicile. Dans un train, parti de Palerme dans la nuit, dort une petite armée de permissionnaires. Les hommes sont entassés les uns sur les autres. Ils sont jeunes. À vingt ans, on dort n'importe où, n'importe comment, et la guerre est une chose tellement inhumaine, qu'elle dépasse l'entendement. Pasquale par exemple, un jeune Sicilien de dix-neuf ans, dort comme un enfant déguisé en homme. Son uniforme et son calot ont l'air trop grand pour lui. Il n'est dans l'armée que depuis quelques semaines. On lui a appris très vite à manier le fusil, et à ramper sur le ventre. Il ignore encore à quoi tout cela pourra bien lui servir. C'est un paysan, un peu fruste. Le dernier fils d'une famille de pauvres, qui a déjà donné à l'Italie de Mussolini les trois aînés, morts.

Au village, il ne reste plus que la Mamma. Pasquale vient de l'embrasser peut-être pour la dernière fois. Son régiment était cantonné si près du village, qu'il a obtenu une permission exceptionnelle de vingt-quatre heures.

Il a retrouvé son vieux lit de fer et la cuisine de sa mère, le temps d'une parenthèse. Elle est terminée.

Le train cahote et secoue son chargement de jeunes hommes. Soudain c'est l'enfer. Un enfer qui tombe du ciel. Une escadre de forteresses volantes américaines nettoie le secteur. Un raz de marée de bombes déferle sur le train. Les rails explosent, les wagons éclatent, le feu, les tôles tordues, les hurlements des blessés font un décor hallucinant dans la campagne déserte.

Des morts, des morts, et encore des morts, partout. Le convoi était une cible fragile, à l'aube de cette journée de 1945. Les quelques survivants courent dans la plaine, affolés. Et lorsque les secours arrivent, il ne reste que les morts et les blessés graves, entremêlés, dans les ferrailles tordues.

Il reste Pasquale aussi. Debout au milieu de cet enfer, les yeux fous. Il est sain et sauf. Le wagon où il dormait s'est ouvert comme une coquille de noix. Ses camarades sont morts, il est là tout seul au milieu d'eux, miraculé, sans une écorchure, sans la moindre bosse. Il a tout vu, tout entendu, tout vécu, et il est resté là, comme un zombie, à regarder la mort de près.

Avant cela, Pasquale était un enfant. Après cela, il aura du mal à devenir un homme, malgré tout l'amour du monde.

Mais Pasquale a rejoint son régiment, car la guerre n'est pas terminée, et l'instruction continue.

« Debout là-dedans ! »

Que ce soit en français, en italien, en allemand, en américain, en espagnol ou en russe, c'est toujours la même chose. Une chambrée s'éveille au clairon, et au « debout là-dedans ! » d'un adjudant ronchonneur.

Du fond de son lit, Pasquale répond :

« Pour quoi faire, debout ? On peut rester couché, pour crever. Ça va plus vite... »

Dans l'armée, et surtout en temps de guerre, une phrase comme celle-là ne peut en aucun cas être considérée comme un jeu de mots. D'ailleurs ce n'en est pas un.

Pasquale se retrouve en prison. Corvée de balayage et prison. Il balaie, et supporte les sarcasmes :

« Alors, soldat, on préfère le balai au fusil ? Si tu te sers de ton fusil comme de ton balai, on n'est pas prêts de terminer la guerre ! »

Les sous-officiers, ou officiers, eux, ont droit aux plaisanteries approximatives. Cela fait partie de l'instruction, pour secouer l'homme. Pasquale laisse tomber son balai.

« Vous gênez pas. Avec un balai, on a du mal à tuer quelqu'un. Ça vous changerait. »

Cette fois, c'est une insulte à un supérieur, insulte révélatrice d'une mentalité défaitiste. Et c'est grave.

À cette époque, l'armée italienne est travaillée par d'invisibles courants d'insubordination. Voire de révolte franche. Pasquale est enfermé pour de bon. Nul ne cherche à savoir pourquoi ce jeune garçon a changé de caractère à ce point. Il était serviable, obéissant, peureux et timide. On lui avait dit : tu vas servir l'Italie, il s'était contenté de cet argument pour aller éventuellement se faire tuer quelque part. Mais depuis le bombardement du train, il est étrange. Il ne dort plus, ne parle plus à personne, sauf pour se révolter.

Mais l'armée n'a pas le temps de s'appesantir sur la chose. Pour elle, Pasquale est un mutin comme les autres. Dangereux pour le moral des troupes.

Alors, puni et repuni, Pasquale ne voit plus qu'un havre de grâce, en ce monde de folie, où il se sent devenir fou lui-même : sa maison, et sa mère. La maison de pierre sèche, blanche et pauvre. La mère au cœur tendre, vieille et pauvre.

Il s'enfuit, une première fois. Le village de son enfance est trop proche, le besoin trop fort. Dans les bras de sa mère, il retrouve un peu de calme. La Mamma est une vraie Mamma, qui dorlote, et caresse les cheveux de son dernier fils, le gave de lait de chèvre et de tartines de miel.

Il est ramené en prison, et s'enfuit une deuxième, puis une troisième fois. On le menace du conseil de guerre. Cela ne l'effraie pas. Le colonel tape sur la table :

« Vous êtes soldat, bon sang ! Qu'est-ce que c'est que ces gamineries... et vos camarades ? S'ils faisaient la même chose où irions-nous ? Et la guerre ?

— Je m'en fous, mon colonel, vous comprenez ? Je m'en fous de mes camarades et de la guerre. Je veux retourner chez ma mère !

— Votre mère c'est l'Italie, on va vous le faire admettre une bonne fois pour toutes ! »

C'est l'ère des brimades. Pasquale devient le souffre-douleur du régiment : il s'agit de transformer ses velléités de repos en lâchetés officielles. Son esprit déjà chancelant accuse le choc.

Un seul camarade s'en inquiète. Celui qui dort à côté de lui, et participe malgré lui à ses cauchemars, la nuit, à ses crises de sanglots, ou de révolte. Il décide d'écrire à la mère de Pasquale. Une brave lettre toute simple, qui dit en substance :

« Pasquale est malade. Sa tête ne va plus. Ici les chefs ne le voient pas, et ils lui font du mal. Pasquale va devenir fou. »

Dans la petite maison de pierre sèche, la Mamma écoute le facteur lui lire la lettre, car elle ne sait pas lire les lettres. Mais elle sait lire entre les mots :

« Il faut que j'aille le chercher, ils vont le tuer, là-bas.

— Mais on ne vous le donnera pas, Mamma, c'est un soldat.

— Non, c'est mon fils. Ils me rendront mon fils. »

Et la Mamma se met en route. À pied, car elle n'a pas les moyens de prendre le train. Par petites étapes, car ses jambes ne lui permettent pas de marcher longtemps. Elle a eu un mari et quatre fils, elle a travaillé toute sa vie pour les nourrir, et les élever. Elle est maigre, petite et sèche, courbée comme un vieil âne sicilien, et têtue comme lui. Pasquale est le seul homme qui lui reste, son dernier fils, son dernier amour, son précieux trésor.

La Mamma croise les légions en marche, sur son chemin, des morceaux d'armée, des restants de gloire. La fin de la guerre est proche, elle ne s'en doute même pas. De son village, près de Partimico, entre Palerme et la mer, elle n'a pas vu grand-chose de la stratégie alliée. L'aurait-elle vue, d'ailleurs, que cela n'aurait rien changé pour elle. La Mamma ne sait qu'une chose. La guerre passe au-dessus d'elle, et ne la concerne pas. Maintenant, elle ne concerne même plus son fils.

Sa guerre devient une autre guerre. Qui finira mal, comme toutes les guerres, mais peu importe. Elle vient arracher son fils aux autorités militaires, et il faut être une Mamma sicilienne pour oser cela.

Raconter l'entrevue de la Mamma et du colonel serait trop long. Il suffit de dire qu'elle a dormi par terre devant la caserne pendant trois jours et trois nuits, et que jamais de sa vie elle n'a parlé autant. Que Pasquale, son fils, son bébé, s'est jeté dans ses jupes noires, comme un enfant terrorisé, et qu'elle a gagné. Elle « emporte » son fils. Les voilà tous les deux sur le chemin qui ramène au village. Pasquale tient la main de sa mère, entre les deux siennes. Il ne parle pas. Il a de grands yeux cernés, il se laisse emmener. Enfin calme, libre de sa folie, puisqu'elle est rendue douce par la Mamma.

Pendant quelques jours, il ne la quitte plus. Puis son état s'aggrave brutalement. Il refuse de s'habiller, marche pieds nus, et ne consent à dormir qu'à même le sol, recroquevillé comme un chien malade.

Si quelqu'un veut franchir le seuil de la maison, il grogne, et devient méchant. Lorsque sa mère le quitte un moment pour s'occuper des chèvres, ou faire des courses, Pasquale tambourine à la porte inlassablement en chantonnant une sorte de complainte incompréhensible.

Par moments, il est menaçant. Il ne veut plus voir ses amis, tout ce qui est extérieur au cocon maternel le rend nerveux, méchant, et de plus en plus agressif.

Alors un soir, la Mamma dit à son fils.

« Pasquale, nous allons marcher jusqu'à Palerme. Je vais t'emmener voir un docteur. »

Pasquale ouvre des yeux angoissés, mais sa mère le calme immédiatement :

« Je ne te quitterai pas. »

Après la longue marche jusqu'à Palerme, la mère et le fils entrent dans un hôpital. La Mamma veut voir le médecin des fous. Celui qui soigne les têtes malades, elle veut voir le meilleur. Elle a déterré ses économies, vendu sa croix et son alliance en or, vendu la perle qui ornait jadis la cravate de son époux. Elle ouvre les mains devant le psychiatre et lui tend son argent.

« Pour lui. Il faut le rendre comme avant. Il était doux, et gai, il aimait le travail, il pensait juste et bien, il parlait avec raison. C'est la guerre qui l'a fait comme il est. »

Pasquale disparaît avec l'homme en blanc, pour un examen complet. Et l'homme en blanc revient seul.

« Madame, il faut interner votre fils.

— Vous voulez l'enfermer comme un voleur ? Ce n'est pas pour ça que je suis venue...

— Je sais, Madame, mais il faut l'enfermer. Il veut se faire du mal, et faire du mal aux autres. Pour le soigner il faut l'enfermer. Toute seule vous ne pourriez pas. D'ailleurs je n'ai même plus le droit de le laisser repartir avec vous. »

C'est une pauvre femme désespérée qui accompagne son fils à l'asile. La guerre est finie, les bombes se sont tues, Mussolini est mort, mais lui paye encore.

Lorsqu'il comprend qu'on l'arrache à sa mère, Pasquale hurle dans le couloir de l'asile :

« Mamma... Mamma ! Ne m'abandonne pas !... »

Mais il le faut, et la pauvre femme reprend seule, et à pied, le chemin du village. Plus pauvre qu'avant. Plus malheureuse qu'avant. Elle l'entend encore crier, son fils : « Ne m'abandonne pas ! » Et ces yeux qu'il avait ! Qui prend soin de lui là-bas ? Qui le berce, et le calme pour le faire dormir ? Qui l'empêche de se griffer et de se mordre. Qui lui donne à manger lentement, à la cuillère ?

La Mamma se redresse, au bout d'un mois à peine de solitude et de désespoir. Elle a eu tort. Elle repart. Comme la première fois elle décide d'arracher son fils à l'administration. C'est le même assaut, les mêmes suppliques. Mais cette fois c'est plus dur. Il y a les certificats des médecins disant que Pasquale est dangereux, qu'il peut tuer ou se tuer.

Dangereux, son fils ? Pas avec elle. Dès qu'il la voit, son visage se détend, son regard s'adoucit, il tend les bras derrière les barreaux :

« Mamma... Mamma... emmène-moi. Mamma, ne me laisse pas. »

Alors, comme les traitements sont inefficaces, y compris les électrochocs, comme ce fou, dangereux à l'asile, se fait doux comme un agneau dans les jupes de sa mère, on le lui rend.

Mais on lui rend Pasquale sous son entière responsabilité, et l'homme en blanc parle à nouveau :

« Vous ne devez pas le laisser redevenir méchant. Il est doux avec vous parce qu'il vous aime, et que cet amour est la seule chose qui le rattache à la vie. Mais avec les autres, il est dangereux. Il faut l'enfermer et ne pas le quitter jour et nuit. C'est une lourde tâche, une lourde responsabilité. Si par malheur il se rendait coupable d'une agression sur un étranger, nous le reprendrions. Signez là. »

La Mamma signe d'une croix. Et prend son fils par la main, comme la première fois.

Les revoici tous deux sur la route. La mère et son fou. Il s'agrippe à elle, mais il a changé encore. C'est un animal, un simple animal qui ne connaît qu'elle. Il faut quitter la route et traverser la campagne déserte, pour lui éviter de grogner après les voitures ou de cogner sur les gens.

La Mamma et son fils mettent plus de quatre jours pour retrouver enfin la maison de pierre et le calme du village. La mère fait construire, à l'intérieur de la maison, une véritable cellule, comme à l'asile, avec des barreaux et un cadenas, dont elle garde la clé sur elle en permanence.

Pasquale y est enfermé, comme en prison. Elle ne prendra pas le risque de le laisser courir la campagne, pour qu'on le lui enlève à nouveau.

Mais elle est là, toujours. Avec lui derrière les grilles, quand il hurle et se plaint. De l'autre côté, quand il dort enfin quelques heures. Ils se parlent un langage étrange, que Pasquale a inventé dans sa folie. Jour après jour, la Mamma pèse de tout son poids dans la balance pour rendre à son fils la raison que lui a volée une nuit de guerre. Pour le tirer de cette cage, pour le rendre à la vie. Elle espère. Et la lutte va durer dix ans.

Pasquale a trente ans, à présent, et sa mère soixante-douze. Il est fort et bien nourri. Elle vieillit et se rapproche de la mort insidieusement.

En dix ans, elle n'a réussi qu'à tirer quelques fils de l'écheveau embrouillé qu'est devenu le cerveau de son fils. Il ne se cogne plus la tête contre les barreaux, il ne se mord plus les doigts, il chante. Il parle parfois presque normalement.

« Mamma ? Quelle couleur ont les pierres du chemin ?

— Blanches, mon fils...

— Mamma ? Je les ai rêvées noires...

— C'était un mauvais rêve, mon fils. Mamma te jure qu'elles sont blanches.

— Mamma ? Montre-les-moi. Je veux les voir. Si tu dis vrai je te croirai. »

C'est une lueur d'espoir, peut-être, mais la Mamma hésite. Que ferait l'homme en blouse blanche ? Elle ne sait pas.

Alors elle prend son fils par la main, ouvre la cage, et marche avec lui sur le chemin rempli de soleil.

« Tu vois, les pierres sont blanches, Pasquale, regarde, elles sont blanches comme je t'ai dit... »

Pasquale regarde la pierre, blanche en effet, puis son regard devient fixe. Il a vu l'ombre de la pierre, l'ombre noire. Il n'écoute plus sa mère, il est perdu, seul, elle lui a menti. Les pierres du chemin sont noires. La Mamma les voit blanches, mais lui, il les voit noires. Chaque pierre du chemin a son ombre noire, il le savait.

Il lâche la main qui le guidait depuis des années, il recule, il ne voit plus sa mère, il ne voit plus rien que les ombres noires, et il court, il fuit, terrorisé par sa propre folie, sûr de sa logique, et seul avec elle. Désespérément.

Au lendemain, la police a ramené Pasquale, attaché comme un forcené, des menottes aux mains et aux pieds. On l'a transporté à Palerme, à la prison, la vraie, celle des assassins.

Il avait étranglé une femme sur son chemin. Il n'était plus rien, il bavait, et marmonnait sans cesse quelque chose d'incompréhensible qui parlait de pierres noires et de pierres blanches.

Il avait tué et on l'enfermait pour toujours. Dans un asile de pierre et de barreaux. Il ne réclamait plus sa mère. Il était mort pour elle.

Alors, la Mamma a repris une dernière fois le chemin. Seule et à pied. Elle a demandé à embrasser son fils. Elle est entrée dans la cellule, encadrée de deux infirmiers méfiants.

Pasquale était accroupi, comme une bête, sans regard, et sans vie. Elle a dit :

« Lève-toi, Pasquale ! »

Il ne bougeait pas. Une deuxième fois, la Mamma a ordonné doucement :

« Lève-toi, Pasquale ! »

Il n'entendait plus.

Alors elle s'est approchée, et l'a pris dans ses bras. Elle a soulevé ce grand corps inerte, avec une force incroyable. Elle l'a serré contre elle. Et il est retombé. Mort. Un poignard dans le cœur. Elle le tenait encore dans sa main tremblante, et les infirmiers n'avaient pas eu le temps d'intervenir.

Au procès, à Palerme, la vieille femme n'a rien dit. Qu'une phrase. Une seule :

« Personne n'aurait eu le courage de le tuer. Il le fallait. C'est moi sa mère. »

La Mamma est morte en prison, une semaine après le procès. À l'âge de soixante-quinze ans.

Petting party

Un homme et une femme cheminent le long d'un sentier. Il serpente à travers bois à quelques kilomètres de la petite ville de Corington dans le Kentucky. La nuit tombe et tout est gris. Les arbres sont gris, le ciel est gris, le sol est gris, même les deux silhouettes vues de loin sont grises. Mais vue de près, au travers des yeux de l'homme, la mince silhouette qui marche devant lui est loin d'être grise. Il la voit au contraire brune et dorée. D'ailleurs sa décision est prise : il va la violer !

La violer n'est peut-être pas le mot juste. Disons qu'il va abuser d'elle. D'ailleurs : abuser d'elle n'est peut-être pas non plus l'expression exacte. Il va plutôt la « forcer », comme on force l'animal qui vous nargue en fuyant après une longue chasse à courre. Et même cette image-là ne correspond pas non plus tout à fait à la réalité. Dans une chasse à courre on tue, alors que cet homme n'a pas l'intention de tuer. Et puis dans une chasse à courre l'animal n'y est vraiment pour rien. Or il est impossible d'en dire autant de Margaret, car Margaret est là de son plein gré.

Seulement Margaret n'a que quatorze ans et c'est déjà une petite créature splendide. Lorsque

Ernest Foutch la décrira il utilisera pêle-mêle des mots appartenant au vocabulaire des fleuristes, des pâtissiers, des joailliers, des hommes de cheval ou des dompteurs. En effet ce qu'il regarde devant lui aller, venir, trottant, chantonnant, c'est tour à tour et tout à la fois une fleur, un croissant chaud, une pouliche, un piment, un diamant, une panthère. Bref, Ernest Foutch est très atteint, il ne sait plus du tout où il en est. Elle l'a rendu complètement fou, quatorze ans ou pas.

S'il est agréable de décrire Margaret – brune aux yeux verts et à la peau dorée, trottinant, jambes nues dans une robe new-look serrée à la taille, longue et large comme une corolle –, le portrait d'Ernest Foutch est beaucoup moins drôle : il n'y a strictement rien à en dire. À trente-deux ans, c'est un Américain moyen, ni sympathique ni antipathique, ni bête ni méchant. Les documents qui le concernent ne mentionnent même pas le métier qu'il exerce. Ses cheveux sont châtains et il est vêtu d'un costume léger en jersey marron. Seule caractéristique : il nourrit depuis toujours une passion brûlante pour Margaret. Étant donné le jeune âge de celle-ci, « depuis toujours » est peut-être exagéré, alors disons : depuis déjà deux ans.

Malgré sa jeunesse, Margaret est une demi-vierge déconcertante, friande de « *petting party* » où l'on pratique ce flirt à l'américaine dont les limites ont été reculées aussi loin qu'il est possible et qui pourrait se traduire par : « tout, sauf l'essentiel ». Cet usage, tout à fait répandu dans les années 50 et parfaitement admis, est l'un des aspects les plus inattendus, bien que parfaitement logique, de la civilisation bourgeoise américaine.

Donc, non seulement Margaret connaît la passion de Foutch mais, disparaissant de chez elle,

elle a accepté de passer deux nuits avec lui, à la condition que Foutch n'aille pas au-delà des limites du flirt américain. Pour étendues que soient ces limites, on imagine l'état dans lequel les privautés qu'il était autorisé à prendre ont mis cet homme dans la pleine force de ses trente-deux ans. Au bout de quarante-huit heures, il est devenu fou, et il a décidé d'en venir aux grands moyens :

« Mon frère donne une réception dansante... dit-il à la toute jeune fille. Allons-y ensemble. »

Margaret ayant accepté, ils sont partis à pied au soir tombant comme s'ils se dirigeaient vers la ferme de son frère, à 10 kilomètres de Corington. Mais Ernest Foutch sait qu'en traversant ces bois déserts ils vont atteindre une petite clairière.

Le souffle court, le cœur battant, il attend la clairière. Il ne parvient pas à imaginer ce qu'il adviendra après la clairière... Cet après, il s'en moque. Il ne pense qu'à l'instant tout proche.

Avant la clairière il y a trois rochers et un minuscule ruisselet. Voici le premier rocher. Margaret a relevé le bas de sa robe pour qu'elle ne frotte pas contre le rocher...

Voici le deuxième et le troisième rocher. Enfin, voici le minuscule ruisseau. Margaret lève plus haut sa robe pour l'enjamber. Depuis un instant Foutch, dans sa main, triture un mouchoir. Et voici la clairière. Foutch rejoint Margaret, lui pose la main sur l'épaule. Elle se retourne. Il étouffe ses cris en lui enfonçant le mouchoir dans la bouche.

Une demi-heure plus tard, Foutch, complètement hébété, se relève et regarde autour de lui. La clairière est obscure et tranquille. Aucun bruit sinon le chant d'un coucou.

La jolie Margaret, presque nue, reste un instant immobile, puis se redresse à son tour lentement. Que va-t-il faire à présent ? Rien, il n'y a rien à faire, sinon s'en aller.

« Allons... viens... » dit-il à la jeune fille. Et il tend la main pour l'aider à se relever.

Mais Margaret, ivre de rage, se redresse d'un bond sans son aide et se jette sur lui toutes griffes dehors, en hurlant :

« Salaud ! Je vais prévenir la police... Salaud ! Salaud !

— Allons... calme-toi... Margaret... »

Foutch voudrait trouver quelques mots d'apaisement. Peut-être lui demander pardon, mais il n'en a pas le temps. Il est obligé d'immobiliser Margaret qui cherche à le gifler, à le griffer et à le mordre.

« Je vais te dénoncer. Tu vas aller en prison ! Je dirai que tu m'as obligée à te suivre. Je dirai que tu m'as violée. Tu vas le payer cher ! »

Et tout cela gesticulant, se tordant comme un ver entre ses bras, tant et si bien qu'Ernest Foutch perd complètement l'esprit. Saisissant Margaret par ses longs cheveux noirs, il lui rejette la tête en arrière. Les yeux verts de la jeune fille ne sont plus que haine. Ses lèvres sont serrées de rage et quand elles s'entrouvrent c'est pour lui cracher à la figure.

Ernest Foutch a dans sa poche un couteau de chasse à cran d'arrêt. D'une simple pression du doigt la lame jaillit. Instinctivement, pour la faire taire, c'est à la gorge qu'il s'en prend comme s'il voulait la trancher d'un seul coup. Le sang jaillit, Margaret devient toute molle dans ses bras, tombe à genoux puis bascule en arrière.

Alors Foutch ramasse autour de lui des branches, des feuilles mortes pour en recouvrir le corps. Mais ce n'est pas assez. Le vent va disperser ces feuilles, il faut de la terre. Foutch gratte le sol et jette des poignées de terre sur le cadavre jusqu'à ce qu'il soit complètement recouvert et qu'il ne le voie plus.

Alors, trempé de sueur, il se redresse et s'éloigne en titubant. À peine a-t-il atteint le ruisselet que Foutch s'arrête tout net. Il n'ose pas se retourner. Dans la nuit s'est élevée une longue plainte. Foutch comprend qu'il n'a pas atteint la carotide ou la jugulaire de la jeune fille. Quoique profonde, la blessure n'est donc pas mortelle.

Dans ces cas-là un homme comme Foutch ne raisonne plus. Il n'a plus que des réactions instinctives. Va-t-il retourner achever la jeune fille ou s'enfuir ?

Il tourne la tête, regarde par-dessus son épaule. Il lui semble que les branchages bougent sur le corps de Margaret. En quelques pas il est près d'elle... Margaret ne se contente pas de crier, elle se débat. Foutch voit l'amas de terre et de branchages remuer et remuer encore, s'agiter et s'agiter de plus en plus violemment.

Un mélange de terreur et de frénésie s'empare du criminel. Du pied il repousse les branchages. Le buste et le visage de Margaret apparaissent pleins de terre et de feuilles mortes. Elle ouvre les yeux et gémit sans le voir.

Foutch sort de sa poche un petit revolver automatique. Au moment où Margaret, qui semble reprendre conscience, se redresse, à deux reprises, il fait feu à bout portant.

La jeune fille retombe en arrière, la tête et l'épaule en sang. Le coucou qui un instant s'est tu se remet à chanter.

Furieusement, Foutch reprend son travail de fossoyeur. Mais cette fois il va jusqu'au ruisseau chercher des blocs de pierre qu'il vient déposer sur les branchages et sur la terre qui recouvrent le cadavre. Puis il recommence, s'essouffle, pousse des « han » pour soulever les pierres, et titube en traversant le ruisseau.

Lorsqu'il a ainsi laissé tomber sur les branchages une dizaine de ces grosses pierres, certain désormais que l'affaire est réglée, le criminel s'assoit pendant un instant sur un rocher pour reprendre son souffle. Lorsqu'il s'éloigne il n'entend plus dans la clairière que le chant du coucou.

Au petit matin, un fermier chauve nanti d'un gros nez roule vite sur la route mal empierrée qui mène de sa ferme au village voisin où se tient le marché. Il soulève un épais nuage de poussière et, derrière lui, la tôle de son vieux *truck* bringuebale dans un bruit d'enfer. Au plancher du camion le métal luit à travers le caoutchouc archi-usé des trois pédales. Brusquement son pied droit se lève, lâchant l'accélérateur.

Il vient d'apercevoir, à quatre pattes sur le bord de la route, une créature de cauchemar. Un être livide, éclaboussé de sang et souillé de boue.

Au plancher du camion, le pied qui vient de lâcher l'accélérateur semble s'approcher un instant du frein, puis revient sur l'accélérateur pour y appuyer de nouveau. Le fermier quasiment épouvanté préfère ne rien voir. Bringuebalant de toutes ses tôles, le *truck* disparaît au bout de la route.

Puis brusquement au plancher du camion, le pied lâche l'accélérateur, reste un instant suspendu et appuie doucement sur le frein. Tout se passe comme si le pied du conducteur n'avait pas jusqu'alors agi en plein accord avec lui. Le fermier doit faire un effort pour que son pied se décide à appuyer doucement sur le frein.

En frottant son gros nez, le fermier réfléchit. Tout en grattant son crâne chauve, il finit d'analyser l'image qu'il vient d'apercevoir. Cette forme à quatre pattes sur la route, avec de longs cheveux noirs parsemés de feuilles mortes, ce corps souillé de boue, c'était une femme. On aurait dit une morte vivante. Mais une morte vivante encore animée d'une terrible énergie et qui, centimètre par centimètre, se traînait sur les coudes et sur les genoux. Malgré le bruit effrayant de sa vieille guimbarde, il lui a même semblé qu'elle lançait une sorte de plainte. Alors le fermier, reprenant son sang-froid, passe en marche arrière pour se porter au secours de la malheureuse.

À l'hôpital de Corington, où Margaret vient d'être conduite, les médecins, après un premier examen, la considèrent comme perdue. Dans la panique générale, le personnel hospitalier l'installe tout de même dans un lit en lui prodiguant tous les soins possibles, notamment une transfusion de sang. Puis une infirmière alerte la police.

Il accourt, dans la cohue des parents et des amis affolés, un vieux policier en uniforme, calme et au regard torve :

« Avec qui était-elle ? demande-t-il au père.

— Nous ne savons pas. Elle nous a dit simplement qu'elle partait pour le week-end avec des amis.

— Quels amis ? demande-t-il à la mère.

— Je ne sais pas... répond la mère en larmes. Elle a des tas d'amis...

— Mais vous avez tout de même bien une idée de l'endroit où elle était ? »

Non. Ils ne savent pas. Ils ne savent rien, sinon que leur fille a été violée car, d'après l'examen, elle n'est plus vierge. Or sa virginité était justement ce à quoi elle tenait le plus.

Le policier se tourne vers le fermier qui l'a trouvée.

« Et vous ? Qu'est-ce que vous savez ? »

L'homme chauve au gros nez qui voudrait bien retourner au marché pense, lui, que ce à quoi il tient le plus c'est à sa vieille guimbarde. Il jette un regard par la fenêtre pour la surveiller et hausse les épaules :

« Moi je sais rien... rien du tout... Elle était sur le bord du chemin. C'est tout ce que je peux dire... Alors, je peux partir ? Mon *truck* est en double file.

— Attendez. Vous allez me conduire à l'endroit où vous l'avez trouvée. »

Le policier pense que c'est une sale affaire. Si Margaret meurt avant d'avoir repris connaissance il ne sera pas facile, sinon impossible, de retrouver le criminel... Or le médecin est formel : Margaret est dans le coma. Il n'a aucune chance d'obtenir d'elle la moindre déclaration.

« D'accord, dit le policier, mais laissez-moi au moins la voir. »

Or, à la surprise générale, l'apparition de l'uniforme bleu du policier provoque chez Margaret un effet prodigieux. Elle se dresse sur son lit et s'écrie :

« C'est Ernest !

— Qui c'est, Ernest ?

— Foutch... » murmure alors la jeune fille qui retombe dans le coma, immédiatement.

Le médecin pousse alors le policier vers la porte, convaincu que Margaret est en train de vivre ses derniers instants.

Toutes sirènes hurlantes, les voitures de la police s'arrêtent devant la maison d'Ernest Foutch. Celui-ci n'a aucune peine à jouer la stupéfaction. Il est réellement très étonné que les policiers soient déjà là. Et, bien entendu, il nie.

« Oui c'est vrai. J'ai passé la journée de samedi et une partie du dimanche avec Margaret mais je ne l'ai pas vue depuis l'après-midi.

— Elle vous a dénoncé ! »

Foutch ouvre des yeux incrédules, en bafouillant :

« C'est pas possible... »

Là encore l'étonnement du criminel n'est pas de la comédie, il insiste :

« Comment ça... elle m'a dénoncé ?

— Oui. À l'hôpital... Elle a repris connaissance quelques secondes, le temps de prononcer votre nom.

— Mais ce n'est pas possible, elle délire ! Ou bien vous avez mal compris. »

Le policier empoigne Ernest Foutch avec autorité :

« C'est bien ce que nous allons voir. »

Quelques instants plus tard, Foutch, menottes aux mains, encadré d'uniformes et suivi du policier au regard torve, arpente le couloir de l'hôpital. Aux parents, aux amis de Margaret qu'il croise et qu'il connaît très bien pour la plupart, il répète inlassablement :

« Ce n'est pas moi. Je vous assure que ce n'est pas moi. Vous vous doutez bien que ce n'est pas moi. Le policier a dû se tromper. Elle m'a peut-être appelé mais elle ne peut pas m'avoir accusé, c'est impossible. »

Le père et la mère de Margaret sont hésitants. Pour eux, Ernest Foutch est un brave garçon tout à fait anodin. L'affection qu'il avait pour leur fille était évidente, mais son honnêteté comme son insignifiance en font un coupable peu crédible. Peut-être en effet le policier a-t-il mal compris.

Foutch d'ailleurs a repris son sang-froid. Même lorsque le policier ouvre la porte de la chambre de Margaret et lui fait signe d'entrer, il reste parfaitement calme. Il est clair que c'est une manœuvre pour l'impressionner. Mais que risque-t-il ? Margaret, immobile dans son lit, blanche, respirant à peine, est aux frontières de la mort, c'est visible.

Foutch se tourne vers le médecin. À voix basse et courtoisement il demande :

« Vous étiez là, docteur, lorsqu'elle a prononcé mon nom ? »

Le docteur fait un signe de tête affirmatif.

« Mais enfin... ce n'est pas possible... Vous êtes sûr qu'elle a dit “Foutch” ?

— Non... reconnaît le docteur. J'étais là quand elle a prononcé un nom. Je crois bien, enfin je suis à peu près sûr qu'elle a parlé d'un certain Ernest. Mais je n'ai pas compris le nom qu'elle a murmuré après. Le policier, lui, croit avoir parfaitement entendu... Mais moi je n'en suis pas certain. »

Les trois hommes se regardent un instant en silence. Une infirmière leur jette un regard réprobateur : s'ils ont à converser ils feraient mieux de retourner dans le couloir.

« Écoutez, reprend Ernest Foutch toujours à voix basse en s'adressant au policier. J'affirme que je ne suis pour rien dans cette affaire. Je suis prêt à répondre à toutes vos questions mais pas ici... et lorsque vous m'aurez retiré ces “machins”. Il montre ses menottes avec un air de bon citoyen outragé. »

Cette fois, le policier commence à perdre pied. Après tout, il est possible qu'il ait mal entendu. Et en parlant d'Ernest Foutch, est-ce vraiment son agresseur que Margaret a voulu désigner ? Il va lui être difficile de garder cet homme dans ces conditions.

Il s'apprête à demander à l'un des collègues qui attendent dans le couloir les clefs pour retirer les menottes d'Ernest Foutch. Mais c'est compter sans l'extraordinaire vitalité contenue dans le jeune corps de Margaret. Un bruit de verre brisé fait sursauter tout le monde. Une infirmière vient de laisser tomber un flacon. Elle regarde derrière eux, les yeux exorbités, et ils se retournent tous les trois.

Arrachant le tuyau du goutte-à-goutte, rejetant le masque à oxygène, Margaret s'est dressée une fois de plus entre ses draps, hurlant malgré sa gorge ouverte :

« C'est lui... C'est lui... Arrêtez-le ! »

Alors la résistance d'Ernest Foutch s'est effondrée. Livide, claquant des dents devant cette accusation venue d'outre-tombe, il est passé aux aveux, quelques minutes plus tard.

Pendant un mois dans sa cellule il a attendu chaque jour, comme tout le monde à Corington, des nouvelles de Margaret. Allait-elle vivre ? Allait-elle mourir ? Comme tout le monde, il souhaitait qu'elle vive. En effet, si Margaret guérissait il s'en tirerait avec le « bagne à perpétuité ». Si elle mourait il avait de fortes chances de finir sur la chaise électrique... Or Ernest, comme tous les assassins, ne tenait pas à mourir.

Margaret aussi voulait vivre. Elle a donc vécu. Et par cela même sauvé de la mort son assassin raté.

Un homme nu dans la neige

Six regards se sont posés sur le président binoclard et débonnaire dès qu'il est entré dans la sévère salle d'audience de Cologne. Six regards qu'on ne peut pas oublier car ce ne sont pas les regards habituels des criminels que l'on traîne devant un tribunal.

Les quatre hommes et les deux femmes qui se tiennent dans le box sont des gens ordinaires, parfaitement honnêtes. Ils n'ont jamais eu affaire à la justice et rien ne les y disposait. Ce qui leur est arrivé est imprévu, sournois, terrible. Cela pourrait arriver à n'importe qui peut-être, qui sait ? C'est la question que se posent dans la salle le public et les journalistes qui sont venus, nombreux mais étrangement muets.

Et cette histoire est une façon de savoir si n'importe lequel d'entre nous mériterait ou non d'être comme ces gens-là, dans le box des accusés.

Il y a, d'abord, le jeune Jean-Didier Muller, un brave garçon barbu de vingt-trois ans qui exerce la profession de transporteur de journaux. Il regarde le président les lèvres et les dents serrées. Mais il a presque les larmes aux yeux : son père et sa mère sont dans la salle.

Il y a un joyeux luron moustachu, chef de service dans une banque, répondant au nom d'Adolf Nisseau, trente-huit ans. Ce bavard connu pour sa jovialité est en ce moment muet comme une tombe. Le front plissé, il jette par moments un regard gêné sur un collègue qui se trouve dans la salle.

Il y a aussi Herman Fohlen, fonctionnaire chauve et timide qui cache son angoisse, et peut-être sa honte, en regardant fixement le bout de ses doigts.

Il y a un architecte de trente-huit ans, au visage intelligent et racé. Il essaie de sourire, sans doute pour rassurer sa femme, blonde et bourgeoise, assise dans le box à côté de lui, dont il tapote par moments la main. Près d'elle, Mme veuve Miller que l'architecte tente par moments de réconforter du regard. Elle est pâle comme une morte. Son fils est dans la salle.

Quatre hommes et deux femmes attendent que l'on reconstitue les événements qui les ont conduits là en accusés.

C'est d'abord la déposition du jeune Jean-Didier Muller, le barbu, transporteur de journaux, âgé de vingt-trois ans.

« Vers 4 heures 30, explique le jeune homme d'une voix sourde, je roulais avec ma camionnette sur la nationale 352. »

Le président l'interrompt :

« Il faut signaler, remarque-t-il en essuyant ses lunettes, que la route avait été dégagée, mais que la campagne était couverte de neige, notamment sur les bas-côtés ; d'ailleurs il recommençait à neiger. Et tout ceci s'est déroulé par une température de moins 16 degrés et dans la nuit du 1er au 2 janvier. Aviez-vous consommé de l'alcool, Muller ?

— Non, monsieur le Président.

— C'est bon, continuez.

— Eh bien ! 5 kilomètres après la sortie de la ville, j'ai aperçu un corps dans la neige. Je me suis arrêté. Puis j'ai fait une marche arrière. Je me suis rendu compte que c'était un homme et qu'il était presque nu... et... je suis reparti.

— Pourquoi n'êtes-vous pas descendu de voiture, monsieur Muller ?

— Parce que j'ai craint que ce ne soit une ruse et que l'homme n'ait organisé cette mise en scène pour m'attirer vers lui et m'agresser. Mais j'ai prévenu la police lorsque je suis arrivé à destination.

— Nous vous en rendons grâce, monsieur Muller. Seulement, votre destination, c'était un dépôt de journaux, 50 kilomètres plus loin, donc 45 minutes plus tard. »

C'est maintenant le conducteur d'une voiture postale qui vient témoigner brièvement, d'un ton bourru, très pressé, comme s'il avait autre chose à faire.

« En apercevant dans la neige une sorte de tache rose, comme un corps humain, je suis descendu avec les deux collègues qui étaient avec moi. J'ai vu qu'il s'agissait d'un jeune homme, et qu'il était mort. Nous ne l'avons pas touché pour ne pas effacer les traces et nous avons été tout de suite prévenir la police de la commune.

— Merci, Monsieur, veuillez maintenant appeler le commissaire Kapler. »

Il n'y a rien à dire du commissaire Kapler, sinon que c'est un vieux flic portant un long cache-col, qui a fait consciencieusement son travail, et rédigé un rapport :

« Je suis arrivé sur les lieux à 5 heures 30. J'ai vu le corps étendu dans la neige. Il s'agissait d'un jeune homme blond vêtu en tout et pour tout de son slip. Il était mort mais sans doute depuis peu, car il n'était pas recouvert par la neige qui n'avait cessé de tomber que depuis trois quarts d'heure. Le corps ne montrait apparemment aucune blessure grave. Mais ses pieds étaient liés entre eux par du fil élastique, si bien serré et entrelacé qu'il paraissait impossible de le défaire sans une pince. Les poignets, par contre, avaient dû être liés ensemble également par du fil élastique car on y voyait des plaies assez profondes. J'ai tout de suite compris, en voyant les traces qu'il avait laissées dans la neige, comment le jeune homme était arrivé là : en sautant à pieds joints ! J'ai suivi ses traces sur 500 mètres et je suis parvenu dans un petit-bois jusqu'à un arbre où il avait dû être attaché. Autour, sous la neige assez épaisse qui les recouvrait, on devinait de très nombreuses traces de pas. Le drame avait donc dû se dérouler entre onze heures et minuit.

« Il était facile d'imaginer ce qui s'était passé. Le jeune homme, sans doute agressé, déshabillé et attaché à cet arbre, avait réussi à détacher ses poignets lorsque ses agresseurs étaient partis. Puis, en sautant à pieds joints, il avait regagné la route où il espérait sans doute qu'un automobiliste lui porterait secours.

— Monsieur le Commissaire, vous oubliez un détail qui nous a beaucoup frappés.

— Ah oui. Au retour, en partant de l'arbre, plus je m'approchais de la route, plus j'observais que les traces de sauts étaient rapprochées. Cette course à pieds joints dans la neige a dû être épuisante pour ce malheureux : 500 mètres de cette façon dans une neige épaisse, c'est épouvantable.

— Comment avez-vous identifié la victime ?

— Très facilement. Son père Guillaume Macken, employé aux P.T.T., ne l'ayant pas revu de toute la nuit, nous avertit à la première heure de la disparition de son fils Ulrich.

— Et comment avez-vous réussi à mettre la main sur les agresseurs d'Ulrich Macken ?

— Grâce à sa voiture. »

C'est alors que l'avocat de la partie civile intervient :

« Monsieur le Président, cette voiture a une petite histoire. J'aimerais la raconter.

— Faites.

— Ulrich Macken, ce jeune garçon de dix-huit ans, blond, au visage encore enfantin, était monteur électricien. Il travaillait dur mais ne gagnait pas encore beaucoup d'argent. Il rêvait de s'acheter une voiture d'occasion pour les fêtes de fin d'année. Inutile de dire que pour cela il a dû économiser sou par sou pendant des mois et des mois. Aussi était-il radieux lorsque quelques jours plus tôt, la veille de Noël, il a pris possession de cette Ford grise de 1966, dont il a tout de suite orné chaque porte d'une petite rose en décalcomanie. »

Après avoir laissé à l'avocat de la partie civile le temps de jouir de son effet, le président invite le témoin à poursuivre sa déposition.

« Je disais, poursuit donc le commissaire Kapler, que c'est grâce à cette voiture et par le plus grand des hasards que j'ai réussi à mettre la main sur les agresseurs. En effet, lorsque je suis retourné sur les lieux, le lendemain matin, j'ai eu la surprise d'y voir la Ford grise 1966 de la victime avec ses petites roses sur chaque porte. Un jeune homme s'éloignait du bois. J'ai sorti mon revolver et je l'ai arrêté. C'était un travailleur yougoslave âgé de vingt-cinq ans. Dans son portefeuille se trouvait le permis de conduire de la victime.

« Ce n'est que le soir que nous avons pu arrêter son compagnon qui, m'ayant aperçu, avait réussi à s'enfuir et à se cacher dans une étable. Les deux malfaiteurs m'ont donné le nom de leur complice, un troisième ouvrier yougoslave âgé de vingt-neuf ans. Voici comment j'ai reconstitué le crime...

— Je vous propose, monsieur le Commissaire, de nous en donner les grandes lignes, mais très vite, car nous n'avons pas à juger ici ces trois tristes criminels, notre procès est d'un autre ordre.

— Comme vous voudrez. Le soir du Nouvel An, le jeune Ulrich est sorti d'une discothèque de Cologne. Vers vingt-deux heures, il a gratté la glace sur les vitres de sa voiture. Les trois Yougoslaves sont sortis également d'un bar. Ils avaient l'intention d'aller voir une amie en ville, mais répugnaient à s'y rendre à pied par le froid qu'il faisait. C'est alors qu'ils ont aperçu Ulrich qui venait de mettre son moteur en marche.

« Rapide comme l'éclair, l'un d'eux a ouvert la portière et saisi le jeune homme par les cheveux. Lui mettant un couteau sous la gorge, il l'a poussé sur le siège de droite. Les autres sont montés dans la voiture qu'ils ont conduite à la sortie de la ville. Là, à coups de poing et de pied, ils ont poussé le pauvre Ulrich dans le bois où il a dû se dévêtir. Puis, après lui avoir mis un chiffon dans la bouche pour le bâillonner, ils l'ont attaché à un arbre avec du fil électrique trouvé dans la voiture et, là-dessus, ils sont rentrés tranquillement à Cologne.

« Le lendemain, c'est par pure curiosité, pour savoir ce que le jeune homme était devenu, que deux d'entre eux sont retournés dans le petit-bois et me sont tombés dans les bras. Je dois dire... »

Le commissaire poursuit lentement en détachant chaque mot :

« Je dois dire que l'un d'entre eux a avoué qu'il était certain, étant donné le froid qu'il faisait, que le jeune homme était mort, si personne ne l'avait secouru.

— Nous y voilà... » dit alors le président.

Et tous les regards de la salle se tournent vers les six accusés qui, chacun à leur manière, mais tous difficilement, tentent de rester dignes.

Le commissaire Kapler et le juge d'instruction, en reconstituant la chronologie de l'affaire, ont été frappés d'un détail. Le jeune homme est sorti de la discothèque de Cologne vers vingt-deux heures. D'après les criminels, il aurait été attaché et abandonné à son arbre vers 22 heures 30. Ce que semble confirmer la couche de neige qui recouvrait leurs traces. D'autre part, la couche de neige accumulée sur les profondes empreintes que le jeune homme a laissées en sautant à pieds joints jusqu'à la route, indique qu'il a réussi assez vite à se détacher de son arbre. Par contre, aucune trace de neige sur son corps lorsqu'il a été découvert. Or, la neige n'a cessé de tomber que vers cinq heures du matin. Il serait donc resté au minimum cinq heures sur le bord de cette route, les pieds liés entre eux, nu et par moins 16 degrés, attendant un secours qui n'est pas venu puisque l'employé des services postaux, le seul qui ait voulu le secourir, l'a trouvé mort.

« Et de quoi est-il mort, Docteur ? demande le président au médecin légiste.

— De froid, monsieur le Président. De froid sans aucun doute : il n'avait que des blessures insignifiantes. »

Pourtant il en est passé, des voitures, sur cette route, pendant cinq heures, dans cette nuit du 1er au 2 janvier 1971.

La police en a retrouvé une douzaine. Huit conducteurs ont déclaré n'avoir rien remarqué, quatre ont reconnu avoir vu un homme nu, debout, qui faisait des signes. Ce sont ces quatre-là, avec leurs passagers, qui se trouvent actuellement dans le box, accusés de non-assistance à personne en danger.

Pour le jeune Jean-Didier Muller, lorsqu'il a vu Ulrich, il était déjà terrassé par le froid, puisque allongé. Mais, comme la neige tombait encore et que l'on n'en a pas retrouvé sur lui, c'est donc qu'elle fondait et qu'il était encore vivant. Mais l'accusé n'est pas descendu de voiture, craignant qu'il ne s'agisse de la ruse d'un homme qui voulait l'agresser.

« Ulrich, un agresseur ! s'exclame la partie civile. Lui qui avait mis deux petites roses en décalcomanie sur les portières de sa voiture. Et vous voyez un bandit se mettre nu par moins 16 degrés ? Ou bien vous mentez ou bien vous êtes d'une affreuse bêtise !

— Maître, n'injuriez pas l'accusé ! C'est le seul qui ait prévenu la police.

— Oui, mais trois quarts d'heure plus tard... et trop tard ! »

Voici maintenant le joyeux luron moustachu, chef de service dans une banque. Ce bavard de trente-huit ans, connu pour sa jovialité, n'en mène pas large :

« Lorsque j'ai aperçu cet homme nu qui faisait des signes en sautant à pieds joints, j'ai pensé que c'était un fou ou un ivrogne.

— Et alors ?

— Alors j'ai continué.

— Et vous n'avez pas prévenu la police. Pourquoi ?

— Parce que je ne suis pas un délateur.

— Ah, c'est ça ! Vous n'avez pas voulu dénoncer un homme qui gesticulait tout nu dans la neige par moins 16 degrés. Vous n'avez pas songé une seconde qu'ivrogne ou fou, par moins 16 degrés, on meurt ! »

L'avocat de la partie civile se tourne vers le président.

« Je ne veux pas injurier le témoin, monsieur le Président, je ne parlerai donc pas de bêtise, mais d'un manque total d'imagination. Il est dommage que l'on puisse condamner des gens pour manque de moralité et non pour manque d'imagination, car il arrive que cela ait les mêmes conséquences. »

Le cas du fonctionnaire chauve et timide est intéressant.

« Oui j'ai vu que quelqu'un me faisait des signes, dit-il. Alors j'ai ralenti. Mais lorsque j'ai vu que c'était un homme nu, j'ai hésité.

— Finalement vous vous êtes tout de même arrêté, remarque le président.

— Oui, après le tournant.

— Voilà ! Formidable ! Merveilleux sens des responsabilités ! hurle la partie civile. Cet homme s'est arrêté lorsqu'il ne voyait plus la victime ! Alors, soulagé de ce spectacle pénible, il s'est empressé de l'oublier et il est reparti. »

La déclaration la plus dramatique est celle de l'architecte. Livide mais apparemment très à l'aise, il doit affronter les malheureux père et mère d'Ulrich qui se tiennent tous deux à la barre.

La nuit du drame, après avoir fêté la nouvelle année au milieu d'un cercle de dix-sept personnes, vers 1 heure 30 du matin, il monte dans sa voiture avec sa femme et une amie : la veuve Miller. Comme il fait vraiment très froid, l'architecte met le chauffage au maximum. Tout à coup, ses phares éclairent un homme à moitié nu sur le bord de la route. Il le voit faire des bonds, les mains levées au-dessus de sa tête.

« En Bavière, j'ai vu des gens casser la glace pour se baigner, explique l'architecte, et ça ne m'a pas tellement étonné. »

Il est vraiment trop à l'aise, l'architecte, un rien prétentieux, comme s'il faisait un cours. Peut-être même de mauvaise foi lorsqu'il insiste :

« D'ailleurs, en Scandinavie, les bains du 1er janvier sont chose courante. Voilà pourquoi ma femme et notre amie Mme Miller n'ont pas été tellement surprises. Nous avons échangé quelques mots essayant d'imaginer ce qui pouvait amener un homme à s'agiter ainsi dans une situation pareille.

— Et vous, Madame, qu'en avez-vous pensé ? demande le président à la femme de l'architecte.

— Je me suis dit que ce jeune homme avait sans doute eu trop chaud.

— Et vous, madame Miller ?

— Ces gestes me paraissaient être des manifestations d'exubérance. J'ai pensé à un homme ivre ou à un fou qui aurait fait un pari. »

À la barre, le père de la victime qui se tortillait depuis longtemps n'y tient plus, il s'adresse à la salle :

« Non mais vous entendez ça ! Mon fils vivrait encore si à la place de ces bourgeois prétentieux était passé n'importe quel artisan, n'importe quel paysan. Des gens simples auraient su ce qu'il fallait faire et se seraient arrêtés.

— Je vous en prie, supplie l'architecte soudain décontenancé, ce drame est la leçon la plus amère de ma vie et je sais que je ne pourrai jamais réparer. »

La femme de l'architecte se dresse alors dans son box :

« Je vous demande pardon pour mon mari. Il a l'air comme ça... mais en réalité, il est très déprimé. Depuis cette affreuse nuit, il doute de lui-même. »

Cette fois, c'est la mère d'Ulrich qui prend à partie la femme de l'architecte :

« On ne vous croit pas ! ni mon mari, ni moi ! Vous ne vous êtes pas arrêtés parce que vous êtes des égoïstes, qu'il faisait froid et que vous n'aviez pas de temps à perdre. Vous étiez pressés de rentrer chez vous. Vous arrêter, c'était vous attirer des embêtements. »

Là-dessus, la malheureuse femme fond en larmes et demande en sanglotant :

« Vous avez des enfants ?

— Oui, deux garçons de douze et quatorze ans.

— Vous ne pouviez pas vous représenter qu'il s'agissait d'un de vos enfants ? »

C'est au tour de la femme de l'architecte et de Mme Miller de fondre en larmes dans le box. Pour les achever, l'avocat de la partie civile ajoute :

« Imaginez-vous ce qu'a pu ressentir le fils de ces malheureux, lorsqu'il a vu disparaître dans la nuit les feux arrière de votre voiture... »

En fin de séance, le tribunal déclare coupables cinq des six accusés car, par moins 16 degrés, n'importe quel homme nu doit mourir de froid, qu'il soit normal, fou ou ivre.

Le lendemain du verdict, le procureur et les défenseurs font appel, le premier estimant que la peine est insuffisante, les autres demandant l'acquittement.

À Cologne, la mort d'Ulrich n'a pas fini de remuer les esprits.

Comment redevenir un homme libre

Sur les pentes rocailleuses d'une colline de la Géorgie du Sud aux États-Unis s'élève un chant monotone, rude et plaintif. Ce sont les bagnards en casaque rayée qui font partie d'un « Chain Gang » : une équipe dont tous les hommes sont enchaînés.

À l'aube, entassés dans des camions, ils sont montés de la vallée où se trouve le bagne. Échelonnés maintenant sur le tracé d'une voie ferrée, ils lèvent et abattent leurs pioches en suivant le rythme du chant, qui ordonne de lever haut les outils.

Dispersés dans la rocaille, des gardiens en casquette, blouson de cuir et legging, fusil au bras, surveillent ce bétail humain. En 1921, le régime du « Chain Gang » en Géorgie du Sud est dur. Les gardes, brutaux et cruels, cognent pour un rien. Si un bagnard oublie de soulever sa pioche avec les autres, un coup-de-poing en pleine figure le rappelle à l'ordre. Il faut demander la permission : pour uriner, pour se redresser, même quelques secondes, pour se moucher, pour essuyer la sueur qui ruisselle sur le visage. C'est tout juste s'il ne faut pas demander la permission de suer.

Aux chevilles des convicts, le maréchal-ferrant a rivé des chaînes qui ne seront ôtées qu'au jour de la mort ou de la libération.

Les très rares évasions donnent lieu à une chasse à l'homme implacable, où le fuyard est presque toujours perdant, et sont suivies de sanctions d'une cruauté difficilement imaginable.

Aujourd'hui, le régime pénitentiaire a bien changé. Or, c'est avant tout à l'un de ces bagnards, le plus petit et le plus insignifiant de tous, que la Géorgie d'abord et l'Amérique ensuite doivent cette réforme. Avec son nez pointu à piquer les gaufrettes et son menton volontaire, ce petit homme va commencer, ici, dans quelques secondes, une des aventures les plus incroyables du siècle.

Le forçat Robert Elliot Burns, qui participe à l'installation d'une voie de chemin de fer, a décidé de tenter sa chance.

Il fait partie d'une équipe chargée de mettre les rails en place. À ses côtés, un Noir plante des tire-fond à grands coups de masse.

Or, de temps en temps, un coup de masse résonne sur l'un ou l'autre des anneaux de fer qui encerclent les chevilles de Burns.

Au risque de broyer la chair et les os, le lourd marteau aplatit peu à peu les anneaux, les déforme, les agrandit. Le manège dure depuis le matin. Aucun des gardes ne s'en est aperçu.

Déjà, la nuit commence à tomber. On entend le bruit des moteurs des camions qui montent chercher les forçats pour les ramener au bagne. Si Burns veut s'évader, c'est maintenant ou jamais. Tout à l'heure, en rentrant, le garde chargé de vérifier les fers remarquera que les siens sont déformés.

Du coin de l'œil, Burns observe les camions qui font demi-tour pour se mettre face à la descente. C'est l'instant de risquer le tout pour le tout. À la dérobée, il échange une poignée de main avec le Noir, puis, d'une secousse, se débarrasse de ses fers et court d'une traite vers les camions, volant au passage un paquet de cartouches de dynamite. Il bouscule le chauffeur du premier camion qui tombe à terre, saisit le volant et se lance sur la route en lacets. Il la connaît bien pour avoir lui-même travaillé à sa construction pendant des mois.

Surpris, les gardes tirent, en visant les pneus. D'autres montent sur un autre camion et se lancent à sa poursuite.

Soudain, Burns stoppe avant un tournant, saute à terre, bondit à la paroi d'un rocher, enfonce dans un trou son paquet de cartouches de dynamite, d'où émerge un très court morceau de cordon Bickford. Il l'allume, la main un peu tremblante car il n'a que deux allumettes. Puis il revient à son véhicule, se remet au volant et fonce à nouveau dans la descente.

À peine a-t-il dépassé le tournant qu'une violente déflagration envoie dans les airs des masses de terre et de cailloux. Quand la fumée se dissipe, il n'y a plus de route : tout a dégringolé le long de la pente abrupte. Le passage est coupé pour les poursuivants.

Dans le silence on entend le bruit que fait le camion de Burns roulant sur la plaine à toute vitesse.

Trois années plus tard, un éditeur de Chicago, petit par la taille de son entreprise, mais gros, très gros par le corps, pose sur son bureau un manuscrit :

« Intéressant, dit-il en mâchonnant son cigare. C'est même passionnant. J'avoue que j'ai appris quelque chose. Et qu'est-ce qu'il est devenu ce Burns depuis qu'il a écrit ça ? Il est en tôle, je suppose ? »

Il s'adresse à une femme en costume masculin qui le regarde avec affront à travers des lunettes de myope.

« Pas du tout, répond la femme d'une voix hommasse et vulgaire. Il est arrivé à Chicago il y a deux ans. Il venait de Géorgie à pied. Au lieu d'entrer en rapport avec les gangs, il a cherché du travail. La nuit il écrivait son bouquin. Le jour il faisait tous les boulots. Actuellement il est laveur de carreaux.

— Ah ! Mais comment savoir si tout ce qu'il raconte est vrai ?... Est-ce que tu l'as rencontré au moins ?

— Oui Charlie, plusieurs fois. À mon avis c'est un type très chouette.

— Alors, pourquoi était-il au bagne ?

— Il était dans l'U.S. Navy. Au retour de la guerre il s'est trouvé sans job. Comme il parcourait à pied les routes de la Géorgie à la recherche d'un problématique boulot, il est tombé sur une bande de malfrats qui, après l'avoir entraîné dans un coup dur, ont trouvé le moyen de s'éclipser en lui laissant porter le chapeau. Le juge ne devait pas être de très bon poil : il l'a condamné au maximum : cinq ans de bagne.

— C'est bon, fais-le entrer. »

La femme en costume masculin s'en va d'un pas chaloupé ouvrir la porte au nommé Burns.

Celui-ci entre, la tête en avant pointant vers le gros éditeur son nez à piquer les gaufrettes et les mâchoires serrées dans son menton carré.

Comment pourrait-on imaginer qu'il s'agit d'un évadé du bagne ? Traqué jour et nuit par une armée de policiers acharnés à le reprendre, caché le jour dans les herbes des marais, de l'eau jusqu'à la poitrine, dormant la nuit accroché dans les arbres, se nourrissant pendant un mois de racines et de légumes crus, il a réussi à franchir les limites de l'État de Géorgie pour traverser à pied du sud au nord tous les États-Unis !

« Bonjour, monsieur Burns ! Asseyez-vous... Voilà monsieur Burns, je trouve votre livre formidable, mais j'hésite à le publier. »

Burns s'est à peine assis que le voilà debout, la main tendue pour reprendre son manuscrit.

« Attendez, Burns ! Quelle mouche vous pique ?

— J'ai l'habitude, explique Burns de sa voix légèrement nasillarde. Vous êtes le onzième.

— Vous voulez dire que dix de mes confrères ont déjà refusé de vous éditer ?

— Oui.

— Il faut les comprendre. C'est une bombe, votre bouquin. Et c'est très dangereux d'avoir laissé tous les noms réels des personnages. Si tout ce que vous racontez est vrai, ces gens vont vouloir vous faire la peau. Changez au moins votre nom, prenez un pseudonyme.

— Non, répond Burns, je tiens à le signer de mon vrai nom.

— Comme vous voudrez. Je vous édite mais, je ne peux pas prendre la responsabilité de ce qui vous arrivera. »

Le livre de Burns, publié sous le titre : *Je suis un évadé*, connaît un énorme succès. Le public américain est bouleversé par la description que fait Burns du bagne de Géorgie d'où il s'est échappé. L'auteur n'a pas triché. Il a signé de son nom et reproduit en toutes lettres les noms de ses tortionnaires, notamment celui du chef des geôliers, sans se soucier de leur fureur.

C'est avec stupéfaction que les Américains apprennent l'existence des boîtes en métal où l'on enfermait les prisonniers au soleil, des carcans où les punis séjournaient plusieurs jours la tête et les poignets coincés dans des armatures étroites qui provoquaient des plaies effrayantes, des trafics de chair humaine entre homosexuels, de la drogue, etc.

Le bon public yankee, parfois si naïf, croyait que ses prisons étaient des maisons de rééducation vertueuses et ses bagnes des maisons de repos pour récidivistes fatigués !

Mais si Burns a signé son œuvre, c'est sous un nom d'emprunt qu'il fonde avec l'argent de ses droits d'auteur, un journal : *The greater Chicago magazine*. Au prix d'un labeur acharné, il fait de ce journal une excellente affaire.

Tout marche à merveille jusqu'au jour où la tenancière de sa pension de famille tombe amoureuse de lui. Or Burns qui s'évertue à remonter le courant, a d'autres soucis en tête que le mariage. Il ne répond à cette femme que par une indifférence gênée. Malheureusement, il lui a révélé sa véritable identité, et cette imprudence va lui coûter cher.

De bon matin, deux détectives viennent frapper à sa porte.

« D'après votre logeuse, vous seriez Robert Elliot Burns ? »

À quoi bon nier ? Burns prend son chapeau, son pardessus et suit ses visiteurs.

À la prison centrale où journalistes et photographes envahissent sa cellule, il apprend que l'État de Géorgie vient d'introduire auprès de l'État de l'Illinois où il se trouve une demande en extradition. Le chef des geôliers du « Chain Gang » est déjà là prêt à ramener l'évadé menottes aux mains, sous l'œil noir de sa « bonbonnière » – c'est ainsi que le chef geôlier surnomme son gros revolver.

Mais dans tous les U.S.A., la Géorgie exceptée, le public réagit en faveur de Burns et les formalités d'extradition traînent en longueur.

Alors la Géorgie envoie spécialement à Chicago un haut magistrat et un haut fonctionnaire des prisons de l'État. Burns les reçoit dans sa cellule. Ils sont tout miel :

« Écoutez, Burns, nous ne vous garderons pas rancune des révélations que vous avez faites dans votre livre. À la vérité, le gouvernement de Géorgie n'était pas au courant des atrocités commises dans le bagne. Il n'en reste pas moins que vous êtes un évadé et que, dans votre intérêt comme dans l'intérêt de notre État, cette situation équivoque ne peut plus durer. Il y aurait bien un moyen pour vous de redevenir un homme libre, ce serait, si vous vouliez accepter, de nous accompagner volontairement là-bas...

— Retourner au “Chain Gang” de mon plein gré ? Vous êtes malades ?...

— Écoutez. Il va y avoir un procès et si nous ne sommes pas certains d'obtenir votre extradition, vous n'êtes pas sûr non plus que le juge de l'Illinois nous la refusera. Le mieux serait donc d'obtenir votre grâce pleine et entière. Mais pour cela, il vous faut passer devant notre commission des grâces. Acceptez notre proposition. Revenez avec nous. Cela vous coûtera un séjour en prison de deux ou trois mois, pas davantage Le temps pour nous de sauver les apparences. »

Aux U.S.A., un marché entre magistrats et inculpés est chose courante. Burns demande des précisions.

« Dois-je bien comprendre que si j'accepte de retourner en Géorgie avec vous, je bénéficierai à coup sûr d'une mesure de grâce ?

— Vous pouvez y compter. Nous vous répétons qu'il ne s'agit pour nous que de sauver la face. »

Les deux hommes paraissent sincères. Ce sont de gros personnages...

Après des négociations qui durent près d'une semaine, Burns règle des frais de justice se montant environ à mille dollars et accepte de retourner au bagne sous trois conditions :

Primo : qu'on ne l'incarcérera pas dans le « Chain Gang » d'où il s'est évadé.

Secondo : le redoutable chef des geôliers doit s'en retourner seul. C'est en sleeping que Burns voyagera.

Tertio : l'incarcération de Burns ne durera pas plus de 90 jours.

« C'est O.K. ?

— C'est O.K. »

Hélas ! Seules les deux premières conditions de l'engagement sont remplies. Incarcéré dans un soi-disant « camp forestier », Burns connaît des jours pénibles en attendant d'être convoqué devant la commission des grâces. Les semaines passent, puis les mois. Rien, toujours rien. Burns s'épuise à écrire lettres sur lettres à l'administration pénitentiaire, aux représentants de la justice, au gouverneur.

Aucune réponse. Il est oublié dans ce nouvel enfer où ses gardiens lui mènent la vie dure, où le régime est insupportable. À ce point que des convicts n'hésitent point à s'infliger des mutilations, risquant parfois l'amputation d'un bras ou d'une jambe, pour gagner quelques mois de répit à l'hôpital !

Cette fois, le gouvernement et l'administration pénitentiaire de Géorgie le tiennent bien et savourent leur vengeance.

Au bout d'un an, Burns n'en pouvant plus prend la résolution de s'évader à nouveau en dépit de l'étroite surveillance dont il est l'objet.

Au cours d'une tornade qui déracine les arbres et arrache les toits des maisons, Burns, profitant de la confusion, réussit à s'échapper. Ce n'est qu'au bout de plusieurs heures qu'on se lance à sa poursuite. Il est loin. Mais des chiens retrouvent sa piste. Il la leur fait perdre en nageant toute une nuit au milieu d'une rivière. Dix fois, il est encerclé, dix fois il s'échappe.

Après avoir semé ses poursuivants à travers marais et fondrières, cet homme d'une volonté de fer parvient, aux limites de l'épuisement, à gagner l'État de New Jersey, où il projette de recommencer son existence à zéro.

À zéro ? Pas tout à fait. Il téléphone à son « gros » éditeur qui lui apprend que la firme cinématographique Warner Bros s'est mis dans la tête de tourner un film basé sur ses révélations et l'invite à se rendre à Hollywood en qualité de superviseur technique, Burns accepte.

Mais durant les prises de vues, il n'en mène pas large. Sa véritable identité est connue de tous, depuis la vedette Paul Muni qui l'incarne dans le film, jusqu'au dernier des figurants. Dans le studio, il se sent protégé, mais n'ose pas mettre un pied dehors. Une nuit, dès que le film est terminé, blotti au fond d'un taxi, il prend la route et après un parcours non-stop de 300 miles, se fait déposer près d'une petite gare de village.

« Merci Boy. Maintenant, repars et oublie le nom de ce bled. »

Par étapes, voyageant en zigzag, Burns a regagné sa résidence de New Jersey où, sous un nouveau nom d'emprunt, il ouvre un cabinet de consultations pour contribuables. Les affaires marchent. Et il rencontre Caroline, une ravissante blonde qui partage sa vie.

Hélas, en 1932, l'infinie patience des policiers les mène à la retraite où se terre l'évadé.

« Vous êtes bien Robert Elliott Burns ? »

Chapeau, pardessus, promenade en voiture qui se termine derrière les barreaux d'une cellule, rien de cela n'est nouveau pour Burns. De plus, il devient vite évident que les formalités d'extradition traîneront davantage encore qu'à Chicago. Le film *Je suis un évadé* a partout, sauf en Géorgie, les honneurs de l'écran. Des milliers de personnes avaient lu le livre, mais ils sont des millions à voir le film. L'opinion publique est nettement hostile au retour de Géorgie du fugitif. À nouveau des envoyés spéciaux viennent multiplier les promesses pour qu'il renonce aux formalités d'extradition et veuille bien consentir à retourner volontairement « là-bas ».

« Nous reconnaissons volontiers que vous n'avez pas lieu d'être satisfait de la manière dont nos prédécesseurs vous ont traité. Avec nous, ce sera différent. Nous tiendrons nos promesses. Et vous redeviendrez un homme libre. »

Leurs discours tombent dans le vide. Cette fois Burns refuse et préfère prendre le risque du procès qui devra décider ou non de son extradition.

Lors de l'audience, le juge du New Jersey entend donc tour à tour les avocats de l'État de Géorgie et les avocats de Burns. Mais il entend surtout des témoins.

Le premier vient déclarer que tout ce qui est écrit dans le livre de Burns est authentique.

Le second affirme que le chef geôlier du « Chain Gang » d'où s'est évadé pour la première fois Burns a certainement sur la conscience la mort d'un nombre important de forçats.

Le troisième prétend avoir vu le chef geôlier se servir plusieurs fois et sans raison de sa « bonbonnière ».

Le quatrième raconte que son père, condamné à dix ans dans ce même bagne, y a perdu l'usage de ses jambes.

À ces témoignages, les représentants de la Géorgie ne peuvent opposer que des arguments juridiques : Burns, forçat évadé, doit purger sa peine et ne peut être libéré que par la Commission des recours en grâce de Géorgie devant laquelle il doit comparaître personnellement.

Ce à quoi Burns répond, dressé sur ses ergots, pointant vers le juge son nez à piquer les gaufrettes et son menton volontaire :

« On m'a déjà fait le coup une fois, et ce fut une fois de trop. Si je suis extradé en Géorgie, rien ne prouve que la Commission des grâces acceptera de me libérer. »

Le juge hésite. Il sait que la Commission des grâces ne peut lui promettre la libération de Burns sans avoir statué et elle ne peut statuer qu'après l'avoir entendu.

Finalement un témoin met le comble à son incertitude.

« Si Burns retourne en Géorgie, dit-il, il n'en reviendra pas. Dans l'air sifflent beaucoup trop de balles perdues. Il est de notoriété publique que dans les "Chain Gangs" de Géorgie il se passe des choses que le public ne doit pas connaître. C'est tellement vrai que lorsqu'un automobiliste passe à côté d'un de ces chantiers de travail, les gardes lui font siffler quelques balles aux oreilles histoire de lui faire comprendre qu'il doit appuyer sur le champignon. »

Cette fois la cause est entendue : le juge ne peut pas prendre le risque d'envoyer Burns se faire assassiner. Il refuse l'extradition.

« Malheureusement, dit-il au petit homme, vous ne serez pas un homme tout à fait libre. Vous resterez un hors-la-loi dans 47 sur 48 des États de notre pays ».

L'aventure de Burns pourrait se terminer là, si Caroline ne lui donnait trois beaux enfants. Comment laisser grandir trois enfants avec le handicap d'un papa à double face, honnête expert fiscal dans l'État de New Jersey et bagnard en rupture de ban dans tout le reste des États-Unis ?

Burns, quelques années plus tard, oubliant tout amour-propre, entreprend des démarches auprès des autorités de Géorgie pour obtenir sa grâce.

À nouveau les hauts fonctionnaires accourent :

« Revenez vous constituer prisonnier ! proposent-ils sèchement. Les autorités de Géorgie verront ce qu'elles ont à faire.

— C'est tout ce que vous avez à me proposer ?
— Oui. Mais, de vous à moi, le Gouverneur de Géorgie vous est très favorable. S'il ne tenait qu'à lui votre grâce serait déjà signée. »

Le nez à piquer les gaufrettes de Burns s'allonge encore. Cette chansonnette il l'a déjà entendue. Il se méfie.

« Et pourquoi le Gouverneur ne peut-il signer ma grâce lui-même ?
— Vous le savez bien : c'est la loi. Seule la Commission des grâces peut le faire. Pour cela elle doit vous entendre.
— Ça ne peut pas se régler par correspondance ?
— Hélas non. Pour redevenir un homme libre, il faut retourner là-bas. »

Pour ses enfants Burns est prêt à tout. Mais l'idée de retourner en prison après vingt-cinq ans ne lui sourit pas. Il demande à réfléchir.

Un soir à la radio Burns entend un discours du Gouverneur de Géorgie :

« Après le livre de Robert Elliott Burns *Je suis un évadé* et surtout après la diffusion du film, ce film que mes prédécesseurs ont eu la faiblesse d'interdire dans notre État, la sécurité en Géorgie n'est plus assurée Les responsables des crimes commis dans notre État s'enfuient immédiatement dans les États voisins qui refusent de les extrader tant notre système pénitentiaire leur fait horreur. Les enquêtes ont montré que les révélations de Robert Elliott Burns ne sont que trop vraies. Mal recrutés, mal payés, les dirigeants et gardiens de nos bagnes ne connaissent que la force brutale et ne reculent devant rien. Nous avons donc décidé de revoir complètement notre système pénitentiaire. »

Huit jours plus tard Burns se rend de lui-même en Géorgie pour se constituer prisonnier. Il est alors entendu par la Commission dont le Président lui tend enfin le précieux document lui accordant sa grâce, en lui disant :

« Vous voici redevenu un homme libre. Cette liberté qui ne s'acquiert et ne se garde que par le courage, la droiture et la méfiance, est à vous, profitez-en. »

Robert Elliott Burns a le sourire, en entendant cela. Un évadé sait ce que c'est que la liberté. Il n'a pas besoin qu'on lui fasse un dessin.

Procès d'un chien

L'histoire de Jane Taylor est tellement extraordinaire qu'il est nécessaire d'en citer les sources et les témoins. Les sources : le fils de Jane Taylor et toute sa famille. Les témoins : le docteur Beck, vétérinaire du Prince de Monaco et d'innombrables lecteurs de la presse britannique qui accorda à cette histoire, dans les années 50, une large place.

Jane Taylor, comme son nom l'indique, est anglais et plus exactement gallois. Les Gallois sont réputés pour être têtus. Mais ce Gallois-là, petit, mince quoique robuste, vif quoique naïf, aux yeux bleus transparents dispose d'une volonté hors du commun.

L'histoire commence peu après la guerre, à Liverpool. Jane Taylor qui a trente-quatre ans mène seul depuis trois années une existence lamentable. Un éclat de grenade l'a rendu aveugle. C'est alors, en 1947, que des amis lui font cadeau d'un chien : une petite chienne labrador au pelage noir et soyeux. Elle s'appelle Pacifique. C'est un drôle de nom, mais Jane Taylor s'y habitue vite.

Pacifique, bête merveilleuse d'intelligence, apprend bientôt toute seule à remplacer ses yeux.

Si les yeux bleus transparents de l'aveugle sont vides et sans expression, la chienne Pacifique est leur regard.

Elle apprend presque toute seule à s'asseoir, à se lever, à traverser les rues au commandement, à respecter les signaux de circulation, à se coucher aux feux rouges, à se lever aux feux orange, à traverser aux feux verts. Bientôt elle conduit Jane Taylor partout.

Pour bien comprendre cette histoire, il faut fermer les yeux. Fermer les yeux et imaginer que l'on se lève si on est assis, ou que l'on descend de voiture, puis les yeux fermés, que l'on traverse la pièce ou que l'on marche sur le trottoir. C'est une idée que l'on refuse. À moins de s'accrocher à quelqu'un, un être vivant qui ne vous quitte pas, que l'on sent là, tout près, toujours contre soi, dont on sent chaque mouvement, chaque hésitation, chaque décision, grâce à une poignée de cuir directement solidaire de son collier. On ne fait plus qu'un... On n'est plus tout à fait aveugle. On a moins peur de cette effroyable obscurité.

Quatre années passent pour Jane Taylor et sa chienne Pacifique et tout d'un coup l'aveugle se fait hospitaliser. Un chirurgien se propose de lui extraire du crâne le fragment de grenade qui est sans doute la cause de sa cécité.

Quand on retire le pansement de Jane Taylor la lumière pénètre sous son crâne puis, progressivement, mais assez rapidement, il voit, et de mieux en mieux.

Et la première chose qu'il voit, c'est sa chienne. Jane Taylor a beau ne pas être sentimental, cette grande première le lie à Pacifique par une émotion bien compréhensible.

Tout de suite il a envie d'user de cette faculté qui lui est rendue : voir, voir les couleurs, il se met à la peinture. Le premier sujet qu'il a envie de peindre c'est sa chienne ; il n'a pas appris à dessiner mais il fait tout de suite sur le mur de sa chambre un immense portrait de l'animal. Et c'est ainsi que l'ancien combattant, jadis aveugle, devient peintre animalier.

Il illustre des cartes de vœux, des calendriers, le Prince Charles qu'on appelle à l'époque « Plum Pudding » et la princesse Anne, ont dans leur chambre les portraits de la chienne Pacifique. Mais l'histoire de Jane Taylor et de la chienne Pacifique est plus extraordinaire que cela.

C'est le printemps, les bourgeons apparaissent sur le petit arbre noir de suie au fond d'une cour derrière l'appartement du dénommé Joe Gordon : deux pièces dans une rue étroite de Liverpool. Jane Taylor vient de faire la connaissance de Joe Gordon. Celui-ci âgé de cinquante-trois ans, ancien conducteur de camions, est aveugle. Pour ce costaud que l'immobilité a engraissé, le printemps consiste à rester assis des heures entières devant la fenêtre ouverte, à respirer la senteur sucrée des bourgeons qu'il ne peut voir.

« Vous ne sortez jamais ? lui demande Jane Taylor.

— Bah... non.

— Et votre famille ?

— Pour ainsi dire j'en ai pas. Je suis un vieux célibataire. J'ai une sœur, mais elle vit à Londres et elle a trois enfants.

— Quand êtes-vous sorti pour la dernière fois ?

— Il y a plus d'un an. »

Pour Jane Taylor c'est un trait de lumière, il se lève et tape sur le genou de l'aveugle :

« Attendez-moi Joe, je vous amène quelqu'un et vous ne serez plus seul. »

Une heure plus tard, dès qu'il entend la porte d'entrée tourner sur ses gonds, l'aveugle comprend que Jane Taylor ne revient pas seul :

« Joe, dit Jane Taylor, voici ma chienne Pacifique. Pendant des années elle a été mes yeux. Maintenant, si je gagne ma vie c'est grâce à elle. Elle n'est plus jeune, mais elle a encore le temps de vous faire une nouvelle vie. Elle a peut-être un peu oublié ce qu'elle avait appris autrefois avec moi, mais lorsqu'elle sera dans la rue à vos côtés et si nous nous y mettons tous les trois, je suis sûr qu'elle se souviendra. Vous la sentez ? Elle est près de vous, tendez la main, caressez-là. »

Joe Gordon tend la main et sent les longs poils de Pacifique glisser entre ses doigts.

« Vous savez Joe, c'est une belle bête. Elle est presque toute noire, et mince. En ce moment, elle vous regarde. Son regard est très intelligent.

— Mais c'est impossible, dit l'aveugle, vous ne pouvez pas vous en séparer...

— Si...

— Mais elle sera malheureuse avec moi !

— Ne croyez pas cela. Les bêtes c'est comme les gens : certains ne sont pas faits pour être heureux dans une oisiveté confortable, mais pour servir à quelque chose. Elle s'ennuie avec moi maintenant. Alors, Joe, allez-y. Parlez-lui doucement, vous allez vivre désormais des années ensemble. »

Joe attire vers lui l'animal, le caresse doucement, longuement, essaie de deviner la forme de sa tête.

« Joe, ordonne Jane Taylor, prenez son harnais dans la main, levez-vous sans hésiter, dites "en avant" et suivez-la franchement... »

Joe se lève, s'y reprend à deux fois pour dire : « En avant » et suit la chienne d'un pas incertain vers la porte.

Pendant des jours et des jours, l'aveugle et sa chienne apprennent à travailler ensemble sous la conduite de Jane Taylor. La chienne comprend que son nouveau maître ne voit pas et le nouveau maître comprend que l'arrivée de cette chienne va transformer sa vie.

De semaine en semaine, ils font des progrès plus grands. D'abord ils accompagnent Jane Taylor qui accroche ses portraits d'animaux pour son exposition sur les quais de la Tamise et se promènent tranquillement dans le bruissement des feuillages, suivant d'arbre en arbre les rayons du soleil.

Puis ils prennent l'autobus. Enfin vient le jour de la grande épreuve où tous deux, sur un ordre du professeur, vont pour la première fois traverser un boulevard.

Là aussi il faut imaginer : les Champs-Élysées à dix-huit heures... Par exemple il faut fermer les yeux et avancer, des souffles, d'énormes masses qui vous frôlent en grondant, des choses qui se faufilent, des voix qui passent à toute vitesse, la chienne qui sans cesse s'arrête et repart. L'aveugle au bout de quelques pas ne sait plus où il est, n'ose plus avancer ni reculer, et finalement, cramponné au harnais de l'animal, il s'abandonne définitivement en pensant : « À Dieu vat... »

Lorsque enfin ils parviennent de l'autre côté du boulevard, Joe se sent envahi d'une gratitude profonde et caresse la chienne d'une main tremblante.

Bientôt la brave Pacifique saura tourner les poignées de porte avec ses dents. Joe pourra fumer tranquillement, car si par malheur une cigarette tombe, la chienne saura l'éteindre avec ses pattes. Elle apprendra aussi à se retourner dans les escaliers pour aboyer une fois à chaque marche.

Trois années s'écoulent et Joe, dont la vie est définitivement transformée, trouve un emploi de standardiste à l'autre bout de la ville.

De son côté, Jane Taylor vient s'établir au soleil de la Côte d'Azur, se marie et a deux enfants.

Hélas, un jour, un télégraphiste frappe à la porte et lui remet le texte que voici :

« Votre adresse vient d'être trouvée sur un aveugle. Stop. Joe Gordon, renversé par voiture. Stop. Vient d'être transporté hôpital Liverpool. Stop. »

Le lendemain à Liverpool, Joe Gordon n'ayant pas repris connaissance, Jane Taylor va chercher Pacifique à la S.P.A. où elle est enfermée dans une cage. Puis il se rend au commissariat. Là, une femme s'adresse à lui : elle parle très fort, pour que tout le monde l'entende :

« Vous êtes l'ami de ce malheureux ?

— Oui, Madame...

— Tout cela est de la faute du chien, ce pauvre homme avait trop confiance en son chien ! »

Cette femme est la conductrice de la voiture qui a renversé Joe, Mrs Rosemary Shillabeer de Gribbs

Causeway. Elle vient affirmer à la police que la route était libre lorsqu'elle a pris son tournant. Elle n'a pu voir Joe Gordon que lorsqu'il était sous la voiture.

Dans le commissariat tout le monde semble approuver cette femme et lorsque Jane Taylor demande d'autres explications, on lui cite tant et tant de témoignages que la culpabilité de la pauvre Pacifique ne fait plus de doute. Chacun lance sur l'animal un regard soupçonneux, presque méprisant, et si son ancien maître n'était pas là, elle repartirait sur le champ pour la fourrière.

À l'hôpital, dès qu'il reprend connaissance, le pauvre Joe demande sa chienne. D'abord la direction de l'hôpital refuse. Mais une infirmière prévient Jane Taylor qui vient avec l'animal. Les voilà bientôt tous deux près de Joe qui entre dans une grande colère en apprenant que l'on accuse sa chienne d'avoir causé l'accident.

« Les salauds ! Ils en profitent... C'est trop facile, pensez ! Un aveugle et une bête qui ne peut pas se défendre ! »

Le pauvre Joe est non seulement furieux, mais peiné, ulcéré, comme si le fait d'accuser sa chienne, c'était le salir lui-même. Il la caresse : blesser sa chienne c'est le blesser et si elle souffre, il va souffrir.

« Qui est ce chauffard ? demande-t-il enfin.

— C'est une femme.

— Est-ce qu'elle est assurée au moins ?

— Oui. Justement, si la preuve est faite qu'elle n'est pas responsable, l'assurance ne vous devra rien. »

Là-dessus paraît le docteur qui veut, bien entendu, chasser la chienne.

« Pourquoi voulez-vous la chasser ? rugit le pauvre Joe.

— Calmez-vous voyons. Vous pensez bien que les chiens dans un hôpital, c'est interdit.

— Ça m'est égal, je veux ma chienne.

— Vous n'y pensez pas.

— Pourquoi ? Elle n'est pas propre peut-être ? Parce que pour vous on est propre si on n'a pas de poils ? C'est tout ? Ça s'arrête là ? La femme qui m'a renversé, elle, pourrait rentrer dans ma chambre, elle tue les gens mais elle est propre !

— Mais c'est pour votre bien, voyons.

— Vous ne me ferez jamais autant de bien qu'elle m'en a fait... Lorsque j'ai entendu le bruit de ses pattes sur le carreau, j'ai tendu les bras. Or, je ne tends les bras pour personne. Personne depuis que je suis né n'a mérité que je lui tende les bras. »

Devant le docteur et les infirmières stupéfaits, Joe demande qu'on fasse venir un notaire.

Joe sait qu'il va falloir l'opérer. Il a cinquante-six ans, alors, on ne sait jamais : il veut dicter ses dernières volontés. Le peu d'argent qu'il a doit revenir à sa chienne.

Avec cet argent il veut payer des experts. Depuis trois ans sa chienne le promène d'un bout à l'autre de Liverpool sans jamais un incident. Elle l'aurait certainement averti si la voiture qui l'a renversé avait suivi sa route normalement.

Il faut que la chienne soit reconnue innocente pour que l'assurance paie. Et si lui-même disparaissait, il veut qu'elle puisse, dans les quelques années qui lui restent à vivre, venir en aide à un autre aveugle. En conclusion, Joe dit à Jane Taylor :

« Si vous ne le faites pas, vous n'aurez pas respecté ma dernière volonté. »

Le pressentiment de Joe ne l'a pas trompé. L'opération relativement facile provoque une défaillance cardiaque et il meurt.

Conformément à son désir, sa déclaration est lue à haute voix au cours de l'enquête qui suit sa mort. Mais Jane Taylor se rend compte que la conclusion de cette enquête ne fait aucun doute. Le pauvre Joe n'a pas d'héritier, ni d'ailleurs d'héritage, sinon quelques centaines de livres. Le plus simple pour tout le monde c'est bien de rejeter la responsabilité sur l'aveugle et son chien.

Or Jane Taylor pense que Joe avait raison : il s'obstine. Il y a enquête, contre-enquête, procès. Le procès, bien entendu, est perdu. Jane Taylor fait appel. Tout ça pour défendre un chien. Personne ne comprend. Le représentant de la compagnie d'assurances, le mari de la conductrice et bien d'autres personnes font maintes démarches auprès de lui pour obtenir qu'il abandonne la partie. Vraiment personne ne comprend son insistance : toute la machine judiciaire, tous les témoignages pendant deux ans s'acharnent contre la chienne.

Alors, chose vraiment extraordinaire, Jane Taylor, pour mieux la défendre, retourne vivre en Angleterre et engage deux experts.

Jane Taylor leur explique comment un aveugle tient le harnais de son chien, fermement et en même temps prêt à enregistrer chaque réaction de l'animal. Au point qu'il sent presque si celui-ci tourne la tête à droite ou à gauche. Il leur explique aussi qu'à l'arrêt, le chien pose sa patte droite sur le pied gauche de son maître. Lorsqu'il lève la patte, c'est que l'homme peut s'avancer. Alors le chien marche à gauche presque dans ses jambes.

Or, en Angleterre, la conduite est à gauche, et la chienne n'a pas été blessée. Comme elle fut toujours extrêmement attentive et puisqu'elle n'a pas prévenu son maître, c'est qu'elle n'a pas vu la voiture. Si elle n'a pas vu arriver la voiture, il n'y a aucune raison qu'elle se soit échappée avant l'accident. Comment se fait-il donc qu'elle n'ait pas été blessée ? Puisqu'elle marche à gauche et que la voiture aurait dû venir normalement de la gauche !

Bientôt les experts sont convaincus que quelque chose ne va pas dans les conclusions de l'enquête officielle.

Pendant trois mois, les experts entendent, réentendent les témoins et analysent dans tous les sens leurs dépositions. Pour mieux convaincre Jane Taylor fait faire des films de cinéma avec des acteurs, reconstituant vingt fois la scène de l'accident. Il invite des journalistes, dépense une fortune.

Finalement les experts découvrent la vérité : quelques secondes avant l'accident, la voiture s'était arrêtée à quelques pas de Joe et de sa chienne, mais en mordant sur le passage réservé aux piétons. La conductrice a voulu reculer. Malheureusement, elle conduisait cette voiture depuis trois jours. Elle passe en première au lieu de la marche arrière et dans un élan brutal, le véhicule renverse le malheureux Joe.

Quelques mois plus tard, la brave chienne Pacifique commence à promener un autre aveugle dans Liverpool, qu'elle guidera pendant deux ans avant de prendre une retraite bien méritée dans une maison de Villefranche sur la Côte d'Azur. Là, aujourd'hui, dans le jardin, des labradors jouent au soleil.

Tant que Jane Taylor aujourd'hui âgé de soixante-cinq ans, vivra, et tant que ses enfants vivront, ils se battront pour que ses chiens aient des petits et leurs petits d'autres petits afin que la lignée ne s'arrête pas... Et toutes les femelles s'appelleront Pacifique.

Un homme inutile

À Bucarest, dans une chambre d'hôtel surchauffée par le soleil malgré les stores abaissés, un homme et une femme, complètement nus, ramassent machinalement quelques vêtements épars au pied du lit sur lequel ils sont assis.

L'homme qui vient de les surprendre n'a pas fait un geste de colère. Il n'a pas lancé un cri, pas prononcé un mot ; il est simplement tout pâle. Il passe sur son front, sur ses cheveux, une main tremblante qui retombe le long du corps. Désemparé, il a enfin la preuve qu'il cherchait : il est cocu.

Cette scène banale et ridicule se déroule en septembre 1939. Il y a quelques mois, l'Allemagne signait un traité hypocrite, le pacte germano-russe. Il y a quelques semaines, elle envahissait la Pologne. Les canons ont commencé à cracher leur hargne, les chars ont entamé leur course pesante et les bombes des Stukas ont empli le ciel de leur miaulement sinistre. La Pologne, ce n'est pas si loin, et le sang y coule : celui des guerriers comme celui des innocents. Alors ne sont-ils pas ridicules tous les trois dans cette chambre ? L'homme et la femme pris en flagrant délit et le cocu qui les contemple.

Elle, une ravissante petite brune aux yeux verts, blanche mais le visage ruisselant de sueur, garde le regard fixé sur le tapis.

Son amant, un grand bonhomme racé au front bombé, se hasarde à prononcer quelques mots d'une voix grave et distinguée :

« Le temps de m'habiller, Monsieur, et je suis à votre disposition. »

Les sourcils du cocu s'arrondissent en accent circonflexe : vraisemblablement il se demande ce que son élégant rival veut dire quand il déclare se tenir à sa disposition.

« Je suppose, explique le rival, que vous voulez des explications ?

— Ben... Euh... Qu'est-ce que vous voulez me donner comme explication ? »

Certes tous les cocus, à un moment ou à un autre, sont ridicules. C'est le propre de leur condition. Mais celui-ci est plus que ridicule. Il y a quelque chose de minable dans son attitude. À moins qu'il ne soit au contraire très émouvant. Difficile à dire. Il est petit, grassouillet. De son visage rond comme une bille les traits les plus marquants sont les moustaches jaunies par le tabac, les lunettes un peu sales et la calvitie précoce. Sa veste, d'un costume sport démodé, s'entrouvre légèrement au-dessus de sa petite bedaine. Il est à la fois très triste et trop calme. Battu d'avance, presque obséquieux devant le bel amant qui, en sautant dignement dans son pantalon, et même plié en deux, est encore plus grand que lui. Celui-ci croit utile de préciser :

« Comme explication, je peux vous dire que Colette avait l'intention de vous en parler, et que... »

Le cocu le regarde boucler sa ceinture tandis qu'il poursuit son discours.

« ... Et que je crois que vous devez lui conserver votre estime. »

L'amant, à quatre pattes, cherche l'une de ses chaussures sous le lit :

« Car ce n'est pas une simple, euh... enfin, disons-le, nous nous aimons. Et je crois qu'elle a droit à votre compréhension. »

L'amant s'étant enfin et définitivement redressé afin d'enfiler sa chemise, le cocu lève la tête pour le regarder et lui demande, des larmes dans la voix :

« Depuis combien de temps ça dure ? »

L'amant et la jeune femme se regardent.

« Six mois », dit la jeune femme.

Le cocu ferme un instant les yeux : six mois. C'est encore plus grave qu'il ne le pensait.

Ces femmes-enfants ont, dans leur innocence, une sorte de génie pour écraser l'homme à terre :

« Tu sais, je n'ai pas encore osé t'en parler, mais c'est peut-être grâce à lui que nous n'avons pas été arrêtés.

— Ah ? »

Le cocu se tourne à nouveau vers son rival. Pas de doute, c'est un bel homme, avec deux yeux gris profonds. Maintenant qu'il est habillé, il paraît très élégant, très à l'aise, et il parle bien :

« Je suis journaliste. Je ne suis pas très bien vu en Roumanie depuis la dictature, mais j'ai encore dans les milieux dirigeants et dans les ambassades quelques relations qui peuvent être utiles. Lorsque

Colette m'a dit que vous étiez comme moi : exilé autrichien d'origine russe, il était normal que je vous en fasse profiter. »

Le cocu hoche la tête. Il ne dit pas merci mais c'est tout juste. Il y a dans son regard un rien d'admiration pour l'homme qui est en train de lui voler sa femme. Lui aussi a des relations, mais d'un tout autre genre : ses meilleurs amis sont un crieur de journaux, un garçon de restaurant et le niveau social le plus élevé parmi ses fréquentations est celui d'un valet de chambre. D'ailleurs il ne s'est jamais fait d'illusions sur sa propre valeur. Il n'est ni beau, ni riche, ni intelligent, ni drôle, ni très courageux. Et, en plus, ce qui est très mal porté en Roumanie, ces années-là, il est juif. Il a donc été le premier étonné lorsque Colette, jeune fille simple mais d'une rare beauté, a consenti à l'épouser. Mais cela devait mal se terminer. Il fallait s'y attendre. Voilà, c'est fait. L'ennui c'est qu'ils ont eu deux enfants. Il demande :

« Colette...

— Oui, Paul...

— Tu rentres avec moi ou tu restes là ?

— Je reste là, jusqu'à sept heures.

— Bien », dit le cocu qui salue machinalement d'un signe de tête, se retourne et s'en va.

C'est donc en septembre 1939, alors que la guerre se déchaîne en Europe, que Gregori Labalski, Autrichien d'origine russe – exilé en Roumanie – est surpris en flagrant délit avec la ravissante femme d'un dénommé Paul Holtorf. Gregori Labalski – journaliste, correspondant du *Daily Herald* – parle toutes les langues et connaît le monde entier. Paul Holtorf est retoucheur chez un tailleur. Apparemment tout s'est très bien passé pour les deux amants. Une sorte de statu quo s'est établi : Gregori voit plusieurs fois par semaine Colette Holtorf, mais celle-ci rentre chaque soir chez Paul Holtorf pour s'occuper de ses deux enfants qui ont respectivement deux et cinq ans. Comme les deux hommes sont autrichiens exilés, Gregori use de ses relations pour protéger Paul Holtorf qui est juif. Le régime dictatorial de la Roumanie, à cette époque, épousait de plus en plus étroitement la cause nazie, y compris son antisémitisme dément.

Puis un jour, Paul Holtorf demande à rencontrer son rival dans un café de Bucarest.

« Monsieur Labalski, d'après ce que m'a dit Colette, vous êtes antinazi.

— Oui.

— Moi aussi, puisque je suis juif. Alors voilà, j'ai pensé – comme vous êtes journaliste – que vous pourriez faire quelque chose contre les Allemands.

— Oui. Et quoi ?

— J'ai un ami qui connaît une personne au courant de certaines choses.

— Quelle personne ?

— Je ne veux pas vous le dire.

— Alors dites-moi au moins quelles choses ?

— Eh bien voilà. Il paraît que les Allemands s'apprêtent à attaquer la Russie. »

Gregori Labalski a un haut-le-corps. Il examine ce petit homme rondouillard, ses moustaches jaunies de nicotine, sa calvitie, sa petite bedaine appuyée sur la table du café. *A priori*, rien de moins crédible que ce petit cocu ridicule et complaisant. Comment porter foi à une information aussi énorme.

« Écoutez, monsieur Holtorf, rien ne m'étonnerait de la part des nazis, mais tout de même. Ils ont signé un pacte avec la Russie, il y a moins d'un an. Ils viennent d'avaler la Pologne. Maintenant, ils sont en guerre avec la France et l'Angleterre. Une telle nouvelle ne vous paraît pas discutable ?

— Je ne sais pas. Moi, je ne connais rien à ces choses-là. Mais l'ami de mon ami ne peut pas se tromper. Il voudrait que ça paraisse dans le *Daily Herald*. Lorsque je lui ai dit que vous n'y croiriez peut-être pas, il a pensé que vous voudriez vous renseigner. Par exemple, d'après lui, il serait facile de vérifier que les Allemands intriguent dans les Balkans et notamment proposent d'aider la Turquie, la Roumanie et l'Iran à fortifier leurs frontières.

— C'est bon, je vais me renseigner et si ce que vous me dites est exact je vous promets que je ferai publier tout ça dans le *Daily Herald*.

— Merci, monsieur Labalski.

— Ne me remerciez pas. C'est doublement mon devoir, d'abord parce que je suis journaliste ; ensuite parce qu'il faut combattre le nazisme par tous les moyens. »

Au moment où le petit homme se lève, avant de s'écarter de la table, un peu gêné, il demande :

« Et pour ma femme ?

— Oui, monsieur Holtorf ?

— Vous l'aimez ?

— Oui, je vous l'ai dit, monsieur Holtorf.

— Est-ce que vous comptez l'épouser ?

— Oui, si vous acceptez le divorce, monsieur Holtorf. »

Le petit cocu ridicule reste songeur quelques secondes et, comme la première fois, triste et trop calme, battu d'avance, presque obséquieux, salue et s'en va.

Quinze jours plus tard, dans le même café, les deux hommes sont à nouveau face à face.

« Je suis au courant, dit le petit cocu ridicule. Ma femme m'a tout dit. Je sais que vous avez publié les articles et je sais même par mon ami que Hitler est très en colère.

— En effet, l'ambassadeur d'Allemagne, jugé responsable des fuites, vient d'être appelé à Berlin.

— C'est très bien, monsieur Labalski.

— C'est grâce à vous, monsieur Holtorf. Je n'ai aucun mérite.

— Si. Si. Je voudrais bien avoir votre courage. Mais maintenant, vous risquez de gros ennuis. »

Et le petit homme sort de sa poche plusieurs articles de journaux qu'il déplie sur la table.

« Vous avez lu, monsieur Labalski ?

— Vous pensez bien que je les ai lus. Non seulement l'Allemagne s'empresse de démentir, mais il s'est déclenché dans certains journaux roumains, en termes voilés, une véritable campagne contre moi. »

Des yeux, le journaliste parcourt l'un des articles qui dément l'information publiée par le *Daily Herald* et qui se termine ainsi :

« Cette nouvelle sans fondement perdant tout intérêt nous intéresse du moins sur un point important : les correspondants de journaux étrangers. Il en est parmi eux dont on ne sait pas ce qu'ils font et d'où ils viennent et mettent sous forme de dépêche tout ce qui leur passe par la tête pour l'envoyer à leur journal. Existe-t-il oui ou non en Roumanie un département chargé de contrôler l'activité de ces hommes et d'expulser hors de nos frontières ceux qui sont nuisibles ? Si ce département existe, où se trouve-t-il ? Et qu'est-ce qu'il attend ? »

« Vous n'avez pas peur, monsieur Labalski ?

— De quoi voulez-vous que j'aie peur ? Je cours moins de danger que vous, monsieur Holtorf. Moi je risque d'être expulsé, voilà tout.

— Oui. Pour vous, ce n'est pas très grave, mais pour ma femme... Elle vous aime, monsieur Labalski. »

Pour la première fois, le journaliste regarde le petit cocu ridicule et ne le trouve plus du tout ridicule.

« Mais vous, vous ne tenez pas à elle ?

— Si. Mais je ne suis pas beau. Je suis pauvre, je suis juif, et je ne peux rien pour elle...

— J'ai compris, monsieur Holtorf. Je veillerai sur elle et je ferai attention à ma peau. »

Mais le journaliste, en qualité d'exilé autrichien, se trouve dans un cas bien particulier : lorsqu'au moment de l'Anschluss les Allemands ont envahi l'Autriche, il se trouvait déjà en Roumanie. Or, le rattachement de l'Autriche à l'Allemagne ayant été officiellement reconnu, tous les citoyens autrichiens sont devenus allemands.

Étant en Roumanie avec un passeport autrichien, pour valider son permis de séjour, le journaliste doit s'adresser à l'ambassade d'Allemagne. Là, non seulement il a la désagréable surprise d'être traité de mauvais Allemand par le Consul, mais celui-ci lui fait savoir que non content de ne pas lui délivrer de passeport allemand il garde son passeport autrichien.

Pourtant, à l'expiration de son permis de séjour, les Roumains ne l'expulsent pas. Ils prolongent son visa de semaine en semaine jusqu'au début de janvier 1940 où, se présentant à la police pour obtenir une nouvelle prolongation, il doit constater que les nazis ont enfin gagné : il est expulsé.

À partir de cet instant, les événements vont se précipiter. Ayant décidé de se rendre en Angleterre où, malgré sa nationalité allemande, il espère être accepté grâce aux démarches du *Daily Herald*, il a une entrevue avec Paul Holtorf. La situation de celui-ci n'est guère meilleure puisqu'il est juif et que la Roumanie vient d'adopter des mesures racistes extrêmement cruelles.

« Vous emmenez Colette ? demande le petit cocu ridicule.

— Si vous l'acceptez, oui. Je pense qu'elle serait plus en sécurité en Angleterre.

— Et les enfants.

— Eh bien, si vous voulez, j'emmène les enfants aussi.

— Bien, dit le petit homme. Je vous les confie.

— Pourquoi ne venez-vous pas avec nous ?

— Je suis un homme inutile, monsieur Labalski, et encombrant.

— Mais je suis sûr que Colette n'accepterait pas de vous abandonner ici !

— Vous croyez ? Et puis ils vont me bloquer à la frontière, monsieur Labalski.

— Il faut essayer, monsieur Holtorf. »

Quelques jours plus tard, les voici prêts à s'embarquer sur un navire grec dans le port roumain de Constanza. Le petit cocu ridicule, le grand journaliste aux yeux gris profonds, élégant et décontracté et l'adorable Colette dont les yeux verts brillent à l'ombre d'une toque de fourrure, avec les deux gamins et les valises. Soudain il y a un flottement, un frémissement dans la foule des passagers qui attendent sur le port. Des voix chuchotent :

« *La Cigurenza... La Cigurenza...* »

La Cigurenza, c'est la police secrète de Roumanie, l'outil de domination de la dictature du président Antonescu. En moins de temps qu'il n'en faut pour le dire, les deux hommes voient des menottes se refermer sur leurs poignets. À la petite femme aux yeux verts affolés, le journaliste a tout juste le temps de crier :

« Embarque, Colette ! Embarque !

— Pars ! Pars ! » hurle de son côté le petit cocu ridicule, tandis que les portières d'une voiture se referment sur les deux hommes pour les emmener Dieu sait où.

En route, le petit cocu ridicule tremblant de peur murmure au journaliste :

« Moi, je n'ai pas la force. Mais si vous pouvez vous sauver, faites-le. Ne vous occupez pas de moi. »

Lorsque la voiture s'arrête devant les locaux de la police secrète il insiste encore :

« Vous êtes un homme utile, et Colette a besoin de vous. Il faut vous sauver... »

Chez les flics, l'accueil est plutôt frais. Les deux hommes sont poussés tout au long d'un couloir sinistre et se retrouvent dans un vaste bureau derrière lequel un homme au crâne rasé se redresse :

« Ah, vous voilà ! »

Gregori Labalski, qu'une vie aventureuse a familiarisé avec ce genre d'incident, ne perd pas son sang-froid. De la main, comme pour le rassurer, il presse l'épaule du petit cocu ridicule et s'exclame :

« Monsieur, vous savez la gravité de ce que vous faites. Je suis un journaliste du *Daily Herald.* »

L'homme au crâne rasé devient rouge comme une tomate et se met à hurler :

« Des journalistes comme vous, parlons-en ! Vous n'écrivez que des ordures ! Vous êtes des traîtres ! »

Tout en vociférant, et en les injuriant avec une ardeur et une grossièreté incroyables, il se rassoit et procède bruyamment à leur interrogatoire d'identité.

Profitant de ce qu'il reprend son souffle, le journaliste lui fait remarquer calmement que son attitude n'est pas celle d'un gentleman.

« Je ne suis pas un gentleman, vous trouvez ? »

L'homme au crâne rasé les observe en silence. Puis il appuie sur un bouton. Le journaliste, qui jusque-là est resté calme sous l'orage, a tout de même un frémissement lorsqu'il voit entrer deux gaillards si hauts qu'ils touchent presque le chambranle de la porte et si larges qu'ils doivent prendre bien soin de passer l'un après l'autre.

Le policier hurle :

« Amenez-moi deux chaises et attachez ces salauds ! »

Dans le silence les deux hommes s'en vont et reviennent quelques instants plus tard avec deux chaises sur lesquelles ils ficellent sans ménagement Gregori Labalski et Paul Holtorf.

« C'est bon, messieurs, dit l'homme au crâne rasé. Je vous appellerai dès que j'aurai besoin de vous. »

Dès que les deux brutes sont sorties, l'homme au crâne rasé ouvre un tiroir, sort un étui à cigarette et vient en offrir une au journaliste. Son ton et son expression sont totalement différents :

« Excusez-moi, dit-il, pour la façon brutale dont j'ai dû procéder. Je vous affirme que c'est bien à contrecœur. Mais il fallait que ces imbéciles m'entendent hurler. Vous comprenez, ici, les Allemands sont comme chez eux. Il faut qu'ils croient que je vais vous torturer. J'ai ordre de vous faire avouer que vous êtes, vous un journaliste antinazi, et vous un juif. Mais, bien entendu, je ne vous torturerai pas et vous n'avouerez rien. »

Puis, saisissant la cravate du pauvre petit cocu ridicule qui tremble sous le choc, il la lui arrache.

« Mais il faut que ça fasse vrai... Vous comprenez ? »

Là-dessus il relève les manches de la veste du journaliste, des deux mains écarte son col de chemise en arrachant les boutons.

« La Roumanie est un peuple dont l'hospitalité est proverbiale, dit-il. C'est parce que les Allemands sont là que je suis censé frapper vos pieds nus à coups de talon. »

Et il entreprend de lui retirer chaussures et chaussettes.

Pendant une demi-heure, l'homme leur fait un panégyrique de l'hospitalité roumaine entrecoupé de recommandations :

« Ne m'en veuillez pas, je vais vous donner une gifle. Soyez gentil de crier, s'il vous plaît. »

Après ce débordement de férocité, au moins aussi fatigué que les deux hommes, il se rassoit derrière son bureau en s'essuyant le front avec un mouchoir.

« La preuve est faite, dit-il en s'adressant au journaliste, que vous n'êtes pas l'homme que nous recherchons. Vous n'avez pas écrit un seul article au *Daily Herald* depuis un an. C'est compris ?

— C'est compris.

— Quant à vous, monsieur Holtorf, vous n'êtes pas juif, tout au moins jusqu'à ce que vous ayez quitté le port de Constanza. C'est clair ?

— Très clair.

— Vous allez être reconduits là-bas. Le bateau est certainement encore à quai. Mais je vais vous faire accompagner. Les Allemands ont ici leur propre organisation et, si je ne les ai pas convaincus, un accident est toujours possible. »

Là-dessus il appuie sur un bouton et demande aux deux malabars qui entrent :

« Ce n'est pas lui. Et l'autre n'est pas juif. Détachez-les et reconduisez-les au bateau. »

En effet, le bateau est toujours à quai. La voiture, roulant à tombeau ouvert, s'arrête à quelques mètres de la passerelle.

Le journaliste et le petit cocu ridicule descendent de la voiture et, instinctivement, regardent au-dessus d'eux. À l'entrepont : une femme au petit visage coiffé d'une toque de fourrure leur fait un grand signe.

Le journaliste et le petit cocu ridicule restent un instant immobiles. Oh, un très court instant. Le temps de comprendre lequel des deux elle a appelé.

« Allons, dépêchez-vous, murmure l'un des gardes du corps. C'est malsain ici. »

En effet ni l'un ni l'autre n'ont vu qu'une autre voiture s'est arrêtée à quelques pas. Encore moins voient-ils la vitre qui se baisse au moment où ils s'engagent sur la passerelle.

Par contre tous deux entendent la voix qui crie :

« Monsieur Gregori Labalski ! »

Aussitôt, avec une promptitude étonnante, le petit cocu ridicule se retourne :

« Labalski c'est moi ! »

Une rafale de mitraillette lui répond. Devant les yeux horrifiés du journaliste Gregori Labalski, le petit cocu ridicule plie sur ses jambes et roule au pied de la passerelle.

Gregori Labalski ne saura qu'en Angleterre, quelques années plus tard, que l'informateur de l'héroïque petit homme s'appelait Joannes Eilers, le père confesseur de Von Papen, le ministre des Affaires Étrangères du Reich.

Les étrangers doivent laver leur linge sale en famille

Herbert Bower, commissaire adjoint en cette nuit de juillet, rassemble ses petites affaires, accroche minutieusement son stylo dans la poche intérieure de sa veste, regarde sa montre pour noter avec exactitude l'heure de son départ et referme soigneusement la porte.

Dans le couloir, Herbert donne un coup de peigne à ses cheveux roux devenus rares. Le policier qui va lui servir de chauffeur, en voyant sa grande silhouette maigre tirée à quatre épingles, saisi par son froid regard gris, se met presque au garde-à-vous.

« Où allons-nous, monsieur le Commissaire ? »

« À l'hôpital. »

En route le chauffeur tente d'engager la conversation.

« De quoi s'agit-il, monsieur le Commissaire ? »

« Vous le verrez bien. Je n'en sais rien moi-même. »

Comme le malheureux chauffeur soupire et se renfrogne, le commissaire Bower fait un effort :

« Vraiment je n'en sais rien, il paraît qu'on vient d'amener un garçon gravement blessé. C'est son père qui lui aurait tiré dessus. »

« Tiens... »

Le chauffeur hoche la tête. Sans doute pense-t-il qu'il s'agit cette fois d'une affaire qui sort de l'ordinaire.

Dans le couloir blanc qui mène à la salle d'opération, le commissaire Bower ne fait qu'entrevoir un jeune homme d'une vingtaine d'années, brun au visage cireux, poussé sur une civière. Un infirmier marche à ses côtés portant à bout de bras un flacon de sang relié au corps du blessé par un tuyau de plastique.

« Vous ne pouvez pas l'interroger, grogne un chirurgien, il est dans le coma. Mais vous avez des gens là-bas. »

Le chirurgien montre d'un signe de tête deux braves types endimanchés, un peu étonnés d'être là et qui commencent même à le regretter en voyant Herbert Bower s'adresser à eux d'un ton péremptoire et glacial.

« Où ça s'est passé ? »

« À Lunnebourg. »

« Bon, je vous écoute. »

Les deux hommes se regardent :

« Ben, nous, on n'a rien à dire », répond l'un d'eux.

« On n'a rien vu », explique l'autre.

« Alors, qu'est-ce que vous faites là ? »

« Nous, on l'a amené, c'est tout. »

« Où l'avez-vous trouvé ? »

« Ben, on rentrait chez nous. On était avec nos femmes et les enfants et puis on a entendu un coup de feu... »

« Un seul ? »

« Oui. Un coup de fusil, et puis une voix criait “au secours”. On s’est dit “tiens ça chauffe chez les Wilshek”. Là-dessus la porte de leur maison s’est ouverte et leur fils Georges, plein de sang, est sorti plié en deux en se tenant le ventre... Et il a roulé dans nos jambes. »

« C’est tout ? »

« Ben ma foi oui. Toutes les lumières se sont allumées dans la rue. Des voisins sont sortis. Ils disaient qu’il fallait prévenir la police. Que ça devait arriver. Nous, on s’est pas occupé de ça. Pendant que je roulais Georges dans une couverture, lui, mon ami, il est allé chercher la voiture. On l’a porté tous les deux sur la banquette arrière, et voilà. »

« Comment savez-vous que c’est le père qui a tiré ? »

« Dame, Georges s’est pas tiré dessus tout seul. Et c’est sûrement pas sa mère... Pauvre femme elle en serait bien incapable. »

« Mais le père, lui, en est capable ? »

Les deux hommes, gênés à nouveau, se regardent.

« Bah, c’est pas ce qu’on veut dire. Mais un homme en colère peut toujours se servir d’un fusil. »

« Parce que le père est coléreux ? »

« Non ! Non ! On n’a pas dit ça. Mais il avait des raisons d’être en colère. »

« Quelles raisons ? »

Cette fois les deux braves types comprennent qu’ils se laissent manipuler par le flic qui leur fait dire n’importe quoi. Pour le moment, ils sont en train de charger le père de la victime. Après avoir échangé encore un regard, ils décident d’un accord tacite de se taire. Le commissaire Herbert Bower, sentant qu'il n'en tirera plus rien cette nuit, leur donne rendez-vous le lendemain. Il se détourne pour arrêter froidement dans son élan, d'un petit signe autoritaire, un jeune interne en blouse blanche qui sort en trottant de la salle d'opération :

« Qu'est-ce qu'il a ? »

« Une balle », répond l'interne essoufflé.

« Je sais, mais quels dégâts ? »

« Elle a transpercé la rate, le foie et l'estomac. »

« C'est grave ? »

« Oui. »

« Il s'en sortira ? »

« Ce n'est pas sûr. »

Quelques instants plus tard les portières de la voiture du commissaire Herbert Bower claquent sur la petite place de Lunnebourg, un village de 400 âmes du Wurtemberg. Bien qu'il soit dix heures du soir, presque toutes les fenêtres sont allumées dans le petit village en révolution.

Un groupe de badauds discute à la porte de l'hôtel de ville. Tous se taisent et s'écartent devant le commissaire. Le bourgmestre essaie d'aplatir ses 120 kilos contre le mur et s'éponge le front dans un immense mouchoir, pour le laisser entrer dans son bureau.

« Si j'avais su que vous viendriez si vite, j'aurais demandé aux "schupos" qu'ils vous attendent avant d'emmener le prévenu. »

« Le prévenu ? »

« Oui, le père de la victime. Ils l'ont arrêté. Il reconnaît avoir tiré sur son fils. »

« Et pourquoi a-t-il tiré ? »

« Oh, c'est un drame affreux qui couvait en silence. Il faut dire que Whilshek vit un peu à l'écart dans le village : c'est un étranger. »

« Depuis quand est-il là ? »

« Oh... Je ne m'en souviens plus. Il doit avoir quarante-neuf ans. Il a dû arriver de Yougoslavie il y a trente ans.

« Et comment est-il, cet "étranger" ? »

« Très bien, un père de famille : un garçon de vingt-deux ans et une petite fille de douze ans. Il dirige une petite entreprise de peinture. Une bonne affaire qui marche bien. Vous verrez c'est un brave ouvrier plutôt timide. »

« Coléreux ? »

« Non, pas du tout, plutôt le genre calme et réfléchi. »

« Alors que s'est-il passé ? »

« Je vous ai dit, c'est la conclusion d'une vieille querelle qui durait depuis deux ans. Je crois que tout a commencé lorsque son fils Georges est revenu de l'armée. Il en voulait à son père de n'avoir rien fait pour lui éviter le service militaire. Lorsque le père l'a pris dans son affaire, Georges s'est mis à critiquer son style de travail. Puis à le traiter de vieil idiot, de ronchonneur. L'année dernière, il a commencé à l'injurier grossièrement et à le menacer. Plusieurs fois on m'a signalé qu'il lui donnait des coups. Ou alors, il lui courait après avec un couteau ou en brandissant une planche. Il y a quelques semaines, il l'a frappé avec une telle violence qu'il a fallu appeler le médecin. Alors dame, ce qui arrive n'a rien de surprenant. »

« Et vous n'avez rien pu faire pour empêcher ça ? »

Entre les deux pans du mouchoir avec lequel le bourgmestre s'essuyait le front, un œil tout rond, tout étonné, regarde fixement le commissaire. Manifestement, non seulement le bourgmestre n'a rien fait pour empêcher ça, mais il n'y a pas songé.

Lorsqu'il sonne à la porte des Wilshek, le commissaire Herbert Bower est reçu par une femme en pyjama de nuit, la tête couverte de bigoudis.

Bien vite elle s'explique :

« Je ne suis pas Mme Wilshek, je suis une voisine. »

« Et où est Mme Wilshek ? »

Un homme aux cheveux blancs intervient. Il a un bon regard dans un visage doux, une petite voix tranquille, et porte une lourde serviette dans laquelle s'entrechoquent des flacons. C'est un médecin.

« Elle dort. Elle menaçait de faire une crise de nerfs et je lui ai fait une piqûre. »

Le commissaire légèrement contrarié les regarde tous deux :

« Vous connaissez bien les Wilshek je suppose. Oui ? Alors vous pouvez certainement m'en dire quelques mots. »

Sans leur laisser le temps de réfléchir, le commissaire se laisse tomber dans un fauteuil et attaque :

« Il paraît que Georges a blessé son père il y a quelques semaines : c'est vous qui l'avez soigné, docteur ? »

« Oui. »

« Que s'était-il passé ? »

« Eh bien M. Wilshek était grippé et couché. Je venais de lui faire une visite où j'avais constaté moi-même qu'il avait 40° de fièvre. Une heure plus tard, sa femme rappelle. Entre-temps, Georges et lui s'étaient disputés et le garçon, en se servant d'un cendrier, l'avait frappé à la tête avec une telle violence que j'ai dû lui faire plusieurs points de suture. »

« Et après ? » demande le commissaire.

« Et après ? »

« Oui, qu'est-ce que vous avez fait après ? »

« Ben rien... Enfin si, je leur ai donné des tranquillisants. Parce qu'ils étaient tous les deux, l'homme et la femme, dans un état pitoyable, depuis des semaines sans aucun secours moral de qui que ce soit. »

« Et après ? »

« Après je leur ai conseillé de faire examiner leur fils par un neurologue. Je trouvais son comportement vraiment trop anormal. »

« Et après ? »

« Eh bien... après... rien. »

« Ils n'ont pas fait examiner leur fils ? »

« Non, c'était à prévoir. Ils ont eu peur de sa réaction. »

« C'était en effet à prévoir. Dans ce cas à quoi bon leur avoir donné ce conseil ? »

« Que vouliez-vous que je fasse d'autre ? Je ne suis que médecin. »

« Puisqu'il y avait eu voies de fait, vous auriez pu prévenir la police par exemple. »

Tandis que le docteur, vexé, s'en va en claquant la porte, le commissaire regarde la voisine de ses yeux gris et glacials :

« Et vous Madame ? »

La voisine secoue énergiquement ses bigoudis.

« Ah, moi commissaire, je ne pouvais vraiment rien faire. »

« J'entends bien, mais vous deviez être un tant soit peu au courant. »

« Très peu. D'ailleurs mon mari a horreur qu'on s'occupe des affaires des autres. »

« D'accord, mais puisque tout le village était au courant, vous entendiez bien des disputes chez les Wilshek. »

« Oui, bien sûr. »

« Vous avez dû croiser souvent Mme Wilshek, avec les paupières rougies, par exemple. »

« Oui, quelquefois. »

« Et elle ne vous a jamais rien dit ? »

« Elle ne disait pas grand-chose. Elle était très digne. Et puis je crois qu'elle ne voulait pas en parler devant sa fille. La petite n'a que douze ans. »

« D'après Mme Wilshek, qui avait tort ? son mari ou son fils ? »

« Son fils, bien sûr. Ce garçon est complètement fou. »

« Donc elle vous a parlé. Et elle ne vous a jamais appelée au secours ? »

« Ça non, jamais. »

« Elle ne vous a jamais avoué qu'elle était à bout de nerfs ? Qu'elle ne savait plus quoi faire ? Qu'elle avait peur ? »

« Si, c'est arrivé. »

« Donc vous voyez bien qu'elle vous a appelée au secours. Et qu'est-ce que vous avez fait ? »

La voisine pâlit, son visage se ferme.

« Quand j'en parlais à mon mari, il me disait que ça ne nous regardait pas. Que c'était à la police de s'en occuper. »

« Et vous avez prévenu la police ? »

« Non. »

Il est minuit. Bien sûr le commissaire ne sait encore rien des circonstances réelles du drame lui-même. Ce qui est clair c'est qu'il couvait depuis longtemps, qu'il était presque inéluctable et que dans ce petit village de 400 âmes, où tout le monde se connaît, personne n'a rien fait pour l'empêcher... Il est vrai que les Wilshek étaient des... « étrangers ».

C'est pour cette même raison sans doute que personne ne fera rien pour empêcher ce qui va suivre. Après une très courte nuit, le commissaire Herbert Bower retourne dans le petit village de Lunnebourg pour enquêter.

Dans un village voisin où la veille le prévenu travaillait, un vieil ouvrier déclare que vers midi il a vu Mme Wilshek arriver en vélo sur le chantier. En larmes, les cheveux dénoués, elle a couru vers son mari pour le supplier :

« Je t'en prie, ne rentre pas déjeuner. Je viens de me disputer avec Georges. Il était comme fou. Il m'a dit qu'il allait tous nous tuer. »

« Et M. Wilshek est rentré ? » demande le commissaire.

« Oui, j'ai partagé ma gamelle avec lui. »

« Vous connaissez son fils ? Vous le croyez capable de tuer son père ? »

« Ma foi, je crois que quand il est en colère il ferait n'importe quoi. »

Un homme en blouson de cuir, qui louche et se dit un des rares amis de la famille Wilshek, raconte que la veille, vers six heures, il a accompagné le père jusque Chez lui. Wilshek, sitôt dans la maison, a été décrocher son fusil de chasse. Après quoi il s'est rendu dans le garage où Georges, le voyant armé, s'est enfermé dans la cave. Il paraît qu'ils ont échangé le dialogue suivant :

« Sors d'ici et va-t'en ! Je ne veux plus te voir ! »

« D'accord, mais je ne sortirai pas tant que tu resteras devant la porte. »

« C'est bon, je m'en vais. Mais si tu touches un cheveu de ta mère ou de la petite, je te préviens que tu auras affaire à moi. »

« Et après ? » demande le commissaire.

« Et après je suis rentré chez moi, déclare l'ami de la famille. Ma femme m'attendait pour dîner. »

Le père Wilshek s'est alors réfugié dans le bistrot du village. Il y était à peine depuis une demi-heure que sa femme est entrée complètement affolée :

« Georges est parti. Il m'a dit qu'il allait chercher une arme et qu'il allait revenir pour nous tuer tous les trois. »

Au patron du bistrot et aux clients qui témoignent, le commissaire demande s'ils ont pris cette menace au sérieux.

« Oui, elle avait l'air vraiment terrorisée », répond le patron.

« D'ailleurs Annie, la petite, est arrivée à son tour en disant qu'elle avait entendu Georges crier qu'il allait tuer tout le monde. »

« Et après ? »

« Et après Wilshek s'est levé. Il était rouge de colère. On a voulu le retenir, mais rien à faire. »

« Et après ? »

« Après ? Ben il est parti. »

« Et vous l'avez suivi ? Vous avez prévenu la police ? »

« Bah... Non. »

La suite, Wilshek, petit homme au visage ridé comme une vieille pomme, aux mains à la fois sèches et boursoufflées, s'en explique lui-même.

Il a couru jusque chez lui pour attendre son fils dans l'entrée, son fusil à la main. Dès que la porte s'est ouverte, et qu'il a reconnu la silhouette de

Georges, il a fait feu. Bien qu'il ait été au comble de l'exaspération, il n'était animé, paraît-il, que par la volonté de défendre son foyer. Il n'a voulu, « paraît-il », que blesser le bras de son fils : ce bras qui l'avait si souvent frappé. Mais il a raté le bras et touché le ventre.

Le lendemain, le commissaire Bower, apprenant de l'hôpital que Georges est sauvé, demande que Wilshek soit libéré de la prison préventive. La justice hésite. La municipalité de Lunnebourg décide de soutenir sa demande seulement en fin de journée. Et c'est seulement le soir que le bourgmestre envoie une employée prendre des nouvelles de Mme Wilshek. Elle trouve la malheureuse pendue dans sa maison.

À ses pieds, une lettre d'adieu dont voici le texte : « Désespérée, je tire un trait final sur ma vie. Ne m'en veuillez pas, je vous en prie. Nous avons vécu, persécutés par notre fils, un véritable enfer. Mon pauvre mari a beaucoup souffert. Que le tribunal soit clément. Moi je ne pourrais supporter ni que se prolonge ma solitude actuelle, ni un procès. Embrassez ma petite Annie. Que de braves gens s'apitoient sur elle et s'occupent d'elle. C'est ce que je souhaite. »

Pendant trois jours personne n'ose révéler la mort de sa femme au malheureux Wilshek.

Le troisième jour, la porte de la prison s'ouvre devant lui. Il est libre. Mais sur le pas de la porte le gardien-chef lui dit :

« Toutes mes condoléances, Wilshek, votre femme est décédée. »

Wilshek sera condamné pour tentative de meurtre à quatre ans de prison.

Mariés par le procureur

Dans la salle des Assises de Munich s'installe un grand silence. Tous les regards se tournent vers Françoise Bruckenau, la jeune femme qui risque la détention à perpétuité pour avoir tenté de tuer son amant Erni Schmidt en l'écrasant avec sa voiture. Or le président grisonnant et sage, à la demande de son avocat, vient d'autoriser l'accusée à faire une déclaration importante dès le début du procès.

Françoise se lève donc et se tourne vers les jurés, dans le froissement d'un grand foulard de soie. Elle apparaît, petite et mince dans une robe sombre où brillent des boutons de nacre. Visage osseux, un peu dur, mais grands yeux malicieux et longs cheveux bruns, on ne peut prétendre qu'elle est jolie mais les jurés doivent penser qu'elle a du charme.

« Je voulais dire, explique-t-elle d'une voix grave, un peu rauque, qu'Erni et moi nous sommes réconciliés. Et que tout va de nouveau comme il faut dans notre couple. »

Le petit président grisonnant et sage, étonné, s'adresse au témoin principal de l'accusation, c'est-à-dire l'amant : un jeune homme sympathique aux traits réguliers bien qu'un peu mous, assez élégamment vêtu pour un conducteur de poids lourds.

« Est-ce exact ? » demande le juge.

Le jeune homme répond d'un signe de tête affirmatif.

« Veuillez répondre à haute et intelligible voix, s'il vous plaît. Confirmez-vous la déclaration de l'accusée ? »

« Oui monsieur le Président. »

Sur le front du président surgissent trois rides qui trahissent son souci. Il tourne vers le jury un œil gêné. Quant aux regards des sept jurés, ce sont sept points d'interrogation. Que va-t-il se passer si le principal témoin de l'accusation change de camp ? Voilà un procès qui commence d'une façon bizarre !

C'est alors que tous les visages se tournent cette fois vers la gauche du prétoire d'où s'élève un rire sardonique : c'est le procureur. Pour le moment on ne voit de lui que son crâne chauve soigneusement passé au papier de verre. Ses épaules sont agitées de petits soubresauts tandis qu'il s'esclaffe en compulsant ses dossiers :

« N'importe quoi ! Ces avocats inventent n'importe quoi ! »

Puis, relevant la tête qu'il a carrée, autoritaire mais toute pétrie d'humour, il s'adresse à son témoin défaillant :

« Bravo monsieur Schmidt ! Vous pratiquez le pardon des injures ? »

Le Président est outré et la salle frémissante d'indignation lorsqu'il ajoute :

« Vous n'avez pas honte ? Elle vous écrase ! Vous faites trois mois d'hôpital, et vous voilà aux pieds de votre maîtresse ? Je sais que c'est la mode de la servitude masculine mais tout de même il y a des limites... »

Là-dessus, tandis que le président lui fait un signe discret de modération, il chausse ses lunettes et se rassoit, ravi, pour écouter le résumé des faits, dont se charge le président d'une belle voix grave assez inattendue :

« Accusée, vous aviez dix-huit ans lorsque vous avez connu Erni Schmidt, chauffeur de camion qui en avait dix-neuf. Il était le premier homme de votre vie et vous avez vécu ensemble contre la volonté de vos parents. Neuf mois plus tard, vous mettiez un enfant au monde. Mais vous n'aviez pas le goût de la vie de famille comme l'aurait aimé votre compagnon. »

Le Président s'arrête en voyant la jeune accusée s'agiter dans son box :

« Vous n'êtes pas d'accord ? »

Françoise qui ne semble pas tellement émue se dresse avec autorité :

« Nous nous sommes unis parce que nous nous aimions, monsieur le Président. Et l'amour n'a rien à voir avec la vie de famille. »

Au tour du procureur d'intervenir avec hargne :

« Il s'agissait plus de passion que de bonheur si je comprends bien. Pourtant je croyais qu'on vivait ensemble pour essayer de rendre son partenaire heureux. Mais ça doit être différent aujourd'hui, je suis sans doute de la vieille école ! »

Le Président poursuit comme s'il n'avait rien entendu :

« Vous avez fait élever votre enfant par vos grands-parents afin de pouvoir travailler. Aussi lorsque votre amant rentrait du travail, il trouvait la maison vide. Vous étiez encore derrière le comptoir du magasin où vous travailliez comme vendeuse. Votre amant se sentait négligé. Il fallait qu'il s'occupe du ménage. »

Le visage carré, l'œil malicieux du procureur s'animent d'un grand sourire :

« Notre Président est comme moi... Il a de la bouteille. »

La salle fait : « Oh ! ». Le procureur continue :

« Mais je suis sûr que pour certains de nos jurés, cette image du conducteur de poids lourds, ceint d'un tablier de cretonne et maniant l'aspirateur, n'a rien de choquant. »

Le président reprend sa lecture d'une voix tout de même un peu contrariée :

« Heureusement, votre amant était passionné de football. Il retrouvait ses amis, d'abord une fois pas semaine puis de plus en plus souvent. Enfin il s'absenta des nuits entières qu'il passait avec une serveuse du restaurant "Rose". La liaison était intime et paraissait durable. Tout le monde était au courant sauf vous.

Nouveau silence du président pour entendre la réflexion du procureur goguenard :

« Eh oui... Messieurs les jurés. On meurt de faim au Cambodge. On va sur la lune. On construit des centrales nucléaires. Mais les maris vont toujours au football et trompent toujours leurs femmes avec des serveuses de restaurant. La télévision vous prévient que demain il faudra prendre votre parapluie. La radio vous signale que vous aurez des embouteillages sur telle ou telle route. Les journaux vous annoncent que la boîte de cirage a baissé de dix centimes à votre supermarché, mais les amants trompés ne sont toujours pas informés... »

« C'est le 19 juin »... reprend le président, « qu'avertie par votre belle-mère, vous avez connu votre infortune. »

Le président ne peut empêcher le procureur, hilare, de s'exclamer :

« Car il y a toujours des belles-mères, Messieurs les jurés ! On ne se marie plus mais on a quand même une belle-mère. La belle-mère résiste. La belle-mère survit ! »

Le président, agacé, s'explique :

« C'est une erreur dans la rédaction de l'acte : je veux dire que lorsque la mère d'Erni Schmidt vous a prévenue de votre infortune vous avez fait des reproches à votre amant. Il vous a répondu : "Puisque c'est comme ça, nous allons nous séparer". Ce à quoi vous avez répliqué qu'il n'en était pas question. »

Le président marque une pause, devinant à l'avance que le procureur va vouloir intervenir, et le laisse faire patiemment :

« Vous remarquerez, Messieurs les jurés, dit celui-ci, que puisque cet homme et cette femme ne sont pas mariés, rien ne l'autorisait à refuser cette séparation. Mais, mariage ou pas, les femmes sont ainsi faites et les hommes aussi très souvent, qui considèrent très vite l'être avec lequel ils partagent leur existence comme leur propriété. Dans ce cas particulier je crois que l'accusée tenait surtout à ne pas donner raison à ses parents qui avaient toujours vu cette union d'un mauvais œil. »

Et le procureur fait comprendre au président qu'il peut poursuivre. Ce qu'il fait, en le remerciant d'un signe de tête.

« Quoi qu'il en soit, ni l'accusée ni Erni Schmidt n'ont rien décidé et, le lendemain soir, le témoin a quitté l'appartement comme d'habitude. Mais l'accusée ne put rester chez elle. Elle courut vers sa Fiat 500 et se mit à parcourir le quartier. Lorsqu'elle aperçut la victime Erni Schmidt, celui-ci n'avait pas pris sa voiture. Il marchait sur le côté gauche et lui tournait le dos. L'accusée dirigea sa voiture vers lui. Il y eut un fracas. Le témoin fut lancé en l'air et retomba sur l'asphalte. Il était sans connaissance.

« C'est avec une commotion cérébrale et de nombreuses contusions qu'il fut hospitalisé. L'accusée fut incarcérée provisoirement. Aujourd'hui elle comparaît devant nous, accusée de tentative de meurtre contre Erni Schmidt. »

Dans le silence qui suit le récit du président, tous les regards se tournent de nouveau vers le procureur. Dans les rayons de soleil qui tombent des étroites fenêtres, on voit son crâne luisant dodeliner gravement :

« Messieurs les jurés, déclare-t-il, nous nageons dans l'absurde... Mais l'absurde ne doit pas vous faire oublier que nous sommes ici pour rendre un jugement et que derrière cette absurdité se dissimule bel et bien une tentative criminelle passible de la prison à perpétuité.

« Évidemment, vouloir écraser un homme avec une Fiat 500 c'est assez grotesque. Pourtant tel a été le cas. Et n'oubliez pas que si la Fiat 500 avait été une lourde Mercedes, Erni Schmidt serait probablement mort.

« Évidemment, il paraît absurde de prétendre mettre son grain de sel dans les affaires d'un homme et d'une femme qui ont réglé entre eux un différend et affirment aujourd'hui s'entendre à merveille. Mais pas du tout. Au contraire, ce sont ces gens qui vous font injure. Je sais que mes apartés vous ont tout à l'heure choqués. Je voulais vous montrer que, parce que sans retenue, sans un certain respect des formes, tout procès tournerait vite à la farce et qu'il n'y aurait plus de justice possible. Or, j'estime que ce témoin principal, réchappé d'une tentative d'assassinat, qui reprend soi-disant la vie commune avec la femme qui a voulu le tuer, ne respecte pas la justice. Il se fait acteur d'une farce organisée par la défense pour vous paralyser, Messieurs les jurés. Il est difficile de punir lorsque la victime pardonne. Il est difficile de condamner lorsque l'on sait que l'on va séparer un couple et priver un enfant de la présence de sa mère. Ce n'est qu'une mise en scène à votre intention.

« Mais je tiens à vous dire ceci :

« Premièrement : il est évident que l'accusée a agi sous le coup de la jalousie et de la colère et qu'au moment où elle a heurté son amant, c'était dans un esprit de meurtre. À ce moment il lui était à tout le moins parfaitement égal qu'il meure après la collision. C'est donc bel et bien une tentative criminelle.

« Deuxièmement : en ne condamnant pas cette femme, vous manqueriez à votre devoir de justice sans servir le moins du monde la cause de ce couple et de son enfant. Je suis certain que l'accusée et Erni Schmidt se sépareront définitivement dès la fin du procès. Si ce n'est à la fin du procès ce sera dans six semaines ou dans six mois. C'est probablement déjà entendu et réglé. Et s'ils étaient sincères ? Pensez-vous... Eh bien vous aurez le bon sens de comprendre que deux êtres qui ne s'entendent pas au point de vouloir s'entretuer ne pourront jamais avoir une vie de couple normale. À quoi bon vouloir favoriser l'union d'une carpe et d'un lapin ? »

Puis le procureur se tourne vers le président :

« J'imagine, Monsieur le Président, que la défense s'impatiente en m'entendant prononcer dès maintenant un véritable réquisitoire. Si je l'ai fait c'est pour empêcher que la suite des débats ne tourne complètement à la farce et pour rendre les jurés attentifs à ce qui va être dit. »

Effectivement la défense réagit violemment en la personne d'une avocate : grande, haute et large, sorte de Walkyrie en noir qui chaque fois qu'elle étend ses bras immenses, a l'air de vouloir prendre son vol pour s'élancer vers le plafond :

« Puisque le Procureur a anticipé sur son réquisitoire, dit-elle, je me permettrai d'anticiper sur ma plaidoirie pour affirmer que la réconciliation de ma cliente et du principal témoin de l'accusation n'est pas une mise en scène organisée pour vous manipuler. Il s'agit bel et bien de deux êtres qui s'aiment. Mais ils n'ont, rappelez-vous, que vingt-trois et vingt-deux ans. Ils viennent seulement de commencer à apprendre ce qu'est la vie en commun. Comme ils sont tous deux spontanés et sans détour, il n'y a rien d'étonnant à ce que cet apprentissage s'effectue dans des conditions difficiles, voire violentes.

« Même si vous croyez qu'elle a voulu renverser son amant avec sa minuscule voiture, vous ne pouvez nier que ma cliente aime Erni Schmidt. Sinon, pourquoi l'aurait-elle fait ? Ils ne sont pas mariés, ils n'ont aucun bien à se partager. Or, tant que deux êtres s'aiment, on a le devoir de les aider à rester unis surtout lorsqu'ils ont un enfant. »

Là-dessus, profitant du silence qu'observe un instant la défense, le petit président grisonnant et sage s'adresse à l'accusée :

« Pouvez-vous nous expliquer dans quelles circonstances s'est effectuée votre réconciliation ? »

L'accusée faisant voler son foulard de soie se dresse dans son box comme un diable d'une boîte :

« Lorsque je suis sortie de la prison préventive, j'avais également l'intention de quitter Erni. Mais il m'a suppliée de ne pas le faire. Il m'a affirmé qu'il m'aimait autant qu'autrefois. Il a promis de se corriger et j'ai voulu lui laisser une chance. »

« Vous voyez ! s'exclame la défense. Il s'agit d'un amour réciproque et d'une tentative sincère de recommencer la vie en commun. »

Et la Walkyrie montre le crâne rasé qui brille dans le soleil :

« Voilà pourquoi je suis sûre que vous ne suivrez pas l'accusation. »

« Une tentative de crime est passible de la prison à perpétuité, grogne le procureur. C'est en toutes lettres dans le Code... vous n'en sortirez pas. »

« Encore faudrait-il, riposte la défense, prouver qu'il y a eu tentative de crime. »

Françoise conteste avoir poursuivi Erni Schmidt en voiture.

« J'étais énervée, c'est vrai. Mais je voulais simplement me promener, dit-elle. Et tout est arrivé tellement vite que je ne puis me rappeler ce qui s'est passé. J'ai aperçu Erni et tout de suite après les éclats de mon pare-brise ont volé sur mon visage. »

« Vous avez déclaré à la police, après l'accident, que c'est votre amant qui s'est précipité vers la voiture. Vous maintenez cette déclaration ? »

« Oui. »

« Et vous, Erni Schmidt ? »

Erni Schmidt, gêné, charmant, mais le visage toujours un peu mou, hausse les épaules.

« Il est possible, Monsieur le Président, que j'aie eu un geste de désespoir. Mais je ne peux plus me rappeler si j'étais ou non en train de traverser la rue. »

« C'est une plaisanterie ! » s'exclame le procureur. « Si vous maintenez cette version, je fais accuser le témoin de tentative de coups et blessures contre la personne de Françoise Bruckenau. »

Comme l'assistance le regarde ahurie, il s'explique rapidement sans un sourire :

« Un homme normalement constitué qui se jette sur une Fiat 500, ce n'est pas pour mourir c'est pour la renverser, c'est évident. »

Après quelques murmures le président demande que l'on fasse entrer le premier témoin. Il s'agit de la mère d'Erni Schmidt : une femme inerte, sèche et froide comme un galet. D'après son témoignage, il ressort que l'accusée n'était pas tendre avec son amant. Elle le giflait lorsqu'il lui faisait des reproches.

« Et vous lui faisiez souvent des reproches ? » demande le président au jeune homme.

« Oh non, Monsieur le Président, je ne lui en ai fait qu'une dizaine depuis le début de l'année. »

« Si je compte bien... » remarque le procureur, « comme nous sommes en avril, ça fait tout de même un peu plus de deux gifles par mois. »

Le second témoin est une brave bourgeoise très embarrassée d'être là. Elle confirme ce que tout le monde connaît, à savoir que dès le choc, l'accusée s'est arrêtée.

« Rien ne prouve qu'elle se soit arrêtée volontairement, remarque le procureur, le corps d'un homme c'est plus qu'il n'en faut pour bloquer les roues d'une Fiat 500. »

« Peut-être... reconnaît le témoin. Mais elle s'est précipitée sur lui. »

« Pour l'achever ? » demande le procureur.

« Oh non, Monsieur... Elle lui demandait s'il avait mal. »

Le crâne du procureur est encore secoué d'un rire silencieux tandis qu'entre le troisième témoin. C'est un expert sérieux comme un pape. Il expose devant la Cour un rapport très technique et quasiment incompréhensible duquel il ressort une seule chose claire : Françoise n'a pas freiné avant l'accident.

« Bien sûr puisqu'elle a été surprise !... » s'exclame la défense.

« Bien sûr puisqu'elle voulait le tuer ! » s'exclame le procureur.

Et il demande à l'expert :

« Est-ce que l'accusée a accéléré ? »

« Je n'ai aucun moyen technique de répondre à votre question. Mais les témoignages que j'ai pu recueillir semblent indiquer qu'elle n'a pas accéléré. »

Après l'audition de différents autres témoins, il devient évident que le président, le public et probablement les jurés souhaitent une issue heureuse à ce procès. Manifestement, il leur répugne de séparer de nouveau et sans doute définitivement ces deux partenaires. D'autre part, après ce qui s'est passé dans ce ménage on peut comprendre que Françoise ait eu un mouvement de colère. Et tous semblent apprécier la volonté de cette frêle jeune femme et l'estiment capable de réaliser son projet de reprendre la vie en commun. La personnalité de Françoise est ainsi faite qu'elle a tendance à agir impulsivement, à réfléchir ensuite aux conséquences, quitte à en rester effarée. Et puis il y a leur enfant. Mais le problème est ardu, voire insoluble juridiquement car il ne fait aucun doute qu'elle a jeté sa voiture volontairement sur son amant.

Or la loi est ainsi rédigée qu'en reconnaissant ce fait indéniable, les jurés la condamnent automatiquement à une peine très lourde, puisqu'il s'agit dans ce cas d'une tentative de meurtre.

La seule possibilité serait de démontrer que, bien qu'ayant précipité sa voiture vers son amant, elle n'avait pas l'intention de le tuer.

En réalité tout dépend du procureur. Aussi lorsqu'il se lève pour son réquisitoire, on entendrait une mouche voler.

« Monsieur le Président, puis-je poser une question à l'accusée et au témoin principal ? »

« Faites. »

« Accusée, au cas où vous seriez libérée, en reprenant la vie en commun avec Erni Schmidt comme vous en avez manifesté l'intention, est-ce que vous vous marierez ? J'entends : légalement ? »

Surprise l'accusée regarde son défenseur qui, tout aussi éberluée, lui recommande de répondre par l'affirmative.

« Oui », dit Françoise.

« Erni Schmidt », demande le Procureur, « êtes-vous d'accord pour épouser Françoise Bruckenau ? »

« Oui. »

« Bien... Considérant que l'accusée n'augmenta pas de vitesse lorsqu'elle aperçut Erni Schmidt dans la rue, j'en déduis qu'elle ne cherchait pas à le tuer. Celui qui veut tuer accélère... surtout s'il ne dispose que d'une Fiat 500. Dans ces conditions, ne voulant pas briser un couple et nuire à l'avenir d'un enfant, je requiers donc le minimum de la peine prévue pour "blessures graves", soit un an de prison avec sursis et période de probation, pour permettre le mariage. »

L'orange du marchand

Sally aime les oranges. Or une pyramide d'oranges de Californie la nargue sur un trottoir du New Jersey aux États-Unis. Nous sommes en 1948, et en 1948 une orange est encore une orange, même aux États-Unis, pour une petite fille plus ou moins pauvre.

La pyramide appartient à un épicier, qui présentement lui tourne le dos. La main de Sally se tend vers le fruit d'or le plus proche, et hop ! l'orange disparaît dans la poche de son tablier.

Sally fait quelques pas en arrière, personne ne l'a vue et elle continue son chemin en direction de l'école, pas très rassurée, un peu honteuse, mais emportant son trésor avec jubilation. Elle n'a que dix ans. C'est alors qu'une main l'agrippe aux épaules et qu'une voix mauvaise la cloue sur place, menaçante :

« Petite voleuse ! »

Sally lève un regard effrayé sur la silhouette gigantesque qui lui barre le passage. L'homme est en imperméable, un chapeau mou enfoncé sur le crâne. Il a l'air brutal.

« Je t'ai vue, tu as volé l'orange ! »

Sally fond en larmes immédiatement. Sa petite main n'arrive pas à cacher le gros fruit rond dans sa poche.

« Je suis un policier. Je peux t'emmener en prison tout de suite si je veux ! »

La prison ? Sally n'en a qu'une vague idée, mais si vague qu'elle soit elle est effrayante. La prison c'est noir, on y a peur, on y est battu, et les gens qui vont en prison sont des monstres. C'est ainsi dans les histoires.

Sally résiste au bras qui la tire...

« Viens avec moi. Allez, au commissariat !

— S'il vous plaît, Monsieur, je rends l'orange...

— Oh non, pas question ! C'est trop facile, tu as volé, il faut venir avec moi, et si tu es sage, j'arrangerai ça avec le commissaire. »

L'homme entraîne Sally tout en continuant de parler.

« Le principal, c'est que tes parents ne sachent rien, n'est-ce pas ? Nous allons prendre ma voiture, je t'emmène à mon bureau. »

Il s'appelle Tom Murray, il a cinquante ans, et il n'est pas policier. C'est un repris de justice minable, un spécialiste de l'escroquerie, et du racket à la petite semaine. Qu'espère-t-il de sa prise ? Une rançon, tout simplement.

Tom Murray est un curieux personnage. Une tête de brute, pas très intelligente, mais calculatrice. Il y a trois ans qu'il est sorti de prison, après y avoir passé quinze ans, par périodes successives. De la liberté, il connaît peu de chose. Détestant le travail, il a toujours essayé sans y parvenir de vivre sur le dos des autres. Le résultat l'a jeté en prison régulièrement, c'est dire qu'il a apprécié à leur juste valeur les trois années écoulées. Mais la liberté n'est que ce qu'elle est, quand on a la mentalité d'un Tom Murray, qui ne rêve que de dollars et de vie de palace, dans son crâne trop grand pour une cervelle trop petite.

Depuis plusieurs mois, l'idée a germé dans cet esprit étroit. L'idée stupide, criminelle, de se servir d'un enfant pour obtenir enfin la montagne d'argent qu'il ne mérite pas d'avoir, qu'il n'a pas le courage et l'intelligence de gagner par ses propres moyens.

Il a guetté à la sortie des écoles, mais les enfants et les parents mélangés lui interdisaient toute approche. Tom Murray est prudent. Il ne veut pas retourner en prison, surtout pas, ni risquer de se faire prendre pour un sadique, au cours d'une tentative de kidnapping ratée.

C'est par hasard qu'il est tombé sur Sally, ce matin de janvier 1948. C'est par hasard qu'il l'a vue voler l'orange, parce que son œil traînait sur l'enfant, seule sur le trottoir, et qu'un voleur professionnel sait reconnaître l'hésitation et la maladresse chez un autre voleur, même débutant et enfantin, comme Sally. Il a profité de l'occasion, elle était trop belle. Car si quelqu'un intervenait, il était facile de se justifier, l'enfant avait volé, elle ne nierait pas, et lui, Tom, jurerait qu'il avait voulu lui donner une leçon.

De plus, sans le savoir, Tom Murray est tombé sur une enfant impressionnable. Sally est la troisième fille d'un couple d'ouvriers d'origine italienne. Nourrie de légendes et de contes de fées, Sally a peur du noir, peur du diable, peur de tout, et surtout de son père, qui a la main leste. Un père qui veut faire de ses filles des perles dignes d'épouser un jour un bon Américain.

Voilà pourquoi Sally se laisse entraîner si facilement. Elle croit ce que lui dit son ravisseur. Elle a honte d'avoir volé, peur de la punition imminente, et lorsqu'elle comprend que l'homme ne l'emmène pas au commissariat de police, elle croit encore ce qu'il dit :

« Tu dois disparaître quelque temps. Ton père te tuerait s'il savait ce que tu as fait. Nous allons vivre ensemble, le temps qu'il oublie ça. »

Et la petite fille pénètre dans une chambre d'hôtel assez minable, main dans la main avec son kidnappeur. Au concierge, Tom Murray déclare :

« C'est ma fille. Sa mère me l'a confiée pour quelque temps. Dis bonjour au monsieur, Sally...

— Bonjour, Monsieur. »

Et ils s'enferment tous les deux dans la chambre de Tom Murray.

« Assieds-toi là. Bon, dis-moi où tu habites ?

— Dans une maison.

— L'adresse, petite imbécile ! »

Sally ne connaît pas son adresse. Elle suit toujours le même chemin pour aller à l'école, sur le même trottoir, c'est tout ce qu'elle sait. Mais à présent qu'ils ont traversé la ville, elle ignore le chemin du retour. Ça, c'est une tuile pour le ravisseur. Comment prendre contact avec les parents à présent ?

« Et le téléphone, tes parents ont bien le téléphone ? Comment tu t'appelles ?

— Sally Zecchi, mais on n'a pas le téléphone.

— Qu'est-ce qu'il fait, ton papa ?

— Il travaille à l'usine de conserves. »

Des ouvriers ! Décidément, Murray n'a pas de chance. Que peut-il espérer comme rançon ?

« Ils t'aiment bien, tes parents ?

— Oh oui, Monsieur.

— Tu crois qu'ils vont avoir de la peine si tu ne rentres pas ?

— Maman va pleurer, c'est sûr, et mes sœurs aussi. Il vaudrait mieux que je retourne à la maison ?

— Tu es une voleuse, ne l'oublie pas. Et si je n'arrange pas les choses avec ton père, tu iras en prison. Alors laisse-moi faire. »

Tom Murray examine Sally. Jolie petite fille, brune, de grands yeux noirs, visiblement l'enfant gâtée de la famille, la petite dernière, les parents vont sûrement prévenir la police et il suffira de lire les journaux du lendemain pour les localiser.

En attendant, comme il ne serait pas prudent de rester à l'hôtel avec l'enfant, Tom Murray règle sa note, fait sa valise et, tenant sa nouvelle petite fille par la main, change de domicile.

Le lendemain, il a beau lire tous les journaux de la ville, rien. Le surlendemain et les jours suivants non plus.

Une semaine dans le désert total. Et pour cause. Les parents de Sally ont averti la police, bien entendu. Et bien entendu, ils vivent dans l'angoisse, mais les journalistes ne sont pas tenus au courant. Car, c'est une coïncidence supplémentaire, la police du New Jersey est sur la trace d'un maniaque, responsable de la disparition de trois enfants, et le silence est de rigueur autour de l'enquête. Ce maniaque, ce n'est pas Tom Murray, mais l'on croit Sally victime de celui-ci.

N'y comprenant rien, n'ayant aucun moyen d'exercer son chantage odieux, Tom Murray se retrouve donc à la tête d'un kidnapping sans aucun intérêt pour lui. Que va-t-il faire ? Relâcher l'enfant, c'est courir le risque d'être arrêté sous peu. Surtout avec ses antécédents. Et à dix ans une fillette est parfaitement capable de le décrire : oreilles décollées, cheveux ras, cicatrice à la joue droite, grand, fort, et pour comble, un œil marron et un œil vert. Des yeux pers. De quoi se faire repérer à tous les carrefours. Non, il ne peut pas relâcher Sally. Il faut attendre.

Sally a pleuré toute la semaine. Impossible de la faire manger, impossible de la faire dormir. Dans la chambre meublée où il a élu domicile, Tom Murray tourne en rond, fou furieux. Il ne sait plus quoi inventer.

« Qu'est-ce que je vais faire de toi, maintenant, hein ? Tes parents ne veulent plus de toi, ils s'en fichent !

— C'est pas vrai !

— Si, c'est vrai ! Ils me l'ont dit. Ah, et puis arrête de pleurer, hein ! sinon je vais me fâcher pour de bon, et te mettre en prison ! » mettre en prison ! »

Le mot « prison » a toujours autant d'effet sur Sally. Dieu sait ce qu'elle imagine. Elle retient ses larmes, se mord les doigts et regarde Tom Murray, terrifiée.

« Je serai sage, je vous le promets, Monsieur. »

Sage ! Possible, mais en attendant, que faire de cette gosse encombrante ? Tom a tout essayé pour lui faire dire l'adresse de ses parents, ou quelque chose qui puisse le mettre sur la voie. Il a refait lui-même le chemin en partant de chez le marchand d'oranges, il a bien repéré l'école, mais après ? Il n'allait tout de même pas se présenter à la directrice pour savoir où habitait Sally ! D'ailleurs l'aurait-il su enfin, que cela ne l'aurait guère avancé. À la question « Combien gagne ton papa ? », Sally a répondu :

« Je sais pas, Monsieur, maman dit toujours qu'on n'a pas assez d'argent. Elle fait de la couture le dimanche pour en gagner plus. Elle coud bien, maman, c'est elle qui a fait ma robe. »

Jolie robe en effet, sur une jolie petite fille, de quoi faire prendre une pauvresse pour une gosse de riche à un kidnappeur mal informé. Tom Murray décide soudain :

« Allez ! On s'en va.

— Où on va, Monsieur ?

— En Californie, comme ça tu mangeras des oranges.

— Est-ce que je peux écrire à mes parents ?

— Et où tu veux leur écrire ? Tu ne connais même pas ton adresse !

— Mais vous, vous la connaissez, Monsieur. Vous avez vu mes parents, puisqu'ils vous ont dit qu'ils ne voulaient plus de moi ! »

Il aurait dû s'y attendre, bien fait pour lui.

« Écris-leur si tu veux, de toute façon, ils ne te répondront pas. Allez, en route. »

À la gare, Tom Murray achète un dernier journal qu'il fourre dans sa poche. Il n'a plus d'espoir, de toute façon. On doit croire que la gamine est morte. Une chance pour lui, mais il est inquiet tout de même, et pour plus de sécurité, Sally avale un comprimé de somnifère. Dans le train, les voyageurs regardent l'enfant dormir sur les genoux de son « père », et Tom Murray invente des histoires.

« Sa mère vient de mourir en Californie. Nous allons à l'enterrement. »

Ou bien :

« Ma fille est bien malade, je l'emmène au soleil, se refaire une santé. »

Il en oublie le journal. C'est en attendant une correspondance que Tom Murray le parcourt. Sally affalée contre lui, est toujours endormie. Et ce qu'il lit le laisse pantois.

« Le maniaque du New Jersey enfin arrêté. L'homme passe aux aveux complets. Il nie formellement avoir enlevé la jeune Sally Zecchi, disparue le 7 janvier dernier. Il semble que son emploi du temps de ce jour le confirme. L'enquête reprend donc sur la disparition de la petite fille. Les policiers avaient tenu secrète cette information jusqu'à l'arrestation du maniaque. On ignore ce qu'il est advenu de l'enfant, partie de chez elle pour se rendre à l'école. Aucun témoin ne l'a aperçue. Tous renseignements peuvent être communiqués au shérif ou à la famille, au numéro de téléphone suivant : 27.80.65. Il s'agit de l'usine qui emploie le père et la mère de la petite Sally, etc. »

Tom Murray contemple la photo de Sally, en tête de l'article, et lit ensuite une interview du shérif, déclarant qu'il ne peut s'agir d'un enlèvement, le ravisseur n'ayant pris aucun contact avec la famille, qui d'ailleurs serait dans l'impossibilité d'offrir le moindre dollar de rançon.

Cette fois Tom Murray a tout compris. Et il fourre le journal dans sa poche en maudissant sa malchance. Un moment la tentation lui vient d'abandonner l'enfant sur ce quai de gare. Mais à la réflexion, le kidnapping, c'est la peine de mort assurée, et en attendant, une fuite perpétuelle avec la peur d'être reconnu, ou interpellé au moindre prétexte.

Évidemment, il pourrait faire disparaître l'enfant définitivement, ce serait de loin la meilleure solution pour lui. L'idée le taquine depuis quelques jours. Mais voilà, Tom Murray n'a jamais tué de sa vie. Et il a beau calculer, imaginer, toutes les solutions qu'il trouve ont un défaut ou un autre. On ne s'improvise pas tueur, surtout devant le regard ensommeillé d'une enfant qui lui fait confiance et demande :

« C'est loin, la Californie, Monsieur ?

— On y sera demain matin.

— Est-ce qu'on y restera longtemps ?

— J'en sais rien, tu verras.

— Est-ce que maman viendra me chercher un jour ?

— Si tu es sage, et si tu n'en parles plus jamais. Tu entends ? Jamais avant que je le permette. Sinon, la prison, rappelle-toi. Si on te demande quelque chose, tu n'as qu'à dire que je suis ton père.

— Mais c'est pas vrai, c'est un mensonge.

— Ça fait rien. C'est ça ou la prison ! Et cesse de me poser des questions ! »

Tom Murray et Sally reprennent le train pour la Californie, où ils arrivent le lendemain matin, 17 janvier 1948.

Et le temps passe. Trois mois, six mois, un an, un an et demi, vingt-deux mois en tout. Nous sommes le 20 octobre 1949. Si la petite Sally était dans sa famille, elle aurait fêté ses douze ans il y a une semaine, douze ans déjà. Mais pour la famille

Zecchi, Sally est morte à dix ans, on ne pleure plus. On n'a plus de larmes, et plus d'espoir. Il ne reste que le tourment insupportable de ne pas savoir où, quand, comment elle est morte. La famille ne s'est pas enrichie. L'aînée des filles, qui a dix-sept ans, travaille elle aussi à la conserverie, comme ses parents.

Ce 20 octobre 1949, au standard de l'usine, une téléphoniste hurle dans l'appareil :

« Parlez plus fort, je ne vous entends pas ! Qui demandez-vous ? M. Zecchi ? C'est un ouvrier ? Impossible, les ouvriers n'ont pas le droit d'avoir des communications. Comment ? Mme Zecchi ? Écoutez, je n'ai pas le temps de discuter. Donnez-moi un message. »

La standardiste note le message, en grommelant, car la communication est mauvaise. Elle range le message, et la matinée passe. À midi, au moment d'aller déjeuner, elle se souvient tout de même du petit papier... Zecchi. Elle cherche sur la liste des employés, et tombe sur une Zecchi Eva, employée aux écritures, poste 17. En vitesse, et pour se débarrasser du message, la standardiste appelle le poste 17.

« Mademoiselle Zecchi ? J'ai un message pour vous, de Californie. Une certaine Sally a téléphoné. Elle a dit de rappeler à l'hôtel George de San Diego. C'est tout ce que j'ai compris. »

Et elle raccroche ! Laissant Eva, la sœur aînée de Sally, bouleversée, muette et le cœur battant.

« Sally ? C'est impossible, c'est une mauvaise farce. La petite Sally morte il y a près de deux ans, elle a téléphoné ? De Californie ? Et cette téléphoniste qui lui annonce ça comme ça ! »

La pauvre Eva laisse tomber son livre de comptes, et court chercher sa mère à l'atelier d'étiquetage. La mère s'évanouit. On la ranime, on court chercher le père à l'atelier de sertissage. Il devient blanc, puis rouge, l'émotion le paralyse. Que de questions, que d'incertitudes.

La standardiste est prise d'assaut. Cent fois elle répète les quelques mots entendus sur la ligne brouillée. C'était une voix faible. Une voix d'enfant certainement. Elle voulait M. Zecchi, et puis Mme Zecchi. La pauvre téléphoniste s'en veut à présent. Si elle avait su ! Mais elle n'est là que depuis quelques mois, et elle ne connaît pas les trois cents employés de l'usine, encore moins l'histoire de Sally.

L'attente est épouvantable. La police fédérale, prévenue, a télégraphié à San Diego. L'hôtel George est cerné, vers dix-huit heures. Un policier en civil y pénètre et, trois minutes plus tard, frappe à la porte d'une chambre.

L'homme qui ouvre la porte est grand, costaud, il a les yeux pers, et les cheveux gras. Au fond de la pièce, le policier aperçoit une petite fille, pâle et maigre à faire peur.

Et tout va très vite. Lorsqu'il aperçoit la plaque de police, Tom Murray a un mouvement de recul, puis tente de s'échapper. Il y a une courte lutte, un coup de feu, et il s'arrête, une balle dans la jambe. Sally se précipite vers lui, affolée.

« Tu as mal ? Dis, Tom, tu as mal ? Qu'est-ce qu'il y a ? »

Le policier surpris relève l'enfant en larmes :

« C'est toi, Sally Zecchi ?

— Oui, Monsieur. Il ne fallait pas lui faire de mal. Il n'est pas très méchant vous savez.

— Mais il t'a enlevée ! Tes parents te croyaient morte ! Est-ce que tu te rends compte ?

— Oui, Monsieur, j'ai lu le journal hier.

— Quel journal ? »

Sally va chercher, caché sous un petit lit, le sien apparemment, un journal froissé, vieux de janvier 1948, vingt-deux mois plus tôt.

« Je l'ai trouvé dans une valise, hier en rangeant les affaires de Tom. Alors j'ai téléphoné ! »

Petit à petit, Sally raconte l'incroyable histoire de l'orange volée au marchand, les menaces de Tom et sa vie durant tout ce temps. Loin de chez elle, pratiquement séquestrée par Tom, qui ne l'a jamais maltraitée, ça non, mais qui la nourrissait peu, la soignait mal, et la faisait travailler toute la journée.

Sally montre son travail. Des lettres recopiées par centaines de sa petite écriture enfantine, et adressées aux notables de la ville, aux œuvres de charité, à toute personne susceptible de faire l'aumône.

« Je suis une petite fille malade qui ne peut aller à l'école. Mon père, Tom Murray, est au chômage, malade lui aussi, nous n'avons plus d'argent. Je vous en prie, 1 dollar nous sauverait. »

Voilà son travail. De l'escroquerie minable à la charité humaine. Cela marchait parfois. Quelques dollars, des colis de vêtements ou de friandises arrivaient à l'adresse de Tom Murray et de sa fille. Dans ses aveux, Tom déclara que c'était pour lui le seul moyen de garder l'enfant avec lui sans qu'elle lui coûte trop cher, et sans la supprimer. Le soir, il allait jouer au poker les dollars recueillis et le reste du temps, il combinait Dieu sait quelle escroquerie supplémentaire.

En trouvant le journal vieux de vingt-deux mois, Sally n'avait compris qu'une chose : ses parents la cherchaient, ils voulaient bien d'elle, il n'était pas écrit que Sally était une voleuse et qu'elle irait en prison pour une orange. Alors elle avait volé de l'argent, cette fois dans la poche de Tom, pour téléphoner pendant qu'il dormait, de la cabine de l'hôtel. Pour tout vêtement Sally avait la tenue qu'elle portait le jour de son enlèvement et un pantalon de rechange. Tom revendait tous les colis de vêtements qui arrivaient en réponse à leurs lettres.

Pendant près de deux ans, elle avait vécu ainsi, enfermée, ne sortant que rarement avec Tom, recopiant indéfiniment les lettres de mendicité, sans violence, mais sans tendresse. Désespérément seule, elle attendait le jour où Tom la ramènerait à ses parents. Pas une seconde, avant de lire ce journal oublié, Sally n'avait pensé à s'enfuir. Une drôle de petite fille. Tom lui avait dit : « Tu es une voleuse, le Bon Dieu t'a punie, c'est moi ou la prison »... Et elle l'avait cru. Comme les enfants croient aux ogres et aux sorcières des contes de fées.

Lorsqu'elle a retrouvé ses parents et qu'on lui a expliqué que Tom était un bandit dangereux, Sally a eu du mal à comprendre. Il lui a fallu des mois pour retrouver une santé et une psychologie normales, pour faire le point sur son aventure, pour réaliser que lorsqu'on vole une orange à dix ans, on ne mérite qu'une fessée, et que la prison qu'elle craignait tant, elle l'avait vécue avec Tom. Tom Murray était tombé sur une proie facile, bien que complètement inutile. Ce qui ne l'a pas empêché de finir ses jours en prison, kidnapping raté ou pas. L'éternel psychiatre nommé par le tribunal ne l'a pas sorti d'affaire en déclarant :

« Être fruste, niveau d'intelligence extrêmement bas, tendances à la fourberie et au calcul, parfaitement conscient du mal qu'il fait. »

Résultat : détention à vie.

Sans être un assassin, on peut mériter ça.

Il causait à son balai

Les deux petits hommes marchent sur la route, l'un derrière l'autre. Devant, Francisco Berguez, balayeur de son état. Derrière, Benito Pascual, balayeur de son état. Ils portent le même costume gris sale et la même casquette, généreusement offerts par la ville de Lerida en Espagne. Pour leurs bons et loyaux services, la même ville leur octroie 70 pesetas de salaire par semaine et un balai chacun.

Aujourd'hui, 4 juillet 1953, Francisco et Benito ne traînent pas leurs balais. Ils sont en voyage.

Francisco, maigre, grand nez et petit front, s'assoit au bord de la route. Il a chaud, et il fait de l'air avec sa casquette. Derrière lui, à quelques pas, Benito s'est immobilisé, la bouche sèche. Il regarde fixement deux choses : le crâne de son compagnon, un crâne aux cheveux rares, enduits de gomina, et une énorme pierre juste derrière ce crâne, posée là, à portée de main.

Il n'y a qu'à prendre la pierre, il n'y a qu'à la soulever bien haut, et frapper fort avec un grand élan du corps et un cri :

« Tu meurs, Francisco ! Meurs... Que Dieu te garde ! »

C'est fait. Benito n'en revient pas, il a pensé et tué en même temps. Le soleil joue avec la poussière de la route. Le sang et la gomina font un curieux mélange. Le long nez de Francisco Berguez s'est écrasé dans la poussière et Benito fouille les poches du cadavre avec rapidité. 2 300 pesetas.

Le voleur, le criminel s'enfuit avec 2 300 pesetas. A-t-il tué pour ça ? Non.

Deux jours plus tard, dans le bureau d'un commissaire de police, à Lerida, Benito crie, supplie et se met à genoux :

« Non, ce n'est pas pour l'argent, non ! C'était mon copain ! »

Mais le policier ne le croit pas. Peut-on croire un balayeur ? Un balayeur a-t-il d'autres sentiments, d'autres mobiles pour tuer, que les économies de son camarade ? Sûrement pas. Il a tué, il a pris les 2 300 pesetas et il a fui sur la route comme un fou. Les carabiniers l'ont arrêté au premier village, alors qu'il se taise, l'immonde, qu'il aille croupir en prison jusqu'au moment d'affronter les juges. Il aura droit au garrot. Le bourreau l'étranglera, comme le veut la loi. C'est tout.

Dans sa prison, Benito Pascual prie à genoux, devant une croix qu'il a dessinée sur le mur de la cellule. Ses trois compagnons, assassins et voleurs chevronnés, ricanent.

« Hé, si tu crois que le Bon Dieu existe, pourquoi tu ne lui demandes pas de scier les barreaux ? »

Il pleure, Benito, de vraies larmes, il a mal aux genoux, à force de prier, mal à la tête à force de répondre :

« Je l'ai tué parce que c'était mon copain. »

Devant le juge, c'est la même rengaine :

« Je l'aimais, mon copain, je l'aimais. Ça fait dix ans qu'on balayait ensemble. Lui, il faisait le tour de la cathédrale et moi je faisais la place, autour de la fontaine. À midi au soleil, on mangeait tous les deux à l'ombre de l'église.

— Mais tu l'as tué ! Tu lui as enfoncé le crâne à coups de pierre, et tu l'as achevé, pourquoi ? Pour lui prendre son argent, Benito, c'est tout. D'où venait cet argent ?

— C'était ses économies. Il avait gardé presque toute sa paye depuis un an. »

Benito se redresse sur la chaise de bois, il secoue ses menottes, et frappe sur le bureau du juge :

« C'est de ma faute ! Mais je jure devant Dieu, qui me regarde, que je ne voulais pas l'argent. »

Un carabinier l'oblige à se rasseoir brutalement et l'injurie :

« Tais-toi, tu dois le respect à monsieur le Juge, chien ! Vermine ! Assassin ! »

Alors Benito se remet à pleurer. Comment faire comprendre à cet homme instruit qui doit le punir que lui, Benito, a les idées qui s'embrouillent dans le crâne. Ah s'il était bourgeois, ou marquis, ou notable de Madrid, on chercherait à éclaircir son mobile, on lui parlerait sentiments, intelligence, remords, et il répondrait avec dignité, clairement, comme les gens qui ont fréquenté l'école. Mais lui, Benito, le balayeur, s'il sait lire et écrire tout juste, il ne sait pas parler, du moins à ces gens-là. Il est devant eux, comme son copain Francisco, celui qu'il a tué de ses propres mains.

Francisco, lui, ne parlait qu'à son balai, c'était le seul « être » capable de l'écouter des heures. Et Benito se moquait de lui, quand il le surprenait.

D'ailleurs, tout a commencé à cause de cela. Benito se souvient :

« Monsieur le Juge, Excellence, c'est à cause du balai ! Je peux dire ? Je peux ? Vous me croirez ? »

Le juge hoche la tête. Il est là pour instruire un dossier, et pour écouter le coupable. Il est de son devoir d'écouter. Même s'il est persuadé d'avoir affaire à un demeuré.

Benito réfléchit, il se frotte le visage et le crâne, avec ses deux mains calleuses. Les menottes font un cliquetis dans le silence.

« C'est le balai. Il lui parlait tout le temps. Francisco, c'est un timide, il n'a pas de famille, il n'a jamais été à l'école. Moi j'y suis allé, je sais lire le journal, et je sais écrire une lettre. Je ne suis pas timide ; Francisco, lui, il racontait des histoires à son balai.

« Il voulait se marier, il aurait bien aimé avoir une femme, seulement il n'osait pas. Il était trop vilain. Alors un jour je lui ai dit : "Francisco, ton balai ne peut rien pour toi. Ce n'est pas un balai magique. Si tu veux une femme, il faut aller la chercher." Quand je lui disais ça il me tapait dessus, il avait de la peine. Une fois je l'ai emmené voir les filles, et il s'est sauvé. Le lendemain je l'ai entendu qui racontait ça à son balai, il disait : "Benito ne comprend pas. Je veux l'amour. Lui, il est bête. Moi je suis amoureux. Je veux une femme avec des cheveux longs, et une belle robe, pour aller sur la promenade." Monsieur le Juge, il était pas intelligent comme vous, Francisco. Il était bête. Mais moi j'ai vu qu'il était malheureux, alors j'ai voulu lui faire plaisir, je lui ai dit comme ça : "Je connais une fille, elle habite à Reymat, le village voisin. Son père est veuf et riche, et la fille est belle. Je sais qu'elle veut se marier, avec un homme sérieux et travailleur, comme toi !"

— Où est cette fille ?

— J'ai menti, monsieur le Juge, elle existe pas. C'est moi qui l'ai inventée. J'ai dit à Francisco : "Elle s'appelle Soledad Perez, si tu veux je lui écrirai pour toi."

— Et tu as écrit à quelqu'un qui n'existait pas ?

— J'ai écrit beaucoup de lettres. On s'asseyait devant la cathédrale, et j'écrivais des lettres d'amour, c'était pas facile au début, mais après, j'ai copié dans les romans-photos. Toutes les semaines on envoyait une lettre à Soledad Perez, et un jour j'ai écrit une réponse. Je l'ai lue à Francisco, il était si content.

— En somme, tu lui as fait croire qu'elle était amoureuse de lui et il ne s'est aperçu de rien ?

— Mais non, j'étais malin. Quand j'écrivais pour lui, j'écrivais avec des grosses lettres, des majuscules. Je lui disais que les hommes devaient écrire comme ça, que c'était plus sérieux, et puis quand je faisais les réponses, j'écrivais avec des petites lettres, comme à l'école.

— Qu'est-ce que tu espérais ? Qu'il donnerait son argent pour organiser le mariage ? Et que tu filerais avec ? C'est ça ?

— Je jure que non, monsieur le Juge, devant Dieu, je jure !

— Alors pourquoi lui as-tu pris son argent, hein ?

— Il était mort. C'était de ma faute, mais j'allais pas le laisser là au bord de la route avec l'argent dans sa poche... un voleur lui aurait pris. »

C'est le comble ! Qui pourrait croire un argument pareil ? Benito se moque du juge, et le juge se fâche. Qu'on emmène cet imbécile ! Quand il voudra dire la vérité, on verra !

La vérité ? Benito se débat et crie dans les couloirs tandis que les carabiniers l'emmènent. À qui dire la vérité ? Puisque personne n'en veut, de sa vérité ! Ni le juge, ni le petit avocat qui est venu le voir deux fois. Personne, il n'y a personne qui sache, et qui comprenne ce qu'est la vérité de Benito Pascual sur son crime. Il n'a plus qu'à prier devant sa croix dessinée sur le mur. Il est coupable après tout puisqu'il a tué. Il n'a qu'à se repentir tout seul. Ça le regarde !

Le procès est fixé. Benito a signé des aveux. Il reconnaît avoir tué son ami Francisco. Il ne reconnaît pas que c'était pour lui prendre son argent et messieurs les Jurés apprécieront.

Le procès du balayeur est pour le lendemain. Les journaux de la ville n'en ont pas fait grand cas, car personne ne fait grand cas du balayeur Benito Pascual et de sa victime. Il y a des crimes plus intéressants qui méritent la une des journaux.

Sentencieux, un compagnon de cellule a déclaré :

« T'y couperas pas. C'est le garrot. Si tu te repens devant les juges, on te graciera peut-être, fais-leur le grand cinéma. »

Benito préfère pour l'instant demander la visite d'un prêtre, ce qui lui est accordé aisément. L'aumônier de la prison a l'habitude, il en a reçu, des confessions avant chaque procès. Des vraies, des fausses, des repenties certaines, mais provoquées par la peur de mourir surtout. La vieille crainte d'arriver devant Dieu sans pardon.

« Tu veux te confesser, Benito ?

— Non. Je me suis confessé, Père, l'autre fois déjà.

— Peut-être n'as-tu pas tout dit ?

— Si, Père, et Dieu m'entend.

— Il te jugera, Benito.

— Il jugera bien, Père. Dieu comprend tout ?

— Tout, Benito. Alors que veux-tu ?

— Père, ils vous croiront, si vous dites la vérité, n'est-ce pas ?

— Mais Benito, j'ignore si c'est la vérité.

— Je l'ai confessée, j'ai tout dit, vous m'avez fait réciter des prières de pénitence, et vous m'avez pardonné.

— En effet. Mais c'est une affaire entre toi et Dieu. Le crime n'est pas pardonnable, Benito, tu le sais. Dieu a dit : “Tu ne tueras point.”

— Père, je veux que vous leur disiez, vous, aux juges, tout ce que j'ai confessé.

— Mais Benito, je n'ai rien à faire au procès. Je ne peux pas y aller, même si tu me relèves du secret de la confession. Tu comprends, je ne suis pas un témoin. D'ailleurs cela ne servirait à rien. Ton crime est un crime que les hommes doivent juger sur les faits, ils ne tiendraient pas compte de ma conviction.

— Mais les pensées ? Père... les pensées ? Ce que j'ai dans ma tête ? Qui leur fera comprendre ? Ils ne m'écoutent pas, ils se moquent de moi, et moi je ne sais pas parler comme vous ! Père, il faut aller voir le juge, et lui demander de parler pour moi au procès.

— Je vais essayer, Benito, mais que veux-tu que je dise ?

— La vérité de ma confession. Vous avez compris, vous. Vous m'avez écouté.

— C'est vrai, Benito, mais ils ne sont pas obligés de me croire, et s'ils te condamnent à mort, que Dieu les pardonne.

— Ça fait rien, Père. Si je meurs, si je vais en enfer, ça fait rien. Mais je veux qu'ils sachent que Francisco était mon copain, et que je l'ai tué pour ça ! »

Difficile entreprise que celle de faire admettre à une Cour aussi sévère qu'un balayeur peut devenir criminel en ayant pour mobile de nobles sentiments. Toutefois, chose rare, due à l'insistance du prêtre, le procureur et le juge ne refusent pas d'entendre l'abbé au procès de Benito Pascual, qui s'ouvre le lendemain. Une seule journée de débat a été prévue, car l'affaire est simple. C'est un mauvais présage.

Sur la table du juge, un paquet de lettres, retrouvées chez la victime, entouré d'une ficelle rouge. Il y a là une trentaine de missives écrites par un fantôme, celui de Soledad, la fiancée imaginaire du balayeur Francisco.

C'est de cela que parle l'abbé, debout à la barre, et il sent le regard de Benito accroché à lui, brillant d'espoir.

Le juge précise :

« Père, vous êtes entendu par dérogation exceptionnelle, et sur votre demande. Je précise aux jurés que votre témoignage n'est que le reflet des paroles de l'accusé, lequel a estimé qu'il n'était pas apte à les exprimer clairement. Vous n'êtes donc entendu par la Cour qu'à titre indicatif. Nous vous écoutons. »

De son coin, Benito souffle :

« Allez-y, Père, dites-leur ma confession. »

On le fait taire sans ménagement. Pour tout dire, les magistrats ont le sentiment que l'accusé tente d'impressionner les jurés en se servant d'un prêtre. Il espère ainsi échapper à la peine de mort qu'a requise le procureur.

L'abbé parle. C'est un vieil homme, pauvre et sans grande envergure, qui visite les prisons depuis des années. On le dit trop bon pour les prisonniers.

« Benito m'a chargé de vous révéler l'essentiel de sa confession. Pour cela, il m'a redit devant témoins, dans sa cellule, les motifs de son crime. Je suis donc autorisé à vous en faire part.

« Francisco était son ami. Un ami dont le cerveau n'était pas très habile à la réflexion. Le pauvre homme parlait tout seul, tant il était timide, il faisait des confidences à son balai. Un jour Benito a voulu réaliser le rêve de son ami. Lui trouver une femme, même en rêve, pour qu'il soit amoureux, et heureux enfin.

« Ce pauvre Benito n'a pas compris que le jeu pouvait être cruel aussi. Un jour Francisco lui a demandé d'écrire une lettre à sa fiancée pour avoir d'elle une photo. Benito s'est senti pris au piège. Comment faire pour trouver une photo d'un être qui n'existait pas ? Et il l'avait tant décrite, cette femme. Francisco l'écoutait, pendant des heures, lui raconter qu'elle avait de longs cheveux bruns et des yeux si beaux. Alors il a eu une idée. Il a acheté dans une librairie une photo de Rita Hayworth.

« Francisco qui n'avait jamais lu un journal, jamais été au cinéma, ne pouvait pas la reconnaître. Il a été si content, que Benito a commencé à avoir peur. Il était amoureux, vraiment, terriblement.

« Il ne parlait plus que d'elle. Il portait sa photo sur lui, et la cachait jalousement. Il se faisait lire et relire les lettres de sa fiancée, en contemplant la photo. Et puis le drame est arrivé.

« Francisco voulait rencontrer sa fiancée, il voulait demander la main de Rita Hayworth ! Pour lui, c'était Soledad. Elle habitait soi-disant le village voisin, alors il a supplié Benito de l'accompagner. Pour parler au père, à sa place, pour demander la main de Soledad.

« Et ils sont partis tous les deux, à pied sur la route du village. Francisco emportait son argent, toutes ses économies, pour le montrer à son futur beau-père. Et Benito ne savait plus que faire. Il n'avait pas le courage de dire la vérité à Francisco. De lui dire : “Tu es trop bête et trop laid, avec ton grand nez, personne ne voudra jamais de toi.” Il n'avait pas la force de détruire le rêve, et ils marchaient tous les deux sur la route du village. Quelques kilomètres encore, et que se passerait-il ?

« On se moquerait de Francisco, tout le monde saurait qu'un pauvre balayeur était venu chercher Rita Hayworth dans un petit village espagnol pour lui demander sa main et lui offrir 2 300 pesetas. Francisco en mourrait de chagrin. La vie ne serait plus vivable.

« Alors Benito s'est dit : il doit mourir heureux. C'est moi qui l'ai rendu heureux, à moi de terminer l'histoire. Qu'il ne sache jamais que sa vie s'arrête là, à 1 kilomètre du bonheur possible et de l'espoir. Qu'il meure en se croyant aimé, puisque c'est toute sa vie. Sur la route, Francisco avait dit : “Elle est si belle, ma Soledad, et elle m'aime. C'est beau la vie comme ça, Benito.”

« Alors Benito l'a tué, à coups de pierre. Ce malheureux criminel n'a trouvé que cette solution. Il a pris la photo et l'a déchirée. Certes, il n'a pas déchiré l'argent. Mais il faut comprendre, un pauvre comme lui a le respect de l'argent, c'étaient les économies de Francisco. Son bagage pour le bonheur.

« Benito m'a juré qu'il n'était pas un voleur. Au village, quand les carabiniers l'ont vu courir, en sueur, et l'ont attrapé, il n'a pas résisté, il a remis l'argent, et a tenté de s'expliquer.

« Si je suis venu aujourd'hui parler à sa place, c'est que Benito a le sentiment qu'on ne l'a pas compris, et qu'on le prend pour un voleur et un assassin. Assassin, il l'est, certes, et il se repent de son crime. Il reconnaît sa lâcheté et sa bêtise. Mais il est trop tard. Francisco est mort. Ce que voulait Benito, c'est que l'on sache pourquoi. Peut-être serez-vous indulgents. Sinon, que Dieu nous pardonne à tous. »

L'abbé a terminé. Il s'en va. De loin, Benito lui fait un signe de la main, les larmes aux yeux.

Le juge se tourne vers lui :

« Accusé, levez-vous. Regardez le jury, avez-vous quelque chose à ajouter ? »

Benito renifle et se mouche maladroitement de la main.

« Le Père a dit la vérité... »

C'est fini. Il n'y a pas d'autres témoins. Le drame s'est passé à huis clos. Francisco et Benito, balayeurs sans famille et sans autres amis qu'eux-mêmes, ne seront jugés que sur les faits. Rien que sur les faits.

Une heure plus tard la sentence de mort est rendue.

Benito Pascual a été exécuté en avril 1955. Ainsi que le voulait la loi espagnole, il a subi le « garrot vil ». La mort par étranglement, pour avoir tué et volé, selon les faits établis.

J'avais treize ans

Aucun document écrit, aucun journal, aucune bande magnétique, aucun film n'a enregistré cette Histoire vraie.

C'est un témoignage oral. La chose la plus fragile, donc la plus précieuse. C'est une histoire de femme-enfant. Une histoire d'enfant, et une histoire de femme, vieille de cinq ans seulement. Cinq ans, ce n'est rien, autant dire que c'est aujourd'hui et l'on n'a pas le droit d'ignorer ce qui se passe aujourd'hui, quand il s'agit d'assassinat moral.

Émilie a dix-huit ans ces jours-ci. Elle a dix-huit ans au temps du reggae, des éternels blue-jeans, et de la musique afro-américaine. Émilie devrait faire des bêtises à son âge, elle devrait rire de tout et pleurer de rien. Ce n'est pas le cas. Émilie traîne un petit visage chiffonné, un visage d'enfant vieilli, trop calme, trop grave. Elle ne s'anime un peu qu'en racontant son histoire. Mais cette animation n'a rien de gai. C'est une espèce de révolte impuissante.

Elle commence en disant : « J'avais treize ans... » et tout au long de son récit, elle le répétera souvent. « J'avais treize ans... » c'est comme une excuse, parfois un regret, et aussi une constatation.

Émilie a donc treize ans. C'est une gamine comme tant d'autres, une tête bouclée, un corps mi-fille mi-garçon, mince. Un visage en cours de transformation dont on ne retient, sur les photos, que le regard. Un regard pétillant, drôle, le regard d'une petite fille qui aime les farces, la vie, le patin à roulettes, le volley-ball et les colonies de vacances.

Émilie est en colonie de vacances cet été 1975. Une colonie formidable, en montagne, au bord d'un lac. On couche sous la tente, on se baigne, on fait de l'escalade, les journées passent pour Émilie comme un enchantement. Elle adore la nature, elle adore tout ce qui vit, tout ce qui est joie, plaisir, c'est une enfant heureuse. Une adolescente heureuse, car à treize ans, c'est l'âge où les garçons chahutent les filles. Ils ne tirent plus les cheveux, ils jouent déjà les hommes.

En voici un de petit homme. Il a quinze ans à peine, deux boutons sur le front, et il est toujours le premier en tout. Le premier dans l'eau, le premier au réfectoire, le premier en haut des arbres, et le dernier couché. Il s'appelle Bertrand et il aime bien Émilie, il a le même appétit de vivre, la même joie instinctive. Les voilà copains.

Émilie se souvient de chaque jour de ce mois d'août avec une précision étonnante. Elle revoit son genou écorché sur une pierre du ruisseau où il guettait la truite invisible. Elle entend Bertrand lui dire :

« Hé, Émilie ! Tu viens faire une balade avec moi ce soir ? Le surveillant va au village. On sera tranquilles. »

Émilie répond sagement :

« Je pourrai pas sortir. La surveillante nous oblige à dormir à neuf heures.

— T'as qu'à filer après ! Tu glisses sous la tente, et moi je t'attends au poteau, j'ai une lampe électrique... »

Le poteau, c'est le mât au centre du camp de vacances. Chaque matin les enfants hissent le drapeau de la colonie, avant de se jeter sur les bols de chocolat en poudre, et les tartines de beurre. Le matin c'est le lieu de rassemblement et de rendez-vous.

En montagne les nuits sont fraîches. Émilie a froid cette nuit-là. Elle se sauve emmitouflée dans sa couverture de laine, et rejoint le petit faisceau lumineux qui l'attend près du mât. Ils rient sous cape, ils se font des peurs stupides sur le chemin qui mène au lac. C'est une expédition, une aventure.

Que se passe-t-il maintenant ? Bertrand allume un petit feu. La nuit est noire. Ils sont serrés l'un contre l'autre, et ils ne parlent plus. Un souffle inconnu vient d'éteindre leurs plaisanteries d'enfants échappés à la surveillance des grands. Ils se sentent libres, seuls, dangereusement libres et seuls.

Émilie à dix-huit ans secoue la tête d'un air désolé, au souvenir de cette nuit-là...

« J'avais treize ans. Je ne savais pas, je ne comprenais pas, et Bertrand non plus. Ça s'est fait comme ça, sans qu'on l'ait voulu. »

Le lendemain au lever du drapeau Bertrand regarde ses chaussures d'un air embarrassé et vaguement fier. Émilie garde le secret, c'est formidable un secret pareil à son âge. C'est immense, bien trop grand, magique, et Émilie se dit : « Je suis une femme ! C'est drôle, ça ne change rien, personne ne le voit, il n'y a que moi qui le sais. »

C'était la fin des vacances. Deux jours encore pour Bertrand et Émilie à échanger des regards de loin, à se dire : bonjour ! d'un drôle d'air peureux. Et puis le train les emporte, le troupeau rentre à la maison. Chacun s'en va de son côté. Émilie au Nord, Bertrand au Sud.

Séparés par les moniteurs, parqués dans deux wagons différents, ils n'ont même pas pu se dire au revoir.

Émilie à dix-huit ans baisse les yeux sur ce départ stupide :

« Je ne savais même pas son nom de famille, et où il habitait. J'avais treize ans, vous comprenez ? À cet âge-là, on ne prend pas garde à tout ça, on s'appelle par les prénoms, et on se moque du reste. »

Triste Émilie à treize ans ? Non. Un peu plus romantique, et vivant de l'espoir d'une prochaine colonie, d'un prochain été où peut-être, elle reverrait Bertrand. Il l'avait dit et elle aussi : « On reviendra l'année prochaine, on dira aux parents que c'était chouette ! »

La rentrée des classes fait oublier tout cela provisoirement. Émilie retrouve l'appartement de banlieue où elle est née. Son père est ouvrier. Sa mère aussi. Ils ne sont pas toujours de bonne humeur, et le porte-monnaie du ménage n'est pas toujours plein. Derrière Émilie, il y a deux petits frères.

L'ambiance familiale est assez rigide. Il faut être rentré à heure fixe, faire ses devoirs, mettre la table, surveiller les plus jeunes, et surtout ne pas traîner dehors. Pas de télévision, c'est trop cher, et cela fait se coucher trop tard. Le père se lève à cinq heures, la mère à six. Les enfants vont à l'école jusqu'à cinq heures du soir. Tout le monde est réuni à sept heures. On dîne, on vérifie les devoirs et les cartables et à neuf heures, on est au lit. C'est ça la vie d'Émilie. Une vie comme tant d'autres, un peu plus sévère peut-être.

Noël arrive, et le drame avec lui. Émilie est malade, elle se sent mal.

Quand elle se souvient de ce premier malaise, elle a un sourire un peu triste :

« Vous comprenez, je ne savais pas ce que j'avais. À treize ans, on ne se rend pas compte. Quand ma mère m'a emmenée chez le médecin, elle parlait d'appendicite et moi j'avais peur d'être opérée. Les copines m'avaient raconté des histoires idiotes, des trucs de gosses, du genre : c'est un médecin qui a oublié ses ciseaux dans le ventre d'une dame... Voilà comment j'étais.

« Ma mère est entrée avec moi dans le cabinet du médecin. On ne le connaissait pas, c'était la première fois que j'étais malade. Je me souviens qu'il a dit : “Alors on est une grande fille ? On a quel âge ?” J'ai dit : “Treize ans Monsieur”. Ma mère a rajouté : “et demi, treize ans et demi-docteur”...

« Ensuite, il a demandé depuis quand j'étais réglée. C'est ma mère qui répondait. Après je me souviens plus très bien, parce qu'il m'a examinée, et puis il est sorti avec ma mère, et ils m'ont laissée toute seule. Je crois que j'ai commencé à avoir peur à ce moment-là. Sans savoir pourquoi, j'avais peur c'est tout. Quand ils sont revenus, ma mère était blanche, elle m'a secouée, elle s'est mise à me dire des choses horribles, que j'étais une traînée et tout ça, une garce. Que le médecin allait être obligé de regarder dans mon ventre, parce que j'avais fait de vilaines choses avec un garçon.

« J'ai pleuré, pendant l'auscultation, je me souviens que j'ai pleuré. J'étais dégoûtée. J'avais honte, j'avais peur. Je ne sais plus. »

Le drame est installé. À treize ans et demi, la petite Émilie est enceinte. Elle ne le savait pas. Elle n'avait pas cru, elle n'avait pas su vraiment ce qui s'était passé avec Bertrand, et cette chose qui lui arrive lui paraît tellement incroyable :

« J'étais pas plus bête qu'une autre ou plus naïve. Je savais des choses. Mais comme tous les gosses de mon âge, je les savais mal, et cela ne me préoccupait pas. Ma mère n'en parlait jamais. Je n'avais pas de sœur aînée, et les copines disaient n'importe quoi. Tout ça faisait partie d'une espèce de légende qui ne nous concernerait que plus tard, quand on serait vieux. »

Émilie n'aime pas se souvenir de ce jour-là. À dix-huit ans, elle en frissonne encore. Ce qui est sûr, c'est que la situation est grave, et que ses parents n'étaient pas prêts, et pour cause, à l'affronter avec le maximum de délicatesse et d'efficacité.

Pour Émilie le monde est soudain devenu hostile. La voilà en marge de tout, une espèce de monstre pour ses parents. Elle ne retourne pas à l'école. Sa mère lui dit :

« On ne va pas à l'école quand on est enceinte de quatre mois ! Je t'interdis de parler de cela à quiconque tu m'entends ? J'espère que tu n'as rien dit à tes camarades ? Tu ne t'es pas vantée de “ça” devant elles ? »

Non. Émilie n'a rien dit, et pour cause. Elle avait presque oublié son petit camarade de vacances. Ce Bertrand de quinze ans dont elle ignore le nom de famille, et même la ville où il habite.

Dans un premier temps, ses parents l'ont assaillie de questions. Ils voulaient tout savoir sur cet affreux gamin qui avait « violé » leur fille. Et puis ils ont abandonné et c'est la mère qui a décidé :

« Que personne ne sache c'est beaucoup mieux. De toute façon, il n'y a pas d'autre solution que celle proposée par le médecin.

De cette solution, Émilie ignore tout. Ses parents en ont parlé entre eux, ils ont pris des contacts, disent-ils.

À dix-huit ans Émilie se souvient de l'air qu'ils avaient tous les deux quand ils parlaient de la « seule solution ».

« Je savais que l'avortement existait, j'en avais vaguement entendu parler. Mais je savais aussi que le médecin avait dit : “Pas question, il est trop tard, et à son âge ce serait trop dangereux.” Alors je me demandais quelle pouvait être cette unique solution. On m'avait cloîtrée dans ma chambre. Officiellement j'étais malade des poumons et contagieuse. On ne me traitait pas mal. Je ne peux pas dire que mes parents s'étaient transformés en bourreaux. S'ils l'étaient, ils ne s'en rendaient pas compte, j'en suis sûre. C'était trop dur pour eux, maintenant je comprends à quel point ils ont dû être tourmentés, perdus, dépassés. Mais sur le moment, je les trouvais méchants. Ils n'arrêtaient pas de me faire ravaler ma honte... Comme si cela avait pu changer quelque chose. Et le pire, c'est que je devais avoir honte d'une chose que je ne comprenais pas, que je ne réalisais même pas. À treize ans, on ne se rend pas compte que l'on peut avoir un enfant et être mère. On est un enfant soi-même. Je me souviens, je me regardais dans la glace. Je regardais mon corps, j'essayais de comprendre, et je n'arrivais pas. J'avais des nausées, j'avais mal à l'estomac et mal au ventre, je ne dormais presque plus. C'est tout. Quand je repense à cette période j'ai vraiment l'impression d'avoir été malade, et malheureuse. »

En réalité, Émilie est totalement tenue à l'écart du drame qu'elle a provoqué dans sa famille.

Les parents affolés, n'ont qu'une idée, effacer la chose. Et comme il est impossible de faire opérer Émilie, ils ont accepté un étrange marché.

Car il faut bien appeler cela un marché.

Un jour, on annonce à Émilie la décision qui la concerne et on ne lui demande pas son avis. Son père ne lui parle plus depuis qu'il a découvert ce qu'il appelle la « saleté » de sa fille. C'est donc sa mère qui lui annonce :

« Tu vas partir dans une clinique. Tu y resteras jusqu'à la fin de ta “maladie”. »

Car elle dit « maladie » comme si elle pouvait par cet euphémisme occulter le fait qu'Émilie est enceinte.

Émilie ne pose pas de questions. Elle sait qu'elle n'en a pas le droit, qu'elle n'est qu'une sale gosse que l'on punit, et qui a bien mérité sa punition. Elle se laisse emmener, toujours par sa mère. Le père ne veut pas participer. Il lui dit simplement, sur le pas de la porte :

« Quand je te reverrai, tout sera fini, et nous ne parlerons plus de ça. Tu n'en parleras plus jamais, c'est compris ? »

Émilie a le cœur gros, et les larmes aux yeux. Elle monte dans un taxi avec sa mère. Elles vont prendre le train, puis un autre taxi qui les emmène à la porte d'une clinique.

Émilie, à dix-huit ans, cherche vainement à se souvenir :

« C'était à M... je crois, une ville inconnue de moi. Mais je suis incapable de situer l'endroit. J'étais comme anesthésiée, et j'avais terriblement peur. C'était la première fois que je quittais ma mère de cette façon. Elle m'a laissée dans un bureau, il y avait une femme assez âgée et une infirmière. Je n'ai pas compris ce que faisait ma mère, elle a signé un papier il me semble et puis elle m'a embrassée sur la joue, à toute vitesse, avant de partir. Je ne l'ai pas revue avant plusieurs mois. »

« On m'a conduite dans une chambre où il y avait la radio et la télévision. L'infirmière m'a dit de ranger mes affaires et qu'elle viendrait me chercher pour une visite médicale. Je suis restée là pendant quatre mois et demi, jusqu'à la fin. Les gens étaient gentils, mais je n'avais pas le droit de sortir et les visites étaient interdites. Même mes parents ne sont pas venus. La plupart du temps je restais au lit, je regardais la télévision, je regardais tout, ça me passionnait, chez nous, nous n'en avions pas. »

Émilie va passer ainsi les derniers mois de sa grossesse honteuse. Dans cette drôle de clinique. Un médecin a délivré un certificat médical pour le lycée. Il y dit qu'Émilie est en maison de repos, et soigne ses poumons. Un certificat de complaisance, bien sûr, mais dans ce curieux établissement, la complaisance va plus loin. Elle va même très loin.

Émilie accouche au début du mois de mai. Elle a à peine senti la première douleur que déjà on l'endort. Elle ne saura rien, ne sentira rien, ne verra rien. À son réveil, le lendemain, elle a beau demander ce qui s'est passé, réclamer sa mère, réclamer l'enfant, on ne lui répond que par monosyllabes. Terrorisée, Émilie finit par supplier qu'on lui dise la vérité : « Est-ce que le bébé est mort ? »

Elle se souvient à dix-huit ans de son angoisse d'alors.

« Ma mère m'avait tellement dit qu'à mon âge c'était anormal et que la nature ne voulait pas de choses comme ça. Elle m'avait tellement fait peur, que j'ai cru un moment qu'une gosse comme moi ne pouvait accoucher que d'une chose morte. »

Enfin un médecin va lui expliquer. C'est tout simple. Le bébé est vivant, mais il est parti. Elle ne le verra pas, jamais. Ce sont ses parents qui ont décidé. Émilie est trop petite pour savoir ce qui est bon pour elle. À présent on va la soigner encore quelques temps, puis elle rentrera chez elle, elle retournera à l'école, elle reprendra sa vie d'avant, comme avant.

« Il faut oublier tout ça, mon petit. C'était un accident, une bêtise. Tes parents ont eu raison. »

Et surtout, surtout, Émilie ne devra pas parler de tout cela, à personne. Elle doit promettre.

Elle a promis :

« Je m'en fichais de toute façon, et même sur le moment, j'étais presque contente d'être redevenue normale et de quitter cet endroit. À la longue c'était devenu une prison. Je m'ennuyais de mes frères, de mes copines, de l'école. Je m'ennuyais même de la maison. Il n'y avait que la nuit. La nuit, j'étais effrayée, je rêvais de choses épouvantables. J'accouchais de monstres ou de rien du tout. Je me réveillais en sueur, et je pensais à "l'autre", au bébé. Je ne peux pas dire comment j'y pensais. C'est difficile. Cela faisait un vide terrible. On m'avait amputée d'une part de moi-même et je ne savais même pas laquelle, ni à quoi elle ressemblait. J'ai fait des cauchemars pendant longtemps. »

Et puis Émilie reprend l'école. Elle a quatorze ans, elle ne travaille pas très bien. Elle redouble de classe. Ses parents ne lui parlent plus de rien, ils font comme si elle avait été vraiment malade, mais ils jouent. Quelque chose s'est cassé. Elle n'est plus vraiment leur petite fille.

Puis Émilie oublie. À cet âge-là, en fait, on croit qu'on oublie, c'est une défense naturelle, car il faut vivre. À seize ans, elle entre dans une école professionnelle de coiffure. À dix-sept ans, elle est apprentie dans un salon. À dix-huit ans, elle réalise qu'elle est majeure, alors elle quitte ses parents, l'appartement de son enfance, et elle décide de vivre seule, avec un maigre salaire pour commencer, dans une chambre de bonne.

Et c'est là qu'elle craque. C'est là qu'elle comprend, et se souvient de tout. Pour améliorer sa paye, Émilie garde des enfants, le soir. Elle garde des enfants...

Alors parler à quelqu'un lui a fait du bien, provisoirement :

« J'avais treize ans, vous comprenez ? J'étais une gosse, mes parents avaient tous les droits, et je n'aurais même pas pensé à me révolter, ou à me confier à quelqu'un d'autre, c'était comme ça. Horrible, mais c'était comme ça. Aujourd'hui je réalise. Aujourd'hui je me demande si d'autres filles ont connu la même chose, et ce qui leur est arrivé. Aujourd'hui je me demande ce qu'ils ont fait de mon enfant. Ce que c'était que cette clinique. Je me demande s'ils l'ont laissé à l'Assistance publique, ou s'ils l'ont vendu et j'ai peur qu'ils l'aient vendu. Il y a des gens qui achètent des bébés j'en suis sûre, ceux qui ne peuvent pas en avoir et qui ne peuvent pas en adopter. « Je ne sais pas si c'est une fille ou un garçon. Je ne sais même pas ça, ni à quoi il ressemble. Ce que je sais, c'est que toute ma vie je le chercherai. »

Que dire ? Qu'ajouter à ce témoignage ? Rien.

L'exécution

L'Indien est debout, dans sa prison, le dos au mur et les bras croisés. Il regarde le shérif, bien en face, de son regard noir, et demande d'une voix calme :

« Tu as peur, shérif ?

— C'est toi qui devrais avoir peur, Silas.

— Peur de mourir ? Ce n'est rien, mourir ; c'est vivre qui est plus difficile. Regarde-toi, tu vis et tu as peur. Tu es blanc et tu as peur. Moi je suis indien, je vais mourir et je n'ai pas peur.

— Silas, écoute, sois raisonnable, je te donne un cheval, des vivres et la liberté !

— Shérif, tu m'as condamné pour meurtre, tu dois m'exécuter.

— Et ta femme, et ta fille ?

— Ne me parle pas d'elles. Les femmes survivent à toutes les catastrophes, et ma mort n'est qu'une petite catastrophe.

— Je vais parler à tes amis, Silas, ils te feront évader malgré toi si je le veux.

— Parle-leur, shérif. Ce que tu veux, ils s'en moquent maintenant. Il est trop tard, il ne fallait pas faire mon procès. Il ne fallait pas me condamner à mort. »

Le shérif Pursley, cinquante ans, regarde son prisonnier avec rage :

« Quel âge as-tu, Silas ?

— Cinquante-quatre ans...

— Et quel âge a ta femme ?

— Vingt ans, et mon enfant trois ans. Tu vois, je sais compter comme toi. Mais j'aurais pu te dire le nombre de lunes depuis ma naissance, si tu étais indien.

— Tu sais compter, tu sais parler, tu sais lire aussi, tu comptes beaucoup pour ta tribu, tu seras peut-être un chef plus tard, réfléchis à ma proposition.

— Tu me donnes des arguments de Blanc, shérif. Tu crois me donner l'envie de vivre avec ça ? Il y a trois mois, j'étais un assassin et je devais mourir !

— La politique change...

— La tienne, pas la mienne. Maintenant va-t'en. Et crève de peur, ça m'est égal. Moi, je mourrai tranquille. »

Le shérif Pursley referme la porte de la cellule, en grognant des insultes. Ce maudit Indien se moque de lui. Mais à quel jeu joue-t-il ? Il faudra bien que l'exécution ait lieu, un jour ou l'autre. Washington ne comprendra plus, si pour la quatrième fois, le département demande l'ajournement. Il n'y a plus d'arguments légaux, et la grâce est impossible à présent.

Le shérif a peur. Peur pour sa peau. Cette histoire est politique, personne n'a l'air de s'en douter en haut lieu. Le gouverneur s'en moque, il est loin, mais lui, Pursley, il est là. La réserve d'Indiens est proche et il ne s'agit pas d'un western inventé par Hollywood, mais d'une exécution pour meurtre.

Le shérif Pursley est une grande gueule et un froussard. Ce n'est pas un méchant homme pour autant, il ne représente pas forcément le vilain Blanc, caricatural, qui déteste les Indiens et ne pense qu'à les écraser. Tom Pursley manque peut-être d'intelligence et de courage, c'est tout ce que l'on peut honnêtement lui reprocher pour l'instant, ainsi que d'avoir une grande gueule.

S'il n'avait pas hurlé haut et fort qu'il allait mettre de l'ordre dans cette fichue réserve et se mêler des élections de la tribu, il n'en serait pas là. C'est-à-dire sur la route de la ville, galopant chez le gouverneur, avec la terreur de voir surgir à chaque instant une armée d'Indiens pour lui faire la peau.

Chez le gouverneur, on le fait attendre. Un domestique stylé détaille avec mépris son pantalon froissé, sa chemise tachée de sueur et l'infâme chapeau graisseux qu'il tourne entre ses doigts. S'il n'était pas shérif de Wilburton, Pursley n'aurait même pas le droit d'essuyer ses bottes sur le paillasson du gouverneur.

« Dites au gouverneur que c'est urgent ! C'est à propos de l'exécution !

— Son Excellence est occupée, shérif...

— Je m'en fous ! Quand il aura toute une tribu d'Indiens sur le dos, il n'aura plus le temps de s'occuper d'autre chose. Va le chercher, larbin, ou j'y vais moi-même ! »

Ce ton n'est pas de mise dans un salon très XIXe, avec piano et canapé de velours, tapis français et bibelots de porcelaine. Le gouverneur ressemble à son salon. Précieux comme lui, vieillot, riche et confit dans la tranquillité.

« Alors, Pursley, je croyais cette histoire terminée ? De quoi s'agit-il exactement ?

— De l'exécution, Gouverneur...

— Votre Indien n'est pas encore mort ? Comme s'appelle-t-il, déjà ?

— Silas Lewis, Gouverneur.

— Alors, où est le problème ?

— Il ne veut pas s'évader !

— Ah ? C'est ennuyeux ça. Vous vous y êtes mal pris, sûrement. L'homme a dû avoir peur qu'on l'exécute une fois évadé.

— Mais non, même pas. Cet imbécile s'en fiche...

— Proposez-lui de l'argent. Un criminel est un criminel, que diable !

— Pas lui.

— Allons, Pursley... il a tué, oui ou non ? Au fait, qui a-t-il tué ? »

Le gouverneur est décidément un mystère pour Pursley. Ou alors il se moque de lui. Voilà trois mois que le procès a eu lieu, trois mois que l'exécution est remise sur ordre de Washington, par « son » intermédiaire, et il demande encore le nom du condamné et qui il a tué !

Pursley a l'air tellement en rogne que le gouverneur le remet sèchement à sa place, avant même qu'il ait proféré ce qu'il pense :

« Pursley, je n'ai pas que cela à faire. Je sais que cet Indien vous tracasse, mais mon secrétaire s'est occupé du dossier. Les détails ne m'intéressent pas, sauf s'il y a du nouveau...

— Il y a du nouveau, Gouverneur, j'ai reçu des menaces. Si l'exécution a lieu, les 400 Indiens de la tribu Chactaw me tombent dessus.

— Qui vous a informé ?

— Sa femme.

— Du bluff, Pursley, du bluff, sûrement ! Enfin, rappelez-moi les circonstances et soyez précis. Si je demande l'accord de Washington pour remettre l'exécution, il me faut du sérieux, allez-y. »

Alors, pour la troisième fois en trois mois, le shérif Pursley raconte. Il a déjà raconté au secrétaire du gouverneur, puis au chef de cabinet du gouverneur, cette fois, il n'ira pas plus haut, c'est la dernière. « C'était en septembre, au moment des élections du chef de la tribu. Il y avait deux candidats. Un nommé Jones, et un nommé Jasper.

— Qui était de notre bord ?

— Jones, mais il n'avait pas suffisamment de partisans. Les bagarres ont commencé la veille de l'élection et j'ai décidé de mettre de l'ordre.

— Pourquoi ?

— Mais pour que les partisans de l'autre n'empêchent pas l'élection ! Ils se promenaient dans la réserve en menaçant les hommes qui voteraient pour Jones. Je ne pouvais pas les laisser faire !

— Soit, vous avez donc rétabli l'ordre ?

— J'ai interdit les rassemblements, comme vous me l'aviez conseillé, Gouverneur.

— Moi ?

— Enfin, votre secrétaire...

— Oui. Bon, ensuite ?

— Le matin de l'élection, j'ai préféré ne pas me montrer. Mais j'avais placé quelques hommes en surveillance, pour garantir la sécurité, seulement ils n'ont rien pu faire. Une bagarre s'est déclenchée, et il y a eu trois morts et plusieurs blessés. Vingt-six Indiens se sont échappés, on les recherche toujours.

— Et vous n'avez bouclé que ce Silas Lewis ?

— Oui. Mais il a avoué ! Il a tué un homme pendant la bagarre. Le procès a été régulier. Washington en a reçu une copie, avec les aveux de Silas, vous le savez !

— Alors, nous ne pouvons rien faire. Il n'est pas question de remettre l'exécution.

— On ne peut pas trouver un autre prétexte ?

— Qu'avons-nous donné déjà comme prétexte ?

— Un supplément d'enquête, pour l'audition d'un témoin...

— Et alors ?

— Le témoin a confirmé la culpabilité de Silas.

— Quoi d'autre ?

— Un autre supplément d'enquête...

— Même motif, même résultat je suppose ?

— Oui, Gouverneur...

— Donc, nous ne pouvons plus rien invoquer. Cette fois, le département de l'Intérieur refuserait carrément, et fixerait la date lui-même, avec un observateur en prime. Ce serait de la publicité inutile, Pursley.

— Alors ? Qu'est-ce que je fais ? Ils vont me tuer, moi ! C'est moi qui dois l'exécuter !

— Essayez encore de le faire évader, mais doucement, hein ? Que cela vienne d'un Indien, que tous les complices soient indiens et de son parti ! »

Pursley baisse les bras, vaincu.

« J'ai tout tenté. C'est impossible. Ceux de son parti, les autres, même sa femme, ils refusent. Ce matin je lui ai encore parlé. Je lui ai offert de le faire évader moi-même. Rien à faire, il ne cédera pas. Cet imbécile veut jouer les héros !

— Alors exécution, Pursley ! Et ce soir même. Ne tardez plus c'est un ordre ! Je préfère un héros mort à un héros en prison. Ne laissez pas la situation se pourrir. Vous n'avez que trop tardé. Si vous aviez procédé à l'exécution immédiatement, nous n'en serions pas là. Rendez-moi votre rapport demain matin. Au revoir, Pursley ! »

Voilà. Il fallait s'y attendre. C'est la faute de Pursley, à présent. Au début, les hommes du gouverneur conseillaient d'attendre. Prudence, disaient-ils, remettons l'exécution, laissons les élections se faire, tant qu'il sera en vie, mais en prison, Silas ne nous gênera pas... À présent, une fois les élections acquises, une fois Jones élu, et payé par les Blancs, au shérif de se débrouiller. À lui de jouer les bourreaux et de faire vite. À lui de se faire tuer, en représailles.

Le gouverneur devine encore une fois les pensées du shérif. Il se retourne sur le pas de la porte :

« Pursley, si vous craignez des représailles, vous êtes encore plus stupide que je ne le croyais. Vos 400 Indiens n'ont aucune arme. L'armée les surveille, les élections sont terminées et tout est en ordre. Ceci est maintenant une affaire entre cet Indien et vous. Si vous avez peur, on peut vous remplacer... »

Pursley ne répond pas. Il a peur, c'est vrai. Mais il en a assez qu'on le prenne pour un imbécile. Alors il remet son chapeau et s'en va. Il sera bourreau puisque son poste de shérif est à ce prix.

L'exécution est fixée au coucher du soleil, pour respecter un peu la tradition indienne. En attendant, Pursley tourne en rond dans son bureau, et Silas l'Indien, debout dans sa cellule, observe le ciel avec sérénité.

À l'heure fixée pour l'exécution, le shérif Pursley n'est pas seul. Cent agents, armés jusqu'aux dents, l'accompagnent. Il a fait éloigner la femme de Silas et son enfant. La mère aussi. Une vieille Indienne muette et farouche. Mais elles ne sont pas allées bien loin. Assises, au pied d'un arbre, à 100 mètres du lieu d'exécution, elles attendent. Mère et belle-fille, plus la troisième génération, une petite fille de trois ans, coincée dans leurs jupes. Les femmes de Silas veulent le voir mourir.

Pursley pénètre dans la cellule.

« Silas, on ne discute plus. C'est le moment. Tu n'as pas saisi ta chance... »

Silas se tourne vers son bourreau. Comment peut-il être aussi calme ? Pas un trait de son visage ne bouge. Il a l'air d'une gravure immobile. Son ton est toujours sentencieux :

« Qui sait où est la chance de l'homme, shérif ? »

Pursley se sent bête et gauche, et il transpire. Cet imbécile le domine toujours, il a le don des attitudes et des grandes phrases. La dignité de sa race ! Il n'ignore pas, car il est instruit, que dans un cas similaire, s'il était blanc, on ne l'aurait pas condamné à mort. Il n'ignore pas qu'en l'exécutant, on veut anéantir une menace de rébellion, des revendications de territoire, des libertés réclamées, toutes choses que son parti aurait mises en chantier, si son chef Jasper avait été élu. Mais Jasper est en fuite. Il a perdu la bataille électorale et Silas reste seul comme le shérif Pursley.

Il n'y a qu'un bourreau et une victime, lâchés tous les deux par leurs partisans. L'un va exécuter, l'autre va mourir, c'est une histoire entre eux, d'homme à homme. Et curieusement, il faut autant de courage pour tuer que pour mourir, ce soir.

« Allons-y, Silas, c'est le moment...

— C'est bien. »

Il marche. Droit et impassible. Les liens à ses poignets ont l'air dérisoire. Pursley hésite, puis les lui enlève. Silas ramène ses bras, les croise devant sa poitrine et dit :

« Merci. J'aime mieux mourir en homme libre. »

Puis le condamné se tourne vers les personnes présentes et les salue de la main. Il s'agenouille, récite une courte prière, se redresse et attend.

Deux hommes le font reculer jusqu'au tronc d'un arbre, large et puissant. C'est le poteau d'exécution. Silas enlève son gilet et ses bottes. Il les dépose à terre, et reste en chemise, en pantalon et pieds nus, devant l'arbre.

Pursley transpire, il a les mains moites, et il les essuie sans s'en rendre compte au bandeau noir destiné au condamné. Ce bandeau, il le noue derrière la tête de Silas, avec des gestes lents. Malgré les cent hommes de garde, malgré l'opinion du gouverneur, malgré toutes les précautions prises pour éloigner les Indiens, la fouille complète de ceux qui sont là, la certitude qu'il ne peut y avoir d'arme braquée sur lui, malgré tout cela... Tom Pursley a peur. Son dos lui paraît une cible énorme, et il en a des fourmis dans la nuque.

Silas, lui, offre sa poitrine à l'examen du shérif. Pursley fait une croix à la craie, sur la chemise de daim, pour marquer l'emplacement du cœur. À présent il recule de 5 pieds. On lui tend sa carabine à répétition. Il vérifie l'armement, et tire, vite, comme un soulagement.

Au bruit de la détonation, la mère et la femme du condamné se mettent à courir, en poussant des cris perçants. L'enfant les suit, en trottinant. Là-bas, contre l'arbre, le corps de Silas s'est effondré, sur la couverture de laine déposée à ses pieds.

Des hommes se précipitent pour arrêter les femmes et les empêcher de se jeter sur le corps du supplicié. Mais ils ont oublié l'enfant, qui arrive seule jusqu'au corps de son père. Trois ans, pas plus haute qu'une pousse de chêne, elle regarde sans comprendre le grand corps effondré.

Silas n'est pas mort. La balle lui a traversé la poitrine, apparemment sans toucher le cœur, et il roule doucement sur la couverture, en gémissant. Pursley voit lui aussi qu'il n'a pas tué Silas. La situation est épouvantable. Le silence terrifiant. Derrière lui les hommes maintiennent la mère et la femme du mourant, en leur plaquant les mains sur la bouche pour les empêcher de crier.

Pursley tremble de tous ses membres. Que faire ? Tirer, mais où ? Comment achever cet homme, sans faire de boucherie ? Comment ne pas rendre plus ignoble encore ce ratage épouvantable, sous les yeux de cent gardes, sous le regard des Indiens au-delà du cercle d'exécution ?

Pursley agrippe l'enfant et la repousse. La main d'un soldat s'empare de la petite fille qui résiste, qui veut voir, de ses grands yeux noirs écarquillés... et Pursley éclate :

« Mais enlevez-la, bon sang ! Enlevez-la ! »

L'enfant est presque jetée dans les bras de sa mère, et le silence retombe. Pursley s'approche de Silas, dont le corps continue de rouler doucement sur la couverture, rouge à présent. De la main droite il ferme la bouche de l'Indien et de la gauche il lui pince le nez, jusqu'à ce qu'il étouffe dans le silence. Cela dure une longue minute.

C'est tout ce qu'il a trouvé comme coup de grâce. Et il en crève de honte.

Enfin le corps est enroulé dans la couverture, et remis à la veuve. Pursley et les cent hommes de garde disparaissent, sous le regard impuissant et noir des Indiens Chactaws.

C'était le 17 novembre 1894, en territoire indien, à Wilburton. Une affaire d'hommes, avait dit le gouverneur...

À la fin de l'hiver, les 26 Indiens du clan de Silas Lewis couraient toujours dans les collines, et on craignait de graves incidents en les rattrapant pour les faire juger. Alors Tom Pursley fut retrouvé mort au printemps, la tête dans une rivière et le dos percé de balles. On ne retrouva jamais le coupable.

L'illusionniste

Quatre-vingts policiers avancent dans la campagne. Le jour se lève. Dans une heure au plus tard, ils auront cerné la plage. Le criminel est là, caché derrière une dune de sable, sa mitraillette à ses pieds. Il n'a que vingt ans. Et depuis vingt ans, sa vie n'a été qu'un long rêve, une gigantesque illusion. Il le sait, il vient de le comprendre. Alors comme un condamné à mort, qui sait parfaitement que le soleil de ce jour-là brillera sans lui, il cherche à laisser sur terre une trace quelconque de son passage.

Sur un cahier d'écolier, à l'aide d'un mauvais crayon, dans le vent et le froid qui vient de la mer, Jean M. écrit :

« Je suis de la même grandeur qu'elle. Cette fille que j'ai tuée. Un corps mince, de beaux cheveux bien frisés et brillantinés. Je suis vêtu d'un complet bleu, d'une chemise bleu ciel, mon visage est ovale, j'ai le teint mat, les yeux marron, une fine moustache taillée avec goût, j'ai l'air dur.

« J'aperçois à 150 mètres trois gendarmes armés de fusils. Je suis traqué. La dernière balle sera pour moi. Je ne tremble pas. Je suis froid, comme cette nuit en appuyant sur la gâchette. »

Sur le cahier d'écolier, il y a déjà d'autres pages, remplies d'une écriture agitée et oblique. Il y a un meurtre commis dans la nuit, et son explication, si c'en est une.

Il y a autre chose aussi. Il y a la folie d'un gamin. Une folie que personne n'a vue, que personne n'a su enrayer à temps. Une folie découverte par le fou lui-même et son explication, si c'en est une.

Sur les pages précédentes du cahier d'écolier, on peut lire l'histoire d'un illusionniste de la vie, racontée par lui-même.

1949. Jean se lève à minuit, un jour d'octobre. Il écrit sur son cahier d'écolier :

« Je croyais l'autre jour la tuer vers minuit, mais les chiens ont aboyé. Je n'avais qu'à sauter le mur pour être dans la cour, je suis reparti. Dimanche, j'étais sur le petit chemin. Une fois de plus j'ai échoué, elle est partie de l'autre côté. Je suis rentré avec ma mitraillette en pièces détachées, cachée dans ma veste. J'avais arraché de l'herbe pour recouvrir son corps après. Mais tout s'est passé sans rien de semblable. La mort ne veut pas d'elle. J'en suis persuadé. Elle est partie. Pourquoi est-ce qu'elle est partie ? Pourquoi es-tu partie ? J'ai fait deux tentatives de meurtre sur toi. Peut-être en ferai-je encore une ? Non. Tu as la vie et tu vivras. Je ne t'écrirai plus. Je te souhaite de la chance et du bonheur. Mais moi, je n'ai rien à espérer sans toi. Je n'ai plus de lumière pour éclairer mon chemin. Sans toi c'est la prison, c'est la mort. Ma ligne est tracée d'un profond sillon, comme toi, mon chemin divise le tien. Je vais te tuer d'une rafale de mitraillette. »

Cette phrase est une litanie. Il veut tuer « d'une rafale de mitraillette ». Il la répète à chaque page depuis des semaines. Depuis qu'il est tombé amoureux, sans qu'elle le sache, d'une petite jeune fille blonde. Il l'a croisée simplement. Il a réussi, un soir de 14 juillet, à danser avec elle. Alors il s'est mis tout à coup à écrire des pages délirantes, qui racontaient un amour démesuré, un amour muet.

« Elle est blonde, elle est bouclée, c'est doux comme de la laine. Elle est sérieuse, elle travaille, elle n'a aucune ressemblance avec les filles d'aujourd'hui. Quand j'étais en prison, elle m'a beaucoup aidé. La nuit je rêvais d'elle. Mais je n'ai plus le droit d'espérer. Saura-t-elle un jour l'amour que je lui porte ? Mon grand amour se perd à jamais, englouti dans un raz de marée.

« Demain, elle va revenir et puis elle repartira pour toujours. Le rêve merveilleux sera passé comme un voile, un mirage sans issue. Les jours de cafard sont arrivés comme un orage, poussés par un vent violent. La vie devient indifférente. Je pense aux jours monotones qui vont commencer sans elle, et qui m'attendent. »

Elle va revenir en effet. C'est une petite vendeuse, qui habite une pension de famille. Elle était partie voir ses parents, elle ne va croiser le chemin de Jean que pour une journée. Le temps de faire ses valises. Mais c'est une tragédie stupide, car elle va en mourir. Si elle avait pris ses valises il y a quinze jours, si elle n'était pas reparue, elle ne serait pas morte. Elle n'aurait jamais su qu'un jeune fou s'était mis à l'aimer au point de vouloir la tuer d'une rafale de mitraillette.

Ce jeune fou, qui est-ce ? Peu de gens le savent. Mais on peut lire son casier judiciaire : « Quinze jours de prison pour détention d'arme et vol. Trois mois pour cambriolage dans une épicerie. »

Il écrit sur son cahier : « Ma réputation de gangster est faite. »

Gangster ? Pauvre gosse. Il est maigre, il a le cœur fragile, et il boit pour oublier qu'il a peur de la vie, de la solitude, et de tout ce qui tourne dans sa tête. Autour de lui, ni affection, ni soins. On le met en prison, il en ressort, et personne ne s'aperçoit qu'il délire, qu'il est malade, qu'il se prend pour Pierrot-le-Fou.

Il a un père bienveillant et brave, une grand-mère qui lui a passé tous ses caprices. Il aurait pu comme d'autres faire autre chose que de la prison pour vol. Mais c'est un vantard et un orgueilleux, qui a passé son enfance à admirer les gangsters. Qui s'est aperçu que, dans son cerveau fragile, cette admiration prenait des proportions inquiétantes et dramatiques ? Personne.

Ce garçon a atteint la folie par petites étapes, silencieusement, à l'insu de tous. Une mère, peut-être, aurait pu découvrir cela, l'éviter, ou faire sans le savoir un contrepoids à ces idées saugrenues. Peut-être, s'il en avait eu une.

Mais il est trop tard, de toute façon. Cet amour démesuré qu'il voue à une jeune fille inconnue va faire exploser sa vie.

Minuit à nouveau, fin octobre 1949. Jean se lève. Il sait que la jeune fille est chez elle pour la nuit, et qu'elle doit repartir le lendemain. Il sort de sa chambre avec sa mitraillette. Il traverse le couloir de la pension de famille et frappe à sa porte. Elle n'ouvre pas. Il reste tout seul dans le noir, devant cette porte close. Avant de quitter sa chambre, il a écrit sur le petit cahier d'écolier :

« Le roman d'amour est terminé. Je regarde une balle de 9 millimètres posée devant moi sur la table. Un jour peut-être elle me trouera le cœur. Je me vois par instants perdu dans un de ces gangs parisiens ou marseillais, mais ce n'est qu'une illusion, une vague d'illusions que je n'ai connues que dans les films de gangsters joués au cinéma, et qui ébranlent les cerveaux de tant de jeunes gens en quête d'aventures. Pour moi, une chose est certaine maintenant. La vie n'est pas un film. Je n'ai pas l'envergure de ces durs, comme Pierrot-le-Fou, Girier ou Attia. Je suis persuadé que je serais devenu quelqu'un si j'étais allé à Paris, et si j'avais roulé dans une voiture dernier modèle. Mais les choses n'en sont pas là. J'en suis loin. Je ne suis qu'un demi-sel, tout juste bon à rêver d'exploits. »

Il a écrit cela. Et maintenant il frappe à la porte de la jeune fille à nouveau. Elle n'ouvre pas, mais se lève pour faire de la lumière. Peut-être pour alerter quelqu'un. Mais il n'y a personne, Jean le sait. Tout le monde est sorti, ce samedi soir. Pour tourner le bouton de la lumière, elle doit passer devant la porte. Et le tueur fait feu, à travers la porte. Puis il rentre chez lui, pour écrire :

« Je l'ai eue. J'aurai tout fait pour qu'elle ne soit pas à un autre. Maintenant il faut mourir. Elle n'a reçu que quelques balles car j'ai tiré sur la droite. Elle a crié, et elle est tombée. Ce fut comme un enfer de flammes et de feu. »

La jeune fille a reçu onze balles dans le corps, à travers la porte vitrée. Elle est morte sur le coup. Jean quitte sa chambre, traverse le village et se réfugie sur la plage, entre les dunes. Il s'assoit et écrit :

« J'ai rôdé partout. Je n'ai pas voulu tuer d'inoffensifs passants. J'ai tiré au hasard, j'espère que les rafales n'ont atteint personne. Il est 3 heures 30. »

Un peu plus tard, il écrit à nouveau :

« Une voiture est passée sur la route côtière, j'ai tiré dessus. Cette fois ils ont dû me repérer. Bientôt j'irai la rejoindre. »

Il va mourir, il le sait, puisqu'il le cherche. Il continue d'écrire, vite, il se raconte, il décrit sa victime et son amour, et puis :

« ... J'aperçois à 150 mètres trois gendarmes armés de fusils. Je suis traqué. La dernière balle sera pour moi. Je ne tremble pas. Je suis froid, comme cette nuit, en appuyant sur la gâchette. »

En effet, il est traqué. Il a enfin obtenu d'être traqué comme un grand criminel, et comme un fou. Quatre-vingts policiers marchent sur lui. Il a tué une jeune fille délibérément, et en tirant au hasard, tout à l'heure, il a tué un gamin de treize ans. Seul l'automobiliste n'a pas été touché, et c'est lui qui a prévenu la gendarmerie.

Sa mitraillette posée à côté de lui, dans le sable, le fou meurtrier que la police encercle peu à peu réfléchit sur lui-même. Au moment d'affronter la mort qu'il cherche depuis si longtemps, il n'éprouve pas de peur. Mais une lucidité bizarre l'envahit. Jamais en vingt ans d'existence il n'a été aussi lucide.

« Je ne peux pas courir à cause de mon cœur, ils le savent, ils me connaissent. Tant mieux. Sinon j'aurais dû mourir misérablement, à bout de souffle, et le nez dans le sable. Pour clôturer une vie comme la mienne, je devais trouver mieux. Puisque j'ai voulu être ce tueur dingue, je dois mourir comme un dingue. Ils vont bien m'arranger ça.

« J'en ai marre de cette vie compliquée. Je n'ai qu'une seule crainte. Vais-je abattre un gendarme la nuit, un père qui a des gosses ? Comment faire maintenant ? Je suis prisonnier du rôle.

« À propos d'elle... Qu'est-ce que je sais à propos d'elle ? Que je l'aime. Si quelqu'un pouvait m'expliquer ce que c'est, l'amour. Une connerie sans doute, où est-ce que j'ai été chercher ça ? Dans les livres ? Les livres m'ont tué.

« Je les entends qui progressent. Le jour se lève. Il fait froid. Ce vent me fait du bien. Et si je courais dans la mer ? Oh non. Je ne sais pas courir, je cours mal.

« La bagarre va éclater. Je vais me rapprocher des poulets en temps utile. Il me reste quatre-vingt-dix cartouches. Je boirais bien de l'eau fraîche, j'ai un peu soif. Au point où j'en suis, tout va bien. Au revoir tout le monde, au revoir aux gens heureux, quant aux salauds, qu'ils se débrouillent. Ne portez pas le deuil pour moi. Ne laissez couler aucune larme. Tout à l'heure je crois avoir tiré sur des civils. Je ne me le pardonnerai pas. Je l'ai vu tomber en criant. Portez-moi des fleurs, et à elle aussi. Au revoir au père, et à ma sœur. »

Le cahier est fini. En même temps que l'histoire de son auteur, il s'arrête en haut de la dernière page. C'était un cahier de vingt-cinq pages, avec le prix marqué au crayon : 75 centimes.

Tout en haut de la vingt-cinquième page, les derniers mots :

« J'm'en fous... »

À présent, plus de rêves, plus de romans, mais la dure réalité. Un gendarme crie :

« Qui vive ! »

Il a entendu du bruit derrière la dune de sable. L'arme au poing, il fait quelques mètres, mais tombe atteint d'une rafale de mitraillette. Jean tente alors une sortie désespérée. Il veut gagner l'abri d'une autre dune, qui mène à un petit chemin côtier. Ce chemin n'est peut-être pas barré, il longe une falaise abrupte. Il entend les voix, et le bruit des mousquetons. Va-t-il tirer à nouveau ? Il entend :

« Halte ! Gendarmerie ! »

Ce sont les sommations d'usage, auxquelles Jean répond par une nouvelle rafale, en hurlant dans le vent une injure qui se perd dans les dunes. Il est debout, le sable tourbillonne autour de lui, l'air du large lui couvre le visage d'une myriade de gouttelettes d'eau salée. Une espèce de délire le prend, il veut tirer en l'air, mais le chargeur est coincé – le sable sans doute.

C'est là qu'une rafale l'atteint aux jambes et le fauche brutalement. Il tombe à plat ventre dans le sable, il se redresse, rampe et essaye de rattraper sa mitraillette qui lui a échappé. Une seconde rafale l'atteint pour de bon cette fois, en pleine poitrine et à la mâchoire. Il trouve encore la force de hurler : « J'm'en fous, j'm'en fous ! » Les derniers mots de son cahier. Les derniers mots qu'il prononcera. Et dans l'après-midi, il meurt à l'hôpital.

Chez lui, on trouvera une enveloppe fermée, portant le nom et l'adresse de la jeune fille assassinée par lui. Une enveloppe fermée, mais vide. Un symbole.

Sur la table, une feuille oubliée, détachée du petit cahier de vingt-cinq pages : il y parle de lui, à la troisième personne :

« "Il" a dansé avec elle. "Il" n'avait pas dansé depuis des mois. "Il" a senti un corps chaud et tendre. "Il" l'a enveloppé dans ses grandes mains. Lui, c'est un enfant prêt à tout pour ce qu'il aime, de la pire folie. Elle, c'est une proie ignorante des mille dangers qui vont s'abattre sur sa vie. Car le démon est en lui, et "Il" n'a pas peur de la mort. Tout le monde croit que c'est un dur. Mais lui n'est pas un dur, ce n'est qu'une épave humaine, balancée et poussée par son cerveau qui ne voit que des vagues de crimes imaginaires, où une jolie blonde se balance, toute riante, au-dessus de carnages invisibles. "Il" est un insolite. "Il" s'appelle "Moi". Et "Moi" je ne suis qu'un illusionniste. »

Duel sur le Pacifique

La houle du Pacifique est mauvaise, l'aube est curieusement violette et cela donne à l'océan un air d'un autre monde.

Très loin des lumières du grand port marchand du Chili, Antofagasta, une flottille gagne la pleine mer. Un yacht tout d'abord, traînant derrière lui deux canots. Puis le moteur du yacht s'arrête. Les deux canots sont tirés vers l'échelle de coupée. Ils dansent et se cognent contre la coque blanche au rythme de la houle qui s'aggrave. Le ciel dans le soleil mauve se couvre de nuages gris de plomb.

Sur le pont du yacht, deux ombres gigantesques viennent d'apparaître. Deux monstres, en carapace de fer. Deux chevaliers, casqués, portant la lourde armure des conquistadores. Sous le heaume relevé, deux visages, jeunes, au regard furieux. L'un est celui de Don José Guerrero, fils unique d'un banquier d'Antofagasta. Il a vingt-cinq ans. L'autre est celui de Miguel Rosario, un jeune propriétaire terrien de vingt-sept ans. Derrière eux, leurs témoins. Quatre jeunes gens riches et désœuvrés, des compagnons de soirée, qui ont accepté de contrôler le duel le plus extravagant de tous les temps.

Les deux hommes en armure descendent l'un après l'autre dans leur canot respectif. Il faut des filins pour les empêcher de tomber, et guider leurs mouvements maladroits. Les armures sont énormes, splendides, elles datent de l'invasion espagnole. La veille elles trônaient encore dans l'immense salon de l'immense château du señor Guerrero, banquier multimilliardaire et père de José.

C'est José, justement, qui descend le premier. Debout dans son canot, il a du mal à garder l'équilibre, et s'appuie sur son arme, une carabine automatique à répétition.

Miguel, son adversaire, a la même. Dans quelques minutes, le yacht va larguer les amarres et les deux chevaliers en armure resteront seuls sur l'océan. Le duel va commencer. Un duel en 1950, et non au Moyen Âge. Quelle folie a pris ces deux jeunes gens, beaux et riches, et qu'espèrent-ils ? La mort de l'un d'eux.

Avant d'en arriver à ce duel sur mer, entre deux chevaliers en armure du XIIIe siècle et munis de carabines à répétition du XXe, il convient de faire la connaissance d'une femme.

Tout d'abord, cette femme est une inconnue pauvre, qui habite le quartier de la ville réservé aux Indiens. En 1950, dix pour cent de la population chilienne est de race indienne pure. Il y a les Diaguitas, les Chibchas, et bien entendu les Incas.

Elle est inca. Elle a gardé de ses ancêtres guerriers et envahisseurs l'arrogance et la morgue. Sa famille est de noblesse inca, descendante d'un chef de grand renom. Elle s'appelle Trepan Mayo, mais pour l'état civil chilien, c'est Concita Del Mayo.

Concita ne peut rester longtemps inconnue. À dix-huit ans, elle est trop belle. Belle d'un mélange de sang indien, parmi les plus nobles : de père inca et de mère araucan. Ses parents sont morts en 1947 d'une épidémie de typhoïde et, à quinze ans, Concita a trouvé une place de serveuse dans un restaurant ultrachic.

C'est là qu'elle a commencé à comprendre le pouvoir fantastique qu'elle pouvait exercer sur les hommes, quels qu'ils soient, du balayeur au milliardaire. Les mots pour la décrire semblent plats et dépourvus de la sensualité nécessaire. 1,70 m, mince, œil noir et cheveux noirs, teint bistre. Il faudrait d'autres mots, des mots peut-être ridicules, des envolées de poètes ou de peintres. Il faudrait dire que ce corps mince et brun est celui d'une liane ou d'un serpent, que les jambes sont des fuseaux lisses, que ses cheveux sont une masse de soie noire, épaisse, lustrée et vivante qui la couvre d'un manteau insolite. Il faudrait dire que ses yeux noirs sont plus que noirs, en amandes, que ce nez droit et mince est un défi à l'esthétique la plus pure.

Concita est trop belle pour être décrite. Une série de photos qui datent de 1950 fascine l'observateur qui ne comprend pas pourquoi ce visage n'est pas connu du monde entier, pourquoi il n'a pas fleuri à Hollywood.

Quoi qu'il en soit, une femme comme elle ne passe pas inaperçue à Antofagasta. Elle a dix-sept ans lorsque le fils du célèbre banquier Guerrero vient dîner un soir dans le restaurant où elle travaille.

Don José est un enfant gâté. Depuis sa plus tendre enfance, il a tout eu, du train électrique à la voiture de sport, d'un simple claquement de doigts.

Devant Cencita, il reste émerveillé. Le poulailler habituel de jeunes frivoles et de coquettes qui le suit dans ses soirées lui paraît soudain d'une fadeur insupportable... Tous ces bijoux, ces parfums, ces robes froufroutantes, ces voix aiguës, à côté de cette pureté, vêtue de noir, en sandales et silencieuse ! Quand elle parle, sa voix est grave, perlée, reposante :

« Monsieur désire ? »

José Guerrero est un original. Sa fortune le lui permet un peu trop. Ce qu'il désire ? Il claque des doigts :

« Vous ! »

Et il prend une claque magistrale. Sûrement la première de sa vie. Concita n'a pas perdu son calme pour autant. Elle appelle une autre serveuse.

« Occupez-vous de cette table. Ce monsieur est pressé. »

Après quoi elle disparaît.

José Guerrero a la joue rouge, les oreilles brûlantes, il hésite entre faire un scandale et prendre la chose avec désinvolture. La désinvolture lui semble plus pratique et moins humiliante. Au directeur épouvanté, qui se répand en excuses, et promet de renvoyer l'insolente, José Guerrero répond :

« Surtout pas ! Il ne faut pas perdre un cheval sauvage comme celui-là. Si vous la renvoyez, vous perdrez ma clientèle ! Depuis le temps que j'attendais ça ! Une gifle, c'est étonnant ! »

La petite troupe des fêtards applaudit platement à ce nouveau snobisme. Mais le lendemain José revient seul. Il s'est fait précéder de fleurs, et d'un bracelet d'or fin, serti de diamants. Il demande à dîner seul, et à être servi par Concita. Elle ne refuse pas. Mais elle ne remercie pas non plus. Les fleurs sont dans la cuisine, et le bracelet dans sa poche. Elle le sort, le pose sur la table. José fronce les sourcils.

« Vous n'en voulez pas ?

— Je veux savoir combien il vaut. »

Le jeune milliardaire en reste estomaqué.

« Combien il vaut ? Mais ça ne se fait pas de demander cela. C'est un cadeau !

— Si c'est un cadeau, j'ai le droit d'en faire ce que je veux. Alors je veux le vendre, et je ne veux pas me faire avoir.

— Vous savez, je l'ignore moi-même, c'est mon père qui paiera le bijoutier. Je n'ai fait que le choisir. Disons environ un million.

— C'est tout ? Alors gardez-le.

— Pourquoi ?

— Je vaux plus cher que ça. Bien plus cher, et vous voulez m'acheter, n'est-ce pas ? À ce prix-là, vous ne m'intéressez pas ! »

C'est ainsi qu'a débuté l'histoire d'amour entre le fils du banquier et Concita l'Indienne. Et c'est pour elle qu'il a décidé de se battre en duel, avec son ami Miguel Rosario.

Ils sont debout dans leur barque, cahotés par la houle, sous le ciel bas, à l'aube d'un matin de septembre 1950.

José s'est déclaré l'offensé. Il a choisi les armes : les armures des conquistadores, merveilles historiques du château de son père, et deux carabines à répétition. C'est lui qui tire le premier. Il s'agit de faire tomber l'adversaire. Avec sa lourde armure, s'il tombe il est condamné à la noyade, même si les balles ne transpercent pas le métal.

José s'équilibre, ajuste et tire une rafale. Là-bas, à 50 mètres environ, la barque de Miguel vacille. Il manque de tomber, se rattrape *in extremis*, et tire à son tour.

Sur le yacht, les quatre témoins observent la scène avec une intensité cruelle. Ils ont même parié sur le gagnant.

« Miguel est un meilleur tireur, et s'il gagne, il aura la fille en plus ! »

Les rafales se suivent, à peine alternées par le renouvellement des chargeurs. Et ce duel va durer quarante-trois minutes, du premier au dernier coup de feu. Miguel, l'offenseur, salue parfois le courage de son adversaire, et la précision de son tir.

Il est le contraire de José. Plus vieux, plus costaud, c'est un terrien. Un travailleur. S'il est fortuné, il doit autant sa fortune à sa famille qu'à ses qualités personnelles. Les terres immenses, où court le bétail, les mines de fer et de zinc, d'or même, Miguel dirige tout cela à vingt-sept ans. Il ne connaît José que par les relations de leurs familles respectives. Il ne perd pas son temps dans les soirées, à de rares exceptions près. Et cette exception lui a fait rencontrer Concita. Elle était avec José, plus belle, plus étrange que jamais. Dans la réception mondaine on ne voyait qu'elle, et l'on chuchotait beaucoup de choses. Par exemple :

« Don José en est fou. Mais elle le fait tourner en bourrique. Pensez donc, il la couvre de cadeaux, il l'a installée dans un appartement somptueux, et chaque soir, elle lui ferme la porte au nez ! C'est à croire qu'il aime ça ! »

Miguel s'est approché de Concita :

« C'est vrai qu'il aime ça ?

— Quoi ?

— Que vous le tourniez en ridicule ?

— Je crois.

— Et vous ? Vous aimez ça ?

— Je n'ai pas le choix, vous savez. Lui ou un autre, ce sera toujours la même chanson. Je ne les aime pas. Et eux, ils me veulent.

— Alors vous les faites payer.

— J'en fais payer un. Cher, c'est vrai et pour rien, mais c'est le seul moyen.

— Le seul moyen de quoi ?

— De ne pas être une putain, monsieur. De me faire épouser.

— Mais vous ne l'aimez pas ?

— Non. Et rassurez-vous. Lui non plus ne m'aime pas. Il me veut, comme un bel objet, le plus beau de sa collection, et il croit qu'il peut payer avec de l'argent, comme d'habitude. Ce n'est pas ça, l'amour. Un jour il s'apercevra qu'il a payé trop, et mal. Alors il m'épousera peut-être pour me garder, ou bien je m'en irai. »

Miguel est fasciné. Autant par la beauté que par le raisonnement de cette jeune fille. Un raisonnement d'Indienne, se dit-il. Un mélange de sournoiserie, de férocité et de franchise brutale.

Une semaine après, il emmène Concita sur ses terres. Il la regarde courir à cheval, et manger avec les vachers. Il l'écoute lui dire :

« Miguel ? Il ne faut pas me tenter. J'aime cette vie. Je pourrais vous aimer, et vous, vous finiriez par me mépriser. Mettez-moi dehors. »

Un mois plus tard, Concita n'était toujours pas repartie de l'hacienda et une nuit, la voiture de sport de Don José s'arrêtait dans la cour, tous phares allumés.

« Sors de là, Miguel ! Je sais que tu es avec elle. Voleur ! Elle est à moi ! À moi ! »

José avait bu sa honte et sa fureur jusqu'à la lie. Il avait ouvert une porte, poursuivi par les domestiques terrorisés. Elle était là, dans le lit, avec Miguel. Toujours calme, toujours méprisante :

« Sors de là, José. Je ne t'appartiens pas. Je ne l'ai jamais décidé. Et c'est lui qui m'a eue. Réglez ça entre vous, mais en dehors de moi. »

Alors ils avaient décidé le duel, sans lui en parler. José voulait une bataille démesurée, comme sa fureur et sa jalousie. Miguel voulait rester le vainqueur, jusqu'au bout.

En grand secret, ils ont monté l'expédition, et choisi leurs témoins. En se jurant que quoi qu'il arrive, aucun d'entre eux n'en parlerait. Sur ce terrain de folie, l'enfant gâté et l'homme amoureux se retrouvaient à égalité.

Il est 6 heures 30 du matin, à présent. Concita dort dans son appartement. Elle n'a pas revu Miguel depuis la veille. Elle ignore le projet. Elle se doute bien d'une bagarre quelconque, mais comment pourrait-elle imaginer la scène hallucinante qui se déroule au large, dans l'océan furieux maintenant ?

Les deux adversaires sont toujours debout dans les barques, il y a quarante minutes que durent les assauts. Assauts des tirs à répétition, qui claquent sur les armures et les font vaciller. Assauts des vagues qui ballottent de plus en plus les frêles esquifs. Sur le yacht, on compte les salves. Les balles ricochent sur les cuirasses, entament le bois des canots, dont les charpentes se disloquent peu à peu.

Les deux chevaliers de la mer sont indestructibles, et ridicules dans ce décor d'apocalypse. Les témoins leur ont donné une heure de combat. À sept heures tout doit cesser, qu'il y ait un vainqueur ou non. Il ne faut pas qu'un navire curieux les repère.

À 6 heures 43 très exactement, Don José déverse un nouveau chargeur sur Miguel. Les balles crépitent, c'est un véritable balayage, la coque, la cuirasse, tout tremble, et résonne dans le grondement de la houle. Miguel vacille, tombe en arrière et se rattrape mal, au bord du canot, qui bascule. Une lame de fond le recouvre aussitôt. Et pendant deux ou trois secondes, à peine, les témoins regardent la lourde armure disparaître sous la surface, dans un bouillonnement d'air et d'écume. C'est fini.

Le vainqueur est ramené à bord. Brisé de fatigue, épuisé, à demi fou, il délire pendant trente-trois heures à bord de son yacht.

Enfin le bateau rentre au port. Sur le combat et ses horreurs, silence total. Pas un mot. L'unique armure restante disparaît elle aussi au fond de l'océan. Et une semaine plus tard, Don José va chercher Concita, qui l'accueille avec froideur.

« Où est Miguel ? »

José se tait. Alors l'Indienne se fait tendre.

« Tu as gagné ? Il est parti ? C'est bien. Même si tu l'as tué je te pardonne. J'aime les vainqueurs, je n'appartiens qu'à eux. »

Les jours passent. Les semaines et les mois. José se tait toujours, et Concita se fait plus tendre, plus amoureuse.

« Tu veux m'épouser ? Alors tu me dois un gage ! Je veux savoir comment tu m'as gagnée. »

Il parle enfin, il raconte, il en tremble encore de peur :

« C'était épouvantable, à chaque seconde, j'avais l'impression de mourir, les balles faisaient un bruit épouvantable, à devenir fou. La mer nous secouait sans arrêt. C'était lourd, lourd ! J'étais prisonnier de 80 kilos de fer. »

C'est au tour de Concita de se taire. Puis elle quitte son futur époux, avec un sourire mystérieux, et quelque chose d'impénétrable dans son regard d'Indienne.

« Attends-moi, nous allons fêter cela. J'aurais tant voulu le voir mourir. »

Une heure plus tard, Don José Guerrero, fils unique du banquier multimilliardaire, vainqueur de ce duel incroyable, est arrêté par la police, ainsi que les quatre témoins.

Concita, l'Indienne, avait mis six mois pour apprendre la vérité. Six mois de patience, de fourberie et d'obstination. Elle aimait Miguel. Elle le devinait mort, mais où et comment ? Il lui fallait savoir. Il lui fallait le venger, quitte à se prostituer pour cela.

Le grand public n'apprit cette histoire qu'au cours du procès qui condamna José Guerrero à dix ans de réclusion criminelle, pour meurtre avec préméditation. Il jurait, et ses témoins aussi, qu'il s'agissait d'un duel d'honneur, régulier, accepté par l'adversaire. Mais la justice considère le duel comme un meurtre organisé. José devait payer.

Concita a fait rechercher le corps de Miguel, avec l'aide de sa famille. Cela a coûté une petite fortune, jusqu'au jour où des plongeurs ont enfin remorqué à la surface une armure disloquée, criblée de traces de balles.

Il fut alors possible de déterminer que l'une des balles avait fini par passer à travers l'armure, pour atteindre le flanc droit. La blessure n'était pas mortelle, mais vu le poids de métal, le combattant était condamné à une noyade affreuse.

Mais du corps de Miguel il ne restait pas grand-chose. Concita le fit inhumer tel quel, comme un chevalier hors du temps. Car c'est lui, certainement, le dernier des chevaliers, mis en terre avec son armure. Il avait vingt-sept ans, il était pourtant beau et intelligent. Cela n'empêche pas la folie, et la mort stupide, même si elle est extraordinaire.

Un camion vert

Au bout du quai sinistre de la gare de Forbach en Alsace, un rouquin en manteau gris descend d'un wagon de seconde classe, une petite valise de carton bouilli à la main. En 1951 on n'utilise pas encore le plastique pour fabriquer les bagages bon marché. La poignée est rafistolée avec de la ficelle et le manteau gris du voyageur est usé jusqu'à la corde. Le rouquin jette un regard sur la pendule : midi. Il gagne la sortie, consulte le plan de la ville et s'en va par les rues presque désertes à la recherche de l'hôtel où il a retenu une chambre.

Au concierge, il donne comme identité :

« Philippe Gobineau, trente-huit ans, voyageur de commerce. »

Il s'appelle bien Philippe Gobineau, il a bien trente-huit ans, mais il est en réalité détective privé. Il est venu à Forbach pour mener une enquête qui restera longtemps un modèle du genre.

Arrivé à Forbach il y a moins d'une heure par le train de Paris, le détective interroge le garçon du restaurant *La Salamandre*.

« Vous connaissez M. Finkel ? »

Le garçon évasif et falot qui sert rapidement la choucroute garnie demande à voix basse :

« L'entrepreneur du Pruch ?

— Il est entrepreneur, oui, mais qu'est-ce que c'est le “Pruch” ?

— Le Pruch, c'est un faubourg à quatre ou cinq kilomètres d'ici.

— Je croyais que les Finkel habitaient dans Forbach.

— Oui, ils habitent à côté, mais leur entrepôt est au Pruch.

— Vous les voyez quelquefois ? »

Le garçon est de plus en plus évasif.

« Autrefois, dit-il, mais plus maintenant.

— Pourquoi ? »

Le garçon ne répond pas ; il est déjà loin.

Au bureau de tabac, la caissière fronce les sourcils lorsqu'elle entend parler de M. Finkel et de son fils. Celui-ci aurait tué il y a deux ans un malheureux ouvrier italien avec le camion de son père. Mais il y a plus grave :

« Le garçon ne s'est même pas arrêté, explique la caissière, et le pauvre homme est mort, en laissant une femme enceinte. »

Sur le même sujet, la libraire est plus catégorique :

« Laisser un garçon de quinze ans conduire un camion sans permis de conduire, c'est une chose. Mais refuser la responsabilité de l'accident qu'il a commis, c'est autre chose. Penser que ces gens refusent d'indemniser la veuve de l'ouvrier italien qu'il a tué, qui a une petite fille de sept mois. Vous ne trouvez pas ça dégoûtant ? »

Le soir, après le dîner, le détective privé s'en va discrètement sonner à la villa de M. et Mme Finkel. Une femme, dans une robe de lainage beige, aux yeux clairs et doux, ouvre la porte.

« Je suis Philippe Gobineau.

— Ah ! Mon mari vous attend. »

M. Finkel attendait en effet le détective car c'est lui qui l'avait engagé par lettre, après avoir lu sa publicité dans un journal. Ce grand bonhomme, en costume sombre un peu démodé, avec des chaussures pauvres et pointues, les mains énormes et calleuses, est un ancien ouvrier maçon parvenu à créer sa petite affaire. Mais l'essort de l'entreprise Finkel a été brutalement interrompu il y a deux ans, à la suite du terrible accident dont voici les faits présentés maintenant par M. Ehrahrd Finkel lui-même.

Le 7 novembre 1948, il aurait dit à son fils :

« Raymond, tu devrais profiter de ce dimanche pour aller repeindre le camion au Pruch. »

Raymond avait à l'époque quinze ans. Solide et travailleur, les désirs de son père étaient pour lui des ordres. Malgré sa jeunesse, Raymond savait déjà faire beaucoup de choses. Notamment, et bien qu'il n'ait pas de permis de conduire, il pilotait souvent le camion de l'entreprise Finkel, un G.M.C. des surplus alliés, à l'époque très répandu dans toute l'Europe et en particulier dans la région de Forbach.

Le jeune Raymond monte donc dans le camion et va rejoindre un de ses camarades de deux ans plus âgé que lui, qui doit lui donner un coup de main. Tous deux travaillent, paraît-il, environ trois heures. À 17 h 30, Raymond revient soi-disant du Pruch avec le camion fraîchement repeint en vert.

Il le conduit au garage, se change et finit ses devoirs.

Le lendemain, des policiers viennent interroger Raymond.

« Il n'est pas là, répond Mme Finkel, il est à l'école. »

Les policiers vont au collège, où Raymond prépare son brevet élémentaire. Ils le demandent au parloir, et l'emmènent aussitôt au commissariat de Forbach.

À quinze ans, on ne songe pas immédiatement à demander le secours d'un avocat. Après un interrogatoire d'identité, qui dure cinq minutes, les policiers gardent Raymond Finkel au commissariat tout l'après-midi de ce lundi et toute la soirée. Ils ne le mettent pas en cellule, mais ne lui donnent pas la moindre explication.

Quand Raymond rentre dans la nuit chez ses parents affolés, et qui n'en savent pas plus que lui, une vieille voisine leur montre un journal local dont voici la manchette :

« On a tué un homme cet après-midi au Pruch ! »

En effet, explique l'article, vers dix-huit heures, alors qu'il faisait nuit, un camion peint en vert a tué un ouvrier italien, M. Marioni, qui sortait de son travail, et dont la femme, jeune mariée, est enceinte. Le conducteur du camion qui ne s'est pas arrêté a pris la fuite. Heureusement, différents témoins ont cru distinguer que le camion était un G.M.C. et qu'il était peint en vert. La police est déjà sur une piste qui paraît sérieuse, conclut l'article.

Pour M. et Mme Finkel, tout s'éclaircit : leur fils Raymond était soupçonné d'homicide et de délit de fuite. M. Finkel se précipite au commissariat pour expliquer que, si Marioni a été tué vers dix-huit heures, Raymond, lui, est rentré à dix-sept heures trente du Pruch, il ne peut donc pas être le coupable.

Les policiers l'écoutent sans conviction. Pourtant aucun des dix ou quinze témoins de l'accident n'a reconnu le conducteur car il faisait presque nuit au moment où le G.M.C. a heurté Marioni. Le seul véritable indice est, semble-t-il, la veste de l'ouvrier italien où adhéraient encore des traces de peinture verte.

Dans les semaines qui suivirent, la vie du pauvre gamin devint épouvantable. Presque quotidiennement, les policiers se rendaient à l'école pour lui poser des questions ou pour le traîner au commissariat afin de l'interroger plus longuement. Ils le pressaient d'avouer ; le gamin refusait, affirmant qu'il était innocent. On ne le frappait jamais, on ne lui faisait pas de menaces, mais il devait quelquefois finir ses devoirs au commissariat. À l'école, c'était intenable. Tant et si bien qu'il a dû renoncer à poursuivre ses études.

Bien entendu, le fameux, l'unique camion de la petite entreprise Finkel était confisqué, et les experts parisiens ont comparé sa peinture à celle qui adhérait sur la veste de Marioni.

À Sarreguemines, lors du procès, quelques témoins ont affirmé que Raymond Finkel était passé sur la route du Pruch une demi-heure avant l'accident. Il fut également question d'un autre camion vert, appartenant aussi à un entrepreneur de Forbach, mais celui-ci fournit un alibi. De toute façon, tout fut balayé par la déclaration de l'expert parisien, le professeur Rull :

« La peinture verte du camion de M. Finkel est la même que celle trouvée sur la veste de Marioni. Cela fait vingt ans que je fais des expertises, et je ne me suis jamais trompé. »

Après une pareille déclaration, le tribunal condamna Ehrahrd Finkel à constituer un capital pour Mme veuve Marioni et son enfant, ainsi qu'une rente viagère de six mille cinq cents francs par mois. Chiffre considérable pour l'époque.

Évidemment, M. Finkel récupéra son camion, mais il ne lui restait plus qu'à le vendre car entre-temps, son affaire avait périclité.

Lorsqu'il fit appel, le nouveau jugement, non seulement confirma le premier, mais l'aggrava : la rente de six mille cinq cents francs par mois passant à sept mille cinq cents francs.

Voici donc l'affaire telle que la présente M. Finkel au détective privé qu'il veut engager. Le détective efface pour quelques instants l'éternel sourire qui flotte derrière ses lunettes rondes, et réfléchit : M. Finkel lui a-t-il dit la vérité ? Il en avait les larmes aux yeux, mais cela ne prouve rien. Il arrive que des coupables, un tant soit peu mythomanes, croient tellement à leur récit qu'ils s'en émeuvent eux-mêmes.

Et le fils ? Il avait quinze ans et demi au moment du procès. Aujourd'hui, il en a presque dix-huit. Quatre-vingt-dix kilos, un mètre quatre-vingt-cinq, c'est déjà presque un colosse. Mais il a le regard doux de sa mère et des gestes lents, mesurés, tranquilles. Il raconte, avec un sourire un peu triste, sa comparution devant le tribunal pour enfants :

« Je sais que mes avocats avaient réuni à mon sujet d'excellents renseignements, mais il n'a été question pendant tout le procès que de mes défauts. La partie civile avait constitué une liste invraisemblable de tous les petits méfaits que j'avais commis depuis ma plus tendre enfance. Des broutilles, comme en font tous les gamins. Présentés comme ça, dans une suite interminable, et avec des commentaires odieux, je finissais par avoir l'air d'un monstre.

— Qu'est-ce que vous faites comme métier maintenant ?

— Je suis maçon. Mais je voulais être professeur d'allemand. »

M. Finkel, sa femme et son fils regardent longuement, en silence, le détective privé. Le rouquin aux cheveux rares, aux lunettes rondes, dans son manteau usé, ne paye pas de mine. Le père est suppliant :

« Est-ce que vous croyez que vous pouvez faire quelque chose, monsieur Gobineau ?

— Vous êtes notre seule chance, murmure Mme Finkel. Depuis le procès, mon mari refuse de payer et nous recevons sommation sur sommation. Une hypothèque judiciaire a été prise sur tous nos biens. Même cette maison n'est plus à nous...

— Alors, monsieur Gobineau, qu'est-ce que vous décidez ?

— Je vais essayer de vous sortir de là. S'il y a un autre coupable que votre fils, je le trouverai. Mais je ne viendrai vous voir que le soir, à la nuit tombée. Il est inutile que l'on sache que je travaille pour vous. Pour tout le monde ici je suis voyageur de commerce. »

Là-dessus, le détective rouquin sourit derrière ses lunettes rondes et prend congé.

La vie d'un détective privé de trente-huit ans, qui mène une enquête secrète en hiver dans la ville de Forbach, n'est pas des plus gaies. Il a réuni tous les éléments du dossier mais il doit reconnaître que tout conduit à la culpabilité de Raymond Finkel. Il n'a, pour le moment, qu'un seul argument à opposer : la personnalité de M. Finkel et de son fils. L'un ne paraissant pas capable de mentir avec un tel acharnement, et l'autre n'ayant pas l'air d'un garçon anormal, au point de fuir après avoir commis un accident mortel.

Alors, il interroge n'importe qui, n'importe quand, n'importe où. C'est ainsi qu'un jour, ayant fait la connaissance d'une jolie serveuse blonde d'un café du Pruch, il pose pour la énième fois la question :

« Vous vous souvenez de cet accident, il y a plus de deux ans ? Un ouvrier italien a été tué ici par un camion.

— Oui, je m'en souviens.

— Il paraît que les parents du coupable n'ont jamais voulu payer.

— Les Finkel ?

— Oui.

— Ça se terminera mal pour eux, ils iront en prison. Pourquoi me demandez-vous ça ?

— Parce que j'ai connu autrefois le pauvre homme qui a été tué. Sa femme est dans une misère noire. Vous n'avez pas été témoin de l'accident, vous ? »

La jeune serveuse hausse les épaules.

« Non. Mais je connais un témoin.

— Il a déposé ?

— Je crois que les policiers l'ont interrogé, oui.

— Comment s'appelle-t-il ?

— Richard Fuchs. »

Le détective réfléchit quelques instants. Richard Fuchs, ce nom lui dit quelque chose. Oui, en effet, c'est l'un des témoins qui ont été entendus parmi les premiers. Mais, autant qu'il s'en souvienne, il n'a fait qu'entrevoir un camion vert, genre G.M.C. Témoignage si peu intéressant qu'il ne fut même pas entendu au procès. C'est donc par acquit de conscience que le détective poursuit son interrogatoire sur le ton de la conversation :

« Vous connaissez bien ce témoin ? »

La jeune serveuse rougit légèrement.

« Oui, je le connais bien, très bien même.

— Il vous a raconté ce qu'il a vu ?

— Il n'a pas vu grand-chose, vous savez.

— Ça ne fait rien, racontez-moi ce qu'il vous a dit.

— Eh bien voilà, je venais de rentrer chez moi. Je crois que je m'apprêtais à faire la cuisine lorsque Richard a frappé à ma porte. Il ne devait pas venir ce soir-là et j'ai été un peu surprise. Alors, il m'a montré le cageot qui est sur le porte-bagages de son vélo... Il était plein de pommes de terre. Il m'a expliqué qu'il allait à Forbach et qu'il n'avait pas l'intention de se promener toute la soirée avec des pommes de terre. Comme il passait devant chez moi, il voulait me les donner. Je lui ai demandé pourquoi il avait ces pommes de terre dans son cageot un dimanche soir. Il m'a répondu qu'il venait d'y avoir un accident sur la route du Pruch avec un camion, un camion genre G.M.C. peint en vert, que le camion ne s'était pas arrêté, qu'un pauvre homme était mort, toute l'histoire quoi. »

L'éternel sourire du détective s'est figé derrière ses lunettes rondes. Ses yeux se sont légèrement plissés. Il demande :

« Et les pommes de terre ?
— Quoi, les pommes de terre ?
— Eh bien oui, d'où venaient-elles, ces pommes de terre ?
— Je ne sais pas moi ! Elles étaient tombées du camion, j'imagine... »

Le lendemain, le détective est attablé devant un pastis au café du Pruch, face à Richard Fuchs. C'est un grand gaillard sympathique, serrurier de son métier, mais plutôt taciturne. Il ne fait aucune difficulté pour raconter à nouveau ce qu'il a vu de l'accident, en omettant toutefois de parler des pommes de terre. Aussi le détective est-il obligé de lui demander :

« Et les pommes de terre ? »

Richard Fuchs est un peu étonné :

« Ah, elle vous a parlé des pommes de terre !
— Oui, d'où venaient-elles, ces pommes de terre ?
— Je ne les ai pas vues tomber. Mais je pense qu'elles ont dû passer par-dessus la ridelle du camion, lorsqu'il a freiné. J'ai ramassé celles qui avaient roulé jusqu'au caniveau.
— Et vous n'en avez pas parlé à la police ? »

L'étonnement de Richard Fuchs devient de l'ébahissement.

« Vous n'allez pas faire un drame pour quelques kilos de pommes de terre, quand même ?
— Ce n'est pas ça, je me moque bien que vous ayez ramassé quelques kilos de pommes de terre. Mais c'est un renseignement qui aurait pu intéresser les enquêteurs. »

L'ébahissement de Richard Fuchs se transforme en stupeur.

« Pourquoi voulez-vous que ça intéresse les policiers de savoir qu'il est tombé quelques pommes de terre d'un camion de légumes ?

— Vous dites un camion de légumes ?

— Oui, je dis un camion de légumes.

— Parce qu'il y avait d'autres légumes dans ce camion ?

— Oui, dans ce camion de légumes, il y avait des cageots de légumes. Ça vous paraît bizarre ?

— Monsieur Fuchs, est-ce que vous avez suivi l'affaire ?

— Moi, pas du tout.

— Est-ce que vous savez que c'est le fils Finkel qui a été accusé ?

— Oui, j'en ai vaguement entendu parler.

— Mais vous savez ce qu'il transportait, le fils Finkel ?

— Des légumes !

— Non. L'entreprise Finkel est une entreprise de maçonnerie. Et ce jour-là, le camion était vide, parce qu'il venait de le repeindre. »

Les yeux ronds, presque exorbités, Richard Fuchs lance un juron. Il a enfin compris.

Dès lors, pour le détective privé, tout devient facile. Il n'y a dans la région qu'un seul transporteur de légumes. Alors, se faisant toujours passer pour un voyageur de commerce, il se rend chez un dénommé Schmidt. Là, au fond d'un hangar, ne sortant plus depuis le mois de novembre tragique, rouillé, un camion G.M.C. peint en vert. Renseignements pris, c'est le fils Schmidt, alors âgé de dix-sept ans, qui pilotait ce dimanche-là le camion de son père.

Cette contre-enquête privée a duré trois semaines. Mais il faut maintenant obtenir la réouverture de l'enquête close par la condamnation de M. Finkel et de son fils. Lorsque le détective privé fait part de sa découverte à l'inspecteur principal, celui-ci répond :

« Vous m'embêtez, mon vieux. Je ne vais pas démolir l'enquête que j'ai faite. »

Malgré la déposition de Richard Fuchs qui, à elle seule, constitue un fait nouveau, personne ne veut reprendre l'enquête sans instructions de Paris.

Finalement, le détective privé Philippe Gobineau et Raymond Finkel, négligeant les conseils d'un avocat peu pressé, vont faire une démarche au ministère de la Justice. Là, c'est grâce à un huissier compatissant qu'ils parviennent à toucher l'attaché de cabinet du garde des Sceaux. L'enquête est enfin reprise.

Quelques jours plus tard, un inspecteur parisien surgit dans la caserne où le fils du transporteur de légumes fait son service militaire.

Appelé au poste de garde, au bout de deux minutes à peine, il avoue sans difficulté devant une dizaine de témoins.

« Bon, puisque vous le savez, d'accord, c'est moi qui ai tué Marioni. »

On ignore comment et à quoi ce jeune homme et son père seront condamnés. Ce que l'on sait, c'est que Philippe Gobineau apporta du champagne à Forbach ce soir-là, et que ce fut la fête dans la petite maison des Finkel.

La morte au collier de perles fines

C'est un vieux château du Moyen Âge habité par un Anglais, duc et seizième du nom, prénommé Marmaduke. Sir Marmaduke est une personnalité du Sussex, et Sir Marmaduke, en bon Anglais, déteste être dérangé à l'heure du thé.

Or, ce 15 août 1948, son valet de chambre affolé le dérange de la manière la plus inconvenante qui soit :

« Sir, il y a là un jardinier...

— Que veut-il, Ronald ? Et où sont mes toasts ? Quelle est cette agitation ?

— Sir, le jardinier dit qu'il a découvert un cadavre dans le parc... »

Sir Marmaduke est d'une humeur épouvantable ce matin-là, et contrairement au cliché habituel, il est dépourvu du célèbre flegme britannique.

« Un cadavre ! Seigneur, Ronald, j'ai horreur des cadavres ! Débarrassez-vous de ce jardinier.

— Mais Sir, il insiste. Il veut que nous prévenions la police.

— Qui est ce cadavre, Ronald ?

— Je l'ignore, Sir, Le jardinier affirme que c'est celui d'une femme.

— Eh bien, allez voir, Ronald, et tenez-moi au courant, j'appelle Scotland Yard. »

Sir Marmaduke dispose de l'unique téléphone à 20 kilomètres à la ronde. Ils se résignent à signaler l'affreuse découverte, et se résignent également à entendre le jardinier.

Stilwell est jardinier certes, mais aussi peintre, manœuvre, homme à tout faire. Et pour l'heure il est assez secoué par sa découverte :

« Je l'ai vu dans le parc, près d'un buisson, Sir. Je passais par là pour rentrer chez moi, le chemin est plus court.

— Vous pourriez utiliser le chemin communal. Cette propriété est privée, je vous le rappelle.

— Je sais, mais j'étais fatigué, Sir.

— Vous dites qu'il s'agit d'une femme ?

— Oui, Sir, une femme. C'est... une femme...

— Eh bien, qu'y a-t-il là d'extraordinaire ? Vous avez l'air troublé.

— C'est que... Elle est nue, Sir !

— Nue ?

— Si vous la voyiez, Sir !

— Il n'en est pas question. Allez à l'office, et attendez. Ronald, assurez-vous que personne n'approche de cette femme, et attendez la police ! »

Sir Marmaduke est vert. La simple idée d'un cadavre à quelques mètres de lui peut-elle le rendre vert à ce point ?

Le jardinier, lui, est tout pâle, ses mains tremblent.

Et Ronald, vieux serviteur, habitué à observer ses maîtres autant que les autres domestiques, trouve curieuse l'attitude des deux hommes. Son maître est exagérément atteint par la nouvelle. Exagérément, c'est bien le mot. Quant au jardinier, il a l'air de jouer un rôle. Tout cela est bien bizarre.

En attendant la police, Ronald se rend donc auprès du massif, à l'ouest du parc.

Et là, dans un creux de gazon, dissimulée par les arbres, à l'abri des regards, il découvre la femme.

Il faut vraiment la découvrir. C'est une constatation immédiate. C'est-à-dire qu'il faut pénétrer à l'intérieur du massif et écarter les branches pour la voir. Il faut, en somme, bien connaître le parc. Ronald, le majordome, est comme tout un chacun, il n'aime pas la mort, même en ce jardin. Lui aussi est à mi-chemin entre le verdâtre et le blême lorsque les policiers arrivent.

L'inspecteur Narborough le constate immédiatement. Et immédiatement il se dit : « Cet homme est exagérément ému par la mort de cette femme. » Ainsi le policier va soupçonner le domestique, lequel soupçonne son maître et le jardinier, les deux derniers se soupçonnant entre eux.

Et ce dès la première minute. Pourquoi ? Et pourquoi y en aura-t-il d'autres ? Beaucoup d'autres...

Par dizaines, les fantômes d'assassins vont rôder autour de ce cadavre glacé d'une jeune fille de vingt-cinq ans, morte dans un buisson, nue, étranglée par son collier de perles, à l'ombre d'un château sinistre.

Le mystère va durer dix ans. Dix années de soupçons, de murmures, de dénonciations et d'enquêtes.

L'inspecteur Narborough est ce que l'on appelle un « fin limier » de Scotland Yard. Poliment mais fermement, il a réuni autour du cadavre les habitants du château, Sir Marmaduke compris.

Le vieux duc a la nausée. Le jardinier tremble, le domestique détourne les yeux. Seules la cuisinière et la femme de chambre observent le cadavre avec une relative curiosité.

L'inspecteur s'adresse à la cantonade :

« Connaissez-vous cette jeune fille ? »

Non, personne ne la connaît.

Il se penche alors dans l'herbe et saisit délicatement une petite sacoche, glissée sous la tête de la jeune fille. Il fouille, et en tire un livre, puis un mouchoir, un poudrier, un bâton de rouge à lèvres, et enfin un portefeuille. Le portefeuille contient quelques billets et une carte d'identité.

« Miss Joan Woodhouse, bibliothécaire à Londres, célibataire, au numéro 26, Park Road. »

Un nom, un métier, une adresse sur un cadavre le rendent encore plus mort, si la chose est possible. Il y a là quelque chose d'irrémédiable, qui fut et ne sera plus.

Joan était belle. Une semaine de séjour dans l'herbe, en plein été, l'a rendue insupportable à regarder.

Sir Marmaduke demande l'autorisation de se retirer. Autorisation que l'inspecteur lui refuse momentanément.

« Donc vous ne connaissez pas cette jeune fille, et pourtant elle a été étranglée presque sous vos fenêtres. Étranglée et peut-être violentée. »

Avant même que le duc proteste, le médecin légiste rectifie :

« Violentée, non, inspecteur. Peut-être y a-t-il eu tentative, mais elle n'a pas abouti ; en tout cas, la chose est visible à l'œil nu. D'autre part, je vous ferai remarquer que cette jeune fille s'est très certainement déshabillée seule. Ses vêtements sont soigneusement pliés à côté d'elle et empilés. Regardez : au-dessus, la lingerie, puis une combinaison de soie, puis un chemisier, puis une jupe. Les chaussures sont également rangées au pied de l'arbre. »

L'inspecteur doit reconnaître en effet qu'il n'y a là rien du désordre habituel, en cas d'agression par un sadique. Mais il n'a pas coutume de se laisser prendre aux apparences.

« L'assassin a pu faire une mise en scène pour détourner les soupçons. Par exemple faire croire à une rencontre amoureuse, qui se serait terminée par un accident lamentable. J'imagine très bien la chose. Elle est d'accord, puis se refuse. L'homme s'énerve, et l'étrangle. C'est alors qu'il la déshabille et range soigneusement les affaires à côté d'elle. Qu'en pensez-vous, Sir Marmaduke ? Et vous, Stilwell ? Et vous, Ronald ? »

Cette fois encore le médecin légiste intervient, de sa voix tranquille, habitué aux mystères de la mort qui n'en sont plus pour lui.

« Erreur, Inspecteur. Une femme qui se déshabille dans la nature empile ses vêtements dans l'ordre que je viens d'indiquer, de manière à pouvoir les enfiler très rapidement au cas où elle serait surprise. C'est le cas. J'ajouterai qu'il y a là un vêtement supplémentaire, qui n'a pas été plié, lui. Il s'agit du châle que voilà. La morte est allongée dessus.

— Et alors ?

— Eh bien ce châle est grand, et si l'on rabat les deux côtés, il dissimule immédiatement le corps. Cela aussi est un réflexe féminin... Une femme ne se met nue au-dehors que si elle a la possibilité immédiate de ne plus l'être.

— C'est une déduction personnelle, Docteur, et non une constatation.

— Je regrette, vous pouvez le vérifier vous-même. Elle s'est couchée dessus, d'elle-même. L'empreinte du corps est nette. Elle a même tenté de rabattre les côtés du châle, à l'arrivée de l'assassin. Voyez ces petites brindilles à l'envers du châle. On en retrouve sur le corps, elles se sont déplacées en même temps que le tissu et la main droite est encore agrippée aux franges du châle. »

Pour un fin limier, l'inspecteur Narborough est en train de se faire battre de vitesse par le médecin légiste. Lequel conclut de sa voix toujours calme :

« En résumé, je dirai que la jeune fille s'est allongée nue sur son châle, après avoir elle-même plié ses vêtements. Le soutien-gorge, par exemple, un homme ne saurait pas le plier ainsi. Ensuite, l'homme s'est jeté sur elle, à plat ventre, elle n'a eu que le temps d'esquisser un geste de pudeur. Écrasée par le poids du corps de son assaillant, ne pouvant plus bouger, elle a voulu crier, l'homme a serré le collier de perles, et l'étranglement a été rapide pour deux raisons :

« Premièrement, la tête en porte-à-faux, sur le sac, ne permettait pas une respiration et une déglutition normales, donc étouffement rapide, accéléré par le poids de l'assaillant sur les poumons de la victime.

« Deuxièmement, le collier de perles n'a pas cédé. Il s'agit d'un fil de soie particulièrement résistant, avec un nœud entre chaque perle, et le fermoir était dans la main de l'étrangleur. Rien ne pouvait casser. Voilà, Inspecteur. »

L'inspecteur n'a rien à ajouter. Il aurait pu faire les mêmes constatations s'il n'était préoccupé outre mesure de la tête de ses trois suspects : Sir Marmaduke, Ronald son majordome, et Stilwell le jardinier. Car il les prend immédiatement pour suspects, ce en quoi il a tort. Car l'affaire va très vite dépasser le cadre médiéval et sinistre du château de Sir Marmaduke, à la suite d'une étonnante découverte.

L'inspecteur Narborough, le plus fin limier de Scotland Yard, semble pris à son propre piège. Le piège de ceux habitués à soupçonner, à traquer et à déduire beaucoup plus en policiers qu'en hommes, tout simplement.

Stilwell, le jardinier, un assassin ? Il est père de famille, habite un cottage non loin du château, et chacun sait qu'il emprunte régulièrement le parc pour rentrer chez lui. Celui lui évite de contourner les murs pendant 2 kilomètres. Et s'il tremblait, après avoir découvert le cadavre, c'est pour une raison bien simple. En voulant cueillir une fleur dans le massif, il avait posé la main sur un ventre nu et glacé ! La peur l'avait retourné littéralement, et dans tous les sens du terme.

Ronald, lui, était au chevet de sa mère malade la semaine et le jour du crime. S'il détournait la tête, c'était par pure décence devant le corps d'une femme nue.

Enfin, Sir Marmaduke... Bien que son cas soit plus complexe, la vérité était également simple. Il éprouve l'horreur des cadavres ! Une horreur réelle et maladive venue de ses expériences de tranchées pendant la Première Guerre mondiale. Un homme a le droit d'être choqué, d'avoir des souvenirs atroces, et, duc ou pas, d'avoir la nausée. D'autre part le vieux duc entretenait des relations secrètes avec une dame du pays, fort jeune et fort jolie. Et sa peur du cadavre était doublée par celle de découvrir en la morte sa passion cachée. Ce n'était pas le cas.

Donc, qui est Joan Woodhouse, la bibliothécaire étranglée par son collier de perles fines ?

Selon les responsables de la Bibliothèque de Londres, une jeune femme remarquable, la dernière personne à se retrouver nue dans un parc et étranglée. Un esprit sérieux, tourné vers les études et, malgré le charme de son visage, passionnée par la lecture et non par la bagatelle.

Mais il y a souvent loin de l'habit au moine. Et en perquisitionnant chez Joan, l'inspecteur Narborough fait une étrange découverte : soigneusement dissimulé dans la chambre à coucher, un petit carnet couvert de notes, au jour le jour, et couvert de rendez-vous, au jour le jour.

Et l'inspecteur relève dans ce carnet 150 noms différents. Des noms d'hommes, bien entendu. Assortis de réflexions diverses et ne laissant aucun doute sur les relations entre la pure bibliothécaire et les noms cités.

Plus énigmatiques encore sont les rendez-vous marqués de simples initiales, ou de quelques points de suspension : A.L., ou J.B. Et très inquiétant, le dernier rendez-vous, à la date du 13 juillet : « Rencontré X... »

« X »... pas même d'initiales, et aucun commentaire. Et plus rien d'autre sur le carnet. Alors qu'il était tenu jusque-là quotidiennement. Plus rien entre le 13 juillet et le 9 août, date de la mort de Joan, découverte huit jours plus tard seulement.

L'inspecteur Narborough s'attaque tout d'abord aux noms cités en entier. Il vérifie ainsi plus de cent alibis. Et n'acquiert aucune certitude. L'heure de la mort ne peut être fixée précisément, à deux ou trois heures près. Les hommes interrogés ne sont pas facilement pris en défaut. D'ailleurs, peuvent-ils l'être ?

Il s'agit là de personnes convenables, à qui Joan fit une fois ou deux la grâce de ses faveurs. Si correcte à la bibliothèque, si sérieuse, Joan vivait une double vie, et sa deuxième vie amoureuse ne manquait pas d'intérêt.

Les initiales gardent leur mystère, et au bout de deux années d'enquête, l'inspecteur Naborough remet un rapport au chef de Scotland Yard : il n'a rien trouvé.

« Il s'agit d'une call-girl particulièrement astucieuse, c'est tout. Pourtant l'une de mes déductions est qu'elle a pu mettre en péril la réputation d'un homme connu, ou éminent, lequel l'aurait tuée pour préserver cette réputation. C'est une possibilité qui ne nous mène nulle part. Je n'ai trouvé aucun témoin pouvant me mettre sur une piste. Cette fille vivait ses amours en cachette. Personne ne s'en doutait dans son entourage... Ce qui explique les choses, c'est qu'elle ne monnayait pas ses charmes. Elle vivait de son salaire, uniquement. Je dirais donc que Joan Woodhouse était une collectionneuse, une nymphomane en quelque sorte. Il reste le dernier rendez-vous. X est l'assassin. Je crois plus à cette théorie qu'à l'autre. Je crois même qu'elle a pu tomber amoureuse de X. Car du jour de la rencontre à sa mort, c'est-à-dire plus de vingt jours, elle n'a rien noté. Rien, contrairement à ses habitudes. Mais je n'ai aucune idée sur le mobile du crime. »

Scotland Yard classe provisoirement l'affaire. Et elle rebondit quelques jours plus tard, avec l'arrivée d'un détective privé, ancien de Scotland Yard d'ailleurs. Il s'appelle Jacks. Il veut reprendre le dossier, car il connaissait Joan. En tout bien tout honneur, car il a soixante-cinq ans passés, et ne fréquentait que la bibliothèque. C'est-à-dire la bibliothécaire, et non Joan Woodhouse.

Jacks refait l'enquête, elle dure un an, et il en dépose les résultats sur le bureau de son collègue, l'inspecteur Narborough.

« J'ai trouvé ! Voici d'abord la photo de Joan avec un inconnu. C'est une amie à elle qui l'a retrouvée par hasard. Cet homme était son fiancé. Il ne figure pas dans le petit carnet. J'ai découvert son identité, et voilà. Il a tué par jalousie lors d'un dernier rendez-vous, c'est évident. On n'épouse pas une femme qui a 150 amants à la fois ! »

Avis de recherches, photos dans la presse, Scotland Yard remet en branle la machine policière et l'inconnu se présente de lui-même trois mois plus tard. Il était en voyage en Australie, il ignorait qu'on le soupçonnait de meurtre, et pour cause, son voyage a duré trois ans, du 5 janvier 1948 à maintenant. Il avait même oublié Joan, dont il ne fut qu'un fiancé épisodique. Il précise d'ailleurs :

« Elle ne tenait pas du tout au mariage, c'était une fille indépendante. »

Sans se décourager, le détective privé reprend tout à zéro. Il tient à résoudre cette énigme. Il a besoin de la publicité fantastique que lui apporterait un résultat, alors que le tout Scotland Yard baisse les bras devant l'énigme la plus étrange de l'après-guerre.

Et le voilà qui entame un autre cheval de bataille : l'assassin c'est Stilwell, le jardinier ! Et le scénario du crime se déroule ainsi : Joan veut prendre un bain de soleil ce jour-là, elle se déshabille, s'allonge et s'endort à l'abri des arbres, son corps nu est ravissant en plein dans les rayons du soleil. Le bain de soleil est possible, l'endroit est idéal, c'est alors que passe le jardinier. (Il passe là presque tous les jours pour raccourcir son chemin). L'homme voit le spectacle, est pris d'un désir furieux, et l'on connaît la suite. Ayant étranglé Joan par accident en quelque sorte pour l'empêcher de crier, il s'enfuit. Mais pris de remords, et ne supportant pas de savoir le cadavre là, dans le parc, à l'abri des regards, croyant qu'on ne le découvrira pas assez vite, il fait semblant de le découvrir lui-même.

Toute cette belle théorie étant fondée sur le fait que Stilwell, marié, trompait sa femme, et qu'il était le seul à traverser le parc tous les jours.

Stilwell est interrogé à nouveau jusqu'aux limites de la torture morale. Puis, faute de preuves, faute d'aveu et faute de logique surtout, la thèse est à nouveau abandonnée.

Sans se décourager, le détective Jacks repart en campagne. Il est payé cette fois par la famille de Joan, impressionnée par son acharnement à découvrir la vérité.

Et il s'acharne effectivement à nouveau sur le malheureux Stilwell, pour qui la vie devient rapidement intenable, jusqu'au jour où il est présenté devant un jury, accablé de présomptions et de déductions incroyablement précises, sur son emploi du temps et la longueur de ses mains d'étrangleur. L'accusation se base aussi sur un examen psychologique, le montrant comme un sexuel agressif, à la limite des normes habituelles. Mais

Stilwell le jardinier est acquitté définitivement, et la théorie du détective mise en pièces par la défense avec une tout aussi grande précision dans le détail.

L'affaire est close, le dossier fermé. C'est un crime parfait, et irritant, dont, bientôt, on ne parle plus.

Car nul ne pouvait prévoir la conclusion d'une enquête comme celle-là.

C'est en 1958, dix ans plus tard, alors qu'il y a prescription, qu'une lettre parvient à Scotland Yard, timbrée de Rhodésie. Son contenu est extraordinaire. Il demande vérifications. Ce qui est fait. Tout est contesté, les dates indiquées, et les identités. Un policier anglais va même interroger sur place l'auteur de la lettre, et revient, convaincu. La vérité est là. Elle ne sert plus à rien.

C'est au cours d'un congrès de police, à Londres, que l'inspecteur Narborough la révèle à ses collègues, pour information, et sans citer de nom, car il n'en a pas le droit, prescription oblige.

Voici la lettre, elle est signée d'une femme.

« Messieurs, je vis en Rhodésie depuis mon enfance, et je ne connais l'Angleterre que par ses journaux. C'est ainsi que j'ai peut-être lu l'histoire du crime de Joan Woodhouse, mais je l'ai oubliée. On ne retient pas forcément ce genre de choses quand elles ne vous concernent pas.

« En septembre 1948, j'avais vingt-deux ans, lorsque j'ai rencontré mon futur mari. Il arrivait d'Angleterre, et nous nous sommes plus rapidement. C'était un homme attachant, sérieux. Nous nous sommes mariés six mois plus tard, et nous avons eu des enfants. Pendant des années j'ai été heureuse, et je n'ai rien soupçonné de grave chez mon mari.

« Il y a quelques semaines, il est tombé malade, une simple fièvre, sans grande gravité, mais qui l'agitait énormément. Surtout la nuit. Il dormait mal, faisait des cauchemars, et je le veillais souvent.

« Une nuit, il rêvait, il était en sueur, et il s'est mis à parler tout haut.

« C'est ainsi qu'il a raconté comment il avait tué Joan Woodhouse. Dans son cauchemar, il semblait affolé, terrorisé. J'ai entendu nettement : “Non, non, ce n'est pas possible, Joan, réveille-toi ! Réveille-toi !” Il s'accusait, il répétait le nom de cette femme, et répétait sans cesse qu'il était un lâche et un assassin. Ce cauchemar était si précis, les mots qu'il employait tellement graves que j'ai eu peur.

« À son réveil je l'ai interrogé immédiatement et il m'a tout avoué. Il savait à ce moment-là que la prescription allait tomber, il ne restait qu'un mois. Il m'a laissé le choix : “Dénonce-moi si tu veux, c'était un accident, je n'ai pas voulu la tuer. Je jouais à l'étrangler, et elle à se débattre. Elle aimait les jeux de ce genre, un peu stupides. Quand je me suis aperçu qu'elle était morte, je n'arrivais pas à y croire. Je me suis sauvé, j'ai quitté Londres et l'Angleterre deux jours plus tard. J'avais peur, même ici, de découvrir mon nom dans les journaux que tu lisais. Heureusement, elle n'avait mis que mes initiales dans un carnet. Personne ne m'a recherché. Mais je vis dans le remords depuis si longtemps que je suis soulagé que tu saches. Décide toi-même, je t'ai menti assez.”

« J'ai réfléchi, messieurs, à l'inutilité de la justice si longtemps après. D'autre part, j'aime encore mon mari, même s'il me fait un peu peur à présent. Je ne sais pas si nous poursuivrons notre vie ensemble, mais j'ai attendu, pour vous écrire la vérité, que le délai soit passé et qu'il ne risque plus rien. Pardonnez-moi d'avoir en quelque sorte fait justice moi-même et de vous révéler une vérité qui ne sert plus à rien. Mais je tiens à la vérité. Si vous devez nous interroger, je vous supplie de le faire avec discrétion. Le seul mensonge auquel je tienne, c'est celui que je ferai à mes enfants, toute ma vie, par omission. Je ne veux pas qu'ils sachent. »

Cette fois le dossier était clos. Et nul ne saura jamais le nom de l'assassin de la jolie bibliothécaire qui jouait, avec son corps et un collier de perles fines, au jeu dangereux de la mort.

La parenthèse de Marjorie

Il y a des êtres humains qui paraissent nés sur une autre planète. Physiquement, ils nous ressemblent. Ils ont une tête, des bras, des jambes, ils parlent, ils sont mariés, ils ont des enfants, ils travaillent. Mais tout cela n'est qu'une apparence. En réalité, ces êtres-là, depuis leur naissance, vivent à côté de nous, en marge, dans un univers parallèle. Et nul ne sait à quoi ressemble cet univers. Ce n'est pas celui des fous. Celui-là, nous le connaissons un peu, car il arrive à des gens normaux d'y faire une incursion de temps en temps. Non, c'est un univers inconnu d'où sort parfois un criminel, par exemple. Mais pas forcément. Un être qui a fait quelque chose d'incompréhensible, de bizarre, de totalement illogique. À cet être-là, nous, c'est-à-dire la société ou la justice, nous demandons :

« Mais pourquoi as-tu fait ça ? Pourquoi ? »

Et l'autre répond :

« Je ne sais pas. Je l'ai fait, c'est tout. »

Et c'est là qu'il ne faut pas confondre avec l'univers des fous. La justice sait bien, elle, faire la différence, lorsqu'elle ne reconnaît à ces êtres-là aucune circonstance atténuante. Les experts le savent bien eux aussi, lorsqu'ils les déclarent parfaitement sains d'esprit.

Marjorie D., cinquante ans, une Anglaise, mariée et mère de famille, a accompli un crime étonnant, en toute connaissance de cause. Et elle a répondu de ce crime devant la justice anglaise, avec cette seule explication.

« Je l'ai fait. C'est tout. »

C'est un petit pavillon de la banlieue de Londres. Avec des volets verts, un jardin minuscule, un morceau de gazon, et un lapin de céramique au milieu.

Dans la cuisine, il y a Marjorie, et ses cinq enfants. Le petit-déjeuner est servi. L'aîné a quinze ans, le plus petit cinq ans. Ils mangent avec appétit, et vont disparaître dans quelques instants au collège, ou à l'école.

Dans la salle de bains, il y a Peter. Le mari et le père de ses enfants. Il fait sa toilette en chantant un air de la *Traviata*. Peter a cinquante-quatre ans, il est ouvrier spécialisé dans une usine d'aéronautique. Bon salaire, et aucun souci matériel.

Dans le jardin, il y a le chien, un cocker noir de deux ans. Il dort, le nez dans ses pattes. Non loin de lui, un chat angora, aussi blanc que le cocker est noir.

C'est un tableau paisible, que les voisins connaissent bien. Marjorie et Peter sont mariés depuis dix-huit ans. Ils habitent ce pavillon depuis quinze ans. Ils n'ont pas de dettes, pas d'ennemis, les enfants sont en bonne santé, ils se disputent normalement, le mari n'est pas buveur, sa femme ne le trompe pas. Bref, rien, absolument rien, ne menace ce petit univers où rien ne cloche apparemment.

Nous ne pouvons révéler ni le nom de cette famille, ni les détails qui pourraient la faire reconnaître, car ils ont le droit d'oublier aujourd'hui ce qui s'est passé ce matin-là.

Ce matin-là, un 17 avril, les enfants sont maintenant à l'école, Peter à son travail, le chien dans la cuisine, et le chat dans son panier.

Marjorie ferme la porte du pavillon. Elle est vêtue d'un imperméable bleu, d'une robe grise, et a mis un foulard sur sa tête. Elle ne porte pas de sac, elle s'en va, les mains dans les poches de son imperméable. Marjorie est une femme de taille moyenne, 1,65 m, de corpulence raisonnable, puisqu'un peu mince, 52 kilos. Cheveux châtains courts, nez droit, yeux bleus, menton petit.

Elle s'éloigne dans la rue, bordée de petits pavillons, semblables au sien. Et elle disparaît. Non seulement au bout de la rue, mais complètement. On ne la reverra plus.

Le soir, à dix-huit heures, Peter trouve la maison fermée à clef et les enfants assis dans le jardin en rangs d'oignon et affamés.

« Où est votre mère ?

— On sait pas. On a demandé à la voisine, elle ne l'a pas vue de la journée. »

Légèrement inquiet, Peter lâche sa tribu dans la cuisine et la laisse dévaliser le réfrigérateur. Il entreprend la quête habituelle en pareille circonstance.

Le frère de Marjorie répond au téléphone qu'il n'a pas vu sa sœur, les amies font la même réponse, et immédiatement Peter songe à l'accident. Il fait alors le tour des hôpitaux, et atterrit finalement au poste de police, vers onze heures du soir. Cette fois, il est effrayé :

« Ma femme a disparu. Vraiment disparu. Elle ne fait jamais ça, vous comprenez ? Elle dit toujours où elle va et ce qu'elle fait. Si elle est en retard, elle téléphone, si elle va voir sa famille, elle laisse un mot. Nous avons cinq enfants, et elle s'en occupe, elle est toujours là. Il lui est arrivé quelque chose de grave. J'en suis sûr. »

Le pauvre homme va passer la nuit assis sur une banquette de bois, à sursauter au moindre coup de téléphone.

Au matin, les policiers lui conseillent de rentrer chez lui et d'attendre. Un avis de recherche est diffusé. Attendre. Attendre, il n'y a que cela à faire. Les jours passent. Les enfants pleurent, Peter demande un congé exceptionnel, pour s'occuper d'eux, et surtout pour participer à l'enquête d'aussi près que possible.

La disparition soudaine de son épouse est tellement extraordinaire qu'il vit en permanence sur les nerfs, il dévisage toutes les femmes dans la rue, se précipite à la morgue tous les jours, sans qu'on le convoque, et se demande sans répit : mais où est-elle allée ?

Personne ne l'a vue. Aucun témoin n'a pu donner la moindre indication. Les gares, les aéroports, les magasins, il a tout fait. Marjorie s'est volatilisée.

Il faut remarquer (cela évite des suppositions inutiles) que le mari n'est soupçonné à aucun moment. De son côté la situation est nette. Il ne s'est pas disputé avec sa femme, rien, absolument rien ne permet à la police d'envisager un meurtre dont il serait responsable. Heureusement pour lui d'ailleurs puisque ce n'est pas le cas.

Cela dit, les jours passent, et les semaines. Cinq semaines en tout Et puis, le 27 mai, à neuf heures du soir, un policier se présente à la porte du petit pavillon, le chien aboie, les enfants et leur père sont réunis au salon. Peter est occupé pour la centième fois à éplucher les affaires de sa femme, dans l'espoir d'y découvrir un indice quelconque. Le policier considère un moment cette famille rassemblée tristement autour des vêtements et des papiers de Marjorie.

« C'est une mauvaise nouvelle, Monsieur, je le crains. Un pêcheur a découvert le corps d'une femme dans la Tamise. Nous venons d'être alertés. Malheureusement, le signalement correspond à celui de votre épouse. Il faut venir l'identifier. »

Peter se lève, blême. Il attendait cette minute en priant pour qu'elle n'arrive pas. Il espérait jusqu'au bout que Marjorie avait fait une fugue, inexplicable, certes, mais qu'elle était vivante, et qu'il la reverrait. Il trouve encore la force de calmer les enfants.

« Ne bougez pas. Et ne pleurez pas, surtout. Ce n'est peut-être pas maman. Je vais voir, attendez-moi sagement. »

Peter marche le long des couloirs blancs de la morgue de Londres. Tandis que le policier lui explique l'essentiel :

« Le corps est à peu près conservé, le visage aussi. L'identification est relativement facile. À part les indications que vous avez déjà données, y a-t-il un signe particulier ?

— Non... rien. Une cicatrice d'appendicite, sur le côté droit.

— Rien d'autre ? Pas de grain de beauté, de trace de vaccin ?

— Non...

— Vous savez dans ces cas-là, la moindre petite plaie, un ongle de travers, le plus petit détail, peut nous aider.

— Je la reconnaîtrai, si c'est elle. Je connais Marjorie, je connais bien ma femme, vous savez. Je la reconnaîtrai si c'est elle. »

Le chariot et le drap blanc sont là, devant Peter. Il retient sa respiration, il croise les doigts enfantinement derrière son dos, comme s'il pouvait conjurer le sort.

Mais c'est elle. Elle a ce visage étrange et terrifiant des êtres que la mort habite depuis longtemps déjà. Mais c'est elle. Ce sont ses cheveux, son nez, sa bouche, ses mains. Des mains nues, sans bijou, et sans alliance. Marjorie n'en portait pas. Elle disait que les lessives abîmaient autant ses mains que les bijoux. Elle n'a plus de vêtements. Elle est morte nue et noyée, sans trace de violence, la petite cicatrice d'appendicite est là.

Peter serre les dents, car le spectacle est dur. L'infirmier laisse retomber le drap, Peter signe un papier d'identification. On accroche une étiquette au chariot avec le nom de Marjorie, c'est fini. L'angoisse est arrivée au bout. La torture est terminée.

Peter est veuf, ses enfants n'ont plus de mère. Marjorie s'est suicidée, selon toute vraisemblance, en se jetant dans le fleuve. Elle ne savait pas nager, elle s'est noyée.

Il y a l'enterrement, la tombe de granit. Et Peter reprend le dessus. Il faut bien.

Quatre mois passent et quelques jours. L'automne est là. La soirée est douce. Dans le pavillon aux volets verts, il y a Peter dans la cuisine, qui prépare du thé avec sa fille Margareth, douze ans. John, quinze ans, fabrique une maquette de bateau dans sa chambre. Oliver, neuf ans, joue avec le chien, Stefanie, sept ans, lit un livre d'images avec son petit frère Eliot, cinq ans.

On frappe à la porte. Oliver et le chien courent à la porte. Le chien grondant, Oliver en lui hurlant de se taire...

Le soir tombe à peine, et la lumière du couloir éclaire une silhouette sur le pas de la porte. Une silhouette immobile, vêtue d'un imperméable bleu.

Le silence est tout à coup si bizarre que Peter crie de la cuisine :

« Qu'est-ce que c'est ? Qui est là ? »

Personne ne lui répond. Et le chien se met à grogner méchamment. Alors, de sa chambre, John dégringole en courant, Stefanie et Eliot se glissent dans le couloir, Margareth et son père les suivent. Le chien grogne toujours. La silhouette est toujours immobile sur le pas de la porte, et la voix redit :

« C'est moi. »

C'est terrifiant. Marjorie est là. C'est elle, vivante, normale, avec son air habituel, ses cheveux, son foulard.

Peter a la tête qui tourne, les aînés se resserrent, s'imbriquent les uns dans les autres, pétrifiés de peur. Seul le petit dernier dit d'une voix claire, étonnée, un peu sanglotante :

« C'est maman... Papa, c'est maman ! Papa, elle est sortie de la tombe. C'est maman, hein ? Dis, papa... Papa ? C'est maman ? »

La suite est indescriptible. C'est un mélange de peur, de joie, de questions embrouillées. On tire

Marjorie de tous côtés, mais Peter n'ose même pas l'embrasser.

« C'est incroyable ! D'où sors-tu ? Où étais-tu ? On m'a montré une femme noyée, c'était toi. Je t'ai reconnue. Nous avons fait l'enterrement, Marjorie... Tu étais morte ! Mon Dieu, il faut prévenir la police, nous nous sommes trompés. Mais comment ai-je pu me tromper ? Je t'ai reconnue, vraiment... J'étais sûr que c'était toi ! »

Marjorie a l'air un peu fatigué.

« Je t'expliquerai tout ça après, quand les enfants seront couchés. »

Mais les enfants ont du mal à se coucher. Margareth, la petite fille, est d'ailleurs malade. Le saisissement l'a fait s'évanouir, elle a des nausées. Les autres sont tellement excités qu'ils refusent d'abandonner leur mère. Ils veulent savoir. C'est normal...

« Où t'étais, maman ?

— Pourquoi t'as rien dit ?

— Qu'est-ce que t'as fait ?

— T'as été malade ? »

John fait le point.

« On a enterré quelqu'un à ta place, tu te rends compte ? Quelle histoire ! Quand les copains vont savoir ça. Alors qu'est-ce qui s'est passé ? Raconte, on a le droit de savoir. »

Marjorie enlève son imperméable, se lave les mains, va dans la cuisine, se sert une tasse de thé, et consent à répondre.

« J'ai fait un voyage. Je suis partie parce que j'avais envie de voyager, mais c'est très compliqué, je vous dirai tout ça demain. Pour l'instant, je dois parler à votre père. Alors allez vous coucher. Soyez sages, je suis fatiguée, j'ai marché beaucoup et longtemps. »

À une heure du matin, les enfants sont enfin couchés. Ils ne dorment pas, mais ils ont compris que leurs parents avaient des choses graves à se dire.

Graves. Oui. Peter le sent.

« Je dois prévenir la police, Marjorie, à cause de cette femme que l'on a enterrée, il faut qu'ils sachent très vite que ce n'est pas toi. Tu comprends, il y a d'autres gens quelque part qui se font du souci, qui sont malheureux. La famille de cette inconnue. Je sais trop ce que c'est, moi !

— Tu as le temps, Peter. Cette femme n'a pas de famille.

— Comment le sais-tu ?

— Je vais t'expliquer, calme-toi. Elle n'a pas de famille, rien qu'une fille, dans un orphelinat, qu'elle a abandonnée il y a longtemps.

— Mais... tu la connais ? Tu sais qui c'est ? Tu savais qu'elle était morte ? Tu savais aussi qu'on l'a prise pour toi, alors ?

— Je le sais, Peter.

— Pourquoi n'as-tu rien dit ? Mais enfin explique-moi, tu disparais du jour au lendemain, sans rien dire, tu ne donnes pas de nouvelles, tu sais tout ce qui se passe, et tu reviens comme ça ? Qu'est-ce qu'il y a, Marjorie ? Tu as été malade ? On t'a fait du mal ? Il s'est passé quelque chose ?

— Je ne suis pas malade. Personne ne m'a fait de mal, écoute-moi bien, Peter. Tu vas voir, c'est simple. J'ai tué cette femme...

— Tué ? Toi, tu l'as tuée ? Pourquoi ?

— Je ne sais pas. Je l'ai fait, c'est tout.

— Elle t'avait fait quelque chose !

— Non.

— C'est parce qu'elle te ressemblait ? C'est quelqu'un de ta famille, que je ne connais pas ?

— Non. C'est une inconnue. Voilà, je suis partie de la maison un jour, parce que j'avais envie de partir...

— Et les enfants, et moi ?

— Je n'y ai pas pensé, ça m'était égal, je partais, c'est tout. J'ai marché jusqu'à Londres. Et j'y suis restée.

— Comment as-tu vécu ?

— Normalement. Je suis allée dans un foyer d'accueil, je n'avais pas beaucoup d'argent, j'avais oublié d'en emporter. Ce n'était pas cher, j'avais un lit, et un repas par jour.

— Mais qu'est-ce que tu faisais toute la journée ?

— Rien. Je me promenais, je lisais les journaux. Je parlais avec les gens. Un jour j'ai croisé cette femme, elle s'appelle Lydie, je crois, oui, c'est ça, Lydie.

— Celle qu'on a prise pour toi ?

— Oui...

— Elle te ressemblait beaucoup ! J'ai vraiment cru, j'étais sûr !

— Oh pas tellement. Le visage, le corps c'était à peu près ça. Mais tu sais, les femmes comme moi, il y en a beaucoup. Tu l'as reconnue parce qu'elle était morte et un peu défigurée sûrement, ça arrive souvent.

— Bon. Mais tu ne l'as pas tuée, hein ? Tu plaisantes ? C'est pas vrai ? Elle s'est noyée toute seule ?

— C'est moi qui l'ai poussée dans l'eau. La nuit. On se promenait, on discutait, et puis je l'ai poussée. Elle ne savait pas nager, et puis l'eau était froide. J'ai regardé un moment, elle a coulé assez vite, finalement.

— Mais tu es un monstre ! Mais pourquoi, bon sang, pourquoi ?

— Je ne sais pas, je te dis ! Je l'ai tuée comme ça.

— Tu voulais qu'on la prenne pour toi ? C'est ça ?

— Non. J'ai vu dans les journaux que tu avais cru me reconnaître. C'était une coïncidence curieuse.

— Écoute, Marjorie, tu me racontes des histoires ! Cette femme était nue, elle s'est suicidée, c'est pas possible autrement.

— Mais non. Elle s'est déshabillée exprès. C'était pour un client, elle était prostituée...

— Mais tu m'as dit que tu marchais avec elle, que vous discutiez !

— Oui, on discutait de ses clients. Elle me disait : "J'ai un truc : quand je ne vois pas d'homme à l'horizon, je me déshabille sur le quai. Il y a toujours un automobiliste qui s'arrête. Ça marche une fois sur deux."

— Et elle l'a fait ?

— Oui...

— Et tu l'as poussée dans l'eau tout de suite ?

— Je crois, oui...

— Qu'est-ce qui t'a prise ?

— Je ne sais pas. Je l'ai fait, c'est tout.

— Marjorie, tu es devenue folle ou tu fais une dépression nerveuse. C'est pas possible, ce n'est pas toi, ou alors il y a une raison, et je veux savoir, tu comprends. Je veux savoir !

— Il n'y a rien à savoir...

— Mais enfin, tu ne te sens pas différente ? Tu n'as pas eu peur ? Pas de remords ?

— Non.

— À quoi pensais-tu, bon sang, tu pensais bien à quelque chose ?

— Rien de spécial.

— Et ça ne te paraît pas monstrueux ?

— Non.

— Pourquoi es-tu revenue ? Ça non plus, je ne comprends pas.

— Je suis revenue parce que j'avais envie de revenir. Mais il y a un ennui, c'est que je ne vais pas rester. La police va me mettre en prison. C'est normal. Tu sais j'ai réfléchi à tout ça en revenant de Londres. Tout ce que je peux dire, c'est que je ne suis pas folle, je ne crois pas. Je n'ai pas l'impression d'avoir changé en quoi que ce soit. Je sais que j'ai commis un crime, mais ça ne me paraît pas extraordinaire. Je sais aussi que je ne peux pas rester avec vous, toi et les enfants. Je dois aller en prison. Tu vas le dire à la police bien sûr, c'est normal, et si tu ne le disais pas je ne pourrais pas rester ici de toute façon. Mais au fond ça m'est égal. Je vivrai aussi bien en prison. La difficulté ce sera d'expliquer tout ça à nouveau. Je vois bien que tu ne me comprends pas. Les autres ne comprendront pas non plus.

— Et toi tu comprends ?

— Moi ? Je ne sais pas. Je crois qu'il n'y a rien à comprendre.

— Mais Marjorie, tu es folle ! Je te jure que tu es folle ! Tu as tué quelqu'un et ça ne te fait rien ? Tu trouves ça normal ? Un jour ou l'autre tu vas recommencer !

— Je ne sais pas. Je ne crois pas. Tout ce que je peux dire, c'est que je suis normale, je vais bien. Je reconnais même que mon départ était bizarre pour vous, que ce crime est affreux pour vous. Mais pas pour moi.

— Et si quelqu'un voulait t'assassiner, toi, ou moi, ou les enfants, tu trouverais ça normal ?

— Non. »

Pauvre Peter. C'était lui qui se sentait devenir fou peu à peu.

Marjorie est partie avec les policiers. Peter a dit aux enfants que leur mère était très malade et qu'on allait l'enfermer. Il le croyait fermement, Peter, il se disait : ma pauvre femme est devenue « dingue » tout d'un coup. Mais non. Après une longue enquête et des vérifications, la police a acquis la certitude que le crime avait bien été commis par Marjorie. Elle avait même ramassé les vêtements de sa victime, qu'elle avait rapportés au foyer.

Alors il y eut procès. Les experts ont dit de Marjorie qu'elle était en pleine possession de ses facultés intellectuelles. Atteinte d'aucune maladie mentale. Même pas d'un dédoublement de personnalité.

Ils ont avancé une hypothèse hardie. Marjorie aurait vécu sa fugue et le crime comme une parenthèse dans sa vie. Mais toute parenthèse s'ouvre et se ferme. Or la parenthèse de Marjorie était ouverte, elle n'était pas refermée, et ne le serait peut-être jamais. Comme, peut-être, elle n'avait jamais été ouverte. En somme, la vie de Marjorie pouvait être une parenthèse depuis sa naissance. Débrouillons-nous avec cela. Notre pauvre logique aurait tendance à conclure : puisque cette femme vit entre parenthèses, c'est qu'elle est folle, mais on nous répond non.

Juridiquement responsable, Marjorie est en prison, pour la vie. Aucun soin particulier ne lui est donné, d'ailleurs elle a refusé d'être soignée, et elle en avait le droit. Elle vit normalement, sans agressivité particulière. Elle s'ennuie en prison, c'est tout.

C'est tout. Mais ça fait peur.

Le siège

Il s'appelle Grandpied. Félix Grandpied. Et il ne s'attend pas du tout à recevoir une volée de plombs en plein visage. Grandpied est chasseur, braconnier même, il connaît par cœur la forêt des environs de Chatellerault. C'est un grand gaillard qui a l'habitude de mener rondement les choses. Son commerce d'épicier, sa femme, ses enfants et sa carriole.

Ce 4 mai, jour de printemps 1905, Grandpied mène rondement sa carriole, sur la route de Châtellerault. Sa fille l'accompagne, et ils vont à la foire. À une cinquantaine de mètres se trouve la maison du garde-chasse. Elle borde la route, et un petit jardin clos d'une haie de charmes lui donne un air coquet, calme et tranquille. Félix Grandpied est obligé de passer devant. Il n'aime guère cela car il n'aime pas du tout le garde-chasse. C'est une vieille querelle de dix ans à propos d'un lièvre. Une de ces querelles de village, indébrouillable, partie de rien et qui, avec les années, se transforme en haine solide, s'enracine au point de devenir indestructible.

Il y a dix ans, donc, les chiens de Grandpied lui ramenaient un lièvre, et le garde-chasse s'en est emparé. Grandpied a hurlé :

« Ce lièvre est à moi, je l'ai tiré sur mes terres !
— Menteur ! J'ai entendu le coup de feu, il partait du bois ! »

C'est tout. Le reste s'est envenimé. Ce qui nous amène à dix ans de préméditation pour le coup de fusil qui se prépare.

Derrière la haie de son jardin, Emile Roy, le garde-chasse, ajuste son fusil. Il a deux fusils. L'un chargé de grenailles, l'autre de chevrotines.

Celui qu'il pointe sur la charrette de Grandpied, son vieil ennemi, est le moins dangereux. Trente-six grains de plomb le garnissent, et il a réduit de moitié la charge de poudre. Quand la carriole passe devant le petit jardin, le coup part. L'homme tombe à la renverse, le visage ensanglanté, et la fille se met à hurler.

Derrière sa haie, Emile Roy le garde-chasse pousse un juron, car il a raté son coup. Il voulait tirer plus bas, il voulait truffer le coquin, le sertir de plombs dans les fesses, pas le tuer.

Il ne l'a pas tué non plus d'ailleurs, mais il ne le sait pas. Et c'est ainsi que commence une terrible escalade d'incompréhensions qui font de cette histoire le plus étonnant des Fort Chabrol. Emile Roy se barricade dans sa maison, affolé, il n'en sortira pas avant onze jours.

Emile Roy a soixante-dix ans, le poil roux, un peu blanchi, l'air d'un renard qui aurait couru les bois au point d'en prendre les couleurs d'automne. Il est fait de ruse et de force. Malgré son âge avancé, il n'a rien perdu de sa souplesse et d'un bond, il se réfugie dans sa tanière, barricade les portes et les fenêtres. Il entend les cris de la jeune fille :

« Papa ? Papa ? Tu es mort ? Oh mon Dieu, il t'a tué ! C'est Roy, c'est Emile ! Papa ? »

Félix Grandpied se tient le visage à deux mains, au fond de la carriole. Il a la force de grogner :

« File, le docteur, les gendarmes... dépêche-toi ! »

De sa tanière, Emile n'a pas entendu la voix de son vieil ennemi. Il le croit mort, et lui, fichu. Que faire ? La mauvaise blague, la méchante plaisanterie a tourné au meurtre. Le garde-chasse tourne en rond en marmonnant : « Bon sang ! s'il n'y avait pas eu ce cahot ! » Emile visait le bas du dos. Félix était debout dans sa charrette et la cible était parfaite. Il attendait le moment où la voiture prendrait le virage devant la maison. Son doigt ne tremblait pas. Il avait préparé son coup de longue date. Trois fois déjà, il avait guetté la carriole ennemie, allant à la foire ou en revenant. Et à chaque fois, il avait dû abandonner. Trop de monde dans la voiture ou impossibilité de tirer sans prendre le risque de blesser quelqu'un d'autre.

Aujourd'hui l'affaire se présentait bien. Emile debout à l'avant, sa fille à ses côtés. Pour un bon tireur comme lui, la cible était nette, sans bavure possible. Emile guettait le virage, le canon visait le postérieur. Il tire, et au moment même un cahot fait basculer la victime sur son siège ! Pire : Félix Grandpied tourne la tête en arrière, Dieu sait pourquoi, et les trente-six grains de plomb l'atteignent en plein visage. Voilà les faits. Du plomb dans le postérieur ne tue pas son homme. C'est une vengeance réjouissante pour le tireur, douloureuse et humiliante pour la victime. Mais c'est raté. À présent Emile Roy est un assassin. La carriole file sur le chemin. Le bourg est à 2 kilomètres. Dans une demi-heure les gendarmes seront là. Les gendarmes et les autres. Tous ceux qui détestent Emile Roy depuis des années. Tous ceux à qui il a collé des amendes ou raflé le gibier. Tous ceux qui ont réussi à lui retirer son mandat de garde-chasse. Un mandat donné par une dizaine de petits propriétaires de la commune.

En Poitou la chasse est une passion pour les campagnards. Mais certains propriétaires entendaient préserver leur gibier. Emile Roy faisait la guerre aux braconniers. Il n'avait pas son pareil pour repérer les chiens, et récupérer lièvre ou perdreau, jusque dans les jambes des chasseurs s'il le fallait.

Cela l'a brouillé avec tous ses vieux camarades. Félix Grandpied le premier. Et depuis dix ans, Emile n'est plus garde-chasse. On lui a retiré son mandat. Il n'est plus rien, qu'un braconnier solitaire à la retraite. Ses deux chiens ont vieilli avec lui, le nez dans leurs pattes au coin du feu, rêvant des randonnées anciennes, des poursuites et des affûts du bon vieux temps.

Félix Grandpied est responsable de tout cela. C'est lui qui a monté l'affaire au sein du conseil municipal et obtenu gain de cause : plus de garde-chasse ! Plus d'Emile Roy !

Il l'avait menacé, il l'avait guetté, personne ne l'ignorait au bourg...

« Je t'aurai ! Je te trufferai de plombs, mauvais bougre ! »

Emile secoue sa tignasse avec rage. Il ne sait plus que faire. Il se réfugie au grenier, en entendant la rumeur du dehors. Par une petite fenêtre, entre les volets, il aperçoit le maire, le juge, son greffier, le notaire et deux gendarmes. C'est le maire qui crie le premier :

« Rends-toi, Emile ! Tu es pris ! »

Comment ça, « rends-toi » ? Qu'est-ce que ça veut dire ? Que vont-ils lui faire ? Mais ma parole ils le prennent pour un sanglier !

Les gendarmes ont les fusils pointés, le maire a sa carabine, le greffier aussi. Ils sont venus comme à la chasse !

C'est la deuxième malchance et le premier quiproquo. Emile s'est enfermé chez lui, poussé par la peur, terrorisé par son acte, persuadé qu'il avait tué son ennemi. Il n'avait pas à l'origine l'intention de résister. Il ne se posait même pas la question. À présent on l'a posée pour lui : « Rends-toi ! »

Si on lui avait dit autre chose, par exemple : « Emile, tu as blessé Grandpied, il n'est pas mort », rien ne se serait passé. Mais les hommes avancent jusqu'au jardin, les gendarmes en avant, le maire et le greffier de côté, leurs fusils pointés. Et le juge leur crie :

« Attention ! C'est un vieux têtu, il est méchant et bon tireur ! Ne vous laissez pas faire, tirez les premiers s'il le faut ! »

Seconde erreur, car là-haut, dans son grenier, Emile n'a plus peur du tout, il est dans une colère noire. Il charge ses fusils, se poste à une fenêtre et tire dans les jambes du premier homme. Soixante-dix grains de plomb dans les jambes du greffier qui lâche son fusil en hurlant à la mort. Le juge se met à crier lui aussi :

« Il a tiré le premier ! Je vous l'avais dit ! Il nous faut du renfort. »

C'est parti pour onze jours.

La petite maison d'Emile reçoit les lumières du soleil couchant. Un détachement de gendarmerie est dissimulé dans le fossé. Le maire tient conseil à l'abri des arbres. Jusqu'à présent personne n'est mort dans cette histoire. D'ailleurs le vieil Emile n'a voulu tuer personne. Félix Grandpied a toutefois un œil en moins. C'est grave. Et lui continue de dire :

« Il voulait me tuer depuis longtemps ! C'est un fou dangereux, un assassin ! »

Le juge et le notaire complètent ce portrait, rudement dessiné. Le juge :

« Je vous rappelle qu'il a acheté un remplaçant pour faire son service militaire. C'était possible dans sa jeunesse. Mais c'est une honte pour un patriote ! »

Le notaire :

« Quand sa femme est morte, au bout de trois ans de mariage, il n'a même pas suivi le cercueil. Ce n'est pas un chrétien, cet homme ! »

Si Emile les entendait parler de sa jeunesse, il pourrait répondre du haut de ses soixante-dix ans :

« La guerre, c'est du meurtre organisé. Moi j'aime la chasse, pas la guerre. J'ai payé un type pour la faire à ma place, il aimait ça, lui, pas moi. »

Pour sa femme, il serait plus discret. Suivre un cercueil était au-dessus de ses forces. Il n'avait que vingt-cinq ans à l'époque et des sensibleries qu'il n'a plus. Sauf qu'il n'a pu aimer personne depuis. Aucune femme, et quarante-cinq ans de vie célibataire en vieil ours, au fond des bois.

Mais Emile n'entend pas. Il s'affaire dans son grenier, à rassembler ses armes. Un fusil Lefaucheux, une canne-fusil, un revolver et des munitions, un sabre de cavalerie et deux paires de jumelles.

C'est le siège, donc l'assiégé s'organise. Il n'oublie pas la nourriture. Un pain de six livres, de l'eau en bouteilles, des noix, des pruneaux et des pommes de terre. Il marmonne comme d'habitude :

« Ah ils veulent me tuer ? Ils veulent ma peau ? Eh bien il leur faudra de l'astuce, et de la patience. Je ne sortirai pas de là. Qu'ils viennent me chercher. »

Les renforts sont arrivés. Ils sont douze gendarmes qui, au commandement de leur chef, se dressent comme un seul homme et montent à l'assaut de la bicoque. Ils ont les pieds dans les premiers rangs du potager lorsque Emile pousse un juron et tire en même temps. Une vraie fusillade.

« Bande de sauvages ! » hurle-t-il.

Débandade parmi les gendarmes, mais le plomb fait plus de peur que de mal. Un mollet par ci, une fesse par là. Emile a tiré dans les jambes. C'est évident, il ne veut toujours pas tuer.

Mais il a tiré sur les gendarmes, il les a blessés, l'un d'eux a même une oreille découpée car il s'est aplati dans les salades, au début de la fusillade. Alors cette fois, c'est grave. Les forces de l'ordre se sentent concernées. On renforce le contingent, et puisque la nuit tombe, on bivouaque alentour. Le maire, lui, s'en va rendre compte de la situation au préfet.

Dans la nuit, Emile, au mépris des assiégeants, se glisse au-dehors, et va faire un petit tour dans le bois. À l'aube il ramène un lapin et se glisse dans sa tanière sans être vu. Personne ne connaît l'entrée de sa cave qui donne dans les bois derrière la maison. C'est son secret.

« Les imbéciles ! S'ils croient me tenir... Je peux finir mes jours ici ! »

Et il fait rôtir son lapin. La fumée sort de la cheminée, en même temps que la bonne odeur de gibier se répand sur les assiégeants.

« C'est un comble ! grogne le capitaine. Un comble ! Ce vieil assassin se moque de nous. Il faut prévenir l'armée. »

La journée passe sans autre incident, à part quelques coups de fusils isolés, un gendarme tirant au hasard dans les volets et Emile tirant au jugé dans les broussailles.

Le maire revient avec une mauvaise nouvelle :

« Messieurs, le préfet ne veut pas entendre parler de renforts pour l'instant. Il estime que la gendarmerie est suffisante pour mener à bien cette petite affaire locale. À nous de nous débrouiller pour l'instant. J'ai un plan. »

Le plan est audacieux et simple. D'une dangereuse simplicité, car il s'agit de couvrir la progression d'un serrurier par un tir nourri, de manière à détourner l'attention d'Emile. Le serrurier attaquera la porte principale, et dès qu'il aura crocheté la serrure, à l'assaut !

La première partie du plan se réalise. Le serrurier attaque la porte, chacun retient sa respiration. Soudain le canon d'un fusil passe entre les volets du grenier, et une nouvelle décharge, bien ajustée, au ras du dos, fait fuir le serrurier comme un lapin.

Le troisième jour du siège est un jour silencieux. Remis de leurs émotions, le greffier, le juge et le notaire prennent la tête des opérations. Accroupis dans les fourrés, ils dessinent un plan de la maison et du jardin. Avant de décider d'une attaque en force, il faut déterminer exactement à quel endroit Emile se cache, et quelles sont les voies libres.

La nuit passe sans incident. Le matin du quatrième jour, le plan est terminé. On l'a étalé sur une table de bois et tout autour les hommes discutent comme à la veille d'une bataille.

Dans son grenier Emile observe la scène à l'aide de ses jumelles. Il voit le plan, il distingue les silhouettes entre les arbres. S'il pouvait tirer avec ses jumelles ! Car la distance est trop longue pour son fusil. Alors il repère une énorme branche au-dessus de la table d'état-major. Elle est visible de loin et à l'œil nu. Au jugé, et en tirant quatre mètres plus bas, dans le même axe, il est possible de faire du dégât !

En effet, c'est réussi. Le coup de feu éclate, le plomb s'éparpille au centre du conseil de guerre, un homme est atteint à l'épaule.

Dans la nuit, Emile retourne braconner sans problème, et le matin du cinquième jour, un nouveau fumet se dégage de sa cheminée. Il s'apprête à dévorer une caille, prise au collet. Quand il déjeune à midi, on entend ses chiens aboyer, ils réclament des os.

Au-dehors, l'exaspération est à son comble. Personne ne peut soupçonner les parties de chasse nocturnes d'Emile. On suppose donc qu'il a préparé son siège depuis longtemps.

Le sixième jour, Emile hurle qu'il a un message à transmettre :

« J'ai écrit aux journaux. J'explique tout ce qui se passe, j'exige que ma lettre parvienne au *Petit Parisien !* »

La lettre est balancée à la fronde, roulée autour d'une pierre.

« Messieurs les journalistes, je ne suis pas content de ce que vous écrivez. Je ne suis pas un assassin sanguinaire. Je ne voulais pas tuer Grandpied, mais seulement me venger. Il faut rectifier dans le journal. Et dire que l'on m'assiège ici, comme un forcené. On veut me tuer, mais je peux me défendre longtemps. »

Le maire a un hoquet de surprise :

« Comment ? Mais il a lu le journal ! Comment a-t-il eu un journal, hein ? Comment ? Il a un complice ? »

Non. Emile n'a pas de complice. Il n'a que son astuce et sa ruse de coureur des bois. La nuit est sa complice. Il est allé jusqu'à l'entrée du bourg, il a fouillé dans la poubelle du boucher et trouvé le *Petit Parisien*.

Quoi qu'il en soit, le septième jour, le maire retourne voir le préfet, car Emile a conclu l'envoi de sa lettre par une fusillade triomphale. Elle prouve qu'il a des munitions inépuisables. Il fabrique ses balles lui-même et la situation ne peut plus durer. Un gendarme a été atteint en plein cœur ! Certes il n'est pas mort, et la charge n'a même pas transpercé sa tunique, mais tout le département est en émoi. On accourt de partout, pour voir la maison assiégée. La rumeur se répand, les autorités sont ridicules, il faut que cesse ce désordre.

Le neuvième jour, un gendarme tombe à nouveau. Cette fois la blessure est sérieuse. Une chevrotine dans le ventre. Il faut l'opérer, il s'en sortira, il aura la médaille militaire, mais la coupe est pleine.

Le dixième jour, c'est la troupe ! On parle de faire marcher le canon. Les hommes du 32e régiment d'infanterie prennent position, commandés par des officiers, sous la houlette d'un général !

Emile, qui écrit tout sur un petit carnet, note au soir de ce dixième jour : « Moi j'ai tiré quatre coups de fusil. J'ai eu un greffier, deux gendarmes et un sous-officier du 32e. À cette heure, ils ont du mal à s'asseoir »

Le matin du onzième jour arrivent les explosifs. Un officier détermine l'emplacement de la charge et choisit l'endroit où, selon les renseignements recueillis, Emile ne se trouve pas.

Or il s'y trouve justement. Il dort dans le foin, et il ne comptait pas sur une attaque aussi sournoise.

L'explosion est effrayante, Emile est projeté en l'air et se retrouve coincé entre deux poutres par son ceinturon de chasse. Il a les bras libres mais n'arrive pas à se dégager. Une odeur de mélinite se répand dans la maison, l'étouffant à moitié.

Une demi-heure passe, sans qu'il ait réussi à se dégager. Que font-ils dehors ? Pourquoi ne viennent-ils pas le chercher ? Les portes et les fenêtres ont dû voler en éclats !

La seconde explosion délivre Emile, qui dégringole brutalement au rez-de-chaussée, juste devant la cheminée, où une gibelotte était censée cuire à petit feu, pour le dîner du soir. La fumée, la poussière, les gaz étouffent Emile qui se traîne à une fenêtre béante et saute au-dehors sans que personne ne le voie. Il gagne la route, en se traînant toujours, à moitié assommé, et suffocant. Enfin il aperçoit une ombre :

« Hé, militaire ! Je me rends ! Attendez... mais attendez ! »

Ce n'était pas un militaire, mais un paysan curieux et froussard, qui s'enfuit à toutes jambes, craignant qu'on ne lui tire dessus.

Emile Roy se retrouve dans un champ de blé à peine levé, la tête lui tourne, il s'écroule entre deux sillons à cent mètres de sa maison détruite.

C'est là que les assiégeants le retrouvent, aplati, la face contre terre, sans arme, et couvert des poussières de sa maison, qui brûle maintenant.

Le voilà donc en prison et le voilà jugé. Personne n'est mort. Son vieil ennemi Grandpied a perdu un œil, c'est le cas le plus grave, tous les autres, greffier, gendarmes et militaires sont guéris de leurs blessures. Même les chiens, les vieux chiens du garde-chasse, ont échappé à l'explosion et depuis l'arrestation de leur maître, on les voit errer dans le bourg, à la recherche d'une pitance que personne d'ailleurs ne leur refuse.

L'atmosphère n'est donc pas dramatique : pour les habitants et les témoins, le procès s'ouvre dans une ambiance plutôt détendue. Mais c'est un procès d'assises. Et l'État, lui, prend la chose au sérieux. L'armée aussi. Un siège est un siège. Une révolte est une révolte, on ne tire pas sur la force publique. Ce vieux renard de soixante-dix ans a mené pendant onze jours une véritable guerre civile à lui tout seul !

Le juge prend note des déclarations naïves du garde-chasse, et clame :

« Donc votre crime était prémédité ! Il y a dix ans que vous guettiez votre victime ! Si vous aviez pu lui tirer dessus plus tôt, vous l'auriez fait ! »

C'est vrai. Emile ne nie rien. Il raconte tout, même les guets-apens qui n'ont pas marché. Sa sincérité devrait lui valoir l'indulgence. Mais voilà qu'on ne le croit pas, quand il jure qu'il ne voulait pas tuer, quand il affirme qu'il n'avait pas préparé son siège, et qu'il se défendait seulement, parce qu'il croyait qu'on voulait le tuer, qu'il croyait que son ennemi était mort...

Et le procureur réclame la peine de mort, en prévenant les jurés :

« C'est le châtiment normal. Nul n'a le droit de tirer sur autrui, nul n'a le droit de résister aux forces de l'ordre par les armes ! Si cet homme n'a pas tué c'est que les victimes ont eu de la chance ! »

Et l'on fait taire le vieil Emile, dans son box, qui gratte sa barbe rousse et triture son vieux chapeau en grommelant :

« Si j'avais voulu les tuer, ils seraient pas là à m'accabler. Je sais manier un fusil, moi... »

Le procureur, lui, sait manier les jurés. Ils se déclarent avec un bel ensemble pour la peine de mort.

Emile Roy, soixante-dix ans, aura donc la tête tranchée. Un silence dramatique accueille la nouvelle. Personne n'y croyait, même pas les témoins, souriants et guéris de leurs plombs, même pas Félix Grandpied. En sortant du tribunal, le chef du jury a déclaré :

« Nous avons tous signé la demande de grâce au Président de la République. Nous ne voulons pas qu'il soit exécuté ! »

Quelle étrange dérobade...

Emile Roy attendra trois mois la grâce présidentielle. Il n'y croyait même pas, d'ailleurs, et s'en fichait un peu :

« Vous verrez, ils me couperont le cou ! Mais ça m'est égal, de toute façon, enfermé là-dedans, je ne tiendrai pas longtemps... »

Quand on a connu la forêt toute sa vie et qu'on traîne une âme de braconnier, comme Emile Roy, vivre entre quatre murs, sans chiens, sans ciel, sans arbres et sans fusil... c'est mourir tristement. Ce qu'il fit, sans attendre sa grâce.

Tempête rouge

Au Nebraska il y a toujours des cow-boys, il y a toujours du whisky, mais il y a tout de même moins de chevaux. Tous les dix kilomètres, une bouteille vide de whisky jaillit par la portière d'une vieille Ford Mustang pour éclater sur la pierraille gelée qui borde la piste. Quatre cow-boys roulent vers la petite ville de Stapelton, 2 000 habitants, dont quatre policiers pour l'ensemble du district.

Les quatre cow-boys, ivres donc et patibulaires à souhait, ruminent une vengeance. Aujourd'hui a lieu le bal des anciens combattants, ceux que l'on appelle là-bas les « vétérans ». Ce bal est l'un des grands événements de la saison hivernale. Or, l'année dernière, le comité chargé des invitations s'est opposé à leur présence, sous un prétexte insupportable : ils n'ont pas fait la guerre... Ce n'est tout de même pas de leur faute s'ils étaient trop jeunes ; ils ne demandent pas mieux que de la faire, mais encore faudrait-il qu'il y en ait une.

En fait de guerre, les quatre cow-boys ne s'attendent pas être servis plus vite qu'ils ne le pensent. Mais ils cherchent quelques idées de blagues cruelles et vengeresses.

« Si on leur téléphonait qu'il y a une bombe cachée dans le dancing ? propose l'un.

— C'est pas drôle... Je proposerais plutôt qu'on y jette des boules puantes, suggère un autre.

— Ouais... mais où les trouver à cette heure-ci ? »

Le conducteur les fait taire d'un coup de frein et d'un geste du bras :

« Hé, les gars, regardez là-bas... »

À l'entrée de la petite ville, secoué par le vent froid à geler les os qui souffle dans la rue déserte, un homme chétif titube à la lueur des phares.

« Et alors ?... c'est Red Storm.

— Oui. Mais ça me donne une idée, figurez-vous... »

C'est une belle idée que ce cow-boy vient d'avoir, une idée dont l'Ouest américain n'a pas fini de parler.

Plus qu'un paysage, l'Ouest américain est une atmosphère. Il est donc difficile à décrire. L'horizon, qu'il soit plat ou montagneux, y est plus éloigné qu'ailleurs. Tout y semble moins définitif, moins installé, comme si le vent et les Peaux-Rouges venus du désert ou des Montagnes Rocheuses risquaient à chaque instant de tout balayer.

Pourtant, les Peaux-Rouges semblent bien inoffensifs. C'est le cas aujourd'hui des Sioux de la tribu des Slums, parqués dans une réserve près de la petite ville de Stapelton.

Ce fut une tribu héroïque. Après avoir infligé une terrible défaite au célèbre général Custer, c'est ici, il y a moins de cent ans, que 200 d'entre eux, désarmés et malgré la protection d'un drapeau blanc, furent massacrés par la cavalerie U.S. : vieillards, femmes et enfants jusqu'au dernier. Ainsi s'acheva, par une violence sinistre autant qu'inutile, le dernier soulèvement des Peaux-Rouges contre l'homme blanc.

Or, lorsque commence cette histoire, en février 1972, par une nuit glaciale, le descendant d'un des chefs de la glorieuse tribu – une sorte d'aristocrate en somme – titube dans une rue de la petite ville. Malgré son nom, Red Storm, qui veut dire « Tempête Rouge », il n'a plus rien d'un guerrier. C'est un bonhomme chétif, vêtu de jeans troués et de vieux pull-overs rapiécés, qui n'a d'indien que le nez busqué et les cheveux noirs et gras. Tempête Rouge n'est qu'un journalier d'occasion, un travailleur sans enthousiasme et parfaitement inoffensif, qui échange l'argent gagné dans les ranchs contre l'eau-de-vie et réclame à la police, lorsqu'il est ivre, l'abri d'une cellule chauffée.

Malheureusement, cette nuit-là, il est vu par nos quatre cow-boys soûls qui cherchent à se venger d'avoir été refoulés du bal des anciens combattants.

Dans leur vieille Ford Mustang bringuebalante, ils poursuivent quelques instants le malheureux Tempête Rouge à travers les rues, le coincent le long d'un mur, descendent de voiture, et comme s'ils pelaient un oignon, lui retirent l'un après l'autre ses pull-overs rapiécés, lui arrachent son pantalon, son caleçon et ne lui laissent que ses chaussures. Puis, poussant devant eux le pauvre homme, nu comme un ver et grelottant, ils remontent dans leur gimbarde.

Quelques instants plus tard, les quatre hommes s'arrêtent sur le parking de la salle des fêtes, sautent à terre et font irruption dans le dancing.

Il y a tant de monde, l'orchestre met un tel entrain, que les danseurs ne s'aperçoivent pas tout de suite de leur entrée... Il y a simplement quelques cris de femmes. Puis un cercle se forme devant l'entrée, la musique s'arrête et l'un des cow-boys crie en s'adressant à la foule :

« Tenez... vous avez oublié un invité ! »

Et dans un silence mortel il lance sur le parquet, plutôt qu'il ne la pousse, une forme humaine à la peau nue et jaunâtre.

Le lendemain en fin d'après-midi, un commerçant venu vider de vieux emballages pour les brûler sur la décharge publique voit s'enfuir un rassemblement de rats inhabituel. Il s'approche et découvre les restes d'un Indien chétif vêtu d'oripeaux. Il prévient les policiers qui n'ont aucune peine bien entendu à identifier le pauvre Tempête Rouge.

Le surlendemain, à une dizaine de kilomètres de là, la nouvelle parvient au chef de la tribu Slums. Le vieux Sand Wind, « Vent de sable », résigné à tout, repose son téléphone et tire une longue bouffée de sa pipe. Ainsi donc Tempête Rouge est mort. C'est un événement dans la réserve de Pine Ridge. Arrière-petit-fils, petit-fils et fils de chefs, Tempête Rouge, alcoolique ou pas, était quelqu'un chez les Indiens.

Les Arabes n'ont pas le monopole du téléphone sans fil, le téléphone indien existe aussi. Déjà, accourus de toutes parts, les Indiens se pressent dans la guitoune surchauffée. Chacun y apporte son idée, son hypothèse ou son ragot : Tempête Rouge a été assassiné, torturé, émasculé. On n'a pas retrouvé son corps intact : ce sont des morceaux que dévoraient les rats de la décharge publique.

Un jeune Indien, beau et vigoureux, vêtu d'une combinaison de mécanicien, les yeux brillants d'excitation, prend la parole :

« Cette fois c'est trop ! On ne peut pas en rester là. Les Blancs nous méprisent, nous maltraitent, nous volent et nous tuent. »

Le vieux chef Vent de Sable, le front plissé, regarde avec étonnement le jeune homme. C'est comme cela sans doute qu'un jeune Siou, il y a cent ans, convainquit les tribus de déterrer la hache de guerre contre le général Custer.

« Du calme, petit... du calme... demande Vent de Sable en levant les bras pour imposer le silence. Il faut se renseigner avant d'accuser. »

Rien à faire. Dans la baraque surchauffée, trente hommes surexcités déclarent qu'ils vont se lancer sur le sentier de la guerre.

Tempête Rouge est enterré depuis le matin lorsque dans son bureau douillet le chef de la police de Stapelton, qui prend le thé, serré contre le radiateur du chauffage central, décroche à son tour le téléphone. Une voix essoufflée lui crie dans l'appareil :

« Shérif ! Les Indiens ! Ils arrivent ! »

Le shérif, interloqué, se demande s'il a bien entendu :

« Ils arrivent ?... Qu'est-ce que vous voulez dire ?

— Ben ils sont là sur la route... ils passent... Ils sont des milliers...

— Comment ça, des milliers ?

— Ils arrivent de partout sur la route.

— Quelle route ? Qui êtes-vous ?

— La route de Wounded Knee... Je suis Wilcox... vous savez, de la ferme Wilcox... Ils nous ont assiégés. Ils disent que j'ai étranglé un des leurs, un garçon de quatorze ans... Ma femme leur explique en ce moment que c'est pas vrai, que je l'ai mis à la porte un peu brusquement, voilà tout. Mais j'ai l'impression qu'ils ne la croient pas. Ça y est ! Ils commencent à tout casser !... Je vais me cacher dans le grenier. »

Là-dessus le shérif, dont les yeux bleus expriment un immense étonnement, doublé d'une incompréhension totale, entend effectivement un vacarme lointain et confus d'où émergent quelques hurlements de femmes.

« Allô ? Allô ? »

Mais il n'y a plus personne au bout du fil.

Les quatre policiers de Stapelton, leurs coïts à la ceinture et quelques grenades lacrymogènes à la main, n'en mènent pas large en voyant surgir sur la route une nuée d'Indiens en blue-jeans et salopette, juchés par dizaines sur toutes les ferrailles roulantes et munies d'un moteur qu'ils ont pu trouver : vieilles voitures, vieux autobus, tracteurs, motocyclettes pétaradantes. Ils sont près de 2000. Pas de plumes, pas de visages peinturlurés mais des hurlements qui sont de véritables cris de guerre à l'ancienne :

« Ma parole, toutes les tribus du coin se sont réunies », grogne le shérif épouvanté.

Conscient de sa responsabilité il retrouve l'attitude classique qui a fait la tradition des westerns : comme s'il faisait à la ville un rempart de son corps, il s'avance de quelques pas, mais probablement mort de trouille s'éclaircit la voix, avant de crier :

« Qu'est-ce qu'il y a ? Qu'est-ce que vous voulez ? »

Le jeune Indien beau et vigoureux, vêtu de sa combinaison de mécanicien et les yeux brillants d'excitation, pousse devant lui un vieillard quelque peu hésitant :

« Vent de Sable va te dire ce que nous voulons... »

Vent de Sable et le shérif se connaissent, et le shérif un peu rasséréné demande d'une voix plus ferme :

« Qu'est-ce qui vous arrive, bon sang ! »

Le vieillard, calmement, expose alors les doléances des tribus. Ce qu'ils veulent ? Des tas de choses. D'abord ils protestent contre le meurtre de Tempête Rouge. Ils veulent que les quatre cow-boys qui l'ont tué, émasculé et coupé en morceaux soient pendus. Ensuite ils veulent que l'on renvoie le policier qui l'a jeté sur la décharge publique. Par la même occasion, ils veulent de meilleurs soins à l'hôpital, qu'on leur donne du travail dans les magasins de la ville, des salaires plus élevés, des logis convenables, les mêmes droits que les Blancs, des sièges au conseil municipal, à la chambre de commerce et à l'Éducation Nationale. Voilà ce qu'ils veulent, en gros.

« Bon. Je vais noter tout ça... dit le shérif, et je vais en parler au conseil municipal. Maintenant, rentrez chez vous. »

Une immense clameur de protestation lui répond, et il est obligé de crier à nouveau :

« Si vous ne voulez pas rentrer chez vous, qu'est-ce que vous voulez faire ?

— Ils veulent s'installer à la mairie... » explique Vent de Sable, très calme.

Et devant l'hésitation du shérif, Vent de Sable croit bon d'expliquer :

« Près de la ferme Wilcox il y a... enfin il y avait un magasin...

— Oui. Et alors ?

— Et alors il y avait beaucoup de whisky. Et il n'y en a plus. »

Le shérif a compris. Comment quatre policiers pourraient-ils s'opposer à 2 000 Indiens qui viennent de piller un magasin d'alcool ?

« C'est bon... dit-il. Je vais vous ouvrir la mairie. Mais seuls deux ou trois cents d'entre vous pourront y entrer. Elle est trop petite. »

Là-dessus le shérif se retourne vers ses trois auxiliaires tremblant dans leurs pantalons :

« Allons-y, les gars. On bat en retraite, en bon ordre, s'il vous plaît, et gardez votre sang-froid ! »

Deux heures plus tard, la mairie est transformée en capharnaüm. Il y a des Indiens partout, des hommes et femmes qui chantent, fument, boivent et tiennent des conseils de guerre dans une atmosphère enfumée. Le shérif a été chercher les membres du conseil municipal qui bien entendu s'étaient enfermés à double tour dans leurs maisons. À présent ils servent aux Indiens du café, de la soupe chaude, des tartines et des boulettes de viande.

Dans la salle de gymnastique siège en permanence un conseil où le jeune et bel Indien en salopette et quelques amis de son âge discutent âprement avec les vieux chefs de tribus.

Et bien sûr ils tiennent à entendre, de la bouche même du shérif, l'explication qu'il donne de la mort de Tempête Rouge.

« Les quatre cow-boys n'ont pas tué Tempête Rouge, proclame le shérif. Que le plafond de cette salle me tombe sur la tête si je ne vous dis pas la vérité ! »

C'est tout juste s'il ne retrouve pas le langage par lequel communiquaient Blancs et Indiens il y a un siècle.

« Les quatre cow-boys étaient soûls, ça arrive à tout le monde, même à certains d'entre vous, n'est-ce pas ? Ils ont fait mettre Tempête Rouge tout nu. Ils l'ont poussé au milieu du bal des “vétérans”, il est tombé. Et c'est là que nous l'avons ramassé, c'est tout.

— Et les cow-boys ? demande un jeune Indien.

— Je les ai fait arrêter pour ébriété sur la voie publique, voies de fait, séquestration et un tas d'autres motifs... Il y en a une demi-page...

— Où sont-ils ?

— À la prison.

— Il faut aller les chercher ! Ils doivent être pendus.

— Oui... Oui... Il faut les pendre ! » hurlent les Indiens.

Malgré le brouhaha, le shérif tente de s'expliquer :

« On ne peut pas les pendre s'ils n'ont tué personne ! Lorsqu'un de mes hommes est arrivé au dancing, Tempête Rouge était évanoui. Mais il a repris ses esprits et quand on l'a conduit à la prison, je vous donne ma parole qu'il n'était pas mort. Comme d'habitude, on l'a libéré le lendemain matin. À ce moment je vous assure qu'il tenait bien sur ses jambes !

— Vous l'avez vu de vos yeux ? demande Vent de Sable.

— Non. Je n'étais pas là.

— Alors ce n'est pas sûr. Je vous répète qu'il paraît qu'on l'a torturé, émasculé et coupé en morceaux. Et si ce n'est pas vrai, de quoi serait-il mort ?

— Le médecin pense qu'il est mort d'une lésion au cerveau, à la suite de sa chute dans la salle de bal.

— Alors, qu'est-ce qu'il faisait dans la décharge ?

— Ça, je ne sais pas...

— Et où est son corps ?

— Il a été enterré. »

Pour calmer les hurlements de la foule, Vent de Sable se lève et déclare :

« Nous demandons l'exhumation de la dépouille de Tempête Rouge. »

Puis il se tourne vers le shérif :

« Si vous avez menti, shérif, je crois que les quatre cow-boys seront pendus. Vous ne pourrez pas l'éviter. »

Comment va se terminer en février 1972 la révolte des Sioux du Nebraska ?

À cette époque, la population indienne de cet état est la plus réprimée des États-Unis. Les Sioux souffrent plus que les autres du chômage, de la mortalité infantile, des revenus les plus bas et d'une inculture grave. Rien d'étonnant donc à ce que la mort de l'un des leurs, petit ouvrier agricole, ivrogne mais arrière-petit-fils, petit-fils et fils de chefs, serve de détonateur à une véritable révolte. Poussés par l'organisation militante des Peaux-Rouges, l'A.I.M., 2 000 Sioux vont occuper et piller pendant quarante-huit heures la petite ville et terroriser la population. Selon eux, Tempête Rouge a été torturé, châtré et coupé en morceaux par les quatre cow-boys blancs et la police s'est empressée d'enterrer ce qu'il en restait, pour étouffer l'affaire. En attendant l'exhumation, dans la salle de gymnastique de la mairie, le conseil des Sioux déclare le boycottage des magasins blancs, exige le prolongement de la route goudronnée jusqu'à la réserve de Pine Ridge, le renvoi d'un policier accusé d'avoir maltraité des Indiens à plusieurs reprises et obtient que le secrétaire d'État à la Justice de Washington se penche sur leur cas.

Emmitouflés dans des couvertures, assis sur les marches de la mairie, les anciens fument tranquillement leurs pipes, sous la neige qui tombe à gros flocons. C'est alors qu'une rumeur emplit la ville : « Les voilà ! Les voilà ! Ils arrivent ! »

Au bout de la rue apparaît en effet, dans la vapeur des pots d'échappement, un corbillard couvert de neige, suivi d'une caravane de voitures ferraillantes.

Dans la famille de Tempête Rouge qui assiste à la descente du cercueil maculé de terre, le visage des hommes reste immobile, impénétrable, tandis que les femmes se laissent aller à une explosion de douleur déchirante. Un médecin légiste et le shérif conduisent les porteurs de la bière jusqu'à la salle du conseil municipal où doivent avoir lieu l'ouverture du cercueil et l'autopsie.

Sur les marches de la mairie, les vieux se sont de nouveau accroupis sous leurs épaisses couvertures, la neige qui s'accumule, et la fumée de leurs pipes. De temps en temps les habitants glissent un regard entre deux volets entrebâillés. La population n'en mène pas large et la police non plus. Malgré les maigres renforts venus des districts voisins, le shérif voit mal comment il pourrait maîtriser 2 000 Indiens dont la majorité, il faut bien le dire, ne dessoule pas.

D'ailleurs, lui-même s'explique mal certains détails de la mort de Tempête Rouge. Notamment pourquoi son corps a été retrouvé sur la décharge... À moins que... mais oui c'est ça, c'est sûrement ça... Le shérif vient d'avoir une idée...

Après deux heures d'attente, la porte de la salle du conseil municipal s'ouvre. Un des parents de Tempête Rouge, auprès de qui se tient le médecin légiste, appelle le vieux chef Vent de Sable.

Après un long conciliabule celui-ci appelle à son tour le jeune Indien au regard surexcité, qui a été l'un des meneurs de la révolte. Nouveau conciliabule. Puis le shérif vient les rejoindre. Nouveau conciliabule. Enfin les deux Indiens, le jeune et le vieux, s'adressent depuis le perron de la mairie à la foule rassemblée sous la neige qui continue de tomber :

« Le corps de Tempête Rouge vient d'être examiné par un médecin en présence de ses parents, explique Vent de Sable d'une voix grave et calme. Il n'a été ni torturé, ni châtré, ni coupé en morceaux. Il est probablement mort d'une lésion au cerveau provoquée par sa chute lorsque les cow-boys l'ont poussé nu sur le parquet de la salle de bal. Des témoins, qui n'ont pas intérêt à nous mentir, affirment l'avoir vu sortir vivant de la prison le lendemain matin. Enfin le shérif vient de me dire qu'il pense qu'on l'a retrouvé sur la décharge parce qu'il y cherchait de vieux vêtements pour remplacer ceux dont les cow-boys l'avaient dépouillé la veille. C'est là que le malaise et le froid l'auraient saisi, et qu'il serait mort. »

La foule des Indiens se tait.

« Voilà, reprend Vent de Sable. Les cow-boys seront punis, mais pour homicide involontaire, et c'est juste. »

Personne ne s'y trompe : le vieillard regrette que Tempête Rouge n'ait pas été assassiné. Sa mort accidentelle retire à son peuple le prétexte qui justifiait sa violence, seul moyen d'obtenir de nouveaux avantages.

Aussi est-ce dans un silence mortel que les Sioux ont écouté les paroles de Vent de Sable. Après une longue hésitation, il y a un léger mouvement dans la foule. Quelques portières de vieilles bagnoles claquent. Les démarreurs ronflent dans le silence cotonneux et les uns après les autres, les Indiens se dispersent. Bientôt il n'y a plus personne sur la place.

Dehors, timidement, les Blancs réapparaissent. Les conseillers municipaux se saluent gravement en escaladant le perron de la mairie. La guerre est finie.

Une heure plus tard, le conseil municipal prenait une décision historique : pour calmer les Indiens et leur montrer la bonne volonté des Blancs, la ville décidait d'ériger un monument pour commémorer la mort de Red Storm. Tempête Rouge, Indien minuscule et dérisoire, journalier fainéant et ivrogne, mais petit-fils et fils de chefs des Sioux de la tribu Slums, a donc aujourd'hui une statue de deux mètres de haut taillée dans la pierre.

Tu viens, papa ?

Aéroport de Bangkok, le 15 juin 1972. Parmi tous les appareils immobiles sous le soleil, un Convair 880 bleu et blanc qu'un camion-citerne gorge de kérosène. C'est un Jet de la compagnie Cathay Pacific Airways dont le siège est à Hong Kong.

Les techniciens en blouse blanche, chargés des vérifications, ne remarquent rien d'anormal.

L'équipe de nettoyage descend de la passerelle. Un employé de la Compagnie renouvelle le stock de boissons. Tout est « O.K. ».

Le camion de kérosène s'éloigne. Les hôtesses pimpantes grimpent la passerelle brûlante. Le commandant de bord jette un regard sur le poste de pilotage. Le steward glisse le menu dans la pochette au dos des sièges.

Tout cela n'est que routine, pour le personnel de l'aéroport de Bangkok. Les passagers du vol de Hong Kong de la Cathay Pacific Airways se pressent au comptoir d'enregistrement. C'est un vol moyen pour la Compagnie puisque les passagers ne sont que quatre-vingt-un. Parmi eux une jeune femme d'une vingtaine d'années tenant par la main une fillette de sept ans dont le petit crâne émerge des froufrous d'une magnifique poupée. Toutes deux sont thaïlandaises.

La jeune femme s'appelle Somwang. Elle est très jolie : brune bien sûr, avec d'immenses yeux en amande, brillants dans son visage aux pommettes assez saillantes et à la peau hâlée. Bien que d'épaisses lunettes lui donnent un petit air intellectuel, c'est une fille de la campagne.

Quant à la gamine, serrant sa poupée, elle est vêtue de la traditionnelle jupe bleue plissée retenue par deux bretelles croisées sur la chemisette blanche des écolières. Elle ne renierait pas non plus ses origines. Deux longues couettes noires pendent sur ses épaules. Ses yeux bridés observent gravement ce qui l'entoure, à commencer par son père, car le jeune lieutenant de police en uniforme qui les accompagne, c'est son père.

Le lieutenant Somchai, trente ans, un peu froid, un peu distant, pose deux lourds bagages sur la bascule du comptoir d'enregistrement et tend deux billets à l'employée.

Celle-ci, après y avoir jeté un coup d'œil, observe le lieutenant :

« Vous ne partez pas, Monsieur ?

— Non.

— L'enfant est votre fille ?

— Oui.

— Excusez-moi, dit l'employée. Mais elle vous ressemble tellement. Et Madame ? »

L'employée désigne maintenant la jolie Somwang.

« Madame conduit ma fille auprès de sa mère, à Hong Kong. Est-ce que vous pourriez placer la petite près d'un hublot ?

— Euh, oui, c'est possible.

— Vers le dixième rang ?

— Oui, mais elle sera presque sur l'aile.

— Je sais, mais c'est la place qu'elle préfère.

— Bien, comme vous voudrez. »

« Clac ! » font les élastiques avec lesquels l'employée fixe une étiquette sur les bagages. Un tapis roulant les emporte déjà vers les soutes du Convair de la Cathay Pacific Airways.

Le lieutenant Somchai, souriant bien qu'un peu pâle, tend alors à la jeune femme qui accompagne sa fille un nécessaire de toilette en cuir :

« Surtout n'oubliez pas de le donner à sa mère. »

La belle Somwang, malgré elle, ne peut retenir un sourire gêné. Depuis un mois elle est la maîtresse du lieutenant Somchai, qui a promis de l'épouser. Mais, pour le moment, il a été décidé que, devant sa fille, ils se vouvoieraient.

« Non, lieutenant, dit-elle. Je ne l'oublierai pas. »

Puis elle remarque :

« Tiens, elle est fermée ! Vous avez la clé ?

— Non. Sa mère a oublié cette valise lors de son dernier séjour à Bangkok, c'est elle qui a la clé. »

Tranquillement tous trois se dirigent vers la salle d'attente, passent devant les douaniers distraits que le lieutenant salue avec un rien de condescendance. Il faut dire que le lieutenant Somchai est affecté depuis six mois à la police de l'aéroport.

La belle jeune femme présente son passeport au garde-frontière qui voit passer avec étonnement au ras de son guichet une coiffure luisante, étrangement frisottée. Il se hausse de quelques centimètres pour découvrir qu'il s'agit de la poupée que la fille du lieutenant semble vouloir étouffer dans ses bras.

« C'est votre fille, Lieutenant ?

— Oui. Elle va retrouver sa mère à Hong Kong. »

Lorsqu'ils entrent dans la salle d'attente, la fillette montre à travers la vitre les appareils qui attendent sur le taxiway :

« Notre avion, papa, c'est lequel ?

— C'est celui-là. Tu vois, celui qui est bleu et blanc ? C'est écrit dessus : Cathay Pacific Airways.

— Et je serai près d'un hublot ?

— Tu seras près d'un hublot.

— Dommage que tu ne viennes pas avec nous, papa...

— Oui, c'est dommage, murmure le lieutenant en regardant d'un air entendu la jeune femme. »

Et furtivement, ils se serrent la main dans le dos de la petite fille.

Ce que la jeune femme ne sait pas c'est qu'il y a quelques semaines, le lieutenant rencontrait dans un bar élégant de Bangkok une autre jolie fille.

C'était une de ces hôtesses de bar qui tiennent compagnie aux hommes désœuvrés moyennant un prix fixe établi à l'heure. À cette femme il avait proposé, pour l'équivalent de quelques milliers de francs, d'accompagner sa fillette en avion à Hong Kong. L'affaire ne s'est pas faite car le lieutenant, complètement fauché, n'avait même pas pu lui verser un acompte de 2 000 francs. Il faut dire aussi que la ravissante hôtesse n'était pas tombée de la dernière pluie et craignait que la proposition de l'inquiétant policier ne recouvre un autre projet comme, par exemple, celui de la vendre dans une maison de prostitution de Hong Kong.

« Regarde, papa... Je vois nos valises... »

La fillette a couru jusqu'à la vitre et regarde le chariot qui s'est arrêté sous le Convair dont un employé a ouvert les panneaux de soutes, qui pendent sous son gros ventre.

Plus l'heure du départ approche, plus l'enfant est excitée. Elle va, vient, virevolte, dans la salle d'attente comme si elle dansait avec sa poupée.

Le lieutenant Somchai regarde sa montre : plus que cinq minutes.

Il y a deux ans que le lieutenant est entré dans la police. Ses camarades parlent de lui comme d'un homme instable et peu communicatif, un peu vantard aussi. La nuit, il amenait paraît-il des prostituées au quartier – ce qui est interdit. Il y a six mois qu'il a demandé et obtenu un poste à la police de l'air de l'aéroport. L'enfant bavarde près de lui.

« La dame a dit qu'on se ressemble, papa. C'est vrai ? »

Le lieutenant acquiesce gravement et regarde sa fille. Est-ce qu'elle lui ressemble ? En réalité il n'en sait rien. La fillette ne compte pas dans sa vie.

Fils d'un avocat, le lieutenant a fait ses études aux Philippines. Il épousa Alice, mère de la petite fille, puis divorça très vite. L'enfant et sa maman retournèrent alors à Hong Kong où celle-ci avait toute sa famille. Depuis, la fillette et son père se voient rarement. Mais les séjours de l'enfant à Bangkok sont pour elle une grande joie.

« Quand est-ce que je reviendrai à Bangkok, papa ?

– Bientôt, très bientôt. Je te le promets. »

C'est faux. Jamais l'enfant ne reviendra à Bangkok, du moins si tout se passe comme prévu.

Les bagages sont chargés, les portes de la soute refermées. C'est là, deux mètres au-dessus, un peu en arrière de l'aile, que se trouve le point faible de l'appareil. Le lieutenant l'a lu dans une notice technique que lui a fourni un mécanicien. Et c'est là que sera assise la fillette, près d'un hublot.

« Les passagers du vol C.P.29 pour Hong Kong sont priés de se présenter avec leur carte d'embarquement. Les enfants et les personnes les accompagnant sont embarqués en priorité », susurre dans un haut-parleur une hôtesse invisible.

Les hommes d'affaires de Hong Kong, les riches Vietnamiens du Sud qui fuient la guerre, une grosse Chinoise poussant devant elle sa progéniture en rang d'oignons, les technocrates de New York, les touristes en jeans, les ingénieurs allemands en chemise bariolée, d'un seul mouvement, se lèvent.

Un peu affolée dans cette cohue, la fillette a saisi la main de son père :

« Tu viens, papa ?

— Non. C'est maintenant qu'on se sépare.

— Pas encore, je t'en prie.

— Bon. Parce que je suis policier, je vais pouvoir t'accompagner jusqu'à la passerelle. Mais je ne pourrai pas monter dans l'avion. »

Le ciment du taxiway doit être brûlant sous le soleil de plomb. La file des passagers du vol C.P.29 s'étire vers l'appareil. En avant : la grosse Chinoise et sa marmaille en rang d'oignons. Derrière : le lieutenant et sa fillette. Elle trottine. Sa jupette bleu marine plissée bat ses petites jambes. D'une main elle est cramponnée à son père et, de l'autre, elle serre sa poupée.

« Pourquoi tu ne viens pas avec nous, papa ?

— Je ne peux pas. J'ai mon travail ici...

— Tu reviendras demain...

— C'est trop fatigant.

— Tu te reposeras chez maman...

— Je n'ai pas de billet.

— T'as qu'à en acheter un ! »

L'enfant s'est arrêtée au pied de la passerelle, et son père la rassure.

« Allons, sois raisonnable. Tu sais bien que ce n'est pas possible. Et puis tu n'es pas seule, Somwang est avec toi. »

La fillette a fondu en larmes. Elle bloque l'accès à la passerelle.

« S'il vous plaît ? Voulez-vous laisser le passage libre ? demande là-haut une hôtesse.

— Calme-toi, mon chéri, dit la jeune Somwang en caressant la tête de la petite fille. Ton papa viendra bientôt à Hong Kong. N'est-ce pas que vous viendrez bientôt ?

— Oui, oui », répond le père en reculant de quelques pas.

Somwang, saisissant alors énergiquement la main de la petite fille la force à monter la passerelle. Parvenue sur la plateforme devant la porte, l'enfant se retourne. Elle n'a d'yeux que pour son père et cherche son regard. Mais celui-ci ne la voit pas. Il ne voit que le nécessaire de toilette en cuir que Somwang porte à la main gauche. Il ne voit pas, ou ne veut pas voir que l'enfant hurle et tend les bras. Il ne voit que le nécessaire en cuir.

Lorsque le nécessaire en cuir, Somwang et la fillette disparaissent de la passerelle, le lieutenant fait demi-tour et entre dans l'aéroport.

Comme d'habitude un peu réservé, un peu froid, il parcourt lentement les couloirs de l'aéroport de Bangkok en regardant sa montre.

Il imagine que dans le vol C.P.29 qui va décoller de l'aéroport de Bangkok en direction de Hong Kong, sa jeune maîtresse, la très jolie Somwang, pose au-dessus d'elle dans le compartiment à bagages un nécessaire de toilette en cuir fermé à clé, qu'elle doit remettre à Hong Kong à son ex-femme.

Somwang a dû boucler la ceinture de la petite fille qui, sa poupée sur les genoux, doit coller son nez au hublot pour essayer de discerner quelque part la silhouette de son papa. Mais le papa ne s'en soucie plus. Sa fille n'a jamais compté, et maintenant c'est comme si elle n'existait déjà plus.

L'avion doit maintenant rouler sur le taxiway, et gagner la piste.

Tandis que le lieutenant Somchai emprunte l'escalier roulant et se dirige tranquillement vers le parking, le Convair doit rouler sur la piste, décoller et prendre de l'altitude.

Lorsque le lieutenant atteindra sa voiture sur le parking, l'avion ne sera plus qu'un petit point minuscule dans le ciel où il volera en direction du Vietnam du Sud.

Certains passagers doivent déboucler leur ceinture, allumer une cigarette. L'hôtesse doit disposer sur un chariot des boissons fraîches. La fillette, ne voyant plus l'aérodrome, doit sans doute abandonner le hublot pour s'occuper de sa poupée. Le lieutenant Somchai pousse un soupir de soulagement. Personne ne doit se préoccuper du nécessaire de toilette en cuir noir là-haut dans le compartiment à bagages.

C'est alors que les yeux du lieutenant s'arrondissent. Il a un coup au cœur. Il reste les bras ballants, droit comme un piquet au milieu du parking. Le Convair 88 de la Cathay Pacific Airways est toujours immobile sur le taxiway, les hublots de sa carlingue bleue et blanche miroitant au soleil.

Pâle, d'une voix blanche, le lieutenant profère quelques jurons. Que se passe-t-il donc ? La passerelle de l'avion est toujours en place, mais la porte est fermée et les réacteurs tournent. Aurait-on découvert quelque chose ? Mais non, c'est impossible. Mais si, tout est toujours possible ! Malheureusement les voitures rangées sur le parking et une haie de bougainvillées dissimulent au lieutenant ce qui se passe au pied de l'appareil.

Enfin, le lieutenant pousse un soupir de soulagement. La passerelle vient de s'écarter de la carlingue. Un tracteur doit la tirer rapidement, et dans le sifflement de ses réacteurs, le Convair s'ébranle.

Le lieutenant Somchai s'appuie quelques instants sur le capot de sa voiture, comme pour laisser à son cœur le temps de reprendre un rythme normal, puis il ouvre la portière, tourne le bouton de sa radio, allume une cigarette et s'en va tranquillement.

Sur le plateau vietnamien, à 15 minutes de la mer de Chine, c'est le soir même qu'on retrouve les débris et les cadavres de tous les passagers. Le cockpit, le fuselage et les moteurs sont éparpillés à des kilomètres de distance. Il faudra deux jours pour rassembler les corps déchirés. Pour le moment, les soldats vietnamiens établissent un cordon de sécurité autour de la région de l'accident et les premiers experts arrivent en hélicoptère.

Le lieutenant Somchai, qui vient de dîner en ville, apprend la nouvelle sur la radio de sa voiture. Il est inquiet. L'avion aurait dû exploser un quart d'heure plus tard. Alors il se serait trouvé au-dessus de la mer de Chine et l'on n'aurait rien retrouvé. Tout cela à cause de ce retard au décollage. Que s'est-il donc passé ?

Vers dix heures du soir, le lieutenant sort ses clés sur le palier du troisième étage de l'immeuble qu'il habite, devant la porte de son appartement, mais il fronce les sourcils. Il y a quelqu'un à l'intérieur. Un petit piétinement rapide. La porte s'ouvre et sa fillette se jette contre lui, ses bras autour des hanches.

La belle Somwang, avec ses yeux immenses derrière ses lunettes, explique d'un air surexcité :

« Quelle chance ! Quelle chance extraordinaire ! C'est un vrai miracle. Quand nous sommes entrées dans l'avion, loin de se calmer, la petite s'est mise à hurler. Le temps de poser le nécessaire de toilette et sa poupée dans le compartiment à bagages et elle est devenue toute raide. Elle est tombée dans l'allée centrale, les yeux révulsés, de la bave aux lèvres. J'étais complètement affolée, les hôtesses aussi. Nous ne savions plus quoi faire. »

Le lieutenant Somchai regarde sa fille, les dents serrées, les yeux pleins de haine, il a compris :

« Épilepsie ! dit-il. Elle a fait une crise d'épilepsie ! Ça lui est déjà arrivé une fois l'année dernière.

— Oui. C'est ce que le médecin de l'aéroport a diagnostiqué lorsque nous sommes descendues. Parce que tu comprends, enfin... vous comprenez, nous ne pouvions pas partir comme ça. Alors on était descendues. Ça nous a sauvé la vie. La maman de la petite a déjà téléphoné. Je l'ai rassurée. Au fait je suis désolée, j'espère que ce n'est pas trop grave, mais j'ai oublié dans l'avion le nécessaire de toilette. »

Le lendemain, des spécialistes de Hong Kong et des experts anglais arrivent sur les lieux de la catastrophe. Lors d'une conférence de presse, un responsable de l'aviation civile thaïlandaise émet trois hypothèses : la catastrophe est peut-être due à une collision entre l'appareil et un avion à réaction de l'armée américaine ; ou bien à une destruction par une fusée nord-vietnamienne qui aurait cru qu'il s'agissait d'un bombardier américain ; ou enfin à une explosion à bord de l'appareil. Les autorités thaïlandaises penchent pour cette dernière hypothèse. Déjà, dans la crainte d'être la cible des fusées nord-vietnamiennes, beaucoup de compagnies aériennes font faire à leurs appareils un détour de 500 kilomètres, fort onéreux. La presse estime regrettable que la Cathay Pacific Airways ne se soit pas décidée au même sacrifice.

Le lieutenant Somchai, qui vient de passer une nuit et une matinée épouvantables, commence à reprendre espoir. Si personne ne découvre qu'il a souscrit une assurance-vie sur la tête de sa fille et une autre sur celle de la jolie Somwang, il a encore toutes ses chances d'échapper à l'attention des enquêteurs.

Mais voilà qu'en pratiquant l'autopsie des cadavres, les médecins découvrent dans le corps de certains des éclats d'un engin explosif.

Les experts peuvent déterminer l'endroit exact de l'explosion : à gauche, un peu en arrière de l'aile, au début de la surface portante, au-dessus des sièges 10 A et 10 B.

D'après la liste des passagers, les enquêteurs s'aperçoivent que ces places ont été occupées par une jeune femme de vingt ans, Somwang, et une enfant de sept ans, fille d'un policier de Bangkok du nom de Somchai. Le hasard a voulu que la fillette, ayant fait une crise d'épilepsie en montant à bord, soit redescendue avec la jeune femme qui l'accompagnait, juste avant le décollage.

Lorsque ces nouvelles sont diffusées à la radio, le lieutenant Somchai a déjà les menottes aux mains.

« C'est absurde ! s'est-il écrié. Quel homme tuerait sa propre fille ? »

Mais la jeune serveuse de bar à laquelle il avait proposé, moyennant une somme rondelette, de conduire sa fille à Hong Kong, le reconnaît et le mécanicien qui lui a fourni la notice technique du Convair le reconnaît et le pêcheur qui lui a vendu l'explosif le reconnaît. Le commerçant qui lui a vendu le nécessaire de toilette en cuir le reconnaît aussi.

Et puis, surtout, les compagnies d'assurance ont dûment enregistré les polices souscrites sur la tête de sa fille et de Somwang, et qui devaient faire de lui un homme riche.

En Thaïlande, la peine de mort est la fusillade. Mais les bouddhistes ne peuvent pas tirer sur un homme. Le lieutenant Somchai est donc enfermé dans une petite tente en toile. Sur la toile, à la hauteur du cœur, une croix est dessinée. C'est là que cinq balles ont frappé.

La visite du père

Décembre. À deux jours de Noël en 1948, dans une petite ville allemande occupée par les Américains. Les maisons en partie détruites ont été rafistolées. On en a construit d'autres en matériaux préfabriqués. Des sortes de petits pavillons américains, avec plancher surélevé.

Dans l'un d'eux, une jeune femme s'active au ménage. Grande, jolie et blonde, elle a le type russe ou scandinave ; un corps solide et des yeux tristes. Elle s'appelle Ania. Son mari est ingénieur. Ils sont mariés depuis deux ans.

Comme on frappe, elle se dirige vers la porte d'entrée. Les visites sont rares. Herbert, son mari, ne rentre pas de la journée, et ils ne connaissent pratiquement personne. Le petit homme qui s'encadre dans la porte a l'air malade et épuisé. Ania le trouve bizarre.

« Vous désirez, monsieur ? »

Le petit homme enlève son chapeau, qu'il tient devant lui d'un geste emprunté. Il doit avoir soixante ans environ, peut-être moins, mais il a l'air si las.

« Est-ce que je suis chez monsieur... »

Il hésite, comme s'il ne trouvait pas le nom, ou avait peur de le dire, puis tourne sa demande autrement.

« Est-ce qu'Herbert est là ?

— Mon mari ? Non, il travaille. Qui êtes-vous, monsieur ?

— Je suis son père. »

Ania regarde avec étonnement le petit homme. Un peu d'émotion aussi. Herbert ne lui a jamais parlé de ce père, autrement que pour dire :

« Il est vieux, il habite tout seul, on ne se voit plus depuis longtemps. »

Ania le fait entrer machinalement, en se posant mille questions. Mais le petit homme parle avant elle.

« Vous êtes sa femme, n'est-ce pas ? »

Elle a à peine le temps de répondre « oui », et de refermer la porte, que son visiteur fond en larmes...

« Il ne vient plus me voir, il ne donne plus de nouvelles, il me fuit, depuis qu'il a tué cette femme.

— Tué cette femme » ? Ania a bien entendu. Il a bien dit : « Tué cette femme ».

« Quelle femme ? De quoi parlez-vous ? »

Alors le petit homme cesse brutalement de sangloter. Il écarquille ses yeux incrédules.

« Vous... Vous ne saviez pas ? Oh mon Dieu ! Oh mon Dieu, qu'est-ce que j'ai fait, qu'est-ce que j'ai dit ! Vous ne saviez pas ! Il ne vous a rien dit ! »

Ania se met à trembler d'elle ne sait quelle peur subite. Herbert, son mari, ce grand jeune homme un peu triste, un peu secret, qui l'a épousée si vite, qu'a-t-il fait ? Qui est-il ? Que vient faire là cet homme, son père, qu'est-ce qu'il raconte, que dit ce vieillard qui pleure en tordant son chapeau, planté devant elle ?

Il dit qu'Herbert est son fils et que ce fils est un assassin. Voilà ce qu'il dit. Et c'est vrai. Cette femme a épousé un assassin sans le savoir, jusqu'à ce jour de décembre 1948.

Sur le divan du salon, meublé assez modestement, Ania et son beau-père se regardent. Elle ose à peine poser la première question. Le choc a été si rude. En même temps, elle espère, sans trop y croire, qu'il s'agit d'un accident, d'une chose presque normale...

« Qu'est-ce qui s'est passé ?

— Il a tiré sur elle.

— Mais qui était cette femme ? Pourquoi ? »

Le père a un geste las :

« Oh, avec Herbert, c'est difficile de savoir vraiment. Au procès il a dit qu'elle l'avait rendu fou, c'était en 1943.

— Mais alors, il n'a pas été condamné ?

— Si, justement. Mais c'est une longue histoire. Et je ne sais pas si je peux vous raconter tout cela. Si Herbert ne vous a rien dit, c'est qu'il craint encore quelque chose, ou alors qu'il n'en a pas eu le courage ; peut-être les deux.

— Je vous en supplie, Monsieur. Il faut que je sache à présent. Vous en avez trop dit.

— Vous l'aimez ? Oui bien sûr, ça se voit. Moi aussi j'aime mon fils, et pourtant il ne m'a jamais rien dit à moi non plus. Tout ce que je sais, je l'ai appris dans le journal. Même sa condamnation à mort. »

Ania a sursauté :

« À mort ? On l'a condamné à mort ? Mais comment se fait-il ? Il s'est évadé ?

— Pas vraiment. Écoutez, je vais vous dire ce que je sais, et comment je l'ai su. Moi aussi je croyais que mon fils était mort. Cette femme qu'il a tuée, je n'ai vu que sa photo dans un magazine. C'était une jeune fille brune et très belle. D'après ce qu'on disait, elle était gouvernante chez des gens. Herbert était amoureux d'elle, et elle n'en voulait pas. Elle avait des amants bien plus riches que lui. Alors un jour, il est allé la supplier et elle l'a jeté dehors. Il a tiré sur elle. Trois balles. Et en tirant sur elle, il a tué aussi une petite bonne qui se trouvait là.

« La police l'a arrêté immédiatement. J'ai voulu le voir. Je suis venu de loin pour ça, mais on ne me l'a pas permis. Herbert était militaire, il continuait ses études d'ingénieur dans l'armée. Pendant la guerre, un militaire assassin, c'était grave. S'il n'y avait pas eu l'autre morte, la petite bonne, ils l'auraient peut-être mis en prison seulement, pour crime passionnel, mais le tribunal l'a condamné à mort.

« J'ai su qu'on le transportait dans une autre prison pour l'exécution. J'ignorais laquelle. C'était en octobre 1944. Impossible d'en savoir davantage. Je suis resté à Cologne quelques jours, essayant d'avoir des renseignements, mais c'était la panique. Le pays était bombardé, cerné par les Alliés, tous les moyens de communication étaient coupés. Alors je suis rentré chez moi, persuadé qu'il était mort, sans que je le revoie. C'était mon fils unique, vous savez. Sa mère était morte en le mettant au monde. Je n'avais plus personne.

— Mais alors ? Comment avez-vous su où il était ?

— Ça aussi c'est toute une histoire. Après la guerre, j'ai cherché à savoir où il avait été exécuté. J'espérais vainement qu'un jour, on me montrerait une tombe quelque part. Bien sûr, je n'ai rien découvert. Sauf que le convoi qui l'avait transporté ce jour d'octobre, avait été bombardé par les Américains. Les prisonniers, vivants ou blessés, avaient été transférés dans un camp pour y être interrogés. J'ai fait une demande à l'armée américaine, pour rencontrer des survivants, pour qu'ils me parlent de mon fils, qu'ils me disent comment il était mort. J'ai fini par rencontrer quelqu'un. Un homme qui avait été interrogé en même temps que lui ! C'est comme ça que j'ai appris qu'il était vivant.

— Que vous a dit cet homme ? Pourquoi a-t-il été libéré ?

— Il ne savait pas. Simplement, Herbert lui aurait dit : "Je suis libre. J'aurais préféré crever." Et comme l'autre lui demandait ce qu'il allait faire, il a répondu : "J'ai presque mon diplôme d'ingénieur électricien. Un officier m'a dit que je trouverais sûrement du travail chez eux". Voilà ce que je savais il y a deux ans : qu'il était vivant quelque part en Allemagne, et qu'il travaillait sûrement pour les Américains. Alors j'ai cherché. On m'a renvoyé d'une ville à l'autre, d'un bureau à un autre, pendant deux ans. Et hier, j'ai appris qu'il vivait ici. Je n'étais pas très sûr, car il avait modifié notre nom. Nous nous appelons Riggersthoffen. Il n'a gardé que Rigger. »

Ania est muette à présent. Et le vieil homme se lève pour partir.

« Il vaut mieux que je m'en aille. À présent que vous savez tout, vous allez lui en parler. Il saura que c'est moi qui vous ai appris son histoire, alors il ne voudra peut-être pas me revoir. Plus tard, peut-être. Je vais vous laissez mon adresse. Vous m'écrirez ? Mon Dieu, faites que tout aille bien pour lui maintenant. Voilà. Au revoir. Dites-lui qu'il me manque, s'il vous plaît... »

Ania est seule maintenant. Il lui reste l'après-midi, avant d'affronter son mari, et toute la vie pour se dire qu'il est un assassin, qu'elle dort à côté d'un assassin. Et elle ne sait pas quoi faire d'autre que d'attendre, assise, en regardant la pendule avec angoisse, et la porte avec terreur. Cet homme qui va rentrer ce soir, elle ne sait plus qui il est.

Ania se souvient de leur mariage en coup de vent. Avant cela, elle se trouvait en Prusse orientale, au moment de l'invasion des troupes allemandes, et mariée à une jeune Poméranien. Quelques mois plus tard, elle était veuve. Après la guerre, elle avait tenté de rentrer en Russie ; sans succès. Refoulée en zone américaine, coupée de son pays, de sa race, elle s'était retrouvée dactylo-interprète chez les Américains. C'est là qu'elle avait rencontré Herbert. Il était seul et se disait réfugié de l'Est, comme elle. Leur mariage était l'association de ces deux solitudes, une revanche contre les malheurs et les angoisses récentes, contre la mort. Après tout, s'aimer, c'était vivre. Ils s'étaient mariés comme on s'accroche à une bouée. Vite, presque sans réfléchir. À présent, Ania se souvient de l'air inquiet de son mari ce jour-là.

Il avait peur, la cérémonie était un peu un examen de passage pour sa nouvelle identité.

Quand la porte s'ouvre enfin, quand elle reconnaît le pas de son mari, la décision d'Ania est prise. Elle va parler tout de suite, immédiatement.

Il entre, il dit « bonsoir », il s'assoit avec cet air de lassitude éternelle qu'il traîne comme un masque. Et elle se jette à l'eau brutalement :

« Herbert, ton père est venu ce matin. Attends... ne parle pas encore, laisse-moi finir. Je sais que tu le fuyais, il en est malheureux. Le pauvre homme m'a tout dit. Ce n'est pas de sa faute, c'est moi qui l'ai questionné. Alors voilà, je sais tout. »

Le silence est terrible, épais. Ania observe avidement le visage de son mari : ses traits fins, ses yeux clairs, sa bouche qui a frémi, qu'il mord à présent de toutes ses forces, comme s'il allait pleurer. Mais il ne pleure pas. Il continue de se taire. Et Ania sent quelque chose s'installer entre eux. Une présence invisible, un fantôme de peur et de méfiance. Elle se sent comme un juge devant un accusé. C'est l'éternelle muraille qui se dresse entre celui qui a « fait le mal », et l'autre. Entre l'anormal et l'autre. Entre celui qui est descendu aux enfers, et celui qui le regarde sans rien pouvoir.

« Je ne veux pas te juger, Herbert.

— Alors, qu'est-ce que tu veux ? »

Il a répondu sèchement. Puis il se reprend, d'un ton résigné :

« Je savais bien que c'était provisoire. Au fond, ça ne pouvait pas durer. Un jour ou l'autre, tu l'aurais su, ou ils m'auraient repris.

— Repris ? Tu n'es pas libre ?

— Qu'est-ce que ça veut dire libre ? Libre de quoi ? De ne plus y penser ? Sûrement pas. De ne pas avoir de remords ? Sûrement pas !

— Mais qu'est-ce qui s'est passé ? Pourquoi as-tu été relâché ? Ton père disait que tu avais été condamné à mort.

— C'est vrai. On devait me couper la tête, à la hache ! J'y ai pensé pendant près d'un mois. Je n'avais même plus peur, c'était comme une délivrance... »

Curieusement, Ania ne pose pas de questions sur « le crime », elle ne veut pas savoir pourquoi, comment, elle n'est pas jalouse de cette femme qu'il a tuée par amour pourtant. Ce qui la fascine, et lui fait peur, c'est la mort ratée d'Herbert.

« Qu'est-ce qui s'est passé ? Ton père dit que le train a été bombardé ?

— C'était un convoi de prisonniers. Il y avait de tout : des Juifs, des déserteurs et des criminels comme moi. L'aviation a attaqué, d'abord. Ils ont coupé la voie devant et derrière, ça sautait partout. Pendant un moment, la panique a été affreuse, il y avait des morts et des blessés, et les S.S. sont devenus fous : ils tiraient à la mitraillette sur les survivants. Je n'ai compris que plus tard ce qui s'était passé. Les Américains étaient là, au sol, ils cernaient le train, nous étions pris entre deux feux : nos gardes et eux. Quelques-uns d'entre nous ont réussi à sauter des wagons. Moi je me suis aplati derrière un tas de pierres. Je ne sais pas combien de temps ça a duré, une heure peut-être. Et puis j'ai entendu des voix américaines.

« Le feu avait cessé, ils ramenaient les blessés, ils ouvraient les wagons pour libérer ceux qui n'étaient pas morts. Alors je suis allé vers eux.

— Tu aurais pu t'enfuir !

— Pour aller où ?

— Mais tu voulais vivre, non ?

— Non. Je m'étais caché instinctivement. J'avais fui comme les autres, parce qu'on nous tirait dessus comme sur du bétail. Ce que je voulais, au fond de moi, c'était la justice, qu'on me punisse. Je voulais payer, c'était la seule manière de me soulager.

« On nous a emmenés dans un camp à quelques kilomètres. C'était là, je suppose, qu'on devait m'exécuter. Mais les nôtres, les Allemands, n'étaient plus là et le bourreau non plus. Ils avaient fui. Les Américains ont organisé le camp provisoirement. Ils nous ont interrogés. Je suis tombé sur un officier qui avait un accent épouvantable, mais qui parlait très bien l'allemand. Je lui ai tout dit : que j'étais condamné pour avoir tué deux femmes. Je lui ai raconté mon histoire. Je lui ai dit qu'à un jour près, j'aurais dû avoir la tête tranchée. Je voulais qu'on me remette à la justice.

— Il ne l'a pas fait ?

— Non. D'abord il m'a dit : “La justice allemande ? Une hache, vous appelez ça de la justice, vous ? C'est du barbarisme.” Et puis : “À quoi ça servirait de mourir à votre âge ? Il y a assez de morts partout. Fichez le camp !”

« J'ai voulu lui expliquer que je ne pourrais pas vivre comme ça, que je n'avais pas le droit, j'étais un condamné, un criminel. Mais il a haussé les épaules et m'a répondu que j'étais stupide, que dans son pays, pour un crime passionnel, on ne m'aurait pas condamné. Et puis, il s'est presque fâché après moi :

“Vous êtes jeune, vous avez un métier, vous avez fait une bêtise grave, d'accord, mais ce n'est pas une raison pour courir après un bourreau. Votre pays est à plat, ruiné, mort. Il n'y a plus personne pour vous demander des comptes. Les comptes à régler sont bien plus graves, et c'est nous qui nous en chargerons. Alors, fichez le camp ! Vous trouverez du travail, vous vivrez, toutes ces horreurs, vous les oublierez."

« Je n'arrivais pas à partir, à me faire à l'idée que c'était fini, qu'on ne voulait plus de moi comme criminel. Je ne savais plus quoi penser. Alors il m'a fichu dehors. Avant de partir, il m'a conseillé de chercher du travail chez eux. J'en ai trouvé. Je t'ai rencontrée. Tu connais la suite.

— Pourquoi ne m'as-tu rien dit ?

— Je ne pouvais pas. Il fallait que je me remette à vivre, que j'oublie moi aussi. Je me sentais en sursis en permanence. J'avais peur que quelqu'un ne me reconnaisse, qu'un jour ils se mettent à vérifier. Que je tombe sur un policier allemand, et tout recommençait. À l'heure actuelle, je ne sais pas s'il y a toujours un dossier sur moi quelque part. J'ai changé de nom, mais si peu. Et c'était pour t'épouser. Quand j'ai demandé de nouveaux papiers, je m'attendais à ce qu'on m'arrête d'une minute à l'autre. Tout ça est si anormal, vois-tu, si anormal. Si tu veux partir maintenant, c'est ton droit. »

Partir ? Ania n'en a pas l'intention, ce jour d'octobre 1948, elle dit à son mari :

« Nous allons apprendre à vivre ensemble. »

Elle ne se rend pas compte que c'est impossible. Pour eux en tout cas. Les premiers temps, Ania ne dort plus et Herbert non plus. Ils se couchent l'un près de l'autre, dans le noir, comme deux gisants. Elle pense qu'il a tué, et lui sait ce qu'elle pense.

Pour essayer de consolider cette liberté provisoire, Ania le force à changer vraiment de nom. Elle s'en occupe elle-même, prend des contacts mystérieux, et ramène un jour des papiers au nom de Malenka. Un nom à consonance polonaise. Ils changent de ville et de travail. M. et Mme Malenka se disent, lui originaire de Varsovie, et elle Russe exilée. Et ils vivent. Mais un cancer terrible les ronge petit à petit. Ania se détruit silencieusement. Ses nerfs sont malades. Elle ne pense plus qu'au crime. Il lui arrive de fixer interminablement son mari pendant qu'il dort, en essayant de comprendre. Et lui fait semblant de dormir, en supportant ce regard, comme une justice permanente.

Les années passent. Ils sont mariés depuis neuf ans. Et un jour, un policier se met en chasse. Il ne cherche pas un criminel en particulier. Ses chefs lui ont simplement demandé d'intensifier la lutte contre les espions étrangers en Allemagne de l'Ouest.

Et il tombe sur le nom de Malenka, ingénieur, travaillant pour les Américains, né à Varsovie, marié à une Russe. Il apprend que le couple a changé plusieurs fois de résidence, et vit actuellement dans un vieux bunker à la campagne, loin de tout. Il ne comprend pas en regardant les photos. Un homme de trente-cinq ans, beau et intelligent, une jeune femme ravissante, des revenus très confortables. Que font ces gens dans un bunker, sans confort, si loin du monde ? Cela sent l'espion à plein nez. Il va voir, mais le bunker est vide. Quelques meubles y traînent encore, des papiers d'identité, un désordre bizarre, comme si les occupants avaient quitté les lieux brusquement.

Sur la trace du couple, désormais, le policier ne les lâche plus. Avant d'attaquer l'homme de front, le policier cherche à rencontrer la femme. Elle est russe, plus suspecte encore que lui.

Quand il la retrouve, c'est dans une maison de santé. Le médecin n'est pas très chaud pour qu'il l'interroge.

« Cette femme est très malade. Elle n'est pas en état d'être questionnée.

— Elle est folle ?

— Elle n'est plus rien. Elle est comme une lampe qui n'éclairerait plus. C'est un corps qui existe, sans plus.

— Je dois l'interroger. Sécurité du territoire. »

Le médecin s'incline devant la carte du policier. Mais Ania, elle, la regarde sans comprendre. Elle est ailleurs. Ce monde ne l'intéresse plus. Pendant des années elle a essayé de dominer une situation insoutenable. Elle a craqué, c'est fini.

Alors le policier se doute qu'il y a quelque chose derrière cette folie, un secret quelconque ; pas forcément une espionne, mais qui sait ?

« C'est votre mari qui vous a fait rentrer ici ? C'est Herbert Malenka ? C'est lui qui vous a rendu folle ? »

Il est cruel, il cherche à faire son métier en tapant au hasard, et il tombe juste ! Ania fait une crise, à la seule évocation du nom d'Herbert et hurle :

« Je suis folle, laissez-moi être folle, je le suis... Je suis malade, laissez-moi tranquille ! »

Le policier insiste. C'est un rustaud efficace et obstiné.

« Si vous êtes là c'est à cause de lui, n'est-ce pas ? Il a un secret ? Ce secret vous tuera un jour, il faut m'en parler. Il faut le dénoncer ! »

Dénoncer qui ? Lui est lucide, et il ne sait pas, il essaie, c'est tout. Elle est folle, mais elle sait. Et elle se tait, c'est tout. Elle ne dira rien. Sauf une petite phrase insolite, d'une voix étonnée :

« Je l'aime. »

Alors le policier va chercher le mari. Il perquisitionne dans une petite chambre de Berlin Ouest, où se trouve un fatras incroyable de papiers d'identité. Quatre fois, Herbert et Ania ont changé de nom. Quatre fois de maison, en neuf ans. Quatre fois ils ont tenté l'impossible, vivre tous les deux ensemble. Ils ont échoué. Ania est folle, et Herbert raconte avec soulagement. À trente-cinq ans, il a l'air d'un vieillard usé. Le teint gris, des rides, le regard éteint. Au policier, il dit :

« Ne cherchez pas si loin. Je ne suis pas un espion et ma femme non plus. Je ne suis qu'un assassin. J'ai tué deux femmes il y a treize ans. Je m'appelle Herbert Riggersthoffen. »

Le dossier était toujours là. Le policier l'a identifié. Et la justice était toujours là, même si les nazis n'y étaient plus.

Seule circonstance atténuante pour Herbert : la peine de mort n'existe plus. La hache du bourreau a disparu. Il est condamné à la prison à vie.

Condamné à vivre. Lui derrière ses barreaux, Ania derrière les siens. Il a déclaré :

« C'est mieux ainsi. Je voudrais qu'elle guérisse. »

Elle n'a rien dit.

Un crime par omission

Je divorce, tu divorces, ils divorcent. Avant d'en arriver là, Peter et Marilyn Storm font des dégâts considérables. Outre les injures qu'ils se jettent à la tête, les assiettes volent bas.

Ils s'appellent Storm. Cela veut dire tempête. Et la tempête est quotidienne. C'est une maison de bois, en Louisiane, avec une terrasse et des fauteuils de bois. C'est là que se réfugient les enfants quand le temps familial est trop couvert.

Il y a les deux grands, dix-sept et dix-neuf ans, Winny et George, qui commentent les événements d'un air faussement détaché.

« Je parie qu'il va lui flanquer une rouste !

— Penses-tu, il dit toujours ça, mais il est lâche.

— Moi, à sa place, si j'étais cocu, elle prendrait une rouste.

— À condition d'être irréprochable soi-même, tu sais avec qui je l'ai vu, papa ?

— Avec la blonde du drugstore ?

— Exactement. Moi, j'en voudrais même pas pour cirer mes chaussures...

— C'est bien ce que je disais. Elle lui rend bien la monnaie.

— Okay, mais une femme c'est pas pareil. Et puis c'est ma mère. S'il lui flanque une rouste je suis d'accord.

— De toute façon ça ne changera rien... alors... »

Winny et George, jeunes Américains fatalistes, ne se font plus d'illusion sur la solidité du foyer familial. Ils en ont trop vu, trop entendu.

Winny n'attend que le divorce pour « faire la route », comme il dit. C'est-à-dire partir à l'aventure, et traverser les États-Unis en stop. George, lui, a trouvé du travail dans une station-service. Il se consacre à gagner les 1 500 dollars qui lui permettront d'acheter une moto à crédit, et de faire des courses. Ils vont filer, tous les deux, loin de ce gâchis.

Reste le petit Simon. Réfugié sur un coin de terrasse, la tête dans les mains, les doigts dans les oreilles, il essaie de ne pas entendre les hurlements de ses parents. Il a peur. Toujours peur. C'est qu'il est né en même temps qu'eux. En même temps que les hurlements. Toute sa vie, depuis dix ans, n'a été que hurlements. Lui qui devait être l'enfant de la réconciliation, le lien du ménage, il n'a servi de rafistolage que durant les neuf mois de gestation de sa mère.

À peine né, son premier cri a été couvert par ceux de son père, et le petit Simon en a les nerfs malades.

Lui aussi aimerait bien que le divorce arrive. Ce qu'il ne sait pas, c'est l'avenir que ce divorce lui réserve.

Pour l'heure, il voit surgir une mère échevelée et les yeux rouges. Elle traverse la terrasse sans se préoccuper de ses fils et saute dans la vieille Ford familiale.

Winny commente :

« Elle l'a eue, sa rouste ! »

Le père surgit à son tour, il tient une bouteille de bière à la main, et la jette dans le sillage de la Ford, en criant :

« C'est ça, fous le camp, bon débarras ! Moi aussi je m'en vais, j'en ai marre de cette bicoque ! »

George commente à son tour :

« Cette fois, on tient le bon bout, les gars. »

Mais comme le père se retourne vers eux, l'air mauvais, Winny et George détalent sans demander leur reste, en criant :

« Salut, Simon ! Bonne chance, petit ! T'as plus qu'à choisir, mais si tu veux un avis, accroche-toi et cours ! »

Le petit Simon sanglote, entre ses deux genoux serrés.

Finalement ils sont partis. Tous les deux. La mère de son côté, le père de l'autre. Et Simon attend la sentence. Le divorce est prononcé à la va-vite, l'enfant est confié à la garde de sa mère. Mais où est la mère ? Personne ne le sait. C'est bien ennuyeux, car pour confier un enfant à sa mère, il vaudrait mieux savoir où elle se trouve.

Le petit Simon, en attendant, vit avec le grand-père. Au bout de trois mois le grand-père va voir le juge :

« Bon, alors, qu'est-ce qu'on fait ? Si vous ne trouvez pas ma bru, trouvez au moins mon fils !

— Ça ne servirait à rien, la loi a confié l'enfant à la mère, c'est chez elle qu'il doit vivre !

— Mais bon sang c'est ridicule ! Vous ne vous rendez pas compte de la vie que mène ce gosse ! Sa mère est au diable et son père s'en fout ! Il est abandonné...

— Ah, alors, si c'est comme ça, on va faire intervenir l'administration.

— Et elle fera quoi, l'administration ?

— Eh bien, elle convoquera la mère et...

— Mais puisqu'elle a fichu le camp !

— Et si elle ne répond pas dans les délais, le gosse sera considéré comme pupille de la nation.

— Et ça changera quoi ?

— Ce sera officiel...

— Bon. J'ai compris. Confiez-moi le gosse.

— Mais je ne peux pas !

— Comment, vous ne pouvez pas ? Il est déjà chez moi !

— Possible, mais ça n'est pas légal...

— Alors, faisons légal, où est-ce que je dois signer ? »

Le grand-père Storm est une tempête lui aussi, quand il le décide. Mais une tempête de logique et de bonté. Tous ces salmigondis à propos de son petit-fils l'ont mis dans une colère sainte. Jusque-là, il ignorait les bagarres du ménage. Personne ne venait le voir d'ailleurs, dans son petit taudis à 30 kilomètres de la ville.

Si les deux aînés n'étaient pas venus le prévenir, Simon serait peut-être encore sur sa terrasse, tout seul, à pleurer et à rogner des pommes pour tout dîner.

C'est George, le plus grand, qui est allé voir le grand-père.

« Les vieux sont partis, pépé, pour Winny et moi ça fait rien, mais pour le môme, il a que dix ans. Tu pourrais pas t'en occuper ? »

Alors voilà, il s'en occupe. Et au fur et à mesure qu'il s'en occupe, il découvre la vie épouvantable qu'a menée son petit-fils. Cette histoire de garde, dont personne ne veut, c'est la conclusion logique. Grand-père Hoggy, c'est son prénom, n'a guère d'argent. Mais ce guère, il le consacre à payer un avocat, pour régler le cas de Simon.

En six mois, il a gain de cause et fait le point :

« Simon, tes parents sont des sagouins, et je sais de quoi je parle, puisque ton père, c'est mon fils. Mais à présent, tu n'as plus rien à craindre. Tu es chez toi, avec moi, c'est pour la vie, plus personne ne viendra t'embêter. »

Le grand-père Hoggy est impressionnant pour Simon. C'est un grand costaud de soixante-cinq ans, à la tignasse flamboyante, rousse comme un champ de maïs. Il est menuisier. Son atelier lui sert de chambre à coucher et de cuisine. La maison contiguë est délabrée, pleine de poussière. Il n'y a pas remis les pieds depuis la mort de sa femme, il y a près de quinze ans et petit Simon n'était même pas né.

« C'est ça la maison, grand-père ?

— Ben oui, c'est ça. Si tu y tiens, on peut l'arranger un peu... »

Simon y tient. Une maison, c'est important pour cet enfant déraciné. Alors, le grand-père s'y met. Il refait les volets, décoince les portes, vide les placards et Simon balaye.

Simon ressemble un peu au grand-père. Les cheveux roux, le même regard noisette, mais il est maigre, petit, peureux, et sans grand caractère. C'est un enfant qui a peur de tout. Des cris, des coups, des souris, du noir, et même de son ombre.

Alors patiemment, le grand-père Hoggy entreprend d'en faire un gosse heureux. Il ne le changera pas tout à fait, mais au moins, il aura essayé.

Il dorlote, il ne gronde jamais, il rassure, il apaise, il fait la nounou, la cuisinière, il remplace le père et la mère. D'ailleurs il n'a pas de mal. Simon écoute aveuglément le grand-père. Il ne s'attarde pas en sortant de l'école. Il ne court pas, et ne joue pas comme un fou, pour ne pas se mettre en nage. Il mange sa tartine à cinq heures, et ses flocons d'avoine. Il aide le grand-père à faire la lessive. Le vieil homme et l'enfant vivent une histoire d'amour, en somme. Et comme dans toute histoire d'amour, il y a le fort et le faible. Le dominant et le dominé. Grand-père Hoggy est autoritaire, sans s'en rendre compte. Exclusif aussi. Petit Simon est malléable, il se laisse vivre comme dans une bulle, à l'abri de tout. Et son adoration pour l'homme qui l'a pris en charge est sans bornes.

Si le temps pouvait s'arrêter là... Mais il faut que Simon grandisse, et que le grand-père vieillisse.

C'est là le drame, et il arrive au bout de douze années de bonheur tranquille.

C'est en 1960. Grand-père Hoggy a soixante-dix-sept ans, petit Simon vingt-deux. L'atelier de menuiserie est fermé. Il sert de garage à la vieille voiture que Simon a achetée avec sa première paie.

Comme il a trouvé du travail à la ville, donc à 30 kilomètres, son premier souci est de ne pas abandonner le grand-père. La voiture lui permet de rentrer tous les soirs.

Simon est magasinier dans une droguerie. Son travail n'est pas trop dur. Heureusement, car à la maison c'est lui qui fait tout. Grand-père Hoggy n'a plus ses jambes, il est pratiquement impotent. Il faut le lever et le coucher, le laver et lui donner à manger. Lui qui était si vaillant prend assez mal la chose. Il grogne et râle jour après jour.

« Je t'embête, petit, mais si, mais si... Je deviens gâteux, je m'en rends compte. »

Mais au fond il n'en pense rien et il est bien content de ne pas être seul.

« J'en connais qui m'auraient mis à l'hospice depuis longtemps, petit. »

Simon n'envisage même pas une solution semblable : gâteux ou pas, le grand-père est resté et sera toujours son dieu, son unique famille.

Mais tout de même, un jour...

« Grand-père ? Qu'est-ce que tu dirais, si...

— Toi, t'as rencontré une fille... »

Le vieux a des yeux et des oreilles, il a beau être gâteux, comme il dit, rien ne lui échappe. Effectivement, Simon a rencontré une jeune fille. Elle n'était pas loin, elle travaillait à la blanchisserie d'en face.

C'est une rose, qui s'appelle Rose justement. Un petit bouchon blond et tendre, dodue, et pas méchante...

Nanti de l'autorisation de grand-père, Simon emmène sa Rose à la maison. Le grand-père Hoggy apprécie la nouvelle venue :

« Alors ? On veut épouser mon fiston ? C'est bien, ça ! Mais il faut me promettre des choses. »

Les choses que demande le grand-père sont simples. Il est ravi d'avoir une femme dans la maison, cela mettra de la gaieté. À condition qu'elle y reste, et qu'elle le soigne. Comme ça, Simon pourra travailler tranquille.

Rose ne dit pas non. C'est une brave. Le grand-père lui est sympathique, et Simon lui en a dit tant de bien. De plus, elle ne regrettera pas la blanchisserie. Repasser des chemises à longueur de journée dans la vapeur étouffante n'a rien d'excitant.

Rose épouse donc Simon. Le grand-père assiste au mariage, et fait la connaissance des parents de la jeune fille. Il leur déclare :

« Mon petit-fils est un trésor d'affection. Il est tout pour moi, et je suis tout pour lui, nous ne nous quitterons jamais. Votre fille a de la chance ! »

Au début, Rose subit elle aussi l'affectueuse tyrannie du grand-père. Ravi d'avoir de nouvelles oreilles, le vieil homme raconte sa vie, la guerre qu'il est allé faire en France, son temps de prisonnier en Allemagne, sa blessure, le retour au pays, sa femme, son fils, qui est un sagouin, et son petit-fils, son petit Simon, la prunelle de ses yeux...

Rose écoute. Puis Rose n'écoute plus. Les journées sont longues. Simon part le matin, et ne rentre que le soir. Elle, pendant ce temps, doit s'occuper du grand-père. Il faut le laver. Ce n'est pas très agréable, quand on a vingt ans, de laver un grand-père qui n'est pas le sien. Il faut le faire manger, le promener, et lorsque enfin le soir Simon arrive, il faut attendre.

Attendre que Simon ait raconté sa journée au grand-père. Attendre qu'ils aient philosophé tous les deux en fumant leur pipe au clair de lune, attendre que le grand-père dise en ronchonnant :

« Bon, eh bien je vais me coucher. Je vous laisse, les amoureux... »

Il les laisse sans les laisser, d'ailleurs. Rose s'en est aperçue. Il écoute, à travers la cloison, ce qui se trame dans leur chambre. L'intimité est difficile. Le vieux ne s'en cache pas : parfois, le matin au petit-déjeuner, il prend un air faussement égrillard :

« Alors fiston ça va ? T'as bien dormi ? Te laisse pas faire hein ? Les femmes tu sais, ça vous mangerait le sang ! »

Au fond, c'est insupportable. Rose, qui n'est guère combattante pourtant, a le courage de dire un jour à Simon :

« Si on habitait ailleurs ? Tu crois pas que ce serait mieux ?

— Pas question ! Je n'abandonnerai jamais grand-père...

— Mais tu ne l'abandonneras pas ! Seulement tu comprends, c'est pas facile pour moi, je m'en occupe sans arrêt...

— Je l'ai fait avant toi, et si ça ne te plaît pas, je le referai, je ne t'oblige à rien ! »

Si, il l'oblige. Bien sûr. Il est difficile de refuser quand on a le bon cœur de Rose et sa gentillesse. Refuser d'aider un vieillard ? Qui l'accueille dans sa maison ? Elle aurait l'air de quoi ?

La bonté des autres a parfois ce mauvais côté : la reconnaissance obligatoire. Rose fait donc les choses par reconnaissance. Et puis au bout de deux ans de ce mariage insolite, la situation éclate. Pour une bêtise d'ailleurs, un geste finalement anodin...

Le grand-père vient de prendre le menton de Rose en plaisantant. Elle se force déjà à lui donner des soins, alors au moins, qu'il ne la touche pas !

« Qu'est-ce que tu as ? Tu me prends pour un vieux sadique ?

— Mais non... Je n'aime pas ça, c'est tout !

— Alors je n'ai pas le droit de te prendre le menton ? Qu'est-ce que tu imagines ?

— Mais rien... rien...

— Oh si ! J'ai compris... »

Qu'a-t-il compris, le vieux grand-père Hoggy ? D'ailleurs son geste était-il si anodin que cela ? Si on le rapproche de sa jalousie maladive à propos de leur intimité, de sa terreur de voir arriver un enfant qui prendrait peut-être sa place dans l'amour de son petit-fils... Il y a là de quoi réfléchir. Rose ne sait pas bien réfléchir, elle n'a que de l'instinct, mais elle voit tout à coup le vieil homme sous un autre jour.

Et le soir, lorsque Simon rentre de son travail, le grand-père le prend à part et Rose n'a pas droit aux commentaires, elle n'a droit qu'au résultat de ce conciliabule. Simon lui fait la tête.

Elle veut s'expliquer, il se fâche :

« Tu as fait de la peine à grand-père, et il est très choqué. Il a même eu un malaise tout à l'heure. S'il lui arrive quelque chose, ce sera de ta faute !

— D'accord. Alors tu sais ce que je vais faire ? Je vais partir, je retourne chez mes parents. Ce n'est pas un mari que j'ai, ce n'est pas une vie, c'est un esclavage ! »

Et Rose s'en va en pleurant.

La maison est déserte soudain. Une semaine passe. Le grand-père est malade. Simon, qui passe son temps à faire des allées et venues entre son travail et la maison à 30 kilomètres de distance, finit par demander un congé, que son patron ne lui accorde pas.

« Vous n'avez qu'à le faire rentrer à l'hôpital, votre grand-père ! »

Ça, jamais. Simon ne pourra jamais. Il n'a pas été abandonné par cet homme, et il est prisonnier lui aussi de la reconnaissance obligatoire au-delà de toute logique. Il quitte son emploi, et s'enferme avec le grand-père.

Deux semaines passent encore. Rose n'est pas revenue. Simon n'est pas allé la chercher. Rien ne bouge dans la petite maison. Personne n'entendra les deux coups de feu.

C'est le facteur qui découvrira les corps. Celui du grand-père dans son costume du dimanche, étendu sur son lit. Celui du petit-fils, au pied du même lit. Une balle dans la tête du grand-père, en plein front. Une balle dans la tête du petit-fils, en pleine bouche. Et la carabine sur le tapis, rouge de leur sang-mêlé.

Sur la table de chevet, trois lettres courtes.

La première signée de grand-père Hoggy :

« Je suis malade et mourant. Je préfère mourir. Je cède la place.

La seconde signée de grand-père Hoggy, et adressée au shérif :

« C'est sur mon ordre que j'ai été tué, mon petit-fils Simon n'a fait que m'obéir. »

La troisième, enfin, de l'écriture de Simon, et signée par lui.

« Je suis arrivé au bout de ma vie. Il n'y a plus rien à faire. J'obéis à grand-père et je demande pardon à Rose. Je ne pouvais pas faire autrement. »

Le grand-père avait ordonné, Simon avait obéi. Le vieillard savait-il qu'il exigeait bien plus que sa propre mort ? Que Simon ne pourrait pas supporter de le tuer, même par amour, sans disparaître lui-même ?

Rose a dit : « Oui. Je le crois. Ce n'est pas un double suicide, c'est un crime. »

Un crime passionnel, même. Un drôle de crime passionnel. Un crime par omission.

Celui par qui le désordre arrive

Ce matin de 1967, à huit heures exactement, le directeur d'une agence bancaire de Vienne arrive le premier à son bureau.

M. Schwartz est toujours le premier. Il est précis, méticuleux, et il gère la succursale de cette banque comme si elle était la sienne propre. Il a horreur du désordre en particulier. Et s'il arrive à huit heures et non à 8 h 10 comme ses employés, c'est qu'il a une manie : l'ordre. Peut-être plus qu'une manie, même. Une idée fixe. Il ne faut pas que les femmes de ménage aient oublié une corbeille à papier, sinon il explose.

D'ailleurs il aime exploser. Ce qui est contradictoire avec sa manie de l'ordre. Par contre, le physique de M. Schwartz est en parfait accord avec sa manie : cheveux lissés en arrière, moustache minuscule et nette. Nez droit, lunettes d'écaille. Il est petit, mince, et les costumes qu'il porte sont d'une rigueur monacale. Rayures en long, gilet boutonné, cravate rigide.

Donc, à huit heures pile, M. Schwartz inspecte *sa* banque. Il aime particulièrement faire le tour des bureaux des employés. Un dossier mal rangé, un trombone qui dépasse, lui donnent toujours matière à réflexion. Les cabines des deux caissiers font toujours l'objet d'un examen particulier. N'a-t-il pas trouvé, une fois, un paquet de bonbons traînant dans le casier des grosses coupures ? Le caissier, un jeune garçon du nom de Klaus, a dû subir pour ce désordre un sermon d'un quart d'heure, et depuis M. Schwartz le surveille de près.

Les cagibis de verre sont fermés à double tour, comme il est normal, mais le directeur en possède la clef.

Il se penche, la caisse numéro 1 est en ordre. Il se penche à nouveau et découvre, bien à plat sur le comptoir de la caisse numéro 2, un papier. Une lettre, semble-t-il, maintenue en évidence par une règle de fer.

M. Schwartz ouvre la porte avec fébrilité. Une vague d'angoisse le soulève. Le jeune Klaus a dû laisser traîner le bordereau de ses dépôts de la journée.

Il saisit le papier... Mais ce n'est pas un bordereau. C'est une lettre. Elle commence ainsi : « Monsieur et distingué Directeur... »

Au bout de trente lignes d'une écriture débridée, M. Schwartz est rouge, puis blanc, la tête lui tourne. Il se retient au comptoir, trébuche, s'agrippe où il peut, mais le vertige est trop fort, le sol se dérobe sous lui et il s'effondre.

Son front a heurté la porte de verre. Il saigne d'une blessure profonde qu'il ne sent même pas, il est évanoui.

Le seul désordre physique que connaisse M. Schwartz, c'est une maladie de cœur. Et l'émotion a été trop forte. La lettre froissée dans sa main, est signée : « Votre dévoué et humble serviteur : Klaus. »

L'ambulance est arrivée, les employés s'agitent, on emmène M. Schwartz, dans un état lamentable, à l'hôpital le plus proche. Et l'inspecteur Beck relit la lettre signée Klaus, et cause de tout ce drame.

« Monsieur et distingué Directeur...

« Je n'ai que vingt-cinq ans, mais il y a sept ans que je travaille dans votre usine à fric. Vous me considérez comme une caisse enregistreuse, ainsi que mon collègue de la caisse numéro 1. Vous prenez les employés pour des stylos à bille, les dactylos pour des machines à écrire, et les femmes de ménage pour des balais à roulettes.

« Je ne connais pas votre femme, mais je suppose qu'elle doit représenter pour vous une potiche de salon.

« Depuis deux ans que je suis caissier en second, j'ai passé ma vie à enregistrer des billets, et à aligner des chiffres. Aujourd'hui, j'ai empilé trois cent cinquante-deux mille marks en billets, et vingt-six mille sept cent quarante-trois marks en rouleaux de pièces.

« Comme chaque soir, je me suis rendu au coffre, pour les déposer. Il y en avait déjà d'autres. Des piles et des piles de billets, bien rangés et stupides. Et tout à coup, j'ai trouvé idiot d'en rajouter.

« Pour tout vous dire, il y a plusieurs semaines que le problème me préoccupe. J'ai beau connaître l'argent sous toutes les couleurs, et sous toutes ses formes, j'ignore encore à quoi il sert. Celui que vous m'octroyez chaque mois sert à des choses précises. Mon loyer, ma nourriture et mes vêtements. Il est juste suffisant, d'ailleurs.

« Mais le reste ? Tout cet argent qui dort chaque soir dans le coffre ? À quoi sert-il ? Je l'ignore. Et je veux le savoir.

> « Je suis donc parti avec trois cent cinquante-deux mille marks en billets et vingt-six mille sept cent quarante-trois marks en rouleaux de pièces. Ce total de trois cent soixante-dix-huit mille sept cent quarante-trois marks ne dormira pas dans ce coffre cette nuit. Je veux faire une expérience personnelle. Être riche une semaine. Selon les résultats de cette expérience, je reviendrai à Vienne ou n'y reviendrai pas.
>
> « Cherchez-moi si cela vous amuse. D'autre part, j'ai tenu à ce que vous sachiez à quoi correspond exactement la notion de désordre. Vous pouvez examiner l'intérieur du coffre à ce sujet, ainsi que votre bureau. Votre dévoué et humble serviteur : Klaus. »

M. Schwartz n'a pas eu le loisir d'apprécier les qualités d'un vrai désordre. Il est à l'hôpital, en réanimation. Ses jours ne sont pas en danger, mais la crise a été sévère.

L'inspecteur Beck, lui, peut en profiter. Le coffre est une pagaille noire. Un tas de papiers que le jeune Klaus a foulés aux pieds. Quand au bureau de M. Schwartz, c'est autre chose, un autre genre. Presque de l'art. De l'ordre à l'envers, ou du désordre à l'endroit. Tous les meubles sont retournés. La table a les pieds en l'air, la chaise aussi, les cadres, les bibelots, les tiroirs, tout est disposé à l'envers. Ce travail a dû prendre du temps. Ce qui suppose que le jeune Klaus est resté dans la banque après la fermeture et qu'il avait toutes les clés en sa possession.

Il a quand même deux jours d'avance sur la police, puisqu'il a commis son forfait à la veille du week-end. À l'heure qu'il est, ce lundi matin, il a pu gagner le bout du monde, avec 378 743 marks en billets non repérables, une petite fortune.

La surveillance des aéroports et des listes de passagers ne donne rien. Les réservations dans les gares non plus... La police suppose donc que le jeune Klaus est parti en voiture. Ce qui n'avance pas à grand-chose, car il a pu passer les frontières de Suisse, de France ou d'Italie en toute tranquillité, muni d'une simple carte d'identité.

Et la semaine entière passe, sans que le voleur soit repéré. Nous sommes arrivés à la fin du fait divers. Klaus disait dans sa lettre : « Je veux être riche une semaine. » C'est fini. Il disait aussi : « Selon les résultats de l'expérience, je reviendrai à Vienne ou n'y reviendrai pas. »

L'inspecteur Beck est persuadé qu'il ne reviendra pas. Il connaît bien les voleurs. Quelles que soient leurs motivations, exprimées ou non, ce ne sont que des voleurs. Et il faudrait être fou pour venir se jeter dans la gueule du loup, après avoir dépensé autant d'argent !

Mais l'inspecteur Beck n'est pas très psychologue. Ou plutôt disons qu'il a l'habitude des voleurs normaux. Lui aussi, en quelque sorte, se laisse prendre au piège de l'ordre établi, qui veut que les voleurs ne soient que des voleurs.

Or Klaus est autre chose. Car le dimanche suivant, il est à Vienne, les mains dans les poches. Et le soir même, il se cache dans le jardin d'une villa. Un jardin impeccable, aux buissons taillés à la feuille près, et aux plates-bandes sans reproche : le jardin de M. Schwartz.

M. Schwartz est rentré chez lui après trois jours d'hospitalisation. Il a frisé l'infarctus.

À dix heures, ce dimanche soir, il est au lit. Sa robe de chambre est pliée sur une chaise. Ses chaussures alignées et son pyjama n'offrent pas le moindre faux pli. Sur la table de nuit, un petit régiment de flacons. Sa femme dort dans une autre chambre pour lui permettre de reposer en toute tranquillité. Il est donc seul. Il dort. La fenêtre de sa chambre au premier étage est légèrement entrouverte, car il a besoin de bien respirer.

Klaus, son voleur, escalade sans peine une petite terrasse. Il a surveillé la villa pendant deux heures, et repéré les pièces. Il atteint directement la chambre de M. Schwartz, y pénètre sans bruit, tâtonne un peu dans le noir, et s'assoit sur une chaise. Celle-là même où se trouve soigneusement pliée la robe de chambre du dormeur.

Klaus réfléchit dans le noir, quelques minutes et sans bouger. Il a les cheveux blonds bouclés, le front haut, le regard bleu vif, et le menton volontaire. Il a l'air intelligent, mais donne l'impression d'une grande jeunesse. Klaus ne fait pas son âge. On lui donnerait dix-huit ans à peine. Surtout vêtu comme il l'est d'un blue-jean et d'un tee-shirt orné d'un Snoopy, de baskets, et d'un blouson de cuir. C'est un garçon mince et souple, à l'allure plutôt sympathique.

Que vient-il faire dans la chambre de M. Schwartz ? Il sort un mouchoir de sa poche et un rouleau de mince cordelette. D'un geste précis, il enfourne le mouchoir entre les dents du dormeur, qui sursaute. Mais Klaus est d'un bond à cheval sur lui, et l'immobilise en chuchotant :

« Ne bougez pas ! Je vous défends de bouger, et si vous criez, je vous assomme. Maintenant écoutez-moi bien. Je vais allumer la lampe de chevet et du calme, hein ? »

Il allume. Une faible lueur éclaire le visage affolé de M. Schwartz.

« Restez sage, je ne vous veux pas de mal. Je vais vous attacher pour être plus tranquille. Sinon vous ne m'écouterez pas. »

Il attache les poignets de sa victime, les relie aux chevilles et sort un couteau de sa poche.

M. Schwartz émet un gloussement de peur.

Klaus plaisante :

« Allons, allons... je ne vais pas vous égorger ! Du moins pas encore, c'est pour couper la ficelle ! Là, voilà ! »

Klaus descend du lit, pour admirer son travail. Il constate que sa victime est recroquevillée sur le côté, dans une position inconfortable. Alors il le redresse, le cale sur son oreiller, sourit et s'assoit au bord du lit.

« Alors, monsieur et distingué Directeur ? Ça va ? Non. Ça ne va pas. Je parie que c'est à cause du fric, hein ? Justement je suis là pour ça. Oh non. Je ne vous le ramène pas, je n'en ai plus ! Il me reste vingt marks, tenez, c'est tout ce que je peux faire pour vous.

« Non, je suis là pour autre chose... Vous vous rappelez le jour où vous m'avez fait un discours sur l'ordre établi, à propos d'un paquet de bonbons ? Vous vous rappelez hein ? “L'ordre est le seul moyen d'accéder à la réussite d'une entreprise... Sans ordre, l'homme n'est qu'un animal débile... Le monde est fait d'ordre et de discipline... Que deviendrait-on si le soleil se mettait à tourner à l'envers ?”

« Vous m'en avez dit, des choses ! Et notamment que l'argent était la matérialisation de l'ordre dans notre société. Qu'il fallait respecter ses règles. Vous êtes un peu dingue, entre nous. C'est pourquoi c'est à vous que je veux raconter mon expérience. À vous en premier, pour vous faire comprendre que vous êtes dans l'erreur. Écoutez-moi bien, monsieur Schwartz. Ceci est un préambule : l'argent est un facteur de désordre, et je le prouve immédiatement. »

Klaus fait un cours, assis en tailleur au pied du lit, il discourt avec l'aisance d'un professeur, sûr de son sujet. M. Schwartz, lui, les yeux exorbités, fixe ce démon avec terreur.

Mais Klaus se préoccupe à peine de lui. Il parle... parle...

« Donc, je suis parti avec trois cent soixante-dix-huit mille marks et des bricoles. Je suis riche pour une semaine. C'est moi qui l'ai décidé. Il fallait bien limiter l'expérience : quarante-deux mille marks par jour environ, c'est une richesse appréciable.

« Premier temps, j'achète une voiture d'occasion, un vendredi soir, à un particulier. Une belle américaine. Il ne veut pas la vendre, mais si je paie mille marks de plus que le prix, il est d'accord, surtout si je paie en espèces. Où est l'ordre établi, là-dedans ? Mais ce n'est rien. Je file à Monte-Carlo. J'y arrive dans la nuit du lendemain, je gare ma voiture, et je fonce au casino. Ah ! Je n'ai pas de smoking ! qu'à cela ne tienne, une poignée de billets arrange l'affaire et j'ai un smoking en dix minutes. À croire que le portier a un magasin ouvert jour et nuit. C'est de l'ordre établi, ça ? Bref, je joue, je perds dix mille marks en un quart d'heure, j'en regagne vingt-cinq mille en trois minutes. Réfléchissons : vous, vous dites que l'argent doit être placé à longue échéance pour rapporter des bénéfices sûrs, or trois minutes pour quinze mille marks de bénéfice, ça me paraît bien plus efficace ! Mais laissons le jeu. Il y a là matière à discussion, car j'aurais pu perdre...

« Par contre, abordons les femmes. Regardez-moi, monsieur Schwartz, regardez-moi bien. Je ne suis pas laid, mais je n'ai rien d'un Don Juan. Or qui me tombe dans les bras ? Une splendeur, une actrice italienne, belle comme une couverture de magazine. Pourquoi ? Parce que je bois le meilleur champagne, et que les billets de banque fleurissent autour de moi !

« Je l'emmène dans un palace, on me loue une suite royale, et j'ai droit au cinéma sur grand écran, toute la nuit. Pourquoi ? Parce que j'ai raconté que mon père était banquier ! Dérisoire, vous ne trouvez pas ?

« Elle voulait un week-end à Rome, il n'y avait plus d'avions, j'en loue un, avec un pilote, et nous voilà dans la ville éternelle. Une nuit dans les boîtes, je paie un orchestre entier pour nous faire la sérénade... On achète une autre voiture et nous voilà à Portofino...

« Au restaurant je rencontre un milliardaire. Il m'invite sur son yacht. Je lui cède la belle Italienne, et je récupère en compensation une Suédoise incroyable. Elle mange de la langouste et du caviar au petit-déjeuner. Il lui faut une Rolls pour rentrer à Cannes, je la loue avec chauffeur et nous voilà repartis. Elle en maillot de bain et moi toujours en smoking.

« À Cannes, je dévalise une boutique. Nous voilà habillés de soie. Je paye toujours en espèces, et personne ne me demande qui je suis ni où je vais. C'est à ce moment, monsieur Schwartz, que je décide d'abandonner en même temps la Suédoise et son environnement de milliardaires. Je vais voir un peu chez les pauvres. J'achète une bicyclette. À minuit je fais les rues chaudes de

Nice, et pour cinquante mille marks, je m'offre le plaisir de renvoyer chez elles douze prostituées. Au petit matin je prends l'avion pour Paris, et je leur fais envoyer cinquante roses à chacune...

« À Paris, un pourboire au portier d'un hôtel, lui fait oublier que je n'ai pas de passeport, c'est facile. Le soir dans une boîte, je fais même la connaissance d'un policier. Il avale tous les bobards que je lui raconte, et nous passons ensemble une excellente soirée. À la fin, même si je lui avais dit que j'étais un voleur, il ne m'aurait pas cru.

« Entre-temps, une danseuse est tombée amoureuse de moi... Vous voyez, monsieur Schwartz ? L'argent peut tout. Il suffit de le distribuer largement et les gens sont à vos pieds. Ils sont prêts à tout, à vous aimer, à vous faire rire, à vous soigner, à vous suivre au bout du monde !

« Moi, j'en ai fait le tour. Il me restait soixante mille marks, j'ai pris l'avion pour Marseille, et à Marseille j'ai rencontré dans un bar une fille droguée et malade. Quand je lui ai donné de l'argent elle a filé. Mille marks suffisaient à accélérer sa mort de quelques jours... C'est de l'ordre, ça ?

« J'ai pris un billet de train pour rentrer. Il me restait encore de l'argent, je l'ai fourré dans la boîte aux lettres d'une maison. Et, voyez-vous, ça m'étonnerait que les gens qui le trouveront le rendent à qui que ce soit.

« Voilà, j'ai fini. Il me restait vingt marks, je vous les rends... Je voulais que vous sachiez que votre sale fric ne sert à rien, qu'il est responsable du désordre, qu'il ne procure que des choses superficielles et à présent, moi, je m'en fous. L'argent c'est de la foutaise, j'ai compris ça, et si vous ne le comprenez pas, tant pis pour vous !

« À présent, vous pouvez téléphoner à la police. Je n'ai pas l'intention de fuir n'importe où, c'est trop compliqué, de toute façon, il faut que je paie, allez, je vous détache ! »

M. Schwartz se laisse manipuler. Poings et pieds déliés, il ne bouge pas sur son lit.

Klaus se penche vers lui.

« Monsieur Schwartz ?... »

Il arrache lui-même le mouchoir...

« Monsieur Schwartz ! »

M. Schwartz tourne péniblement la tête, il est violet, il étouffe, il arrive à murmurer : « Salaud... petit salaud », puis plus rien. Il est mort.

Klaus a fait son discours à un moribond. Il ne s'en est même pas rendu compte. À présent, il secoue le cadavre, toujours sans s'en rendre compte. Il est arrivé au bout du grand désordre. La mort est devant lui.

Alors, comme un automate, il va réveiller la maison et il attend la police, tandis que Mme Schwartz le couvre d'injures :

« Comment avez-vous pu lui faire ça ? Il était malade ! Malade, vous comprenez ? Malade à cause de vous, et maintenant vous l'avez tué ! »

L'inspecteur Beck s'est fait raconter la scène par le jeune Klaus, il a répété son discours, comme un automate. Et il est en prison pour vingt ans. Vol, détournement de fonds, homicide, violence, cruauté mentale. Le jury ne l'a pas raté.

M. Schwartz a été enterré dans le cimetière de Vienne, sous une tombe de marbre gris, parmi d'autres tombes, alignées et entourées de fleurs artificielles.

L'ordre a repris ses droits. Mais à quel prix.

L'œil de Nurjhan

M. Parmentier doit peser dans les 100 kilos, c'est dire que sa femme n'a aucune peine à l'atteindre lorsqu'elle lui tire dessus à coups de revolver le 7 mars 1973 dans le couloir du grand appartement qu'ils occupent boulevard Malesherbes à Paris.

M. Parmentier, l'air très étonné, réussit tout de même à tituber jusqu'à un fauteuil où il se laisse tomber, tâtant de la main sa chemise qui se teinte de sang.

Là-bas tout au fond du couloir, l'index de Mme Parmentier relâche la gâchette. Du bout de son bras droit le revolver, qui pendait le long de sa chemise de nuit, tombe sur le parquet.

Contrairement aux apparences, ce n'est pas du tout le début d'une affaire policière mais une très belle histoire humaine. Car de ce drame de la jalousie dépend, par un enchaînement de circonstances tout à la fois banal et prodigieux, l'avenir d'une petite fille qui survit péniblement à 20 000 kilomètres de là.

Salon Louis XV, bureau Empire, salle à manger en rustique normand, bibliothèque bien fournie, bibelots disparates où le plus précieux côtoie des objets incongrus et sans valeur, l'appartement des Parmentier boulevard Malesherbes est à l'image de ses propriétaires.

Le 8 mars 1973, un vieux flic aux allures de paysan fourre son grand nez dans le petit secrétaire où Mme Parmentier classe sa correspondance. C'est un vrai fouillis où les lettres de son fils, vingt-quatre ans, officier de marine, voisinent avec les recettes de cuisine, où les catalogues de Vilmorin et Truffaut alternent avec les polices d'assurances, les factures avec les répertoires téléphoniques incomplets. Sous des apparences bourgeoises, les Parmentier ont toujours été assez bohêmes.

Le vieux policier n'est pas animé d'une curiosité malsaine. La veille, Mme Parmentier a tiré sur son mari trois coups de revolver. Ce geste accompli, elle s'est elle-même dénoncée à la police. Hélas, son mari est mort dans la nuit. Il s'agit donc de vérifier le récit de la criminelle que personne d'ailleurs ne met sérieusement en doute. Le policier a sans peine établi qu'il est de notoriété publique que son mari la trompait de façon assez odieuse depuis plusieurs années.

Soudain, le policier tombe en arrêt devant une lettre tapée à la machine :

Centre français de protection de l'enfance : 9, boulevard Berthier Paris 17e à Madame Nicole Parmentier : 18, boulevard Malesherbes Paris 17e.

« Chère Madame,

« Nous vous remercions de l'intérêt que vous avez bien voulu porter à l'annonce parue dans *Marie-France* du mois de décembre 1972 et dans laquelle nous recherchions en effet des parrainages pour des enfants déshérités du Bangladesh. Vous avez demandé quelques renseignements que je m'empresse de vous faire parvenir. Par enfants déshérités nous entendons des enfants affamés, sans espoir, et très souvent aux portes de la mort. La récente guerre indo-pakistanaise vous a sans doute révélé le drame de ces populations.

« Le Bangladesh c'est en surface le cinquième de la France : la Normandie et la Bretagne réunies, et environ 75 millions d'habitants. Personne ne connaît le nombre exact puisqu'il n'y a pas d'État-civil. Cela représente 1 200 habitants au kilomètre carré. En France, il y en a environ 80. En France, il tombe 2 à 3 mètres de pluie par an. Au Bangladesh : 12 mètres. C'est le pays le plus arrosé du monde et le plus humide. 90 % de la population est musulmane et travaille dans les rizières et les champs de jute. Récemment, d'énormes populations vivant dans les forêts, les brousses ou les rizières durent fuir devant les péripéties de la guerre indo-pakistanaise à laquelle elles ne comprenaient rien. Les uns essayaient de franchir la frontière indienne d'où on les refoulait. Les autres cherchaient refuge chez les Pakistanais qui n'en voulaient pas non plus et tous se retrouvèrent dans des camps. Maintenant qu'ils retournent chez eux, affamés, leurs maisons sont détruites ou réquisitionnées, les rizières saccagées : ils n'ont plus rien. Imaginez quelle peut être l'étendue de leur détresse. Nous vous proposons donc de devenir, moyennant un versement modique de 50 francs par mois, la marraine d'une petite fille : Nurjhan. »

Suivent quelques notes tapées à la machine et la photo d'une petite fille qui paraît plutôt jolie, attendrissante, bien qu'elle tienne une main bizarrement fermée sur son œil gauche.

Il est midi. Le policier n'a pas le temps de lire ces notes.

D'ailleurs cela n'a rien à voir avec l'enquête. Il reprend donc rapidement, presque machinalement, le cours de ses investigations et quitte l'appartement du boulevard Malesherbes une demi-heure plus tard.

L'après-midi chez le magistrat chargé de l'instruction sont réunis Mme Parmentier, son avocat et le policier. Dans une affaire aussi simple, l'instruction n'est qu'une formalité qui doit permettre à la justice de suivre son cours.

Mme Parmentier est une grande femme très intelligente, blonde de type nordique, solide et réservée. L'image même de la bourgeoise tranquille. Pas du tout le genre de femme destinée à se retrouver un jour devant le juge d'instruction. Elle a dû être assez belle et à l'approche de la cinquantaine, il lui reste un certain charme.

Le policier l'observe tandis qu'elle répond aux questions du juge. Plus que la jalousie, c'est le désespoir sans doute qui a poussé cette femme à tuer son mari.

« Lorsque vous avez tiré, aviez-vous l'intention de le tuer ? demande le juge d'instruction.

— Non... Oui... Je ne sais pas. »

Manifestement elle répond avec une sorte d'indifférence, le regard perdu, ne voyant personne, retenant ses larmes. Elle a d'ailleurs les yeux gonflés, rougis d'avoir beaucoup pleuré. L'avocat s'agite sur son siège :

« Ma cliente n'avait certainement pas l'intention de tuer son mari, ça n'a été qu'un geste de colère provoqué par un désespoir bien compréhensible. »

C'est alors que le vieux flic ne peut s'empêcher de faire une remarque. Remarque un peu déplacée sans doute car elle semble étonner l'avocat et le juge d'instruction :

« Vous croyez, Maître, que l'infidélité d'un homme, ça vaut ça ? Enfin, je veux dire, explique-t-il, est-ce que ça mérite un tel désespoir ? Et la suite ? Non seulement sa mort mais tout ce qui va arriver maintenant à votre cliente ? »

Mme Parmentier cette fois le regarde. Elle a les yeux bleus. Elle se tait quelques secondes comme si elle réfléchissait. Puis répond de sa voix douce de femme bien élevée :

« Je suis une femme oisive. Je me suis mariée très jeune. J'ai eu un fils qui maintenant n'a plus besoin de moi. Je n'ai pas besoin de gagner ma vie, d'ailleurs je ne sais rien faire. Je me fais souvent l'effet d'être un parasite mais les parasites ne sont pas des êtres plus heureux que les autres, car leur vie justement dépend des autres. Ma vie dépendait entièrement de celle de mon mari, de son affection, de sa présence. Lorsque j'ai compris que je lui étais devenue indifférente et qu'il allait partir, s'il ne m'avait pas mise en colère, ce n'est pas sur lui que j'aurais tiré, mais sur moi ! »

C'est alors que le policier repense à la lettre qu'il a trouvée ce matin dans le petit secrétaire du boulevard Malesherbes. Un papier sans importance sans doute. Quand il était enfant il mettait de côté le papier d'argent qui enveloppe le chocolat pour les petits Chinois. Son fils a vendu des scoubidous pour les victimes d'un tremblement de terre. Il y a comme ça dans chaque famille des bonnes œuvres qui traînent. Mais tout de même ; celle-ci a un nom, et pas un nom de chose, un nom d'enfant : Nurjhan. Et Nurjhan a un visage. Au fait pourquoi tenait-elle cette main fermée sur son œil gauche ? se demande le policier.

Lorsqu'ils sortent du cabinet du juge d'instruction, Mme Parmentier est inculpée. Le juge n'a pas été trop méchant. Il n'a pas retenu la préméditation et admis qu'elle avait provoqué la mort sans intention de la donner. Elle risque une peine de prison plus ou moins lourde, selon l'indulgence des jurés ou le talent de son avocat. Dans le couloir, le policier s'arrête un moment :

« Excusez-moi, ça ne me regarde pas du tout et cela n'a aucun rapport avec l'affaire. Vous n'êtes pas obligée de me répondre. J'ai trouvé ce matin dans vos papiers la lettre d'une organisation : *la protection de l'enfance* je crois. Est-ce que vous avez donné suite ? »

Sitôt la question posée, le policier a presque honte de l'avoir fait. Parler de bonnes œuvres à une femme qui vient d'être inculpée pour meurtre est peut-être de mauvais goût.

Mais dans ce long couloir du Palais de Justice, Mme Parmentier qui marchait entre lui et un policier en uniforme s'arrête et le dévisage :

« Pourquoi me parlez-vous de ça ?

— À vrai dire, je ne sais pas. Je vous assure que c'est sans aucune arrière-pensée. C'est de la pure curiosité. J'espère que vous ne la trouvez pas déplacée ?

— Non, mais c'est étonnant. En effet j'ai donné suite à cette proposition il y a trois mois.

— Vous êtes donc la marraine de cette enfant ?

— Oui. Mais vous savez, je dois à la vérité de dire que je ne me considère pas comme vraiment responsable de son avenir. C'est sans grand enthousiasme que j'ai accepté avec mon mari de la parrainer. Nous faisions une bonne œuvre, voilà tout. Moyennant un versement modique, que j'ai porté de moi-même à 120 francs par mois – un prix somme toute raisonnable et sans risque de grand tracas. La charité la plus égoïste, n'est-ce pas ? »

Mme Parmentier et le policier ont repris leur marche dans le couloir.

« Quel âge a-t-elle ? demande le vieux flic.

— Douze ans.

— Pourquoi sur la photo cache-t-elle son œil gauche ?

— Elle a perdu un œil par la petite vérole il y a 3 ans. Dans sa famille, il y a cinq enfants. L'aînée a été mariée à treize ans car personne ne mangeait à sa faim. Le père tuberculeux se loue comme journalier dans les champs quand il y a du travail. Mais il en trouve rarement alors il va à la pêche dans les marécages, ce qui ne permet pas à la famille de manger tous les jours. La mère, elle aussi, est tuberculeuse. Nurjhan est une enfant entêtée, pas très obéissante, paraît-il, mais animée d'un grand désir d'apprendre. Seulement elle n'a jamais pu aller à l'école régulièrement : elle est seulement en 3e classe, elle ne sera jamais très brillante dans ses études. Elle mange rarement à sa faim et sa condition physique est misérable. »

Mme Parmentier et le vieux flic reprennent leur marche dans le couloir.

« Vous ne l'avez jamais vue ?

— Non, bien sûr. Je ne connais d'elle que sa photo. Un jour, j'ai reçu une petite lettre décorée d'un dessin de sa main qui représentait des fruits, avec quelques mots écrits par la bonne sœur, paraît-il sous sa dictée. Elle me disait : "Je suis votre filleule Nurjhan, je ne sais pas encore écrire, mais j'espère que bientôt je saurai, et que je pourrai vous remercier moi-même."

« Au verso, la bonne sœur avait ajouté quelques lignes. Elle ne voulait pas laisser partir la lettre de cette enfant sans exprimer sa reconnaissance pour ce que nous faisions pour elle. Elle m'expliquait que si Nurjhan pouvait faire encore trois années de classe, cela lui serait bénéfique et qu'en même temps on pourrait la former à être une bonne mère de famille sachant tenir une maison et un foyer... L'essentiel, quoi ! »

Tout en parlant, le vieux flic et son inculpée, discrètement accompagnée par le policier en uniforme, sont arrivés au pied du « panier à salade ». Mme Parmentier a un geste de recul, horrifiée, puis elle se ressaisit. Tandis qu'elle monte, soit parce que cette idée lui tient à cœur, soit pour l'obliger à penser à autre chose, le vieux policier lui demande :

« Évidemment, 120 francs par mois, ce n'est pas très lourd. Mais croyez-vous que vous pourrez continuer à les verser ?

— Je ne sais pas. Ça dépendra. »

Sous-entendu, cela dépendra du talent de son avocat, de l'indulgence des jurés, de la compréhension du juge, de l'humeur du procureur et du temps qu'il fera sur Paris ce jour-là. La vie d'une petite fille qu'ici personne n'a jamais vue mais qui, là-bas, existe bel et bien dépend de l'issue d'un procès d'assises.

Quelques jours après l'inculpation, le vieux policier a l'occasion de rencontrer Mme Parmentier que l'on a sortie de prison pour quelques heures. C'est elle qui aborde le sujet :

« Vous m'avez parlé l'autre jour de la petite Nurjhan que mon mari et moi avons parrainée. Est-ce que le cas de cette petite vous intéresse ? »

Le policier, qui entre-temps a oublié ce détail, s'étonne avec un geste de surprise :

« Si elle m'intéresse ? C'est un grand mot ! J'ai moi-même trois enfants, vous savez. Ça m'a frappé, c'est tout.

— Bien. N'en parlons plus.

— Pourquoi ? Vous vouliez me demander un service ?

— Peut-être. J'ai reçu cette lettre. Vous pouvez lire. »

Et Mme Parmentier tend au vieux policier une lettre tapée à la machine que le concierge du boulevard Malesherbes lui a fait suivre en prison.

« Bien chère Madame,

« À l'instant le facteur vient de nous remettre votre magnifique paquet qui : merveille ! ne coûte qu'1 franc de taxe, alors que tous ceux qui arrivent ces jours-ci coûtent de 13 à 22 francs ce qui fait une fameuse brêche dans la mensualité de ces pauvres enfants. Nurjhan vient chercher sa poupée. Si vous saviez comme elle est heureuse de mettre sa chemise et son pantalon blanc. Elle va pouvoir laver ce qu'elle a sur elle. Elle commence à être en loques. Il faut que je vous dise la vérité, c'est qu'en ce moment elle ne mange que quelques cuillerées de riz chaque jour – et encore... Le coût de la vie a subitement triplé, alors qu'il y avait eu déjà de grosses augmentations. Où allons-nous ? Si vous voyiez cette misère qui devient effrayante et redoutable ! Car non seulement nous avons le spectacle de ces pauvres victimes de la faim qui défilent au dispensaire, mais parmi nos enfants qui maigrissent à vue d'œil, les vols commencent à dégénérer en pillage. On vole n'importe quoi pour le vendre à n'importe quel prix. Pour manger.

« Combien arrivent au dispensaire, nous demandant un médicament qui "donne de la force" ? Le premier, le meilleur serait du riz. Au moment où je termine ces lignes, il pleut de façon que vous ne pouvez imaginer et ces pauvres gens n'ont même pas une guenille pour se changer. Cette année, comme il a plu très tôt et plus que de coutume, la moisson de jute qui se coupe en ce moment est presque entièrement perdue. »

Le vieux flic a levé son grand nez pointu vers Mme Parmentier.

« Voilà, explique celle-ci. J'ai pris l'habitude de lui envoyer un colis chaque mois, par avion, c'est le seul moyen pour qu'ils puissent arriver, enfin disons : un colis sur trois, et encore ! Seul l'argent arrive toujours car il est transmis de banque à banque et, avec 50 francs, les bonnes sœurs peuvent acheter le riz nécessaire pour un mois, alors qu'un cadeau de 2 kilos (c'est le poids maximum que l'on peut envoyer par avion) n'aura jamais autant de valeur. Pourtant je continuais à lui envoyer des colis, mais maintenant cela me devient difficile.

— Et vous voudriez que j'envoie des colis ?

— Comme c'est vous qui m'en avez parlé, j'ai pensé que, peut-être j'aurais pu vous donner l'argent et que...

— Ce n'est pas une question d'argent, c'est plutôt que je n'ai pas la moindre idée de ce qu'il faut faire comme colis. Mais je vais en parler à ma femme. Vous avez l'adresse ?

— Je ne l'ai pas ici, mais vous savez où la trouver puisque vous avez déjà fouillé mon secrétaire.

— Je faisais mon métier.

— Je sais. Par la même occasion, vous y trouverez tout ce qui concerne cette petite, si votre femme veut s'en occuper... On ne sait jamais. »

Dans la cellule de la prison de Fleury Mérogis qu'elle partage avec une autre détenue, Mme Parmentier, les semaines s'écoulant, se sent de plus en plus concernée par la vie de cette enfant lointaine. L'idée qu'elle ne dépend que d'elle, qu'elle est peut-être responsable de sa survie, devient en même temps qu'un grand souci son unique raison de vivre et de ne pas sombrer dans le désespoir.

Chaque mois elle établit avec soin la liste des produits et des objets, calculés au gramme près, qui doivent composer le colis. Chaque mois, c'est la femme du policier, aux allures de paysan, qui l'expédie. Elle commence à s'intéresser elle aussi à la vie de la petite Nurjhan.

C'est ainsi que les deux femmes sont bouleversées lorsqu'elles apprennent que le père de l'enfant venant de mourir, la mère se livre à la prostitution pour faire vivre le reste de la famille. L'accumulation de malheurs sur la tête de cette enfant est d'ailleurs inimaginable, car sœur Mathilde écrit à Mme Parmentier que l'œil de la petite Nurjhan la fait souffrir énormément et qu'il faudrait la conduire à Mymen-singh pour la faire opérer. Ce qui coûterait assez cher car Mymensingh, c'est loin.

Mais les deux femmes atteignent le comble de l'angoisse lorsque la presse répand l'affreuse nouvelle : « Inondations catastrophiques au Bangladesh. »

Les journaux du monde entier se répandent en commentaires, en descriptions affreuses sur ces inondations qui sèment la douleur et la ruine : nouveau facteur de misère matérielle, physique et morale. Alors que le coût de la vie augmente de mois en mois de façon catastrophique, les récoltes sont aux trois quarts anéanties. Et de décrire le spectacle de ces moissons couchées sous les eaux où, pour opérer une coupe, il faut tâter la tige avec le talon. Impossible de sécher ou de battre le grain qui pourrit ainsi que la paille, seule nourriture des troupeaux sur laquelle comptaient les paysans. Toutes ces photos affreuses d'enfants squelettiques aux gros ventres et de vieillards expirant au coin des rues, sont devenues quotidiennes malheureusement.

Et c'est là que cette histoire, à première vue banale, devient – si l'on y réfléchit bien – tout à fait extraordinaire. Le 27 octobre 1973, le jour même où Mme Parmentier, fait repasser la robe noire avec laquelle elle essaiera de se présenter dignement aux assises, une grosse dame en manteau beige, l'air d'une brave concierge et traînant deux valises, prend l'avion au Bourget pour le plus long, sinon le seul grand voyage de sa vie.

Deux jours plus tard, lorsque Mme Parmentier entre dans le box des accusés, la grosse femme du vieux policier au grand nez descend de l'avion à l'aéroport de Dacca.

Tandis que dans le silence des assises Mme Parmentier, debout, entend lire l'acte d'accusation, la femme du policier serre la main de la bonne sœur qui l'attendait à l'aéroport et monte dans sa jeep. Il est impossible de démarrer à cause des grappes de mendiants qui s'accrochent à la voiture et enfoncent leurs écuelles vides par les portières.

Dans la salle des assises onze jurés regardent Mme Parmentier. À Dacca, au bord du trottoir, le cadavre d'un homme couvert de guenilles : les passants jettent dessus quelques sous et quand il y en aura assez, on achètera la natte pour le rouler dedans et l'enterrer.

Aux assises, défilé des témoins, effets de manchettes. Au Bangladesh, la femme du vieux policier roule le long du Bramapoutre sur la rive la plus haute, au milieu des paysans affamés qui regardent depuis des jours l'autre rive, inondée. Lorsque le toit de leur maison réapparaîtra, ils crieront de joie.

Aux assises, la Cour solennellement s'éclipse. Le public clairsemé se lève. C'est un procès sans intérêt. Demain, pour connaître la sentence, il n'y aura pas grand monde.

À Bhalukapara, il fait nuit quand arrive enfin plus morte que vive la grosse femme du vieux policier. Des gens en quête de nourriture assiègent la mission. Les bébés pleurent sur le sein desséché de leur mère. Tous ont froid : ils ont vendu leurs vêtements pour survivre. Sœur Mathilde, seule dispensatrice de soins dans toute la région, leur fait distribuer un peu de lait dans lequel elle a fait cuire des épluchures de légumes et râpé deux œufs durs.

Le lendemain, lorsque Mme Parmentier entre dans son box, les jurés sont surpris de son air absent. Pour un peu ils croiraient voir sur ses lèvres un imperceptible sourire.

Assise sur une marche de la véranda, la grosse femme du vieux policier voit arriver de loin une petite fille vêtue du pantalon et de la chemise blanche que Mme Parmentier et elle lui ont envoyés.

Tout de suite, elle comprend combien elles ont été stupides d'envoyer du blanc. Nurjhan tient la main sur son vilain œil gauche pour le cacher.

L'enfant s'arrête à deux pas de la grosse dame qui lui dit :

« Bonjour. »

L'enfant répond avec les quelques mots de français qu'elle connaît, auxquels la grosse dame ne comprend rien sinon à « marraine », qui revient plusieurs fois.

La grosse dame se tourne vers sœur Mathilde :

« Dites-lui que nous sommes deux marraines. L'autre l'aime aussi beaucoup, beaucoup. Mais elle n'a pas pu venir. »

Un procès sans intérêt se poursuit aux assises, avec son armée de juge et de jurés, d'huissiers et de greffier, de journalistes et de photographes qui s'agitent autour d'une femme indifférente.

Au Bangladesh, la grosse dame a pris la décision de conduire Nurjhan à l'hôpital de Mymensingh. Là on lui enlèvera son œil et on lui en mettra un autre en plastique. Non seulement elle cessera de souffrir mais elle n'éprouvera plus le besoin de le cacher avec sa main.

La grosse femme du vieux policier aimerait bien ramener en France la petite fille. Mais on le lui déconseille. Alors elle reste une semaine à regarder Nurjhan devenir de plus en plus joyeuse. Enfin elle est comme tout le monde. Elle se regarde dans la glace et se trouve très jolie.

Vient l'heure de la séparation. La grosse dame et l'enfant sont assises par terre l'une en face de l'autre :

« Tu reviendras ? lui demande péniblement l'enfant, avec son curieux accent.

— Moi je ne sais pas. Peut-être. Mais ton autre marraine sûrement.

— Sûrement ?

— Elle te le promet. Et tu verras, elle est très gentille.

— Quand ?

— Dans dix-huit mois. »

Ce matin, la grosse dame a reçu un télégramme de son mari le vieux policier : Mme Parmentier a été condamnée à 3 ans de prison avec sursis.

Le fou du docteur Schuss

Le docteur Schuss vient d'ouvrir la porte de sa maison. Une vague de froid le fait frissonner, et la vapeur qui s'échappe de sa bouche embue ses lunettes brutalement. Il ne distingue pas son visiteur.

« Pardon... vous désirez ?...

— Vous ne me reconnaissez pas, docteur Schuss ? Josef Heinrich, officier de police. »

Le docteur Schuss ôte ses lunettes rondes cerclées de fer. Un moment ses petits yeux clignotent dans le soleil d'hiver. C'est un homme curieux au visage long et mou, à la bouche enfantine surmontée d'une moustache infime. Ses cheveux blonds peignés sur le côté lui donnent l'air d'un petit garçon sage et bien poli. Il a cinquante-six ans, et il est trop poli, un peu trop pour être honnête.

Le docteur Schuss est également un joueur d'échecs de première force. Et c'est une bizarre partie d'échecs qui s'engage ce 20 décembre 1960, entre l'officier de police Josef Heinrich et le docteur Schuss. Une partie de fous, et sans échecs.

Le petit homme s'empresse :

« Ah, entrez, monsieur l'Officier, entrez ! que puis-je faire pour vous ? »

Le docteur Schuss trottine devant son visiteur. Il est en chaussons, une écharpe de laine autour du cou, emmitouflé dans une veste d'intérieur.

« Excusez-moi, je travaillais ! Asseyez-vous... asseyez-vous... Je vais débarrasser ce fauteuil. Ne m'en veuillez pas de ce désordre, j'ai des livres partout. »

Ce drôle de petit bonhomme ne peut pas prononcer une phrase sans s'excuser. Il mesure environ 1,68 m, et il marche le dos légèrement courbé.

Au contraire, l'officier de police est long et maigre, il domine son hôte de deux bonnes têtes.

Les deux hommes se sont vus trois fois en un an. La première fois, c'était en janvier, le policier s'était présenté pour éclaircir l'histoire d'une lettre anonyme. Cette lettre parlait de la disparition de la femme du docteur Schuss et se terminait par ces mots classiques et sibyllins : « Le docteur en sait plus à ce sujet qu'il ne veut bien en dire. »

Mais le docteur ne savait rien de plus. Selon lui, sa femme était partie avec un cheikh arabe et richissime, rencontré à Innsbruck aux sports d'hiver. Et depuis, plus de nouvelles.

La deuxième fois, le policier méfiant était revenu porteur de plusieurs témoignages selon lesquels le docteur Schuss aurait déclaré :

« Ma femme est en sanatorium. La pauvre est très malade... Elle ne reviendra pas avant longtemps. »

Le docteur Schuss avait souri d'un air contrit :

« Comprenez-moi, il ne faut pas m'en vouloir. Quel est l'homme qui admettrait devant ses amis que sa femme s'est envolée avec un Arabe milliardaire en pleines fêtes de Noël ? »

C'était plausible. Mais cette histoire de cheikh arabe et richissime ne plaisait guère au policier Heinrich. Cela avait un petit côté farce. Alors il avait vérifié, et il était revenu une troisième fois, c'était en octobre, il y a deux mois. Et cette fois, c'est lui qui s'était excusé. À l'hôtel à Innsbruck, on lui avait confirmé la présence d'un étranger. Il s'agissait effectivement d'un Arabe, il était apparemment riche et traînait avec lui, outre deux Rolls, une quantité de domestiques ; de plus, on l'avait vu parler à Mme Schuss.

Aujourd'hui, 20 décembre 1960, presque un an après la disparition de Mme Schuss, le policier ne vient pas s'excuser. Il a reçu à nouveau une belle lettre, anonyme mais terriblement précise.

Le docteur Schuss n'a pas l'air inquiet. La disparition de son épouse semble l'avoir libéré au contraire. Il travaille encore plus. C'est un anthropologue distingué, dont les écrits font autorité pour les spécialistes.

Son bureau est envahi de reproductions de crânes, de mâchoires en morceaux, de dessins, et de croquis représentant, de Cromagnon à l'homme moderne, toutes les races possibles de l'humanité.

À quelle race appartient le docteur Schuss ? À la race autrichienne, du genre rêveur, flou et affable, en apparence.

L'officier de police Josef Heinrich est lui aussi autrichien, mais d'un autre genre. Le genre nerveux, précis et obstiné. À peine assis dans le fauteuil que lui offre le docteur Schuss, il attaque :

« Que faisiez-vous en 1936 ?

— Quelle curieuse question, monsieur l'Officier...

— Elle est importante, docteur Schuss, j'ai là une lettre qui vous concerne.

— Une lettre anonyme, je suppose ?

— En effet, mais qui porte des accusations graves, que je suis obligé de vérifier. Bien entendu, vous n'êtes pas obligé de répondre, mais en la circonstance particulière il vaudrait mieux.

— Excusez-moi, mais quelle circonstance particulière ?

— Eh bien, votre femme ! Vous n'avez pas oublié qu'elle a disparu depuis un an sans donner de ses nouvelles ?...

— Bien sûr... bien sûr... mais quel rapport, si je puis me permettre ?

— Pour l'instant je vérifie, docteur Schuss ; s'il y a un rapport, je vous l'expliquerai. Alors, que faisiez-vous en 1936 ?

— Ce que je fais actuellement, de l'anthropologie. J'étais professeur, et à quarante ans j'avais ma licence depuis longtemps déjà.

— N'avez-vous pas travaillé avec un certain Fritz... Hesse ?

— J'ai travaillé avec beaucoup de monde, pardonnez-moi de ne pas me rappeler ce nom. Qui est-ce ?

— Fritz Hesse ? Un nazi, docteur Schuss. Il est mort ou disparu, en tout cas je n'ai pas de trace de lui, sauf... qu'il avait une femme.

— Et alors ?

— Il se peut que la lettre anonyme vienne de cette femme. Elle le nie pour l'instant, mais les détails que donne cette lettre sont très précis ; de plus l'écriture est celle d'une femme.

— En somme, monsieur l'Officier de police, je suis accusé de quoi ?

— En somme, docteur Schuss, d'avoir travaillé avec ce Fritz Hesse à l'élaboration d'un ouvrage anthropologique.

— Quel mal y a-t-il à cela ? C'est bien possible en effet mais je ne me souviens pas...

— Pouvez-vous me définir exactement le but de l'anthropologie, docteur Schuss ?

— Absolument ! C'est l'étude de l'homme, envisagée dans la série animale, c'est-à-dire que nous étudions l'homme comme les zoologues étudient les animaux : comportement, adaptation au terrain, évolution, etc. Je ne vais pas vous faire un cours, le sujet est trop vaste !

— Il est vaste en effet, docteur Schuss, et je ne le connaissais pas du tout avant de vous rencontrer. Mais j'aime bien tout savoir. Alors j'ai ouvert un ouvrage qui traitait du sujet et j'ai lu ceci :

"L'anthropologie, au sens strict du terme, s'efforce de définir la notion de race, c'est-à-dire d'établir l'existence de groupes naturels d'hommes présentant un ensemble de caractères physiques et physiologiques héréditaires communs." Ça ne vous rappelle rien, docteur Schuss ? »

Le petit docteur Schuss paraît soudain nerveux. Il essuie ses lunettes qui n'en ont pas besoin, toussote, et semble se ratatiner dans son fauteuil. Le policier, lui, se lève, il a senti qu'il avait abordé un sujet brûlant, et gênant pour le professeur, c'est donc qu'il est sur la bonne voie.

« En somme, docteur Schuss, vous auriez travaillé avec ce Fritz Hesse à un travail bien précis : celui d'établir les caractéristiques de la race juive et de les diffuser parmi vos étudiants, assortis bien entendu des commentaires stupides, et totalement faux, de votre ami Hesse. »

Le petit homme s'agite.

« Je n'étais pas nazi, si c'est ce que vous voulez dire, et ce travail dont vous parlez n'a jamais existé !

— Erreur, docteur Schuss, erreur, la lettre anonyme est assortie d'un joli petit fascicule qui porte vos initiales : “F. S.” Frantz Schuss, c'est bien ça ?

— Écoutez, on a pu se servir de mes travaux sans que je le sache. Vous ne croyez pas ?

— Possible, en effet...

— Mais vous n'y croyez pas ?

— Exact, en effet. J'ai fait ma petite enquête auprès des services de renseignements. J'y ai un excellent ami, voyez-vous. Je sais même que vous n'avez pas été inquiété après la guerre, à part un simple interrogatoire.

— Alors excusez-moi, mais encore une fois je ne vois pas le but de votre visite, ni le rapport entre mes supposés travaux et la disparition de ma femme !

— Je vais vous l'expliquer, docteur Schuss. La lettre que voici vous accuse en outre d'avoir assassiné votre femme en décembre 1960. Cette lettre dit très exactement :

« Le docteur Schuss et Fritz Hesse ont exécuté une femme en 1940. Ils ont fait un rapport de dissection qui a disparu malheureusement mais qui abondait en détails horribles et scandaleux sur ce qu'ils appelaient “l'impureté physiologique de la femme juive”. Le docteur Schuss est donc un assassin. Je ne peux pas fournir de preuve sur ce crime mais je “sais” qu'il est capable d'avoir tué sa femme. C'est un fou et un monstre. Mme Schuss n'a pas disparu à Innsbruck. Je l'ai vue le jour de son retour et elle m'a fait part de son intention de divorcer. C'est le lendemain qu'elle a disparu. »

« Voilà, docteur Schuss... Qu'avez-vous à répondre ? »

Le docteur Schuss n'a rien à répondre apparemment. Il transpire à grosses gouttes, il est pâle, il tortille lamentablement son écharpe et ses lunettes.

C'est le moment que choisit le policier pour sortir un papier de sa poche.

« Docteur Schuss, j'ai là un mandat de perquisition en bonne et due forme, mes hommes attendent dehors. »

Cette fois, le docteur Schuss pleurniche :

« Faites ce que vous avez à faire, mais je vous préviens, c'est une ignominie ! une cabale montée contre moi ! ces lettres anonymes sont dégoûtantes ! oui dégoûtantes ! Ma femme est partie avec un cheikh milliardaire... »

Cette phrase, il la répète des dizaines de fois, tandis que l'équipe des policiers fouille sa maison de fond en comble. Et il rajoute même des détails :

« Excusez, monsieur l'Officier, vous ne connaissiez pas ma femme. Elle a toujours été attirée par le désert. En vérité, elle s'est fait littéralement enlever par cet homme. Il était aux sports d'hiver en même temps que nous à Innsbruck, et il se croyait tout permis, je vous assure ! Dieu sait où est ma femme à présent, répudiée probablement, ou enfermée dans un harem...

— Quel âge à votre femme, docteur Schuss ?

— Quarante ans...

— C'est elle, sur la photo, là ?

— Oui. Elle était belle, n'est-ce pas ?... »

Le docteur Schuss a pris l'air d'un veuf pour dire cela, l'air et la grammaire, car il a dit « était », comme s'il la savait morte.

Pour être tout à fait objectif, Mme Schuss n'est d'ailleurs pas aussi belle qu'il le dit. Agréable sans plus, bien blonde et bien potelée, avec un visage d'une grande naïveté.

Au fond, se dit le policier, cette femme a très bien pu suivre ce milliardaire arabe. Si elle est capable de croire à n'importe quelle sornette. Mais pourquoi accuser le mari ? Peut-être pour sauter sur l'occasion de le mettre dans les pattes de la police. Son passé est celui d'un pro-nazi, donc quelqu'un pourrait avoir envie qu'il paie. Cette femme qui le dénonce est sûrement la femme de ce Fritz Hesse. Pourquoi le dénonce-t-elle maintenant ? mystère... des remords tardifs, peut-être... ou une vengeance récente...

Tandis que le policier réfléchit, les hommes de son équipe achèvent la perquisition. Ils ont sondé la cave, examiné le jardin, tout est passé au crible. Un an après la disparition de Mme Schuss, il n'espérait pas trouver grand-chose, mais on ne sait jamais. De toute façon, le passé du docteur les intéresse. Il ne reste plus que le grenier. Deux hommes s'y trouvent, perplexes, devant un coffre-fort gigantesque. Un ancien modèle, d'un poids respectable.

L'officier de police les rejoint, accompagné du tremblotant docteur Schuss.

« Voulez-vous l'ouvrir, docteur, s'il vous plaît ?...

— Eh bien, excusez-moi, je... j'ai complètement oublié où se trouvent les clés... Je ne m'en sers jamais, voyez-vous.

— C'est désolant, docteur, il va falloir le forcer. Vous n'avez vraiment pas les clés ?

— Non... Je vous assure... Ce coffre est là depuis des années ! D'ailleurs il n'y a rien dedans.

Je voulais m'en débarrasser mais il est tellement grand. Vraiment, je n'ai rien pour l'ouvrir. »

Qu'à cela ne tienne, la police a des spécialistes. Et une heure plus tard la lourde serrure du coffre-fort est attaquée par l'un d'eux.

Le docteur Schuss a l'air un peu malade. L'officier de police continue son interrogatoire dans le bureau du rez-de-chaussée, les minutes passent. Et le docteur Schuss est de plus en plus malade. Un quart d'heure, une demi-heure passent. Là-haut le spécialiste travaille toujours ; apparemment le coffre-fort est un modèle compliqué. Le docteur Schuss semble aller mieux. Au bout d'une heure, il a retrouvé son air de petit garçon sage et son léger sourire hypocrite. Il recommence à s'excuser d'un ton cauteleux :

« Vous me pardonnerez, mais j'ai l'impression que vous faites un travail inutile... Ce vieux coffre est sans intérêt ! D'ailleurs que cherchez-vous ? Des papiers ? De l'argent ? Tous mes papiers sont là, sur ce bureau, et mon argent est à la banque. C'est ridicule, vous ne trouvez pas ? Bien entendu je comprends, vous faites votre travail... »

Il bavarde, il bavarde... et l'officier l'observe pensivement.

Il se dit qu'il n'aime pas cet homme, pas du tout. C'est au milieu du bavardage du docteur Schuss que l'on entend crier au grenier :

« Chef !... Montez vite, c'est épouvantable ! »

Il y a une galopade dans l'escalier, un policier s'empare du docteur Schuss, et le tient fermement. Il a l'air retourné, et il bégaie :

« Chef... il faut le garder à vue ! là-haut, si vous voyiez, chef, c'est... épouvantable... épouvantable... »

L'officier de police se précipite au grenier. Le spécialiste a mis 1 h 10 pour ouvrir le coffre-fort du docteur, et il est là, bras ballants devant la porte ouverte, un peu vert et hypnotisé.

Dans l'immense coffre-fort, des restes humains. En désordre. Indescriptibles. Insoutenables...

L'officier de police Josef Heinrich n'a jamais vu de toute sa vie pareil spectacle. Il se force à parler, mais sa voix a du mal à sortir :

« Refermez, s'il vous plaît. Faites en sorte que la combinaison reste à zéro. Je préviens la Criminelle. »

Dans le bureau, toujours fermement tenu par un policier, le docteur Schuss fait l'étonné :

« Que se passe-t-il ?... »

Josef Heinrich le regarde, dégoûté :

« Qui est dans le coffre ? Votre femme ?

— Excusez-moi, je ne comprends pas... »

Cette fois c'est trop... Beaucoup trop. Une colère froide saisit le policier.

« Ne vous fichez pas de moi. Surtout, ne vous fichez pas de moi ! pas avec ce qu'il y a là-haut. Ne me dites pas que vous ne savez pas ce qu'il y a là-haut, une espèce de cadavre dans un coffre-fort, *votre* coffre-fort ! Ça ne vous dit rien ?

— Mais je ne comprends pas. J'ignorais tout de sa présence chez moi, quelqu'un a dû le déposer à mon insu !

— Votre cheikh arabe, sûrement ? Vous prenez les policiers pour une bande d'imbéciles, hein ? C'est ça ?

— Mais je vous assure que j'ignore tout de cette affaire ! »

Josef Heinrich, âgé de trente-cinq ans, l'officier le mieux noté de son secteur, réputé pour sa conscience professionnelle, mais aussi pour sa nervosité, manque d'exploser.

« Ôtez-le de là ! emmenez-le, ou je lui tape dessus ! »

Pour mettre les policiers dans cet état, il fallait que le spectacle découvert dans le coffre-fort soit horrible. Il l'était.

Il fallut d'abord identifier le corps. Il s'agissait bien de Mme Schuss. La cause de la mort était indéterminée, et curieusement, il manquait une mâchoire, celle du bas.

Un spécialiste la retrouva parmi les spécimens du docteur Schuss, sur son bureau, entre deux reproductions de mâchoires de Néanderthal et de préhominien.

Et le docteur Schuss mit six mois avant d'avouer son crime.

En bref, il avait coupé le cou de sa femme pour deux raisons. La première, parce qu'elle voulait partir, tout simplement, sans cheikh arabe à la clef. Ceci était pure invention du docteur Schuss.

La seconde raison découlait de la première. Le docteur Schuss avait besoin de spécimens pour ses études et il avouait cela avec détachement : sa femme était d'origine polonaise, il voulait savoir si oui ou non elle était juive.

Au juge d'instruction il affirma avec un aplomb incroyable :

« Pure curiosité de ma part, vous comprenez. Elle avait toujours nié, mais je n'étais pas sûr. D'ailleurs j'ai dû la protéger pendant la guerre. Heureusement j'avais quelques relations. À présent j'en suis sûr, elle ne l'était pas. »

Fou, le docteur Schuss ? Évidemment un de ces fous dont il vaut mieux oublier l'existence, à condition qu'il ne se rappelle pas à notre mauvais souvenir.

Ce fou-là a terminé ses jours en prison. Il y est mort d'une embolie cérébrale, devant un jeu d'échecs.

Pourquoi pas...

La ferme du silence

Toutes les fermes et toutes les campagnes du monde ne se ressemblent pas. Selon qu'on y cultive le blé ou la betterave, la tulipe ou le riz, le soja ou la pomme de terre. Mais les cultivateurs, eux, se ressemblent. Car la terre est la même, et leur amour de cette terre est le même. C'est plus qu'un amour, d'ailleurs, c'est une dépendance, un besoin, un orgueil. La terre est la vie même et elle peut parfois mener loin celui qui la possède.

Ce préambule pour affirmer que les drames paysans sont bien particuliers, et que l'univers paysan du crime a son propre climat. Parfois insupportable aux gens de la ville, et parfois aussi totalement incompréhensible.

Il règne ce soir-là, en 1947, dans cette ferme flamande, un climat bizarre.

La femme a soixante-douze ans. C'est la mère. Soixante-douze ans d'obéissance à tout. Au mari, à la ferme, aux enfants, à l'été comme à l'hiver. Les rides qui creusent son visage l'ont rendue triste comme si elle n'avait jamais été gaie de sa vie, ou heureuse de vivre. Elle a les mains épaisses et dures, croisées sur ses genoux, le front baissé, elle attend. Le gendarme qui vient d'interroger ses fils la connaît depuis des années.

« Alors ? Le père a disparu comme ça ? Il n'a rien dit ? »

Elle répond sans lever la tête.

« Il n'a rien dit.

— Il n'a même pas dit s'il allait en ville ?

— Il ne l'a pas dit. »

Marie Baneke, l'épouse de Johan qui a disparu depuis quinze jours, se lève lourdement pour aller déplacer une marmite de soupe. Sans plus se préoccuper du gendarme, et sans même se retourner, elle dit à ses fils :

« Va falloir manger. »

Pierre et Louis se dandinent un peu devant le gendarme. L'aîné, Pierre, quarante-trois ans, ressemble à sa mère. Les mêmes traits épais, les mêmes plis qui descendent de chaque côté de la bouche, comme deux mornes parenthèses. Louis ressemble à son père, il est beaucoup plus jeune, trente et un ans. Tout est carré chez lui : front, nez, menton. On le dirait taillé dans un morceau de bois, sans douceur, sans polissage. Un visage à l'état brut.

Pierre, l'aîné, s'adresse au gendarme, avec effort :

« Vous boirez pas un verre de vin ? »

Le gendarme refuse, mais s'assoit devant la table où la mère dispose les assiettes et le pain. Il a l'air perplexe.

« Enfin tout de même... on ne disparaît pas comme ça ! Il a dû en parler, dire quelque chose. Et vous auriez pu vous inquiéter plus tôt... »

La mère pose la soupière sur la table, et toujours sans regarder le gendarme, lui répond brusquement :

« Il avait l'argent de la récolte. Y avait pas à s'inquiéter pour lui. C'est pas la première fois qu'il court en ville. »

C'est la phrase la plus longue qu'elle ait prononcé depuis une heure que le gendarme les interroge, ses fils et elle. À présent elle s'assoit, verse la soupe et s'adresse à Louis d'un geste de la tête et en deux mots :

« Ta femme... »

Cela veut dire que Louis doit aller chercher Elise, son épouse.

Elise s'occupe des bêtes. Le gendarme la connaît bien, elle aussi. Elle a quitté la ferme de ses parents, à 10 kilomètres de là, pour épouser Louis. Et, mis à part le jour du mariage, sa vie n'a pas changé. Les poules, l'étable, le lait, les fromages, le jardin, l'occupent toute la journée, de six heures du matin à neuf heures du soir.

Louis entrouvre la porte, et un vent glacial s'engouffre dans la cuisine. Il siffle comme on sifflerait un chien, et l'on entend de loin la voix d'Elise en réponse : « Ho ! » Quand elle rejoint les autres, en essuyant ses deux mains bleues de froid après son tablier, le gendarme s'en va.

« Bon, ben, je vous laisse à la soupe. Si on a des nouvelles je vous préviendrai. »

Elise, vingt-cinq ans, les cheveux tressés bas sur la nuque, les joues rouges, est la seule à dire au revoir au gendarme. Les deux frères font un signe de la main, la mère boit déjà son bouillon à petits bruits.

La ferme est grande. Quatre vaches, deux cochons, un poulailler important, et des champs à perte de vue. Le père disparu depuis quinze jours, Johan, soixante-quinze ans, la dirige toujours. C'est lui qui vend les récoltes, compte les sacs de noix et les fromages, surveille le mûrissement des poires au cellier, mène les veaux à la foire et les vaches au taureau. Mais les fils font le travail de la terre. La mère cuisine, lave, repasse, épluche, met en conserves. La belle-fille fait le reste. Pas une minute de leur vie ne se perd. Et le soir, après la soupe et le fromage, chacun regagne son lit en silence.

Seul Louis a de la compagnie, puisqu'il est le seul marié. La mère a sa chambre au grenier. Le père a la sienne au rez-de-chaussée près de la cuisine. Où dort-il à présent ? Ni les fils, ni la mère n'en parlent. Lorsqu'il est apparu évident, au bout d'une semaine, que le père ne rentrerait pas de sitôt, que cette fugue-là était plus longue que les autres, la mère a simplement dit :

« Pierre, Louis, allez vous renseigner en ville. Il le faut. »

C'est elle aussi, la deuxième semaine, qui leur a dit :

« Faut voir les gendarmes, on sait jamais. »

Le gendarme est venu, puis reparti. Il est revenu à nouveau, et à nouveau. Les mois, deux ans ont passé, sans nouvelle du fermier Johan.

À la ferme, personne n'a manifesté de chagrin. Personne n'a tenté de chercher plus loin que l'explication du début : le vieux Johan est parti avec l'argent de la récolte de pommes de terre. Depuis le temps qu'il faisait des fugues, depuis le temps qu'il dépensait en ville l'argent d'une saison avec une ou deux filles de trottoir en se soûlant et en hurlant dans les rues, cela devait arriver. Plusieurs fois il était même allé jusqu'à Bruxelles, à Ostende, à Bruges. Il partait toujours sans rien dire, et rentrait sans rien dire. Car il n'y avait rien à dire. Cet argent était à lui. Une fois le partage fait avec ses fils, le reste ne regardait que lui. Même la mère ne posait pas de questions. Depuis cinquante ans, elle n'en posait jamais. Il allait hurler à la ville, comme les loups à la lune, elle restait silencieuse à la ferme, avec ses fils.

Comme l'autre fois, il y a deux ans, la mère est assise près de la cuisinière à bois. Les mains croisées sur ses genoux, le front baissé, elle écoute le gendarme. On sent dans sa manière de s'asseoir qu'elle n'en a pas l'habitude, le corps est en éveil, prêt à quitter ce repos insolite pour repartir au travail. La mère ne mourra pas assise. Elle n'aura jamais de repos. Elle a soixante-quatorze ans maintenant. Pierre et Louis sont debout à côté d'elle. Elise regarde par la fenêtre. Le gendarme ne s'assoit pas.

« On a peut-être des nouvelles... graves... »

Pierre et Louis ont un élan vers leur mère qui ne bouge toujours pas. C'est Elise qui demande :

« On l'a retrouvé ?

— C'est possible, pas sûr...

— Il est mort ?

— Celui qu'on a retrouvé est mort. Il a été repêché dans le port à Ostende. Il y était depuis deux mois environ. Ça ressemble à la description du père. Mais c'est difficile à dire comme ça. Il va falloir aller l'identifier. »

Le silence est pesant. Un silence qui n'apprend rien sur les sentiments des uns et des autres. La mère n'a toujours pas bougé. Le gendarme se racle la gorge.

« On a reçu une photo du cadavre à la brigade, vous pourriez la voir, mais ce ne sera pas suffisant... »

Elise referme la fenêtre et regarde Louis. Louis regarde Pierre qui regarde sa mère. Leur mutisme est habituel, il ne choque pas le gendarme. Enfin la mère parle, sans lever la tête, comme toujours, les yeux errants sur le carrelage impeccable, luisant de propreté.

« Pierre, tu iras. Louis, toi aussi. Je vous donnerai l'argent du voyage. Elise, tu les mèneras à la gare. En revenant tu prendras le grain chez Acker. »

C'est tout.

Le gendarme salue et s'en va. Il fait beau dehors, les poules s'éparpillent dans la cour et piaillent autour de la voiture qui démarre. Les champs de luzerne et de pommes de terre défilent sous les yeux du gendarme qui dit à son collègue :

« Au fond, ça serait bien qu'il soit mort, et que ce soit lui, le noyé d'Ostende. Pour eux, il est mort depuis longtemps. Ça ne changera rien, sauf qu'ils seront les maîtres, et tranquilles. »

Le lendemain, 7 juillet 1962, Pierre et Louis, en costume noir et chaussures cirées, prennent le train pour Ostende. Six heures de trajet. La mère a préparé leur panier de déjeuner.

L'après-midi, ils se rendent à la morgue municipale. Un peu perdus dans la grande ville, ils ont cherché longtemps, à pied, avant de se résigner à prendre un taxi.

Pierre, l'aîné, montre la convocation au fonctionnaire, qui les conduit à travers d'immenses couloirs en sous-sol. Un homme en blouse immaculée les prend en charge et les installe dans une petite pièce carrelée et blanche. Il s'en va un quart d'heure et revient en poussant un chariot recouvert d'un drap. Une étiquette flotte au pied du cadavre, portant un numéro : 93070, une date : 22 juin 1960. Sexe : masculin.

L'homme en blouse blanche est suivi de deux policiers en uniforme et d'un inspecteur en civil. C'est l'inspecteur qui parle, d'un ton plat.

« Je vous demanderai de vous prononcer sans hésitation. Si vous avez le moindre doute, vous devez m'en faire part. J'ai ici la description des vêtements et le signalement de M. Johan Baneke. Elle correspond dans son ensemble. L'homme que voici n'avait pas de portefeuille, pas de papiers d'identité, pas de cicatrice reconnaissable, pas de bijou. Il lui manquait ses chaussures, et le pantalon ne portait pas de ceinture. Il a séjourné environ deux mois dans l'eau du port et ne porte pas de blessures apparentes. La mort est due à la noyade. Le visage a beaucoup souffert, ainsi que les mains et la partie inférieure du corps. Quand vous serez prêts... nous pourrons y aller. »

Pierre fait un signe de tête. L'homme en blouse blanche soulève le drap et l'inspecteur leur dit d'avancer.

Ils regardent, tous les deux, avec intensité. Puis Louis détourne la tête. Il est pâle. C'est Pierre qui parle le premier à l'inspecteur.

« C'est le père.

— Et votre frère ? Il est sûr ? »

Louis regarde à nouveau. Il se mord les lèvres, mais sa voix est calme :

« C'est le père, c'est vrai.

— Vous n'avez aucun doute ?

— Non, monsieur. On le reconnaît, quand même. C'est le père. »

Pierre et Louis signent des papiers et reprennent le train. Une semaine plus tard, ils suivent le cercueil de leur père, rapatrié au village. L'enterrement est rapide, deux ou trois voisins y assistent.

Dès leur retour à la ferme, Elise, la mère, et ses deux fils reprennent leur travail. Rien n'a changé dans leur vie. Rien ne changera pendant sept ans à la ferme du silence.

Bien loin de cette ferme du silence, bien loin de la tombe où repose le corps de Johan Baneke, décédé à soixante-dix-sept ans d'une dernière fugue, bien loin de là, à Dixmude, un policier relit son rapport. En face de lui, un collègue, venu d'Ostende. Tous les deux achèvent une conversation très intéressante. Le policier d'Ostende conclut.

« Bon. Je vais prévenir la gendarmerie locale. En somme, il n'y a plus aucun doute.

— Aucun doute. Mon olibrius avait intérêt à avouer le meurtre, les juges lui en tiendront compte. Au fond c'était presque un accident. Et de votre côté ?

— Le rapport de gendarmerie n'était pas défavorable, mais il restait un doute. Personne n'avait vu le vieux dans les endroits où il traînait d'habitude. C'était bizarre, mais sans plus. L'identification a réglé le problème. À présent il reste entier.

— Les fils ont pu croire que c'était lui, la ressemblance existe, et le cadavre avait séjourné longtemps dans l'eau.

— Possible. Mais il y a les yeux. Le vieux avait les yeux petits, les sourcils bas. C'est un détail important du visage qui n'existe pas chez l'autre. Il me paraît difficile que ses deux fils ne l'aient pas remarqué. Ils n'ont pas hésité du tout, d'après le rapport de la morgue.

— Qu'est-ce que vous comptez faire ?

— Reprendre l'enquête. »

Cette fois, elle a quatre-vingt-un ans, la mère, presque quatre-vingt-deux. Son visage n'a guère changé, les cheveux sont un peu plus rares, elle est toujours assise près de la grande cuisinière à bois, à peine assise, prête à se lever, prête à reprendre son travail interrompu par l'arrivée des gendarmes. Ils sont beaucoup aujourd'hui. Trois voitures ont envahi la cour. Pierre et Louis, assis de chaque côté de la table, sont encore plus muets que d'habitude, si la chose est possible. Elise regarde toujours par la fenêtre... Elle a vieilli, un peu.

Dehors on entend du bruit, en haut des portes qui claquent, des meubles que l'on bouge. Les gendarmes sont partout. À l'étable, au poulailler, dans la porcherie, au grenier, à la cave.

Il y a deux heures qu'ils fouillent. Ils ont commencé par le jardin, le verger, la basse-cour, ils ont sondé la cave et le puits, cogné dans les murs.

La mère a dit :

« Qu'est-ce qu'ils cherchent ? »

Le brigadier a répondu :

« C'est la routine. Du moment que votre mari n'est pas mort... Enfin que ce n'est pas lui qu'on a enterré au cimetière, on reprend l'enquête, vous comprenez ? »

Depuis, la mère se tait, comme toujours. Les fils se taisent, parce que la mère se tait, et Elise aussi.

À un moment pourtant, Elise s'adresse au brigadier.

« Les vaches ont soif.

— Il n'y en a plus pour longtemps, ne vous inquiétez pas. »

Elise regarde encore par la fenêtre et annonce d'une voix morne.

« Ils fouillent l'étable... »

Pierre et Louis se regardent. Le brigadier surprend cet échange de regards, mais sans pouvoir y lire quoi que ce soit. Elise continue son petit reportage sur un ton monocorde, à phrases courtes :

« Ils sortent les vaches... Ils amènent des outils... »

Le brigadier sort, laissant deux hommes de garde à la porte ouverte de la cuisine. On entend des coups de pioches au-dehors... Puis deux hommes sortent de l'étable en courant. Elise raconte :

« Le brigadier parle avec deux autres, ils ont des pioches... Le brigadier revient... »

Le brigadier revient en effet. L'air grave, sérieux, il s'adresse aux deux fils :

« Il y a une dalle de ciment, dans l'étable... Qu'est-ce que c'est ? »

Pierre n'a pas sursauté. Ces gens-là ne sursautent pas, jamais. Il a simplement relevé la tête, un peu vite, et Louis regarde la mère, avec inquiétude dirait-on.

« Alors ? C'est quoi, cette dalle ? »

Elise répond :

« Pour l'humidité.

— Qu'est-ce qu'il y a en dessous ?

— De la terre...

— Et pourquoi une seule dalle ?...

— Parce que l'humidité est là.

— C'est tout ?

— Oui. »

Le brigadier ressort. Une voiture et deux gendarmes prennent la direction du village. Trois quarts d'heure plus tard, elle revient, accompagnée d'un ouvrier muni d'un marteau-piqueur.

Le silence n'a pas cessé de régner dans la grande cuisine. Le soir commence à tomber. Elise s'est assise près de la fenêtre, la tête dans les mains. Pierre et Louis contemplent le dos de leur mère, voûté sur sa chaise. Les deux gendarmes de garde ont fermé la porte d'entrée. Ils ont pris chacun un tabouret, et n'osent pas faire de commentaires dans ce silence impressionnant.

On entend brusquement la trépidation du marteau-piqueur. Elle dure assez longtemps. Dix minutes peut-être. Puis le brigadier revient. Son visage est fermé.

« Il va falloir venir avec nous, la mère. On cherchait votre mari, on l'a trouvé. »

Marie Baneke se lève. Pour la première fois elle regarde le brigadier dans les yeux, comme si elle y cherchait une vérité, une certitude.

Il répète seulement :

« Il faut venir, la mère... »

Alors elle le suit, à pas lourds, traînant ses chaussons, les deux mains croisées sur sa poitrine, agrippées à son châle de laine. Elle entend sans sourciller le brigadier donner des ordres à ses hommes :

« Ils sont en état d'arrestation, tous les deux, et la femme aussi. Que personne ne sorte d'ici. »

Dans l'étable, à la lumière des lampes électriques, la mère piétine des amas de paille et de ciment. Le brigadier la guide vers un trou large d'1 mètre environ. Le marteau-piqueur a défoncé une dalle de ciment, dissimulée sous la paille.

Le gendarme désigne le trou de la main :

« Il est là... »

Marie Baneke se penche. Les gendarmes éclairent le fond du trou, profond et humide. Il s'en dégage une odeur âcre d'humus et de champignons.

Elle regarde le squelette. Il porte encore le costume des jours de fugue et les chaussures du dimanche.

Des os, rien que des os. C'est son mari, Johan Baneke. Elle regarde, regarde, puis recule et s'adosse au mur de l'étable, les yeux secs. Sa voix ne tremble pas, elle est triste, immensément triste.

« Ils m'avaient juré tous les deux qu'ils ne l'avaient pas tué. Ils l'avaient juré.

— Pourquoi l'ont-ils tué ? Il faut tout nous dire, la mère...

— Je n'ai rien à dire. Ils l'ont tué, c'est tout. »

Elle ne dira plus rien, la mère. Elle regagne sa cuisine, elle regarde partir ses deux fils et Elise entre les gendarmes. Elle entend Elise murmurer :

« C'était pour qu'il ne parte plus avec l'argent, c'était du gâchis, la mère... »

Elle entend son fils Pierre, l'aîné :

« On pouvait plus payer, on aurait dû vendre la terre ! »

Elle entend son fils Louis, le cadet :

« Tu l'aimais pas, la mère, tu l'aimais pas, il criait trop ! »

Et elle reste seule, dans la grande ferme silencieuse. À quoi pense-t-elle ? À qui en veut-elle ? Que dira-t-elle au procès ?

Rien. Elle mourra avant. Et les autres ne diront rien non plus. Rien de plus que ce qu'ils avaient dit à la mère. D'ailleurs les détails sont inutiles puisque seul, pour eux, le silence était important et que le père criait trop.

Le procès d'une victime

Quatre heures du matin dans un immeuble bourgeois de Stuttgart. C'est un dimanche. Tous les locataires dorment, y compris M. Horst, lorsqu'une violente sonnerie le tire de ses rêves.

Qu'est-ce ? Le réveil, le téléphone ? Non, c'est à la porte. Quelqu'un est suspendu à la sonnette qui ne cesse de résonner, c'est insupportable.

M. Horst, qui est célibataire, et s'est couché très tard la veille, se traîne jusqu'à la porte en grognant, l'ouvre, et reste paralysé de peur devant le spectacle.

Son voisin est là, devant lui, les yeux fous, il tient un revolver à la main et sa chemise est barbouillée de sang.

« Monsieur Horst, s'il vous plaît, monsieur Horst, appelez une ambulance, vite, j'ai tué ma femme. Je vous en prie, dépêchez-vous, je vous en prie... »

Horst bondit sur le téléphone, sans demander plus d'explications, et quelques minutes plus tard, il aperçoit l'ambulance garée le long du trottoir. Deux hommes en blouse blanche galopent dans les escaliers, il entend un remue-ménage, et immédiatement les brancardiers réapparaissent.

Sur la civière, une jeune femme, recouverte d'un drap rouge de sang, et ses cheveux blonds traînant dans le vide. C'est Loli R..., sa voisine, la victime.

Accroché à la civière, se traînant à genoux sur le trottoir, son mari tente de la serrer dans ses bras en hurlant :

« Dis-moi que tu vis encore, Loli... Dis-moi que tu vis ! »

Les ambulanciers sont obligés de le tirer de force en arrière.

« Allons, Monsieur, elle va mourir... restez tranquille... »

Alors l'assassin s'effondre à terre en sanglotant, les deux bras tendus vers l'ambulance qui démarre.

De sa fenêtre, le voisin l'entend crier longtemps encore des choses incompréhensibles.

Que fait la police ? Le voisin a oublié de l'appeler, il n'a songé qu'à l'ambulance et à la femme.

En bas sur le trottoir, le mari se redresse en titubant. Il va peut-être chercher à fuir. Mais non : le voilà qui remonte les escaliers, presque en rampant, comme un animal malade. Un homme comme lui, ingénieur, si calme et si pondéré d'habitude.

M. Horst revient sur le palier, et interpelle son voisin.

« Euh... vous avez tiré sur votre femme ? Vraiment ?

— Oui...

— Qu'est-ce que vous allez faire maintenant ?

— Je ne sais pas... Je ne sais pas... Loli est morte, vous avez vu ?

— Mais les infirmiers ont dit qu'elle était blessée seulement, non ?

— Ils ont dit qu'elle allait mourir. Mais moi j'ai bien vu, elle est morte... morte...

— Il faut appeler la police. »

L'homme fait un geste désabusé. Il s'est assis par terre devant la porte grande ouverte de son appartement. Le voisin peut apercevoir dans la pièce principale un désordre épouvantable et du sang partout. Dire qu'il n'a rien entendu... Il demande :

« Dites, où est votre revolver ? »

L'autre fait un signe d'ignorance. Il a l'air soûl de chagrin. Par moments il est secoué de sanglots secs.

« Pourquoi avez-vous fait ça ?...

— Pourquoi ? C'est ça le pire ! Pour rien, pour rien ! Je l'ai tuée pour rien. »

Le voisin se dirige vers le téléphone, il hésite encore. C'est bizarre de connaître un homme, un voisin de palier depuis des années, de réaliser qu'il est un assassin, et qu'il faut appeler la police. On a du mal à y croire.

« Allô police ? Voilà, c'est quelqu'un qui a tué sa femme, il faut venir le chercher. Oui il est là. Sa femme ? Une ambulance l'a emmenée il y a cinq minutes. Ah non je n'ai pas tout vu. C'est lui qui m'a réveillé, le mari, quoi... L'adresse ? Chez moi, 22 Badenstrasse, 2e étage. Je vous attends. Oui, d'accord. Non, il n'est pas dangereux, il pleure, il dit qu'il a fait ça pour rien. »

Le voisin raccroche. La police va venir. Il ne reste plus qu'à attendre devant l'assassin qui pleure toujours, allongé par terre. Il croit que son histoire est terminée. Il croit qu'il a tué pour rien, c'est ce qui le désespère.

Ce curieux mari jaloux et assassin, pendant une minute de sa vie, une seule minute, croit regretter cette minute toute son existence. Mais il se trompe.

Frantz R... a trente-deux ans. Il est ingénieur chimiste. C'est un homme calme, bien noté de ses supérieurs, et qui n'a jamais commis le moindre acte de violence envers qui que ce soit. Serait-ce une mouche, selon la formule consacrée.

Très pris par son travail, Frantz n'a pas d'autre passion, sa femme mise à part. Encore serait-il inexact d'employer le mot passion. Il l'aime, il l'a épousée, et leur vie se passe depuis sept ans sans incident notable.

Lorelei, son épouse, surnommée Loli, est une assez jolie femme, sans plus. Des cheveux blonds bouclés, un visage de poupée sans grand caractère, mais séduisant.

C'est elle qui est morte. Elle a reçu une balle de revolver dans le cou, la mort a pris une dizaine de minutes. Le temps pour son mari Frantz de se rendre compte de la stupidité de son acte, de s'affoler, de courir chez le voisin, et de se traîner sur le trottoir comme un animal qui a perdu son maître.

L'instruction ne pose pas de problèmes particuliers. Frantz survit en prison. Un peu hagard, il semble mal réaliser la chose.

Le juge d'instruction est une femme d'allure sévère, la cinquantaine moralisatrice. Elle a avec son inculpé trois séances d'interrogatoire. Le cas est simple, Frantz ne nie rien, au contraire. Il expose les faits avec un certain détachement, comme s'il ne croyait pas à ce qu'il dit, et à ce qui est arrivé...

« Tout a commencé au cours d'une soirée chez des amis. J'ai cru remarquer que ma femme faisait du charme à un ami, enfin je ne sais plus si c'est elle qui lui faisait du charme, ou s'il lui faisait la cour.

— Vous êtes jaloux de nature ?

— Non, je ne crois pas, en tout cas pas jusque-là, je ne m'étais jamais posé la question, à vrai dire.

— Et ce soir-là, vous vous l'êtes posée ? Pourquoi ?

— Je l'ignore. J'avais peut-être un peu bu, mais pas énormément... Tout d'un coup je me suis demandé si Loli, enfin si ma femme, pouvait me tromper. Ça m'est venu comme ça.

— Qu'avez-vous fait ensuite ?

— Je ne me rappelle plus très bien. Je crois que j'ai d'abord un peu plaisanté. Mais je devais avoir l'air bizarre, parce que ma femme s'est montrée agressive, presque méchante même. C'est pour ça que l'idée s'est installée. Si elle n'avait pas réagi comme ça, je n'y aurais plus pensé, enfin je crois. Mais là, tout d'un coup, j'ai cru comprendre. Je dis bien que j'ai cru comprendre, parce qu'en réalité, tout cela était faux, archifaux. Je me faisais des idées.

— Vous en êtes sûr ?

— Évidemment.

— Pourquoi ?

— Mais elle me l'a dit !

— Quand ?

— Oh, le soir même. J'étais énervé en rentrant, j'ai entamé une discussion stupide, je l'ai accusée bêtement.

— Quelle a été sa réaction ?

— Violente ! Elle n'a pas supporté que je puisse la soupçonner une seconde.

— À votre avis, monsieur R..., votre femme vous trompait-elle ou non ?

— Mais non ! Et c'est ça qui est stupide. Je suis un criminel, un fou criminel. Je l'ai tuée pour rien, vous comprenez ? C'est horrible. J'y pense chaque nuit, et je ne comprends pas pourquoi j'ai fait ça ! Comment ai-je pu être aussi stupide, aussi bête !

— Quand avez-vous décidé de la tuer ?

— Mais je n'ai rien décidé, je vous le jure. Ça s'est passé bêtement. On ne se parlait plus depuis quelque temps, ou presque pas. Elle m'en voulait, je le voyais bien. Mais de mon côté, ce doute me tarabustait quand même.

— Donc vous l'avez tuée sous le coup d'une impulsion ? de la colère ?

— Je ne sais pas, je ne sais plus. Il me semble que j'étais malheureux, surtout. Ce soir-là, elle m'a dit qu'elle voulait partir, me quitter, vous comprenez ? Elle ne supportait plus ma jalousie. J'ai essayé de lui expliquer, je ne voulais pas qu'elle parte, je la croyais. Je lui ai juré que je la croyais et j'étais sincère. J'ai voulu la rattraper dans la chambre, elle faisait ses valises, elle me traitait d'idiot, elle disait qu'elle en avait assez de vivre avec un idiot comme moi !

— Quand avez-vous pris le revolver ? Et où ?

— Il était dans le tiroir de mon bureau. J'ai voulu faire le malin. J'ai pris l'arme, et je l'ai menacée, elle s'est mise à rire, elle a dit, je ne me souviens plus très bien, mais c'était à peu près : “Si tu étais cocu, Frantz, tu devrais être le dernier à le savoir.”

— Elle a dit : “Le dernier” ?

— Oui je crois. Enfin ce n'était pas important, mais je me suis mis en colère, et j'ai tiré sur elle, sans vraiment m'en rendre compte, mon doigt a marché tout seul, tout seul ! C'était horrible. Il y avait du sang partout sur elle, j'ai cru devenir fou. Je me demande encore si je ne suis pas fou, vous savez ? On ne tire pas comme ça, pour rien. Je ne sais pas ce qui m'a pris ! »

C'est là l'essentiel des trois interrogatoires du juge d'instruction.

Frantz R... attend dix mois l'ouverture de son procès. Dix mois pendant lesquels il refuse de voir sa famille et celle de sa femme. Il refuse même un avocat, qu'on lui envoie d'office et qu'il n'écoute même pas. L'avocat veut, selon lui, jouer le crime passionnel, le faire passer pour un mari trompé, et Frantz refuse. Il a tué pour rien, comme un criminel imbécile, c'est tout ce qu'il veut savoir, et comprendre. Mais le procès va tout changer, et jamais un homme n'a appris la vérité sur lui-même avec autant de brutalité.

Aux assises de Stuttgart, Frantz R... est un homme malade, dépressif. Il est pâle, amaigri, car il n'a presque rien mangé et pas dormi depuis des mois.

Il se lève devant le jury, avec effort, et entend l'acte d'accusation. Le juge, classiquement, lui demande s'il n'a rien à ajouter.

« Si... Je voudrais dire que je ne réclame l'indulgence de personne. »

L'accusé ne croit pas si bien dire. Le défilé des témoins commence. Le voisin, les ambulanciers, les policiers, ceux-là ne font que rappeler l'exactitude des faits. Frantz, la tête dans les mains, ne semble pas les écouter.

Et puis voici le cortège des témoins de la défense. L'avocat de Frantz, bien que nommé d'office, et mal aidé par son client, pour ne pas dire pas du tout, a fait du bon travail. Cinq témoins solides se présentent à la décharge de l'accusé.

Voici le premier : un jeune technicien, père de trois enfants, ami de Lorelei, la victime. Il jure de dire la vérité, et il la dit :

« Je connais Lorelei depuis dix ans, bien avant son mariage, et ma femme aussi. Frantz s'absentait parfois, pour son travail, on l'envoyait à Rome, ou à Londres. Chaque fois, c'était la belle vie. Lorelei invitait tous ses copains. J'en étais, et je peux dire que l'un de nous restait avec elle, quand tout le monde était parti. »

Frantz relève la tête. Il est rouge d'émotion et jette un regard furieux à son avocat. Le témoin s'en va, un autre se présente, jure, et dit sa vérité.

« Je m'appelle Helmut, j'ai connu Lorelei, il y a trois ans environ, au cours d'un dîner. Son mari y assistait, mais elle était placée près de moi. Au dessert, elle m'a donné rendez-vous pour le lendemain. J'y suis allé, c'était à l'hôtel Bloom. Nous y avons passé l'après-midi. »

Frantz semble vaciller dans son box. Il lève la main, et le juge lui donne la parole.

« C'est... c'est horrible de dire ça ! ce n'est pas vrai, Loli n'a jamais fait des choses pareilles. C'est mon avocat qui veut me sauver à tout prix. N'écoutez pas cet homme... Il ment, j'en suis sûr ! »

Mais le témoin est suivi d'un autre. Le concierge de l'hôtel Bloom, justement. Il certifie avoir connu la victime, et l'avoir vue en compagnie du témoin précédent, ainsi que d'autres. Mme R... fréquentait l'hôtel au moins deux fois par semaine et ses pourboires étaient généreux.

Frantz regarde partir cet homme avec stupéfaction, et il écoute les témoins suivants comme s'il découvrait sa vie, comme si tous ces gens inconnus la lui racontaient pour la première fois. Il transpire, il marmonne tout seul, et les jurés l'observent avec étonnement.

Voici un autre amant de sa femme, un célibataire prétentieux, mais sincère à n'en pas douter.

« Cette femme avait le don de séduire tous les hommes, elle y est bien parvenue avec moi. »

Et puis la voisine de l'appartement du dessous.

« Dans la matinée, j'ai souvent vu arriver des hommes chez Mme R... Dès que son mari était parti, elle baissait les volets, et renvoyait la femme de ménage si elle était là. Le mari rentrait parfois très tard, il travaillait beaucoup, alors il lui arrivait souvent de baisser les volets dans l'après-midi. C'était une femme impudique, toujours vêtue de manière provocante. Ses jupes étaient plus mini que les plus mini ! »

Frantz ne proteste plus. Il comprend ce que voulait lui dire le petit avocat. Il croyait qu'il s'agissait d'une tactique de défense. Mais non, tous ces gens disent la vérité. La preuve, voici la propre sœur de sa femme :

« Je lui ai souvent fait des reproches. Frantz était un garçon adorable, et elle le trompait avec n'importe qui. Chaque fois elle me répondait : "Laisse donc ! Frantz me fait confiance, il est idiot. Il ne voit rien, et il ne verra jamais rien, c'est l'essentiel." »

Et le défilé continue. C'est un membre du club sportif, il jouait au tennis avec Lorelei :

« On ne savait jamais qui allait être sa future victime. Une fois j'ai même tenté d'en parler à son mari, à mots couverts. Je lui ai dit : "Ta femme est une charmeuse, tu devrais te méfier". Il a ri. Alors je n'ai pas insisté. Vous comprenez c'est difficile de dire à un homme qu'il est cocu. On espère toujours qu'il l'apprendra tout seul. »

Enfin voici la fin du calvaire de Frantz R..., et le coup de grâce en même temps.

C'est le dernier témoin : un homme d'une cinquantaine d'années, le propre patron de Frantz, l'homme qu'il voyait tous les jours au bureau.

« Ce garçon est insensé. Absolument tout le monde savait que sa femme le trompait, sauf lui. Je peux le lui dire en face à présent, je ne risque plus de lui faire du mal. J'ai couché cinq fois avec sa femme, alors qu'il était en voyage, et c'est moi qui l'y avais envoyé. Je dois reconnaître que je ne le connaissais pas très bien à l'époque, c'était au début de son mariage, et il venait d'entrer dans ma société.

« J'ai cru d'abord qu'il était au courant, disons, plus ou moins consentant, et puis j'ai compris qu'il ne savait rien. Sa femme me parlait de lui avec une désinvolture ! Elle disait : "Il est gentil, mon Frantz ! C'est le rêve pour une femme comme moi. Il ne pose jamais de questions, il ne voit rien, et pourtant, bien des fois il aurait pu me prendre en flagrant délit. Mais j'ai de la chance !" »

« Elle appelait ça de "la chance", ça m'a choqué. J'ai décidé de ne plus la voir. J'aurais bien aimé avertir son mari, mais c'était délicat. Un collaborateur comme lui, j'avais peur de le perdre. C'est un chimiste remarquable. Et puis au fond, je me disais : "Tant qu'il ne sait pas, il n'est pas malheureux." D'autre part je me sentais coupable aussi. »

C'est maintenant que Frantz a de la peine. Il pleure, à grosses larmes de honte, il renifle, et il regarde tous ces gens, les juges, le procureur, les témoins, le jury, le public.

C'est lui l'accusé ! C'est lui le sinistre imbécile, l'idiot, le mari cocu, dont tout le monde riait, que tout le monde plaignait. Et il a tué sans savoir, en plus. Il n'a même pas réussi son crime passionnel.

Il y a un grand silence, après le réquisitoire du procureur. En quelques mots réservés, le magistrat demande une peine honorable : 10 ans pour le principe, car il ne croit pas, lui, à une pareille stupidité. Il ne veut pas y croire, c'est son métier.

L'avocat de la défense n'a guère de mal. Les témoins ont fait le travail pour lui. Qu'ajouter de plus ? L'attitude même de l'accusé parle pour lui. Alors que reste-t-il ? Un crime accidentel, en quelque sorte. Un moment de colère stupide, un jeu idiot. Il n'a tiré qu'une balle, encore a-t-il eu de la chance, si l'on peut dire, car selon le médecin légiste, la victime s'est littéralement jetée sur lui, autrement il ne l'aurait même pas atteinte. Il ne sait pas tirer. Savait-il seulement que le revolver était chargé ? Non, même pas, il a été incapable de le préciser.

L'avocat réclame donc la clémence, puisque tout le monde est d'accord. Y compris le juge d'instruction, une femme pourtant réputée pour sa dureté. L'intime conviction de cette femme est que ce coupable l'est à peine. Messieurs les Jurés apprécieront. La Cour se lève pour délibérer, et Frantz, tout à coup, comprend ce qui lui arrive. Il se dresse et hurle :

« Non ! Vous n'allez pas m'acquitter, tout de même ! Je l'ai tuée ! Je l'ai tuée ! Je ne suis qu'un pauvre idiot, c'est vrai ! Elle le disait elle-même, mais ça ne méritait pas la mort ! »

Possible, en effet. Personne ne mérite la mort dans ces conditions, et une victime est une victime.

Une heure plus tard, Frantz R... est acquitté par le jury. Ses dix mois de prison préventive suffiront.

Alors une dernière fois, l'innocent se dresse dans son box mais il ne crie plus.

« Vous n'avez pas le droit... pas le droit ! Qu'est-ce que je vais devenir ? »

C'est vrai. Que devient-on, sans sanction, sans punition, quand on a tué, et qu'on se le reproche ? Que devient-on si personne ne vous condamne. Si on vous approuve d'avoir été bête, cocu, et criminel ?

Que devient-on tout seul, face à face avec soi-même... Personne ne le sait. Les innocents n'ont pas d'histoire.

La fessée de Tom Collins

Le petit garçon qui trépigne, tout seul dans l'immense salle à manger d'un appartement de Londres, s'appelle Tom Collins.

Tom Collins a dix ans. C'est un insupportable garnement, qui a déjà usé trois gouvernantes, et mis à fleur de peau les nerfs de tous les domestiques de son père. Depuis l'âge de trois ans, où il a perdu sa mère, Tom est la terreur de la maison. Pour l'instant, il joue à balancer hors de la table couteau, fourchette, et assiette de hors-d'œuvres.

« J'en veux pas ! J'ai demandé du poulet ! Pourquoi est-ce qu'il n'y a pas de poulet ! »

La petite bonne chargée de le surveiller n'a que dix-huit ans, mais une furieuse envie de lui claquer la figure. Envie qu'elle doit réprimer, car Tom, devinant ses intentions, la menace :

« Si tu me touches, tu seras renvoyée ! Et la cuisinière aussi ! Je le dirai à mon père... »

Ce sale gosse en a déjà fait renvoyer d'autres. Alors la petite Clara Farson range ses poings dans les poches de son tablier de dentelle, et attend patiemment que la colère du gosse se calme.

D'ailleurs cette journée est particulière. Le père de Tom, Robert Collins, est au tribunal depuis le matin. Accusé de falsification de comptes, cet agent de change, à la fortune jusque-là opulente, risque sa carrière, la prison et le déshonneur.

Le tribunal siège depuis neuf heures le matin, les domestiques sont anxieux. Vont-ils pouvoir continuer à servir leur maître ?

Tom Collins est en train de répandre un œuf à la coque sur la nappe de dentelle lorsque le maître d'hôtel fait son entrée. Anglais plus que nature, compassé et digne, ignorant les vociférations du gamin, James, le maître d'hôtel, annonce :

« Monsieur Tom, un message vient d'arriver du tribunal. J'ai une mauvaise nouvelle à vous annoncer. Monsieur votre père a été condamné à 15 ans de prison. »

Tom lève un regard incrédule sur le domestique :

« Il ne reviendra pas pour déjeuner ?

— Ni pour déjeuner, ni avant longtemps, monsieur Tom. »

« Monsieur Tom » en reste interloqué. Au milieu des débris d'assiette, de porridge et d'œuf, il n'est plus qu'un petit garçon chétif, au teint pâle sous une crinière de cheveux blonds. Ses grands yeux marron cherchent à comprendre.

Mais la jeune bonne, Clara Farson, avance déjà vers lui :

« Alors, sale petit monstre ? À nous deux, maintenant. Je vais avoir le plaisir de te flanquer la fessée que tu mérites depuis longtemps. »

Et Clara attrape le gamin par la peau du cou, le retourne sur ses genoux, pour joindre le geste à la parole.

« Une fessée de la part de la cuisinière, une pour la femme de chambre, une pour le chauffeur, une pour moi, et le reste pour tous les pauvres gens que tu as fait renvoyer ! »

Tom Collins a les joues rouges, et le reste aussi. Clara n'est pas méchante, mais Dieu sait que le gamin méritait largement ça !

Depuis son embauche, elle en mourait d'envie. Après tout Tom avait l'âge de son petit frère, et sur le petit frère, les fessées remettaient toujours les choses en ordre.

Mais, pour Tom Collins, cette fessée va marquer un tournant dramatique de son existence. Il ne l'oubliera jamais. Désormais il va vivre en fonction de cette fessée mémorable.

Ainsi, Tom Collins, déjà orphelin de mère, vient de perdre son père, condamné à 15 ans de prison pour malversation dans l'exercice de sa profession d'agent de change. Sa fortune est confisquée, l'hôtel particulier vendu, et le petit Tom est confié à la garde d'une tante maternelle. Cette dernière s'en débarrasse aussitôt en le plaçant dans un collège.

De collège en collège, d'où il est régulièrement renvoyé, Tom atteint l'âge de dix-neuf ans, et entre péniblement à Cambridge, pour une première année d'études universitaires. Ce sera la première et la dernière, car il n'arrivera même pas au bout de l'année scolaire. Le voilà renvoyé à nouveau, avec pour seul bagage une médaille pour les championnats de natation qu'il a remportés.

Qu'est devenu le petit garçon capricieux ? Un jeune homme plutôt agréable, mince, blond, au visage d'enfant gâté. Plutôt séduisant, mais paresseux comme un loir, Tom renonce aux études, et s'en va rôder dans les milieux de théâtre, où il arrive à gagner de quoi se nourrir, en jouant les figurants et les petits rôles. Il a vingt et un ans, et se trouve en tournée avec une troupe minable, dans la petite ville d'Ilfracombe, sur les bords de l'Atlantique.

Tom se promène sur le bord de mer, au mois de juillet 1902. Et le hasard s'y promène aussi, en la personne d'une jeune femme élégante et peu farouche. Tom s'arrête en la croisant, surpris, ravi, et salue en retirant son chapeau.

« Clara ? Vous vous souvenez de moi ? »

La jeune femme a un sourire négatif.

« Vous êtes Clara Farson ! Vous étiez domestique chez mon père, Robert Collins. C'est moi, Tom, vous m'avez flanqué une fessée, quand j'avais dix ans ! »

Clara éclate de rire en reconnaissant le jeune homme.

« Mon Dieu, j'espère que vous ne m'en voulez pas ! Mais vous la méritiez, vous savez ! Vous étiez insupportable ! J'espère que vous avez changé... »

Tom a une grimace comique, il fait le joli cœur, l'invite le soir même au théâtre, et lui donne rendez-vous pour le lendemain.

« Nous irons faire une promenade en mer. »

Clara accepte sans se faire prier. À vingt-six ans, elle a choisi de vivre libre, en fonction des rencontres masculines. Cela semble lui réussir, car elle n'a pas l'air pauvre. Tom est peut-être un peu jeune pour elle, mais sur l'instant elle ne voit que le plaisir d'une balade en barque.

Et Tom aussi. Il n'a plus peur de Clara. Il veut simplement lui montrer qu'il est un homme, à présent.

Le lendemain, Tom loue une barque, et les voilà partis. Tom a pris les rames, il plaisante, et la barque file à 1 kilomètre de la côte, au rythme régulier et sûr de ses coups d'avirons. Soudain Clara lui propose de ramer à son tour.

« Vous devez être fatigué, je ne m'y connais pas, mais ça a l'air amusant. Laissez-moi essayer. Tenez, gardez mon bracelet, j'ai peur qu'il ne tombe à l'eau. »

Tom met dans sa poche un lourd bracelet serti de pierres rouges. Effectivement, Clara est maladroite. Les rames ne veulent pas la suivre mais, obstinée, elle veut continuer tout de même.

Sur la rive, quelques promeneurs s'amusent à la voir se débattre. Elle perd une rame qui tombe à l'eau, et se penche pour la rattraper. Tom se penche en même temps qu'elle, et les promeneurs ont à peine le temps de se dire : « Aïe, ils vont chavirer » que la barque se renverse sur eux. Tom est bon nageur, il fait rapidement surface, cherche Clara, et l'attrape par les cheveux, en criant :

« Laissez-vous faire, je vais vous soutenir au-dessus de l'eau. »

Clara, qui a avalé une tasse, lui lance des yeux furibonds en se débattant, et à bout de souffle, elle arrive à grogner :

« Encore une de vos sales farces, hein ? »

Et sans transition elle lui applique son poing sur le nez. La scène est hors de vue des promeneurs, car les deux naufragés sont cachés par la barque retournée. Tom accuse le coup, et une rage froide l'envahit, la même qu'il y a dix ans, lorsque humilié il encaissait la fessée magistrale. Sans lâcher les cheveux de Clara, il appuie sur ses épaules, et la maintient sous l'eau. Elle lutte, remonte à la surface, il la noie à nouveau, et cette fois disparaît avec elle, sous la barque.

Pendant ce temps, les sauveteurs s'organisent. Les barques les plus proches avancent à grands coups de rames, mais cela prend du temps – en 1902 point de moteur. Lorsque deux marins arrivent enfin sur les lieux, c'est pour trouver Tom, agrippé d'une main à la barque, et soutenant de l'autre le corps inerte de Clara. Elle ne respire plus, et Tom est lui-même asphyxié.

À l'enquête, Tom répond aux questions du juge avec beaucoup de tristesse. Il ne cache rien de sa rencontre avec Clara, ancienne domestique de son père, et de leur rendez-vous, mais il ajoute :

« Quand je suis ressorti de dessous la barque, j'ai regardé autour de moi, mais je ne voyais pas Clara. Alors en me tenant au bateau, j'en ai fait le tour, et j'ai vu sa main qui sortait de l'eau à quelques mètres. Après quelques efforts j'ai réussi à m'approcher d'elle et à la saisir. Ensuite je ne me rappelle plus. J'avais avalé beaucoup d'eau moi-même, et je sais à peine me tenir sur l'eau... »

Le juge comprend. Il se contente de reprocher à Tom Collins sa grave imprudence d'aller si loin en mer, avec une jeune fille, sans savoir nager...

Et Tom ressort libre de l'instruction. Il regagne son théâtre, et c'est à Plymouth, quelques jours plus tard, qu'il retrouve dans la poche de son costume le bracelet rouge de Clara.

C'est la fin du premier épisode. Clara est morte, mais Tom l'a-t-il tuée ? Non. Pas vraiment. En fait ce fut un accident stupide. Cette bagarre dans l'eau et sous l'eau, entre elle et lui, ressemblait à une dispute de gosses. De coups de poing en bouillon, Clara s'est noyée vraiment, et Tom ne voulait pas cela. Mais la chose est faite, et il a bien de la chance de s'en tirer à si bon compte. Une chance qu'il va exploiter sans plus tarder.

Tom Collins est un heureux veinard. Il vient d'abandonner le théâtre, qui ne nourrit pas les mauvais acteurs comme lui, et c'est à ce moment-là justement que sa vieille tante maternelle rend l'âme en lui léguant 2 000 livres. En 1903, c'est un capital.

Tom ouvre un bureau de vente d'automobiles. À cette époque, les voitures ne se vendent pas comme des petits pains et Tom n'y connaît rien. Le temps de manger son capital, et il se voit contraint de céder l'affaire à un homme plus avisé que lui.

Le nouveau propriétaire, un brave homme, a bien connu son père d'ailleurs, lequel lui avait mangé pas mal d'économies. Mais sans rancune, il garde Tom comme employé, en lui suggérant toutefois de changer de nom.

« Vous comprenez, Collins, c'est le nom d'un escroc. Votre père est encore en prison, on a beaucoup parlé de lui. Faites donc une demande officielle pour changer de nom, dans les affaires c'est plus prudent. »

Tom Collins suit ce conseil, obtient gain de cause et s'appelle désormais Tom Crullin. Il travaille, vit dans un petit appartement de Richmond et rencontre un beau soir, à la sortie d'un théâtre, Mary Houghton.

Mary est ronde, pas très jolie, un peu naïve, mais sentimentale. Le printemps 1904 lui donne des ailes. Tom en profite, et décide de l'épouser. Dans un geste généreux, il offre à sa fiancée le bracelet rouge de Clara, et Mary est éblouie :

« Oh Tom, des rubis. C'est merveilleux ! »

Des rubis ? Diable, Tom ne s'en était jamais douté. S'il avait su, il aurait mis le bracelet en gage.

Mais toute réflexion faite, c'est mieux ainsi. Si la défunte Clara possédait un bijou de pareil prix, c'est qu'elle l'avait volé, sûrement. Une fille comme elle, ancienne domestique, et fille facile, n'a pas de rubis.

Le 5 mai 1904. Mariage. Le 15 mai 1904, Tom prend une assurance sur la vie, et sur la tête de sa femme, pour une somme de 2 000 livres. Les jeunes mariés établissent ensuite, devant notaire, un testament réciproque. Comme ils n'ont guère d'argent, le voyage de noces est reculé au mois d'août. Là, les jeunes mariés se rendent dans une petite ville des bords de la Manche, Bognor. La mer y est agitée.

Que va faire Tom, de son nouveau nom Crullin ? Il propose à Mary une promenade en mer. Tom loue une barque. Il prend les rames, et s'éloigne d'environ 1 kilomètre du rivage, pas plus, pour que les estivants puissent les voir, ni de trop loin, ni de trop près. Il confie les rames à Mary, qui tente de ramer maladroitement en pouffant de rire.

Et qu'attend-il ? Il attend qu'une rame tombe à l'eau. Mais Mary ne les lâche pas. Elle fait du sur place en les agitant de manière désordonnée.

C'est ennuyeux. Tom se lève, et sous prétexte de lui montrer comment faire s'agite, saute, remue, et fait tant et si bien que la barque chavire.

Il n'y a plus qu'à enchaîner sur le scénario précédent.

À l'enquête, le juge ne peut que constater l'accident, ainsi que l'a fait la douzaine de témoins oculaires de ce drame épouvantable.

« C'est imprudent, dit le juge, de partir en barque quand on ne sait pas nager. Vous auriez pu vous noyer aussi ! »

Et Tom, en veuf stoïque, baisse la tête sur son chagrin, tandis qu'un fonctionnaire lui remet le bracelet de rubis trouvé sur le corps de sa femme.

Fin du deuxième épisode.

Tom est riche à présent. L'assurance lui a versé 2 000 livres. Son travail commence à rapporter, les voitures se vendent mieux. Le voilà qui fait la fête en compagnie de jeunes actrices, fréquente les boîtes à la mode, et se retrouve sur la paille, en 1905. Les 2 000 livres ont fondu.

En septembre, il rencontre Margareth Teller, vendeuse dans un grand magasin de Londres.

Margareth n'est pas plus belle que Mary, sa première femme. Mais c'est une fille intelligente, rusée, et soupçonneuse. Elle ne se laisse pas fiancer tout de suite. Elle veut d'abord être sûre que la situation de Tom est aussi confortable qu'il le dit. Tom se contente de lui offrir, en cadeau, le bracelet rouge de Clara.

Margareth remercie d'abord, et se précipite chez un bijoutier pour le faire évaluer :

« Belle pièce, Mademoiselle. Si vous voulez vous en défaire un jour, je suis preneur ! »

Alors Margareth épouse.

Et alors Tom l'assure pour une somme de 1 000 livres sterling. C'est moins que la première fois, mais plus prudent. Il vaut mieux doubler cette assurance d'une autre sur les deux têtes, à 1 000 livres l'une... (ce qui, en cas de mort de Margareth, lui rapporte toujours 2 000 livres). Ensuite...

Pas de promenade en barque. Margareth a mauvais caractère, elle est feignante, malpropre et les disputes qu'elle provoque intéressent trop les voisins. Il faut attendre cette fois, prendre patience pendant un an. D'autant plus que Margareth n'aime pas la mer.

« Ça m'ennuie la mer, c'est toujours pareil, dit-elle. Et puis j'ai le mal de mer. »

Tom se fait serpent :

« Si tu arrives à passer une heure en mer avec moi, sans être malade, je te donne 10 livres ! »

Pour 10 livres, Margareth se ferait noyer.

Le 15 juin 1906, on la ramène sur la plage, inerte, ainsi que Tom, à bout de forces mais vivant. La barque s'est renversée, bien entendu, et Tom joue les maris désespérés, tandis qu'un sauveteur pratique sur sa femme la respiration artificielle.

Et soudain, horreur ! Margareth ouvre les yeux, quelques secondes, une minute, deux minutes, elle a repris conscience, et Tom grelotte d'anxiété. Mais non. Margareth expire, sans prononcer un seul mot.

Enquête, remontrances du juge, remise du bracelet, paiement de l'assurance, et fin du troisième épisode.

Mais il ne faut pas prendre les fonctionnaires de Scotland Yard pour une armée de canards boiteux.

À Scotland Yard, il existe un fonctionnaire chargé des statistiques sur les morts violentes par accident, et qui un jour se met à monologuer :

« Tiens... tiens... Ce Tom Crullin s'appelait Collins en 1903 ; c'est donc le même homme qui par trois fois s'est trouvé sur une barque, avec des femmes qui se sont noyées accidentellement... »

L'inspecteur Morrison, ayant découvert que dans deux cas sur trois les femmes étaient assurées, s'en va donc d'un pas tranquille demander des comptes à ce veuf maudit. Et persuadé d'avoir affaire à un assassin, il attaque de front :

« Je sais tout ! Je veux bien que pour la première fois, il s'agisse d'un accident. Mais vos deux femmes, Mary et Margareth, vous les avez assurées ? Et vous trouvez logique qu'elles meurent de la même manière, et aussi vite ? Allez, avouez, ce sera plus simple ! »

Tom a l'air las.

« Inspecteur, je suis fatigué moi aussi de cette fatalité. Oh je sais, je sais, on pourrait croire que lorsqu'une semblable tragédie vous arrive une fois, elle ne peut pas se répéter. Mais, voyez-vous, j'étais si traumatisé par les deux premiers accidents que je ne voulais plus voir la mer. Je n'en dormais plus. C'est Margareth ma femme, qui pour me libérer de cette obsession a insisté. Ne m'en parlez plus, je suis maudit, c'est trop affreux.

— Dites... vous me prenez pour un naïf ?

— Inspecteur, ce sujet est bien trop douloureux pour moi. Je ne tiens pas à en parler. Cela dit, si vous avez le moindre doute arrêtez-moi pour homicide ! »

L'inspecteur Morrison a plus que des doutes, mais il lui faudrait des preuves, et il a beau faire, il n'en trouve pas d'autres que cette extraordinaire coïncidence. Or le procureur ne juge pas cela suffisant, et réclame des preuves concrètes. Prouver la préméditation par exemple, mais c'est impossible. L'inspecteur Morrison est obligé d'abandonner, la rage au cœur.

Tandis que Tom, lui, roule en automobile et fait des folies. Le voilà qui investit son capital dans une production théâtrale hasardeuse. 1907 est une mauvaise année pour le théâtre, et pour Tom, qui a perdu ses milliers de livres si durement gagnées. Il songe à se reposer.

Mais la vie est dure. En prenant un billet de théâtre, justement, Tom croise le regard de la caissière, Ida Batley. Elle est belle ! C'est la première fois qu'il rencontre une femme aussi belle.

Pour lui faire la cour, Tom utilise tout son charme, et il n'en a pas assez, la belle refuse de céder à ce jeune homme au visage d'enfant gâté, à la blondeur fadasse, et aux yeux cruels.

Tom se résigne une fois de plus à utiliser le bracelet de rubis. Ce bracelet magnifique, venu de Clara, en passant par Mary et Margareth, lui ouvre les bras d'Ida. Elle l'épouse en février 1908, malgré l'opposition de sa famille et de ses amis.

Tom Crullin ne va pas recommencer alors que Scotland Yard a l'œil sur lui ? Il ne va pas prendre une assurance, emmener sa femme à la mer, louer une barque et la noyer ? Ce serait stupide ! Tom est-il stupide ? Il faut croire que oui, ou alors c'est une drogue.

À Colwyn Bay, sur la côte de Galles, tout recommence. L'unique variante étant que Tom emmène la barque beaucoup plus loin, pour retarder les sauveteurs et la respiration artificielle. Il ne tient pas à voir Ida lui faire la même peur que Margareth !

Il est en train de débiter au juge enquêteur son laïus habituel lorsque l'inspecteur Morrison surgit comme un beau diable :

« Cette fois je vous tiens ! »

Eh oui, cette fois, le quatrième épisode ne peut pas se terminer ainsi. Trois barques, trois épouses, trois assurances, sans compter Clara. C'est trop.

« Il y a préméditation ! clame l'inspecteur. Au bout de trois, il y a préméditation ! Les juges le diront, ou je ne m'appelle plus Morrison ! »

Voici donc venir l'épilogue, en juin 1909.

Tom Crullin, ex-Collins, comparaît devant les assises sous l'inculpation de meurtre avec préméditation sur la personne de sa troisième épouse Ida Batley. Bien entendu, il nie ! Le procureur voudrait bien l'inculper des deux meurtres de ses deux premières épouses, mais l'avocat de Tom, habile, déclare :

« En tenant compte des deux autres "accidents" vous troublerez les débats. En effet il n'y a aucune preuve de la culpabilité de mon client. Seuls l'inspecteur Morrison et le procureur affirment qu'il y a préméditation dans le troisième ! Ceci est leur intime conviction, mais sur le troisième seulement ! Je le répète, monsieur le Juge, débattre des deux accidents précédents serait une erreur préjudiciable à mon client ! »

Le juge s'incline. Il ne sera donc question que de la barque d'Ida et d'elle seulement.

Or des témoins, anciens camarades de collège, viennent affirmer que Tom est un excellent nageur, preuve à l'appui.

Comme il a toujours prétendu le contraire, cela va mal pour lui, mais ce n'est pas suffisant. Car l'avocat, décidément retors, contre-attaque :

« Bon nageur, peut-être ! Il aurait pu sauver cette femme en détresse, peut-être ! Cela relève de la non-assistance à personne en danger ! Où est la preuve de la préméditation et de l'homicide ? Certes, mon client aurait pu et dû sauver cette femme, selon la morale, mais la loi ne l'y oblige pas ! »

Ainsi il pousse l'accusation dans ses derniers retranchements : prouver que Tom a volontairement renversé la barque est le seul moyen.

Hélas, les témoins lointains de la tragédie ne peuvent l'affirmer. Honnêtement, ils ont vu chavirer une barque, c'est tout ! Alors, aussi incroyable que cela puisse paraître, Tom sort du tribunal innocent. La foule veut le lyncher, mais peu importe.

Son avocat réussira même à lui faire toucher l'assurance contractée sur la tête d'Ida !

Incroyable. C'était en juin 1909.

Mais, en octobre 1909, arrive à l'hôtel Carlton de Londres une Américaine fort riche, couverte de bijoux. Le lendemain de son arrivée, la dame se fait assommer et dévaliser dans sa chambre.

Elle fournit à la police une liste de ses bijoux en précisant que la plupart de ces joyaux portent une marque en forme de lion couché.

Les enquêteurs commencent par vérifier toutes les officines de prêteurs sur gages, et que trouvent-ils dans l'une d'elles ? Le bracelet rouge. Un bracelet de rubis portant la marque du lion couché. Il a été laissé en gage en juillet dernier par un sieur Tom Crullin ! En juillet, et bien avant le vol, ce qui semble l'innocenter mais la police vérifie tout de même auprès de la dame riche.

« Oh ! dit-elle. Ça alors ! Comme s'est curieux ! Mon bracelet ! Enfin, c'était mon bracelet. Je l'ai donné il y a longtemps à l'une de mes femmes de chambre pour la remercier. Je l'avais oublié. Oh, je suis désolée, il figurait encore sur la liste. C'est un oubli de ma part ! Au fait, comment va cette chère Clara Farson ? C'est à elle que je l'ai offert, elle m'avait sauvé la vie, voyez-vous. Cette fille est une excellente nageuse, et elle m'a tirée d'affaire sur la plage, il y a six ans ! J'ai failli me noyer, et cela valait bien un bracelet ! »

Clara Farson. La dame riche ne la reverra plus. Elle a été noyée en tombant d'une barque, en compagnie du célèbre Tom Crullin. C'était un accident, le premier. C'est d'elle qu'il tenait le bracelet magique !

Alors l'inspecteur Morrison, toujours à l'affût, s'en est retourné voir le procureur.

« Dites-moi, s'il est prouvé que l'une des victimes de Tom Crullin était une excellente nageuse, est-ce que cela suffirait à prouver qu'il l'a noyée de force ?

— Certes... certes...

— Alors je le tiens, j'ai un témoin ! »

Ce qui fut fait. Tom fut rejugé pour le premier « accident », celui de Clara Farson. C'était vraiment un accident, à peu de choses près, en tout cas le seul qu'il n'avait jamais prémédité. Mais ce fut lui qui le fit pendre enfin, le 7 décembre 1909, en souvenir d'une fessée bien méritée, et inutile.

La comédienne

Dans un crime dit passionnel, tout le problème est de définir le passionnel, justement ; or, qu'est-ce que la passion ?

Si l'on tient compte de l'étymologie, « la passion est le contraire de l'action. C'est-à-dire un fait indépendant de la volonté qui le subit. C'est donc un mouvement violent et incontrôlé d'un être vers ce qu'il désire. »

Nous sommes en 1920. Ce qui ne change rien à la passion. Sauf que, en 1920, un conseiller religieux se doit de dire à sa pénitente, venue lui demander de l'aide :

« Mon enfant, il faut réprimer ses passions. L'amour ne doit pas devenir jalousie, l'orgueil mène au dépit, le dépit à la violence, et la violence au crime. »

Et le bon pasteur d'ajouter :

« Il n'y a que Dieu qui mérite la passion, car il ne la déçoit jamais. »

C'est très bien. C'est fort bien parlé. L'ennui, c'est que la dame en question a un revolver dans son joli sac à main. Et sa passion à elle, son Dieu à elle l'a déçue. Il faudrait dire ses passions, et ses dieux, d'ailleurs, car cette femme est doublement passionnelle, doublement amoureuse. Elle aime d'abord le théâtre. Et elle vient de se faire siffler. Elle aime ensuite un homme, et il la trompe.

C'est beaucoup pour une seule femme de quarante ans, à la beauté déclinante. Déçue également par son prêtre, Angélique M..., femme trompée et comédienne ratée, va consulter le bas de la gamme en matière de conseil. Elle se rend chez une cartomancienne.

La gitane n'y va pas par quatre chemins : elle n'en connaît qu'un seul. La boule de cristal. Et que voit-elle dans cet univers déformé ?

« Je vois un cercueil dans ta vie ! »

Enfin nantie de quelque chose de précis, Angélique et son revolver se préparent donc à accomplir un crime passionnel, ce qui est curieusement contradictoire, car un crime passionnel ne se prépare pas.

Angélique est une belle femme, et une belle femme se remarque partout, même à la messe. D'autant plus qu'elle se rend à la messe comme au théâtre, pour y jouer la grande scène du II.

Le prêtre a dit : « Allez en paix, la messe est dite. » Les fidèles quittent leur banc, et s'en vont en paix ainsi qu'il est convenable. Angélique sort la première. Vêtue de noir, le visage pâle (poudré de blanc) les yeux cernés (bordés de noir). Sur le parvis de l'église, les bourgeois endimanchés devisent à voix basse.

Angélique guette la sortie de sa victime. La femme qui lui a pris son mari. La femme qui a un enfant de son mari, qui vit avec lui, et qu'elle déteste depuis des mois.

Dans son sac à main, le petit revolver, un Browning, attend de faire son œuvre.

La rivale apparaît. Elle aussi se rend à la messe tous les dimanches. Angélique fouille dans son sac, sort l'arme, et dans un geste théâtral le brandit en direction de la jeune femme. La foule des fidèles fait « Ho... »

Angélique redresse la tête, et tire... mais un petit clic désolant lui répond. Elle s'acharne, mais l'arme ne veut rien savoir. Que faire ? Personne n'applaudit, puisque le crime est raté. Alors, folle de rage, la comédienne improvise devant son public. Elle se jette sur sa rivale, la gifle à tour de bras, la terrasse et la traîne par les cheveux jusqu'aux marches de l'église.

Cette fois la foule réagit. Certes, le spectacle est shakespearien, mais tout de même... On sépare les deux femmes. On relève la victime, on embarque l'attaquante. Et il ne se passera rien d'autre. Rien d'autre en effet jusqu'au dimanche suivant. Bien sûr on murmure dans les salons et on ricane dans les cuisines, mais c'est tout.

Le dimanche suivant, Angélique est à la messe. Toujours pâle, toujours vêtue de noir, l'air plus dramatique que jamais. Cette fois, elle abandonne la messe à la fin du sermon et va se poster dehors, derrière un pilier.

Il n'y a là qu'un pauvre mendiant accroupi. Sur la phrase traditionnelle « Allez en paix, la messe est dite », les fidèles s'en vont. Apparaît le mari, cette fois. Il est seul. Le petit revolver surgit du sac à main, la main d'Angélique le brandit à nouveau avec emphase.

Et cette fois, le coup part, le deuxième et le troisième aussi. L'époux s'effondre, mort, sur les marches de l'église.

Cette fois la foule a eu droit à la fin du spectacle. Le rideau tombe et Angélique disparaît dans les coulisses du crime : une cellule sans miroir et sans eau courante.

« Crime passionnel » titrent les journaux. « Une comédienne abat son mari à la sortie de la messe dominicale... Il la trompait ouvertement depuis des années. »

La presse ne fait pas que titrer d'ailleurs. Elle commente. Et les commentaires de cette époque sont tout naturellement en faveur de la coupable. Comédienne, bien sûr, mais « mère de famille ». Théâtreuse, évidemment, mais « épouse lâchement abandonnée ». Par un mari qui, circonstance aggravante, entretenait sa maîtresse dans un appartement à quelques centaines de mètres du domicile conjugal et y passait tout son temps...

Dans la presse toujours, on peut lire la première déclaration de l'inculpée.

« Cette femme était une amie, la nurse de mes propres enfants. Elle m'a volé mon mari. J'ai même dû lui rendre visite le jour où elle a accouché ! Dans ces conditions, mes nerfs étaient à bout. Je ne pouvais plus jouer le soir au théâtre, et le public l'a bien ressenti. Un soir il m'a sifflée. J'étais mauvaise, c'est normal. Quel être humain, digne de ce nom, pourrait jouer la comédie chaque soir à la même heure, alors qu'il vit un drame permanent ? »

Belle tirade évidemment. Qui met d'ores et déjà de son côté les applaudissements du public. On en oublie presque qu'elle a tué un homme...

« Mademoiselle Angélique », au théâtre, avait un certain succès... tant qu'elle était jeune et triomphante. Le public l'a lâchée alors qu'elle vieillissait en femme trompée. Le voilà prêt à faire amende honorable et à jouer le jeu.

Un commentaire de l'époque, le jour du procès de « Mademoiselle Angélique », mérite d'être cité. Nous sommes en 1920, la justice a d'autres apparats qu'aujourd'hui, les commentaires des journalistes judiciaires d'autres envolées :

> « L'attrait de ce débat *(sic)* a amené aux Assises un auditoire de choix. La foule est élégante et non moins select dans les tribunes supérieures où ont pris place les notabilités féminines du monde artistique.
>
> « Tandis que le président, en robe rouge, surveille lui-même la distribution des places, cent soldats sénégalais, baïonnette au canon, contiennent difficilement l'impatience du public qui se rue aux portes. »

Il pourrait s'agir du commentaire d'un critique théâtral, assistant à une première. Mais le rideau ne se lève pas, et la voix grave du président donne les trois coups :

« Faites entrer l'accusée. »

Angélique « fait son entrée ». C'est la vedette. La star du spectacle. Le commentaire du même journal en rend compte avec emphase :

> « Très droite dans ses vêtements de deuil, la face pâle sous le chapeau de crêpe bordé de blanc, elle entre dans le box des accusés. Grande, mince, sous les cheveux châtains. Le visage clair doit être aimable en d'autres circonstances, aujourd'hui l'émoi a creusé les traits, terni les yeux, et donné à cette physionomie un aspect concentré et dur. La voix cependant n'a rien

> perdu de son éclat, elle est pleine, large, musicale. On imagine que cette femme, tendue dans un suprême effort de volonté, maîtrise parfaitement ses nerfs. Mais les doigts menus qui chiffonnent le voile de crêpe révèlent le trouble profond de l'accusée. »

Le théâtre a fait le plein, l'accusée a réussi son entrée. Tout va bien. S'il y avait un directeur de troupe, il se frotterait les mains.

Car ce peut être un métier d'être accusée de crime passionnel. Un métier réservé aux gens passionnés et aux acteurs confirmés. Quand les choses se déroulent ainsi, on ne peut pas dire le contraire.

La lecture de l'acte d'accusation est une scène difficile. Le journaliste écrit : « Les larmes glissent le long des joues avec discrétion et retenue. »

Voici maintenant les questions. La scène se passe entre le président et l'accusée.

« Vous avez fait un mariage d'amour ?

— Oh... oui... oui... »

Commentaire : « Le oui est prononcé avec ferveur... »

« Pourquoi haïssiez-vous cette femme ?

— Elle s'est introduite dans mon foyer, comme un serpent. Sous le prétexte de soigner mes enfants, elle a séduit mon mari, et lui a prodigué d'autres soins que je vous laisse deviner.

— Vous n'étiez pas au courant ?

— Au début j'ignorais tout. J'étais en tournée, mon mari m'écrivait des lettres passionnées. Je les ai fournies au tribunal, d'ailleurs. »

En effet, le président lit une lettre des plus tendres adressée par le mari défunt à sa femme assassin. Le commentaire dit : « Elle défaille un instant, et dégrafe à la hâte le col de sa jaquette de loutre. »

Le président reprend :

« Quand avez-vous été informée de la situation ?

— Ils sont venus habiter un appartement, juste en face du nôtre. Mon mari m'a dit qu'il ne pouvait abandonner cette femme, elle était enceinte, et il croyait l'aimer. Il “croyait” l'aimer, monsieur le Président. Je rentrais de tournée, je n'avais pas d'engagement immédiat. J'étais donc à la maison et de ma fenêtre, j'aurais presque pu les voir, elle et lui. Lorsqu'elle a accouché, je suis allée voir le bébé, chez la mère de cette femme...

— Personne ne vous y obligeait ?

— C'est humain, monsieur le Président, un enfant n'est pas responsable. Mais quand j'ai vu cet enfant qui ressemblait tant à son père, Dieu, j'ai regretté d'être venue. C'était une souffrance intolérable... »

Le commentaire dit : « Elle sanglote à présent, doucement, et elle murmure : “Le soir il me fallait entrer en scène, rire et chanter... C'était au-dessus de mes forces. Un soir le public a sifflé, et il avait raison. J'ai abandonné le théâtre”. »

Le président relève :

« Je croyais que le directeur vous avait renvoyée ?

— Oh, renvoyée n'est pas le mot, monsieur le Président. Il a compris qu'il valait mieux me remplacer provisoirement. »

Le commentaire dit : « Elle tamponne son visage amaigri, à l'aide d'un mouchoir de dentelle, et semble reprendre un peu de force. »

L'interrogatoire continue, c'est l'agression contre la maîtresse, le revolver qui ne part pas (il n'était pas armé), enfin c'est le drame final, que le président évoque :

« Vous aviez pris votre revolver pour aller à la messe ?

— Je l'ai toujours sur moi.

— Vous barriez la route à votre mari ?

— Il me repoussait, il nous repoussait, moi et notre petit garçon. Il disait qu'il ne nous aimait plus, qu'il en aimait d'autres. Alors je ne sais plus... J'ai tiré... »

Le commentaire dit : « Cette fois la voix s'étrangle dans la gorge, la main serre plus nerveusement le voile de crêpe... »

Maintenant, c'est l'appel des témoins. Le directeur de la Sûreté tout d'abord. Il est intervenu lors de la première agression, amicalement car il connaissait la famille. Son témoignage est précis.

« Cette femme est une impulsive, certes, et je crois que sa nervosité s'est accrue dans le milieu où elle vivait. Sa colère était brutale ce jour-là, vulgaire, et les mots employés assez horribles. La victime ne méritait pas de telles injures à mon sens. »

Le public gronde contre cette tentative de remise en question de l'héroïne qui clame du haut de son box :

« J'étais capable de tout quand je voyais cette femme !... » La femme en question approche à la barre. Elle est en deuil elle aussi. Un deuil moins élégant. Elle est venue, fébrile, et parle d'une toute petite voix, tandis que l'accusée darde sur elle un regard lourd de mépris.

Le président :

« Où aviez-vous connu la victime ?

— Dans une ville d'eau, il était en traitement. C'était un homme très seul, et très bon. Il ne reprochait rien à sa femme, il se plaignait simplement de ses absences perpétuelles et de son manque d'affection. Nous nous sommes aimés simplement.

— Pourquoi êtes-vous venue habiter la ville ? Pour narguer sa femme ?

— Oh non... Pour être près de lui, en attendant le divorce. Nous avons eu du mal à trouver un appartement. Je menais une vie retirée, pour ne pas la rencontrer. Je ne sortais que pour aller à la messe. Nous habitions trop près de sa femme. Il en était désolé, il cherchait ailleurs, mais ce n'était pas facile. J'ai accouché à la maison, c'est lui qui s'occupait de tout. Malgré cela, elle est venue me menacer à plusieurs reprises. Un jour, j'étais enceinte de huit mois, elle m'a frappée au ventre dans la rue. »

La foule gronde à nouveau. Chercherait-on à détruire sa vedette ? Angélique interrompt le témoignage d'une voix sifflante :

« Si vous l'écoutez, monsieur le Président, avec ses manières douces et hypocrites, elle vous fera croire que c'est elle la victime ! Alors qu'elle se faisait appeler Madame M..., le nom de mon mari, tandis que moi, avec mon pseudonyme, on me prenait pour une femme illégitime ! Un comble... »

La foule apprécie cet outrage, en murmurant comme il convient. Le président réclame le silence, sans conviction, et s'adresse au témoin une dernière fois.

« Comment avez-vous appris le drame ?

— J'étais restée à la maison, c'est la concierge qui m'a prévenue. J'ai couru à l'église, il était mort. »

Angélique se retourne vers le public :

« Elle a osé l'embrasser une dernière fois !... »

La foule fait « oh... » et le témoin s'excuse d'une toute petite voix :

« Je l'aimais, moi... »

Mais personne ne l'entend, sa réplique se perd dans le simple bruit que fait la vedette en se rasseyant. Le témoin n'a pas de talent, sa voix porte mal.

Les autres témoins parlent mieux et plus fort, mais le public ne les croit pas davantage.

La sœur de la victime :

« Mon frère était malheureux en ménage, il ne trouvait à son foyer ni la présence, ni l'affection, ni les soins qu'il aurait dû recevoir. »

Un domestique :

« Madame n'était jamais là. Quand elle rentrait, elle faisait toujours des scènes. »

Un ami du mari :

« Il voulait la quitter depuis longtemps, mais elle faisait du chantage. »

Le président remet au lendemain la suite des débats, et le commentateur note : « L'accusée a retrouvé sa sérénité, les accusations ne semblent pas l'atteindre. »

Le lendemain, l'armurier qui a vendu le revolver à Angélique fait une démonstration de l'arme aux jurés. On le dirait dans son magasin devant une foule de clients potentiels.

Commentaire : « L'accusée contemple avec calme son Browning. L'armurier vante, par habitude professionnelle, la précision et la commodité de ce bibelot aussi coquet que dangereux. »

Mais s'il y a achat d'arme, il y a préméditation ?... Personne ne soulève la question. Une camarade de théâtre d'Angélique vient pourtant souligner la chose :

« Elle m'a dit en parlant de son mari et de sa maîtresse : “Je zigouillerai tout ça !” »

Angélique rectifie d'un air las :

« Je n'ai jamais employé l'expression “zigouiller”. De plus, je plaisantais, je faisais allusion à la prédiction d'une cartomancienne ; elle m'avait dit : “Je vois un cercueil dans votre maison”. »

Le témoin insiste :

« J'ai essayé de vous dissuader, mais vous m'avez dit : “Bah ! Je passerai en cour d'assises et on m'acquittera !” »

Angélique se lève, outrée :

« Oh ! mon petit, je n'ai pas dit ça ! »

L'autre réplique dans un élan de chapeau à plumes :

« Oh ! mon petit, vous l'avez dit ! »

Elle l'a dit, c'est vrai, puisque son médecin le confirme. Il l'a entendue lui aussi, et il a même répondu : « Si j'étais juré, je ne vous acquitterais pas ! »

Et les charges continuent de s'accumuler sur la tête d'Angélique. C'est le chef d'orchestre du théâtre qui déclare :

« C'est une coquette, assoiffée d'hommages, comédienne à la ville comme au théâtre... »

La pièce touche à sa fin, et pourtant, malgré le portrait qu'ont fait d'elle les témoins, Angélique n'a pas peur. C'est qu'elle attend l'arrivée de son unique témoin à décharge. Sa sœur. Comédienne elle aussi, mais d'une notoriété certaine et reconnue. Talent incontestable, allure incontestable, voix remarquable, présence remarquable...

C'est avec une grande modération dans le ton qu'elle déclare apporter les preuves que sa sœur aimait son mari, et que son mari l'aimait. Elle décrit remarquablement, par petites touches, ce que pourrait être la vie d'un couple idéal et amoureux, vivant heureux et caché, dans un nid douillet. Elle raconte très bien l'arrivée du serpent, le désarroi de la femme et la lâcheté du mari. C'est beau, c'est très beau. Si le public et les jurés avaient été tentés une seconde de croire les autres témoins, c'est fichu.

Le procureur est paternel, méchant comme il se doit, mais galant comme il ne se doit pas. Il a quatre-vingts ans, c'est le doyen du barreau.

« Que votre pitié s'exerce, messieurs les Jurés, mais qu'elle n'oublie pas la juste sanction qui doit punir le crime. »

Voici venir l'avocat de la partie civile. Un inconnu sans grande envergure. Il représente les sœurs de la victime, et réclame le franc symbolique de dommages et intérêts.

Et la défense répond :

« Vous représentez la famille du défunt ? C'est curieux, Monsieur M... étant un enfant bâtard non reconnu, qui pourrait prétendre être son parent ? »

Cela aussi, il faut oser. Mais après en avoir délibéré, la cour accepte la requête. Le petit avocat de la partie civile est donc autorisé à plaider. Il tente de faire admettre au jury que l'attitude de l'accusée aux audiences est faite essentiellement d'artifices de théâtre. C'est intelligent de sa part d'avoir compris le personnage, mais va-t-on le croire ?

Le commentaire dit : « L'accusée écoute les yeux mi-clos, la tête renversée en arrière ; il erre sur ses lèvres un sourire de dédain et de répugnance. »

Enfin voici l'avocat de la défense. Il n'a plus grand-chose à faire. Le public féminin observe avec sympathie cet homme jeune et éloquent qui porte remarquablement la robe.

« Si je demande l'acquittement, ce n'est pas pour la gloire d'une femme, mais pour le devoir d'une mère qui doit élever ses enfants... »

C'est à peu près le gros de sa plaidoirie.

Après un quart d'heure de délibération (le temps de sortir, de gagner la salle réservée aux votes, de mettre ses petits bulletins dans l'urne, et de revenir au tribunal), le jury rend son verdict, à la majorité des voix : acquittement. La partie civile est condamnée aux dépens.

La pièce est finie. C'était incontestablement le meilleur rôle de « Mademoiselle Angélique », dans *le Crime passionnel,* mais c'est curieux, personne n'a envie d'applaudir... peut-être parce que le jury s'est trompé de passion, et le public de crime.

Le sang, dieu et l'argent

Un jour de l'été 1972, à l'aéroport de Denver dans le Colorado, le dénommé Henry Terry Johnson, portant un grand sac et un attaché-case, monte dans le Boeing 727 qui décolle à 17 heures pour San Francisco. Grand, mince et brun, une épaisse moustache sous des lunettes de soleil miroitantes, il s'assoit vers l'avant de la cabine des premières classes au bord de l'allée centrale.

Quelques minutes après le décollage, il ouvre son attaché-case, y saisit un objet rond qu'il tient serré dans la main gauche. Puis sa main droite ayant sorti un bloc-notes, il abaisse devant lui la tablette pour écrire quelques mots sur une feuille blanche.

Il arrête en la saisissant par le bras la première hôtesse qui se présente. C'est une petite Chinoise.

« Mademoiselle auriez-vous l'obligeance de remettre ce petit mot au commandant de bord ? »

La petite Chinoise, un peu étonnée, regarde le passager, lui trouve un air tout à fait correct, bien qu'un peu nerveux.

« C'est urgent, insiste Henry Terry Johnson.

— Bien Monsieur, j'y vais tout de suite. »

L'hôtesse « trottant » jusqu'au poste de pilotage jette tout de même un regard rapide sur le papier.

Lorsque le commandant, tête nue et en bras de chemise, la voit entrer, son visage décomposé le surprend.

« Qu'est-ce qu'il y a, mon petit ? »

L'hôtesse, incapable de dire un mot, lui tend la petite feuille sur laquelle le commandant lit ces quelques mots : « J'ai une grenade armée dans la main gauche et un revolver sur les genoux. Je vous communiquerai mes ordres par écrit. Tout se passera bien si vous vous y conformez. »

Le commandant, un homme d'âge mûr aux cheveux gris, est réputé pour son calme. Il est si calme qu'il paraît lent dans ses gestes et lourd dans ses attitudes. Après avoir lu et relu le message, il abandonne pour quelques instants les commandes au co-pilote et entrouvre la porte de la cabine. De là, voyant en enfilade la presque totalité de l'avion, il demande à la petite hôtesse :

« Qui vous a donné ce papier ?

— L'homme qui vous regarde, en première classe, au troisième rang gauche, celui qui a des lunettes miroitantes. »

Le commandant s'apprête à se rendre auprès du passager mais un geste de celui-ci l'en dissuade. Il croise les bras et sa main droite tient une petite feuille de bloc-notes discrètement tendue au-dessus de l'allée centrale, sans doute à l'attention de l'hôtesse.

« Je crois qu'il vient de nous écrire un nouveau billet, dit le commandant, allez le chercher. »

Voici le texte que rapporte la petite Chinoise :

« Inutile de vous déranger, commandant. Vous risqueriez d'affoler les passagers. Contentez-vous de m'obéir. Prenez vos dispositions pour atterrir à San Francisco. Je vous donnerai d'autres instructions dans 20 minutes. »

Le commandant serre les lèvres. Il réfléchit et mesure son impuissance. L'homme a la situation en main et reste parfaitement calme. La tête tournée vers les Montagnes Rocheuses, dont il ne doit pourtant voir que peu de choses, il tient en effet sa main gauche serrée sous son aisselle, autour d'un objet qui pourrait bien être une grenade.

Le commandant retourne lourdement à son siège et avertit la tour de contrôle :

« Ici TWA 329, prévenez les flics. Nous avons un pirate à bord. J'attends ses ordres. Je vous les communiquerai. Pour le moment il n'y a rien d'autre à faire. »

Sans quitter son fauteuil et sans que les passagers s'en aperçoivent, Henry Terry Johnson, par le truchement de quelques notes brèves et précises, obtient tout ce qu'il souhaitait.

À l'aéroport de San Francisco, l'avion roule et s'arrête près d'un hangar, assez loin des lieux de débarquement habituels. Les passagers découvrent avec étonnement que la passerelle exiguë que l'on amène n'est pas celle que l'on utilise généralement. Trois voitures de police sont arrêtées à proximité. Il en sort un policier en civil portant deux parachutes et deux grosses serviettes de cuir.

Dès qu'il est à bord, le policier tend la serviette au commandant qui a machinalement remis sa veste et sa casquette. Il examine le contenu et d'un signe de tête fait comprendre au pirate de l'air que tout est conforme à ses désirs. Avec l'accord tacite du bandit, il peut alors décrocher le téléphone de bord pour demander aux passagers de bien vouloir descendre dans le plus grand calme.

Ceux-ci qui commencent à comprendre qu'il vient de se produire un incident anormal ne se font pas prier et l'avion se vide rapidement.

Alors l'homme aux lunettes miroitantes enfin se lève. Il arrête au passage la petite hôtesse chinoise qui s'apprêtait à sortir à son tour :

« Désolé, mon petit. »

Puis il crie à haute voix :

« Fermez et verrouillez les portes ! Tout le personnel reste à bord ! »

Le co-pilote, le mécanicien, le steward et les hôtesses, après un échange de regards indécis, consultent le commandant de bord.

« Commandant, ordonne le pirate, voulez-vous me remettre l'argent, s'il vous plaît ! Et les deux parachutes. »

Le commandant retire rageusement sa veste et sa casquette. En fait tous ses gestes machinaux lui donnent le temps de réfléchir. Le bandit a glissé le revolver dans sa ceinture, il a bien une grenade dans la main gauche. S'il la tient aussi serrée c'est sans doute qu'elle est dégoupillée. Et s'il la tient serrée comme cela depuis Denver il doit avoir des fourmis dans les doigts peut-être même des crampes. Malgré son calme apparent on le devine assez nerveux. Ce n'est pas le moment de prendre des risques, même pour 500 000 dollars.

Alors le commandant prend la serviette et les deux parachutes et vient les poser près de l'homme dont les lunettes miroitent plus que jamais dans les rayons du soleil qui rougeoie à travers les hublots.

Le pirate sous le regard du commandant, plein d'assurance, se rassoit sur le dossier d'un fauteuil. Il s'est placé de façon à pouvoir observer les portes et la cabine de pilotage.

« Que faisons-nous ? demande le commandant.
— Vous faites le plein.
— Où allons-nous ?
— Donnez-moi des formulaires de vol, je vous communiquerai mes instructions. »

À ce moment il semble suivre pas à pas un plan parfaitement réussi. Mais le plus difficile reste à faire : sortir de l'avion. Évidemment, s'il a demandé deux parachutes c'est qu'il a l'intention de sauter. Le commandant se doute que les policiers ont réagi en conséquence et que l'avion va être suivi par des avions militaires, et que des hélicoptères vont être partout, alertés pour surgir sur le point de son atterrissage.

Une demi-heure plus tard, lorsque le Boeing décolle en direction du Colorado, toute la côte Ouest des États-Unis est déjà informée. Sans que le pirate le sache, une course s'engage entre lui et la police.

Les chasseurs Starfighters décollent d'une base de Californie. Ils sont bientôt rejoints par un lourd Hercule bourré d'appareils de détection. Lorsque la nuit tombe ils font une escorte sinistre au Boeing qui vole à quelques centaines de mètres seulement des plus hauts sommets des Montagnes Rocheuses. À terre c'est le F.B.I. qui prend les choses en main.

À Provo, dans l'Utah, un pilote d'hélicoptère de la Garde Nationale prévient son supérieur :

« J'ai hésité, capitaine... Mais je crois qu'il est de mon devoir de vous informer d'une conversation que nous avons eue il y a quelques jours, Mac Coy et moi. »

L'homme a l'air affreusement embarrassé et le capitaine de la Garde Nationale paraît de son côté très étonné.

« Voilà explique le pilote, un jour nous avons parlé avec Mac Coy d'un pirate de l'air qui a réussi à sauter en parachute avec 200 000 dollars, et on ne l'a jamais retrouvé, vous vous souvenez ?

— Oui.

— Eh bien, Mac Coy m'a dit qu'il se sentait parfaitement capable de faire la même chose, mais lui il demanderait 500 000 dollars. Et lui non plus ne serait jamais pris. Parce qu'en bavardant avec son professeur de parachutisme, il avait compris l'astuce qu'il fallait utiliser. Les parachutes qui sont fournis par les compagnies civiles sont équipés de petits émetteurs radio qui émettent des bip bip, pour qu'on puisse les suivre et les retrouver. D'après Mac Coy, il fallait donc lancer d'abord les parachutes munis de radio, qui attireraient la police, et ensuite sauter soi-même à un autre endroit avec son propre parachute.

— Et vous croyez que le pirate qui vient de détourner l'avion de Denver pourrait être Mac Coy ?

— Je ne dis pas que c'est lui. Et si ce n'est pas lui, j'espère qu'il ne m'en voudra pas. Mais je crois qu'il fallait vous le dire. »

À son tour, le capitaine devrait prévenir les autorités supérieures, mais lui aussi hésite. Richard Mac Coy est non seulement un de ses meilleurs éléments et un héros de la guerre, mais c'est aussi un prédicateur mormon convaincu. Il est inscrit à l'Université Privée des Mormons, la plus sévère et la plus ennuyeuse université des États-Unis, où le tabac est interdit ainsi que l'alcool, le café, le thé et même le coca-cola. Il y est interdit de faire l'amour, de porter les cheveux à plus de trois centimètres et les cours de religion sont obligatoires.

Voilà pourquoi le capitaine de la Garde Nationale de Provo hésite à alerter les autorités supérieures : un homme courageux, animé de tant de foi et de vertus peut-il détourner un avion, même pour 500 000 dollars ?

Et puis, d'après la radio et la télévision, le pirate qui s'appellerait Henry Terry Johnson, serait brun et porterait une moustache, alors que Mac Coy est blond et imberbe.

Mais pendant ce temps au-dessus des Montagnes Rocheuses l'avion poursuit sa route accompagné des deux avions de chasse Starfighters et du lourd Hercule.

À bord, l'homme aux lunettes miroitantes a intimé l'ordre à tout le personnel navigant de rester enfermé dans la cabine de pilotage. Se servant de formulaires officiels de vol, qu'il glisse sous la porte de la cabine, il fait préparer à l'équipage une série de vols en zigzag à 4 000 mètres au-dessus du Colorado, du Nevada et de l'Utah.

Il attend que la nuit soit définitivement tombée, puis faisant ralentir l'avion, il ouvre une des portes et lance au-dessus du Nevada les deux parachutes émettant des bip bip. Les deux chasseurs abandonnent le Boeing, l'Hercule amorce un virage. Déjà les hélicoptères prévenus foncent sur le lieu probable de l'atterrissage des deux parachutes.

Alors le pirate attend un quart d'heure et lorsque l'avion survolant l'Utah approche de Provo, il saute avec son propre parachute, les deux serviettes de cuir soigneusement attachées à sa ceinture.

À Provo, la ville des Mormons, pieuse par excellence, vers dix heures du soir, le capitaine de la Garde Nationale s'est tout de même décidé à prévenir le F.B.I. à Salt Lake City. Le lieutenant du F.B.I. qui lui répond voulait regarder un match de base-ball à la télé et espérait bien ne pas être mêlé à cette affaire. Chauve, binoclard et ridé, il répond d'une voix écrasée par la fatalité.

« C'est intéressant, intéressant. Et vous croyez que ce Mac Coy serait homme à détourner un avion ?

— Non, pas du tout, explique le capitaine je ne peux pas garder cette information pour moi, mais, d'un autre côté, Mac Coy n'est pas, à mon avis, un coupable plausible.

— Pourquoi ?

— Écoutez : voilà ses états de service... Je résume. En 1964, lorsqu'il était pilote d'hélicoptère au Vietnam, le jeune Mac Coy a trouvé dans la forêt vierge le corps dépecé et châtré de son meilleur ami, torturé par le Viêt-cong. Il le ramène pour qu'il soit enterré.

« En 1967 Mac Coy est décoré de la médaille du Courage pour avoir sorti deux camarades de l'épave en feu d'un hélicoptère sous les balles de l'ennemi.

« Puis il est décoré avec les honneurs, parce qu'au moment de la mousson il avait été volontaire pour dégager un petit poste des U.S. menacé par les troupes ennemies. Il a pu le disperser et démolir leurs chars à partir de son engin avec des gerbes de mitraille et des fusées. Bref, c'est un héros.

— Tous les pirates sont des héros, grogne l'homme du F.B.I. Je vais faire une enquête de ce côté. »

Il sait que son devoir lui commande cette décision. Adieu la soirée tranquille devant la télévision. Il se tasse, écrasé par la fatalité.

Onze heures, à Spring Fields, dans les environs de Provo un jeune homme mange une pizza dans un restaurant. Lorsqu'il se lève, un homme blond et mince qui terminait un jus de fruit à la table à côté lui demande s'il pourrait le déposer en ville. Comme le jeune homme accepte, ils roulent bientôt le long de l'aéroport extraordinairement éclairé par des fusées lumineuses.

« Qu'est-ce qui se passe ? demande le jeune homme.

— Ils doivent chercher quelqu'un, explique son passager. J'ai vu la même chose au Vietnam. »

Quelques minutes plus tard, la radio confirme en effet. Après avoir suivi une fausse piste dans le Nevada la police a été avertie par le commandant de bord du Boeing détourné que le pirate de l'air avait sauté en parachute dans les environs de Provo aux abords immédiats de l'aéroport.

« Il est gonflé le gars ! s'exclame le jeune homme.

— Oui. Il faut croire qu'il avait bien préparé son coup », remarque le passager.

Pendant ce temps, la police qui s'est présentée au domicile du dénommé Mac Coy a fait chou blanc car il n'est pas là. Sa femme non plus. Elle serait paraît-il à l'hôpital.

Une équipe de policiers envahit le quartier, interroge à droite et à gauche. D'une façon générale les gens sont outrés qu'on se permette de suspecter Mac Coy de quoi que ce soit.

Le propriétaire du seul débit de boisson de la ville, qui n'ouvre qu'à dix-sept heures et encore pour ne débiter qu'une bière très légère, leur éclate de rire au nez :

« Écoutez, vous pouvez me croire, Mac Coy est tellement pieux et tellement vertueux, qu'il traverse la rue pour ne pas passer trop près devant mon bistrot. Rien que l'odeur de ma bière le fait fuir. Et vous savez combien elle fait ma bière ? 2° ! Il est si pieux qu'il peut pas dire un seul gros mot. Il ne pourrait même pas prononcer le mot "derrière" et vous voudriez qu'il ait détourné un avion ? »

Mais vers vingt-trois heures, les policiers interrogent à tout hasard la belle-sœur de Mac Coy, une jeune rouquine explosive :

« Non je ne sais pas où est Mac Coy, dit-elle. Pourquoi le cherchez-vous ?

— Vous avez entendu la radio ? Un homme vient de détourner un avion et de sauter en parachute. Il paraît que ce pourrait être lui. Qu'en pensez-vous ? »

Contrairement à toute attente la jeune femme leur répond tout à trac :

« Ça se pourrait bien. Il m'a proposé un jour de l'aider à détourner un avion. On prendrait 500 000 dollars. On sauterait en parachute, etc. le même scénario, quoi ! »

Les policiers de Provo se jettent alors comme des fous sur le téléphone pour prévenir le lieutenant du F.B.I.

Dans son P.C. de Salt Lake City le lieutenant est de plus en plus écrasé par la fatalité. Maintenant qu'il est établi que le pirate a sauté aux environs de Provo, le voilà investi de la responsabilité suprême il est devenu la plaque tournante. Mais la déclaration de la belle-sœur de Mac Coy le réconforte : cette fois la piste Mac Coy paraît sérieuse. Le pirate identifié, il pourra rentrer chez lui. Hélas un nouveau coup de fil des policiers qui enquêtent à Provo refroidit son enthousiasme.

« Autant pour nous, lieutenant. On a peut-être été un peu vite. Ce que nous a dit la belle-sœur de Mac Coy ne doit être entendu qu'avec beaucoup de précaution.

— Pourquoi ?

— Eh bien, d'après ce que nous avons appris ici, elle est un peu dingue, et elle est amoureuse de son beau-frère. Comme celui-ci a toujours repoussé ses avances, elle est littéralement folle de jalousie. »

Le lieutenant, de plus en plus écrasé par la fatalité, repose son téléphone d'un geste las, en poussant un énorme soupir : Mac Coy ? ou pas Mac Coy ?

Dans son bureau qui lui sert de quartier général, il tient une conférence :

« Voyons, résumons la situation. Un homme qui s'est rendu maître d'un avion de la ligne de Denver-San Francisco vient de sauter en parachute aux environs de Provo avec une rançon de 500 000 dollars. À la façon dont il a guidé l'avion et dont il a sauté en parachute c'est un pilote professionnel, un parachutiste et un homme habitué aux opérations de commandos. Or à Provo justement un pilote d'hélicoptère, ancien héros de la guerre du Vietnam, aurait parlé à deux personnes d'un projet de piratage qui ressemble trait pour trait à celui-ci. Contre ça, qu'est-ce que nous savons ? Que le pirate s'appellerait Henry Terry Johnson, qu'il serait brun avec une moustache, alors que le suspect s'appelle Mac Coy et qu'il est blond avec des yeux bleus. De toute façon le pirate de l'avion a peut-être les yeux bleus, on n'en sait rien, puisqu'il portait des lunettes, paraît-il.

— Pardon lieutenant, se hasarde un des assistants, il y a aussi sa réputation, c'est un prédicateur d'une des religions les plus sévères d'Amérique du Nord et il est intègre, sobre, prude et pieux.

— D'accord, mais pour le moment votre saint homme n'est pas chez lui, comme par hasard. Alors où est-il ? »

Or vers une heure du matin Mac Coy rentre enfin chez lui, tout surpris d'y trouver son explosive et rouquine belle-sœur.

« Enfin ! C'est pas trop tôt ! Et d'où viens-tu, lui demande-t-elle ?

— J'étais à Spring Fields, tu sais bien, je t'avais prévenue que je travaillais au chalet. »

Mac Coy s'étonne de la nervosité de sa belle-sœur. Elle lui avoue la vérité :

« La police te cherche. Elle te soupçonne d'être l'homme qui a détourné l'avion. Je leur ai dit qu'un jour tu m'avais proposé de le faire !

— Quoi ? C'est malin ! Ils vont croire que c'est moi. »

À son quartier général de Salt Lake City, le lieutenant du F.B.I. décroche son téléphone.

« Lieutenant ! Un de nos hommes qui est posté devant sa maison vient de voir Mac Coy arriver. Qu'est-ce qu'on fait ? »

Encore une décision à prendre, encore une responsabilité, le lieutenant que la fatalité décidément n'abandonne pas réfléchit très vite : les Mormons sont des chrétiens très respectables, mais assez fanatiques. Pas question d'arrêter un de leurs prédicateurs sans un motif valable. Il faut donc agir avec tact :

« Il est pilote d'hélicoptère, ce bonhomme ? Et dans la Garde Nationale ? Bon, eh bien convoquez-le à l'aéroport de Provo, sous le prétexte que vous avez besoin d'un pilote, pour participer aux recherches du pirate.

— O.K. »

Quelques instants plus tard, un blond mince aux cheveux rares et aux yeux bleus, revêtu d'un uniforme de la Garde Nationale, se présente aux ordres à l'aéroport de Provo : c'est Mac Coy.

Aussi discrètement que possible les policiers l'interrogent.

Il paraît très calme. À la fois assez admiratif devant l'exploit que vient de commettre le pirate et réprobateur quant à la moralité de son geste. Il a réponse à tout.

Comme il fournit un emploi du temps minutieux et contrôlable de son séjour dans le chalet de Spring Fields, les policiers ne peuvent rien retenir contre lui.

Aussi lorsqu'à quatre heures du matin les recherches sont abandonnées, Mac Coy rentre chez lui.

Dans son Quartier Général, repoussant enfin la fatalité le lieutenant du F.B.I. explose :

« Pourtant c'est lui ! Je suis sûr que c'est lui. Ce type n'est pas normal. Vous trouvez normal vous un type qui se bat comme un lion au Vietnam ? Qui porte sur son dos un ami qui a les boyaux à l'air ? Qui sort des copains d'un hélicoptère en flammes sous les balles de l'ennemi ? Qui se porte volontaire pour des missions impossibles ? Qui reçoit des tas de décorations ? Et qui, brusquement, s'inscrit à l'Université des Mormons, ne boit plus une goutte d'alcool, ni de café, ne touche plus une femme, traverse la rue lorsqu'il passe devant un bistrot et devient prédicateur ?

— Ça arrive, lieutenant, grogne un des flics.

— Ben oui, le besoin d'absolu, remarque un autre.

— Il y a des gens comme ça, qui ne font jamais les choses à moitié, explique un troisième.

— D'accord, mais le pirate non plus n'a pas fait les choses à moitié. Pourquoi est-ce que ce ne serait pas la troisième vocation de Mac Coy ? »

Bientôt une nouvelle information va conforter le lieutenant dans son opinion. La femme de Mac Coy, institutrice, a deux enfants. C'est une grande malade. Elle souffre d'une terrible affection des os. Aucun médicament ne peut la guérir. Sa main droite est déjà perdue, elle a dû abandonner sa classe et travaille à mi-temps dans un service social.

Or, vers sept heures du matin un chirurgien de Salt Lake City, qui écoute la radio, apprend que parmi les multiples suspects figure un certain Mac Coy. Il appelle aussitôt la police :

« J'ai vu Mac Coy il y a trois jours, ça m'ennuie beaucoup d'avoir à raconter ça, mais je crois que c'est mon devoir. J'ai dû lui apprendre que la main gauche de sa femme, à long terme, était probablement perdue. Et qu'il n'y avait qu'une opération assez compliquée qui avait des chances de la sauver. Il m'a demandé si cela coûterait cher. J'ai bien été obligé de lui avouer que ce serait très cher. Il avait l'air effondré. Il m'a répété plusieurs fois de suite : “Où voulez-vous que je trouve l'argent ? Mais où voulez-vous que je trouve l'argent ?” Puis il a conclu : “Décidément la vérité on ne la trouve ni en Dieu, ni dans le sang, la vérité, c'est l'argent. Eh bien j'en trouverai et par n'importe quel moyen". »

À neuf heures du matin un groupe de graphologues convoqués par le lieutenant examinent les instructions de vol que le soi-disant Henry Terry Johnson a écrites au pilote du Boeing. Ces notes griffonnées sur des feuilles de bloc-notes sont comparées à des spécimens d'écriture trouvées chez Mac Coy.

Les graphologues sont unanimes : c'est la même main qui a écrit. Henry Terry Johnson et Mac Coy sont une seule et même personne.

Dix minutes plus tard Mac Coy est arrêté.

Dans les jours qui suivent, le lieutenant, patiemment, retrouvera à peu près tout son arsenal, les lunettes miroitantes qui cachaient ses yeux bleus, la perruque brune qu'il avait posée sur ses cheveux blonds et même la fausse moustache, la grenade, et le revolver...

Avant d'en prendre pour quinze ans, Mac Coy n'aura eu que le temps de dépenser 6 dollars sur les 500 000 qu'il avait perçus : de quoi s'offrir un jus de fruit dans une pizzeria de Spring Fields.

L'homme saugrenu

C'est un petit homme assis sur une marche d'escalier, dans le couloir de son immeuble. Il regarde avec attention le paillasson de la concierge, comme si le petit rectangle de corde tressée pouvait lui apprendre la vérité sur toute chose.

Il a cinquante-quatre ans. Le cheveu rare, le teint blafard et deux yeux pâles et bleus, remplis de larmes.

La concierge l'observe derrière ses carreaux. Que fait là son locataire du grenier ? Jonathan Rheïn est un rêveur, toujours dans la lune, un vagabond aux 36 métiers, un pauvre, un poète de café-tabac... Toute sa vie il a confectionné des vers boiteux et imaginé des contes de fées où le bien triomphe toujours du mal. Jamais aucune femme n'a réussi à partager cette vie approximative, entre le rêve et la réalité. Il vit seul, là-haut sous les combles, dans une pièce unique. Mais que fait-il à pleurer, assis sur une marche d'escalier ? Que dit-il ? La concierge se le demande bien...

Il parle à son paillasson.

« Toi tu connais la vie. Tu ne t'étonnes de rien. Les gens te marchent dessus, ils grattent leurs pieds sur ton dos, ils déposent sur toi tout le mal du dehors... Et tu ne dis rien. Tu es un philosophe de la terre... Mais moi ? Moi je suis un poète de l'air et du ciel, qui cherche le beau... Et tu sais, paillasson ? Je ne le trouve pas... »

La concierge se décide à passer le nez dans le couloir.

« Qu'est-ce qu'il y a, monsieur Jonathan ? Ça ne va pas ? »

Jonathan semble sortir d'un rêve, il examine la concierge, une petite vieille difforme, courbée par des années de serpillière, et d'escaliers à laver...

« C'est vous, madame Shulz ? Ah, c'est vous. Oui bien sûr, c'est vous...

— Vous pleurez ?

— Je pleure, madame Shulz. Oui je pleure. Et savez-vous pourquoi je pleure ? Non vous ne le savez pas. Je pleure sur la beauté, madame Shulz. Il faut avoir pitié de la beauté. Vous savez ce que c'est la beauté ? Non. Moi, je sais. La beauté c'est fragile, c'est un instant qui passe, comme un oiseau, ou un grain de poussière. Vous voyez ce grain de poussière là ? Il est tombé sur votre paillasson. Il brillait dans la lumière du soir, il était beau, léger, aérien, et il est tombé là ! vous allez lui marcher dessus, c'est fragile un grain de poussière. C'est beau une seconde, et puis, ça se noie dans la laideur...

— Monsieur Rheïn, il est dix heures du soir, il faut aller vous coucher !

— Oh je ne peux pas, madame Shulz. Si je vais me coucher voyez-vous, je disparaîtrai moi aussi dans la laideur, comme un grain de poussière.

— Allons, soyez raisonnable...

— Jamais, madame Shulz. Je ne serai jamais raisonnable. Asseyez-vous là près de moi, tenez, je vais vous raconter une histoire. L'histoire du poète et de la belle Hélène, vous voulez bien ?

— Monsieur Rheïn, il faut aller vous coucher. Vous me raconterez votre histoire demain !

— Oh non ! Oh non. Demain il sera trop tard, voyez-vous, le poète c'est moi. Je suis là et je pleure, car je suis un poète assassin. Et là-haut, chez moi, il y a la belle Hélène, elle est morte, madame Shulz. La beauté est morte par ma faute...

— Qu'est-ce que vous racontez ? Il y a une morte là-haut ?

— Oui, madame Shulz...

— Il faut prévenir la police, monsieur Rheïn !

— Certes, certes, il le faut. Mais je veux vous raconter mon histoire d'abord, vous voulez bien ? Vous serez mon public et vous pourrez raconter l'histoire à la police, après, parce que moi je ne saurai plus, voyez-vous. Une histoire comme celle-là, madame Shulz, c'est un grain de poussière, ça brille un instant quand on la raconte, et puis c'est sale ensuite, c'est laid. Je vais vous raconter le beau, et vous, vous raconterez le laid à la police. Asseyez-vous là... écoutez-moi : Il était une fois... »

Jonathan Rheïn va raconter son histoire à la concierge. Plus tard, les policiers et les juges appelleront Jonathan « l'homme saugrenu ». Ce poète assassin va faire couler de l'encre dans son pays : l'Allemagne de 1950. Mais au-delà du procès et des bagarres d'experts, il y a l'Histoire vraie de cet « homme saugrenu », à travers lui-même, durant dix ans de sa vie étonnante. C'est pourquoi il faut écouter d'abord, comme la concierge, le conte du poète et de la belle Hélène. Assis sur les marches d'un escalier, devant un paillasson miteux Jonathan commence :

« Il était une fois une princesse... »

Jonathan Rheïn raconte d'une voix lente et douce, presque tendre, et la concierge écoute, les yeux écarquillés.

« Cette princesse s'appelle Hélène. Elle est blonde, madame Shulz, comme vous l'étiez à vingt ans, vous vous souvenez ? Elle a de jolis yeux verts et de longs cheveux blonds. Elle s'ennuie dans son château où il fait froid, et elle a peur, car on veut la marier à un homme très laid et très vieux. Elle ne sait pas, la pauvre princesse, que cet homme, laid et vieux, l'aime d'un grand amour. Et elle ignore qu'elle peut tout pour lui. En effet cet homme est un jeune poète, que la malédiction du monde a changé en vieillard repoussant. Mais si elle l'aime, et si elle lui donne un baiser, la malédiction s'en ira, et le jeune poète redeviendra ce qu'il était : beau et séduisant. Vous comprenez, madame Shulz ?

— Je comprends, monsieur Rheïn. C'est du théâtre que vous avez écrit ?

— C'est ça !

— Et comment ça finit ?

— Attendez, madame Shulz, attendez. Au début de la pièce, la belle Hélène est dans son château et le poète changé en vieillard laid et repoussant vient lui rendre visite. Il ne peut pas lui dire qu'il est victime de la malédiction. Il doit se faire aimer d'abord pour lui-même et obtenir un baiser. Alors il écrit un poème pour Hélène et dans ce poème, il va essayer de lui faire comprendre son malheur. C'est un long poème, très beau.

— Dites, monsieur Rheïn... racontez-moi la fin s'il vous plaît.

— Il faut écouter le poème avant, madame Shulz !

— Soyez raisonnable, monsieur Rheïn. Est-ce qu'il y a vraiment quelqu'un là-haut ? Est-ce qu'elle est vraiment morte ?

— Oui, madame Shulz bien sûr, sinon, je ne vous raconterais pas ma pièce.

— Alors dites-moi vite la fin, monsieur Rheïn, il faut prévenir la police, soyez raisonnable s'il vous plaît. J'ai... j'ai peur, moi !

— N'ayez pas peur. La belle Hélène vous la connaissez, madame Shulz, c'est la petite serveuse du café Blader, elle est si jolie n'est-ce pas ?

— Et le poète c'est vous ?

— Bien sûr. Personne d'autre ne saurait jouer ce rôle.

— Alors ?

— Alors j'ai dit mon poème, madame Shulz, et je m'avance vers la belle Hélène. Je la prends dans mes bras, pour l'embrasser, je crois qu'elle m'aime. Mais la belle Hélène recule, elle a peur de moi. Je la rattrape, je la serre contre moi, je vais l'embrasser. Et elle ne veut pas.

— Et après ?

— Après c'est la laideur, madame Shulz. Elle est morte là-haut.

— Mais je ne comprends pas. Elle est morte dans la pièce ? Elle fait semblant ?...

— Oh non ! Dans la pièce elle n'est pas morte. Je l'embrasse et je redeviens normal, et nous nous aimons dans l'éternité. Et nous vivons dans les étoiles. C'est très beau, madame Shulz, très beau.

— Je peux monter chez vous, monsieur Rheïn ?

— Vous êtes courageuse, madame Shulz ! oui, très courageuse ! Moi voyez-vous, je ne peux pas.

Je préfère rester là, avec votre paillasson. Et puis je dois pleurer. J'en ai besoin vous comprenez ? »

Jonathan Rheïn a les larmes aux yeux, en effet. Et la concierge monte les escaliers, peureusement.

Là-haut au dernier étage, sous les combles, la porte de son locataire est restée ouverte. L'unique chambre est illuminée. Il y a des fleurs dans des vases, le lit est recouvert d'un tissu multicolore. Les meubles sont bien rangés. Une commode, deux chaises, et un tapis. Sur le tapis le corps d'une femme est allongé sur le dos, les bras écartés.

Mme Shulz se penche. Le visage de la petite serveuse du café Blader, est pâle, si pâle, elle a les yeux clos. Un mince filet de sang s'écoule sur le tapis. Il part de son dos.

Alors Mme Shulz se met à crier, et court dans l'escalier aussi vite qu'elle peut. Elle n'y croyait pas tout à fait, mais à présent, aucun doute, il y a eu un crime dans la maison.

Jonathan, « l'homme saugrenu », est toujours assis sur une marche. Il lève la tête :

« C'est la laideur, madame Shulz. La mort c'est la laideur. Mais il ne faut pas crier, cela rend la laideur encore plus laide. »

Mme Shulz se dit : « Il est fou ! » et elle se précipite au café Blader de l'autre côté de la rue pour téléphoner à la police.

Quand le car de Police-secours arrive devant l'immeuble, Jonathan n'a pas bougé. Il ne pleure plus, et regarde ses mains avec étonnement. Un policier le relève, on lui passe les menottes, et il continue à regarder ses mains.

Là-haut, un commissaire de police et le médecin légiste examinent le corps. La jeune serveuse est morte. Une paire de ciseaux plantée dans le dos, profondément, a atteint le cœur. Aucune trace de lutte.

Jonathan est interrogé sur place, mais il est incapable de décrire les circonstances du meurtre.

« Je ne sais pas, Monsieur. L'ai-je tuée ? Ne l'ai-je pas tuée ? Vous comprenez, nous répétions la pièce, alors pourquoi l'aurais-je tuée, puisqu'elle ne doit pas mourir ? Elle doit vivre et m'aimer. »

Le commissaire s'énerve.

« Mais enfin, vous étiez seul avec elle ! Il s'est bien passé quelque chose ?

— Elle est morte.

— Pourquoi l'avez-vous frappée ?

— Je l'ai frappée ? Oh non, c'est quelqu'un d'autre. Elle reculait vers la porte. Elle avait peur de moi. J'étais vieux, laid et repoussant ; et moi je devais l'embrasser, pour retrouver mon corps de poète, vous comprenez ? »

Ah ça non, le commissaire ne comprend pas. Il se dit comme la concierge... « ce type est fou ! » Et Jonathan se retrouve en prison, inculpé de meurtre.

Avec le juge, il est plus raisonnable cependant. Mais il nie tout simplement.

« Je ne l'ai pas tuée. Ce n'est pas moi. Je suis un poète, pas un assassin. Vous pouvez demander à tout le monde dans le quartier, ils me connaissent. Je ne tue pas, monsieur le Juge. J'écris des vers depuis toujours. Je sais qu'on se moque de moi souvent, mais Hélène, elle, me comprenait. C'était la seule qui comprenait. C'est pour cela que je lui ai donné le rôle de la princesse. »

Le juge tente de débrouiller l'écheveau que Jonathan lui présente en guise d'explication.

« Vous connaissiez cette femme, elle était votre maîtresse !

— Ma fiancée, Monsieur, c'est plus joli une fiancée.

— Si vous voulez. Seulement depuis quelque temps, elle vous trompait ?

— Me tromper ? Je ne sais pas. Elle était jolie, beaucoup d'hommes lui faisaient la cour.

— Alors vous étiez jaloux ! Et vous l'avez tuée !

— Mais non ! vous ne comprenez pas ! Moi j'aimais la princesse Hélène, celle de ma pièce, et elle allait m'aimer aussi. Je n'étais pas jaloux, et je ne l'ai pas tuée.

— Oui, d'accord, vous alliez vivre heureux dans les étoiles, je sais ! Mais à part ça ? Sortez de votre rêve un peu, bon sang ! Vous espérez que je vais vous faire interner ? Vous voulez passer pour un fou ?

— Tous les poètes sont fous. Ce sont les autres qui le disent en tout cas, mais moi je ne suis peut-être pas fou. Je sais bien que je n'ai tué personne !

— Alors qui l'a tuée ?

— Je l'ignore, Monsieur, je vous assure. Vous savez, elle reculait vers la porte, et la porte était ouverte.

— Pourquoi était-elle ouverte ?

— Pour entrer en scène ! Il fallait bien que nous ayons des coulisses. C'était dans le couloir, les coulisses.

— Bon. Alors elle reculait vers la porte, et vous, vous avanciez vers elle...

— C'est ça. Je la prends dans mes bras, et tout à coup elle tombe.

Je lui ai dit qu'il ne fallait pas tomber, mais elle tombait quand même, je la soutenais par les bras...

— Que s'est-il passé ensuite ?

— Je l'ai allongée sur le tapis, et j'ai vu qu'elle était morte.

— Avez-vous vu quelqu'un dans le couloir ?

— Il n'y avait personne dans les coulisses au début de la pièce. Après, je ne sais pas. Quelqu'un a pu s'y cacher !

— Et les ciseaux ? Ils sont à vous ?

— Non.

— Vous n'avez pas de ciseaux chez vous ?

— Si, des petits, pour découper les images.

— Mais les empreintes ? Elles sont à vous.

— Les empreintes ? Qu'est-ce que c'est ?

— Les traces de vos doigts sur les ciseaux !

— Il y a des traces ? Comment savez-vous ça ? »

Jonathan ignore tout des techniques policières, apparemment. Mais il comprend ce que le commissaire lui explique patiemment.

« Donc, ça veut dire que j'ai mis mes doigts sur les ciseaux ? Eh bien c'est vrai. J'ai regardé dans son dos, parce que je voyais bien qu'il y avait quelque chose. J'ai pris les ciseaux, mais ils ne voulaient pas sortir. Et puis commissaire j'avais peur, moi, c'était laid tout ça, et impressionnant. Alors j'ai pas insisté.

— Et qu'avez-vous fait après ? Il s'est passé au moins trois quarts d'heure après la mort de la jeune femme.

— Je parlais avec la concierge. Elle aime bien les histoires. »

Voilà. Jusqu'au procès, un an après, Jonathan ne dira rien de plus : il est innocent.

L'accusation maintient sa position. Mobile : jalousie, arme du crime portant différentes empreintes certes, mais celles de Jonathan aussi, et enquête négative quand à la réalité d'un assassin inconnu.

Or bizarrement, une querelle se dessine dans la presse. Avant, pendant et après le procès. Le cas de Jonathan émeut la ville entière et la partage.

Son avocat, persuadé de son innocence, alimente les journalistes. Il affirme notamment que les accusations ne reposent sur rien de précis, que l'enquête pour rechercher le véritable assassin a été bâclée, et que la police s'est contentée du coupable qu'elle avait sous la main, car c'était plus simple. Un poète, un rêveur, un vagabond qui fait des vers minables depuis des années, qui n'a pas de métier fixe ! Un jour cheminot, un jour balayeur, et la plupart du temps chômeur. On le dit fou, c'est facile. On ne le croit pas, parce qu'il s'exprime bizarrement, on l'appelle « l'homme saugrenu » sans chercher plus loin la vérité.

Du côté de ceux qui le pensent coupable, il y a surtout un romancier détective à ses heures et constructeur de théories à l'emporte pièce.

Pour lui, Jonathan, « l'homme saugrenu », est coupable. Il a soigneusement fait la reconstitution du crime : Jonathan, emporté par l'ambiance de sa pièce et par son personnage a tué sans s'en rendre compte. En quelque sorte il a rajouté une scène à son texte. Il en est plus ou moins conscient, mais refuse d'accepter ce crime.

Suit une démonstration assez convaincante, il faut le dire, sur la manière dont Jonathan a saisi les ciseaux qui traînaient sur la commode près de la porte et a frappé la jeune femme, selon un angle déterminé en fonction de l'axe de la blessure.

Au procès, la bataille continue. Les jurés ne savent plus où est le théâtre, où est la réalité, et Jonathan lui, assis sagement dans son box, contemple les rayons du soleil qui passent à travers les hautes vitres de la salle du tribunal. Son rêve continue. Rêve ou cauchemar, on ne sait. Il courbe la tête avec résignation devant le verdict : dix ans de réclusion, avec circonstances atténuantes...

C'est un drôle de verdict.

Le voilà en prison, silencieux, et composant des poèmes ou des contes pour enfants, qu'il déclame dans sa cellule à un public imaginaire qu'il a dessiné sur le mur.

Au-dehors la bataille continue : innocent, coupable, les spécialistes s'invectivent au nom de la liberté des droits de l'homme et de l'erreur judiciaire.

Cela dure jusqu'en 1957, date à laquelle Jonathan est libéré pour bonne conduite, après sept années d'internement.

Il retrouve le soleil, les grains de poussière et les étoiles et il part sur les routes, en vagabond, ignorant que sa libération anticipée a réveillé les passions de plus belle.

Il court ainsi les chemins pendant quelques années. On écrit sur lui des théories et des livres. Mais nul ne sait où « l'homme saugrenu » promène sa solitude de poète approximatif. Et puis un jour, Jonathan réapparaît. Il a soixante-quatre ans. Il frappe à la porte de son avocat, lequel s'est battu et se bat encore pour prouver l'innocence de son client et le faire réhabiliter.

« Bonjour Monsieur. Je suis venu vous dire la vérité. J'ai tué Hélène, c'est juste. Mais c'était un accident stupide. Hélène a reculé trop vite, elle a heurté un commutateur électrique, et nous nous sommes retrouvés dans le noir. J'avais les ciseaux à la main, ils me servaient d'épée pour mon rôle, j'étais un vieux seigneur, laid et repoussant, avec une épée.

« J'ai trébuché dans le noir, et nous sommes tombés tous les deux l'un sur l'autre. Quand j'ai rallumé, j'ai vu qu'Hélène était tombée sur les ciseaux que je n'avais pas lâchés. La violence du choc a fait pénétrer la pointe dans son dos... Elle n'a pas beaucoup souffert. Elle est morte tout de suite... »

Jonathan reste un moment à regarder l'avocat stupéfait. Puis il s'apprête à partir, comme il était venu. L'autre le rattrape :

« Mais pourquoi ne l'avez-vous pas dit tout de suite ?

— Dire quoi ? Ah, la vérité ? Elle est laide la vérité, vous savez... »

Et Jonathan est reparti sur les chemins, laissant la bagarre reprendre autour de son cas, sans s'en mêler lui-même. Il n'a pas reparu. S'il vit encore, il doit approcher des quatre-vingts ans. Il doit contempler quelque part, en Allemagne ou ailleurs, un brin de poussière quelconque qui brille dans le soleil, beau et fragile, et philosopher à son sujet, en vieillard plus saugrenu que jamais.

Le prisonnier de la mer

Le vent a soufflé toute la journée, et le petit yacht a eu bien du mal à atteindre le petit port de Minorque. Il est enfin à l'abri. Harald Spruck et son épouse sont épuisés et se couchent de bonne heure. Harald Spruck surtout. Il n'a qu'une jambe, et naviguer à la voile dans ces conditions, c'est plus que du sport pour lui, c'est un exploit. Il a cinquante-neuf ans. Toutes ses économies sont passées dans l'achat du *Sylvia II*, le nom de sa femme. C'est leur manière de vivre leur retraite. Le moignon de sa cuisse le fait terriblement souffrir après une journée de mer :

« Bonne nuit, Sylvia, je suis éreinté.

— Bonne nuit, Harald. »

Le silence envahit la cabine. Le *Sylvia II* tangue doucement dans le port. Minuit : Harald et Sylvia se réveillent en sursaut et le mari chuchote :

« Tu as entendu ?

— Oui, qu'est-ce que c'est ? »

Sylvia obtient immédiatement la réponse, mais c'est une autre voix qui la donne, en même temps, elle est aveuglée par le faisceau d'une lampe de poche.

« Tu le vois bien ce que c'est ! Et tiens-toi tranquille ! »

La voix vient de l'écoutille du pont. En levant la tête le couple aperçoit une main tenant un revolver, puis la silhouette d'un homme devant la porte de la cabine. Une silhouette massive et haute. La voix est mauvaise et la main jette une corde.

« Allez, ligote ta femme et fais ça bien, sinon ça ira mal. »

Toujours ébloui par la lampe électrique et menacé du revolver, Harald saute sur sa jambe valide et obéit. Il ligote sa femme du mieux qu'il peut, tandis que les suppositions tournent dans sa tête.

Qui est ce type ? Un pirate ? Un gangster ? Qu'est-ce qu'il veut ? Le bateau ? Harald a fini de ligoter sa femme et il l'entend respirer fort, la peur lui coupe le souffle, elle cherche de l'air. Il veut la rassurer, mais dans le noir l'homme le bouscule.

« Allez, à ton tour. Allonge-toi là ! »

Et il le ligote fermement, avec rapidité. Harald n'a toujours pas vu son visage.

« Bon. Maintenant, pour que vous sachiez de quoi il retourne, je suis Rolf Meyer ! »

Il a dit ça d'un ton conquérant et fier de lui, comme s'il annonçait : « Je suis Rackam le Rouge ! ou Barberousse ! » Manifestement, on doit trembler encore plus, à l'annonce de son nom. Mais ce nom ne dit rien aux deux prisonniers, et ils gardent un silence prudent.

« Rolf Meyer, hein ? Ça vous épate ! J'ai déjà tué des gens comme vous, un type avec sa femme, il s'appelait Gerke, un ancien para. Il a voulu se jeter sur moi, alors j'ai aussi tué sa femme, d'ailleurs elle criait ! et la gosse aussi... »

Les Spruck n'ont jamais entendu parler de ce crime, mais ce n'est pas étonnant, ils ne lisent pas les journaux depuis qu'ils sont en mer. Cela dit, ils comprennent que l'homme vient de leur avouer un triple assassinat, et cela n'a rien de rassurant. Sylvia se retient de crier à s'en faire mal et Harald désespéré se dit : « Eh bien ça y est ! Le genre de truc qui n'arrive qu'aux autres, c'est pour nous cette fois. On va crever bêtement, assassinés par un dingue, le 3 septembre 1980. »

Meyer brandit son revolver une nouvelle fois, il vient de se cogner dans le noir et grogne :

« On ne bouge pas, on m'écoute ! La lumière, bon sang ! Où est-elle ? »

Harald lui indique la lampe. Et la cabine s'éclaire enfin. Le visiteur est un costaud. Il porte une moustache, il est mal rasé, vêtu d'un tee-shirt assez sale. Harald remarque les deux bras musculeux couverts de poils, portant chacun un tatouage d'un goût douteux. Il s'agit d'un cercueil flottant sur l'eau et surmonté d'une croix.

L'homme s'assoit et le couple peut examiner son visage à loisir. Front petit et buté, arcades sourcilières proéminentes, nez mince et double menton. Il se dégage des traits une sorte de méchanceté triste et molle, un drôle de mélange.

« Bon, je ne vous fais rien. J'ai échoué avec mon bateau. J'ai besoin de votre argent. Où sont vos passeports et les permis de navigation ? »

Harald désigne la sacoche qui contient le tout, dans le placard au-dessus de sa tête. Meyer fouille dans les papiers et, ayant trouvé ce qu'il voulait, s'assoit confortablement sur la troisième couchette vide. Il semble moins nerveux.

« J'ai fait un sacré voyage jusqu'ici ! Si les copains me voyaient ! Je suis parti de Gênes, j'ai fait l'île d'Elbe, la Corse, par Solenzara, la Sardaigne par la côte Ouest, et hop, jusqu'à Ibiza ! Il y a une semaine j'étais à Porto Cristo, à Majorque, et aujourd'hui me voilà. J'avais volé le bateau, mais un jour j'en aurai un à moi, c'est sûr, ça ! »

Tout en parlant Meyer balance son arme d'une main à l'autre. Il la contemple tout à coup avec plus d'insistance :

« Vous voyez ça ? C'est un Walter P 28, avec un canon scié, ça fait des trous particulièrement gros... oui... particulièrement gros. Bon, maintenant je vais m'étendre et dormir, mais ne faites pas de bêtises. Je ne dors que d'un œil. Au point où j'en suis maintenant, ils ne peuvent pas me donner plus que la perpétuité, alors, un ou deux de plus ! »

Et il s'endort. Après s'être retourné deux ou trois fois, en serrant le pistolet contre lui.

Une longue nuit d'angoisse commence pour Harald et Sylvia Spruck. Ils n'osent pas bouger ou faire la moindre tentative d'évasion. L'homme les tuera, ils l'ont bien compris. Puisqu'il n'en est plus à « un ou deux près ». Mais qui est cet homme ? Ils l'ignorent bien sûr.

La police internationale le recherche depuis plus de six semaines dans tout l'ouest de la Méditerranée. Il est soupçonné d'un triple assassinat. Et il en est coupable puisqu'il l'a avoué lui-même à ses otages. Il s'est emparé d'un bateau à Chiavari, près de Gênes. Après avoir assassiné les propriétaires, un couple d'Allemands. Les corps n'ont pas été retrouvés. Le bateau, un petit yacht de 7 mètres, jaune et blanc, leur avait coûté 5 000 marks. C'étaient leurs premières vacances.

Le 22 juin, ils arrivaient en Italie, en voiture avec le bateau en remorque. À Chiavari, le capitaine du port se souvient très bien qu'un grand gaillard costaud et aux bras tatoués les a aidés à mettre à flot.

Le 25 juin, le même bateau est échoué près d'un camping, dans le sable. C'est le même homme qui le pilote, il se fait appeler Henri. Les campeurs qui l'aident à dégager le bateau aperçoivent la tête d'une fillette, derrière un hublot. Elle pleure. Ils la prennent pour sa fille.

Le 26, « Henri le tatoué » fait réparer sa rame, le 27 il invite trois campeurs à dîner sur « son » bateau. L'un d'eux demande :

« Et votre fille ?

— Je l'ai accompagnée au train, elle a dû rentrer en Allemagne. »

Il avait donc gardé l'enfant, Michaela, treize ans, à bord, et elle est morte entre le 25 et le 27 juin 1980, trois jours après ses parents. On ne saura jamais réellement dans quelles conditions.

La disparition de la petite famille a été signalée par le grand-père, et le triple assassinat immédiatement soupçonné. Le voleur se sert de chèques au nom du propriétaire, qu'il signe maladroitement. Il se sert également d'un passeport, perdu il y a un an par un ingénieur du nom de Henri Gesh.

La police commence à le suivre à la trace, mais sans jamais l'attraper, car elle arrive toujours trop tard. Il est identifié grâce à ses tatouages. C'est bien Rolf Meyer, un ancien détenu, libéré sous probation. Il s'est même offert le culot d'envoyer à ses anciens camarades de cellule une photo de lui en couleurs, et à bord du bateau dont il a maladroitement repeint l'ancien nom par un neuf. Les spécialistes identifient facilement le bateau sur la photo.

La chasse à l'homme prend de l'ampleur. Le 14 juillet, Meyer est signalé à l'île d'Elbe. Le 23 à Solenzara, le 9 août en Sardaigne. Puis pendant quatre semaines, l'homme et le bateau disparaissent. Plus aucune trace.

Le 3 septembre à minuit vingt, il vient d'attaquer les Spruck et il dort, en ronflant, sur sa couchette. Que va-t-il faire ? Le bateau volé a échoué, il en a trouvé un autre, avec des papiers et de l'argent, alors va-t-il tuer une nouvelle fois ? Dans l'horrible logique qui est la sienne, il semble bien que oui, s'il se sent menacé.

Le matin du 4 septembre 1980 se lève sur le petit port de Minorque. Le *Sylvia II* paraît tranquille. Sur les quais quelques promeneurs, des pêcheurs et un enfant qui joue.

Personne ne se doute qu'un assassin se réveille à bord du petit yacht. Il veut déjeuner et se sert tranquillement. Aussi brutal qu'il était la veille, le voilà aimable et poli avec ses otages :

« Bon. Je vous ai raconté mes histoires de meurtres, mais c'était pour vous intimider, tout ça ne vous regarde pas, hein ? D'ailleurs je suis incapable de faire du mal à une mouche, c'est vrai... Vous voulez du café ? Je vais rester quelques jours avec vous, quatre ou cinq, je ne sais pas, on verra bien. En attendant on va lever l'ancre, et je vous détacherai après, d'accord ? Vous comprenez j'ai besoin du bateau pour aller à Gibraltar, et puis après aux Caraïbes. Alors on va d'abord aller faire des provisions à Majorque. »

Et le *Sylvia II* lève l'ancre. C'est Meyer qui fait la manœuvre. Au large, comme promis, il libère ses otages. Le revolver, toujours coincé dans la ceinture de son pantalon, suffit à prévenir toute tentative d'attaque ou d'évasion. D'ailleurs Harald ne se sent pas de force à lutter contre lui. Avec une seule jambe il est limité. Sylvia, elle, préfère rester sur le pont, le plus loin possible de Meyer. Cet homme lui fait une peur épouvantable. Pire, elle éprouve de la répulsion, et chuchote à son mari.

« C'est un sadique, j'en suis sûre. Je t'en prie, ne le laisse pas m'approcher. S'il tente quoi que ce soit, jetons-nous à la mer ! »

Dès leur arrivée à Porto Cristo, le port de Majorque, Rolf le tatoué décide :

« Vous le mari, vous allez faire les courses. Je garde Madame en otage, alors pas de bêtise. N'essayez pas de prévenir la police. Si je vois la moindre chose suspecte autour du bateau, pan pan ! »

La mort dans l'âme, le malheureux Harald descend à terre, muni d'une liste de provisions, tandis que Rolf s'enferme dans la cabine avec la femme. Sylvia est blanche de peur. Il y a cinq jours qu'elle a peur. Rolf, lui, paraît tranquille. Il se sert à manger, et lui raconte sa vie.

« Vous savez, j'ai fait de la prison, longtemps. La première fois qu'on m'a arrêté, j'avais dix-sept ans, je conduisais sans permis, ça c'était rien. Mais après j'ai fait des choses. En 70, on m'a mis en prison et vous savez pourquoi ? Viol ! mais j'étais pas tout seul, et ils m'ont collé treize ans ! pour des bricoles, finalement, j'ai violé personne, moi... »

Ce qu'il ne dit pas, c'est qu'il a réellement participé à des attaques et violé une douzaine de femmes, seul ou avec des complices. Ce qu'il ne dit pas non plus, c'est que le psychiatre l'a catalogué comme sadique et obsédé au dernier degré. Il a une autre idée de lui-même :

« En prison, ça allait, remarquez. J'ai bouquiné pleins de livres sur la mer et les bateaux. J'adore ça. C'est ma passion, moi, les bateaux. J'ai suivi des cours en prison, j'ai appris la voile... »

Cette passion, véritable d'ailleurs, semble le calmer momentanément. À tel point que sa conduite en prison est jugée exemplaire. Il a la permission de commander des journaux, des livres, de prendre des cours, et en 1979, il est libéré. Il n'a fait que huit ans sur les treize. En partant, il dit à ses camarades :

« Quand j'aurai mon bateau, je vous enverrai des cartes postales des Caraïbes ! »

Au lieu des Caraïbes, et peut-être pour pouvoir s'y rendre, le libéré s'attaque à des supermarchés, mais il est imprenable. Un indic signale à la police qu'il a formé une bande pour prendre un juge en otage et faire libérer un détenu. On le recherche, il a disparu. Mais il ne craint pas d'envoyer à la prison des photos de lui, en play-boy, posant sur des voiliers. Il n'a pas renoncé à son rêve. Il a tué trois personnes pour ce rêve. Et il continue de rêver, devant son otage paralysée de peur, des Caraïbes.

Tandis que Rolf raconte à Sylvia tout ce qu'il fera aux Caraïbes, Harald Spruck, lui, se précipite dans une cabine téléphonique. Il appelle son fils en Allemagne. La communication est mauvaise, et le fils met un certain temps à comprendre l'incroyable aventure de ses parents. Harald se dépêche de lui donner le maximum de renseignements.

« Surtout ne préviens pas la police, tu entends ? Ta mère est seule avec lui ! J'ai trouvé un journal dans un kiosque tout à l'heure, qui parle de lui, si tu savais ! Il y a sa photo et celle des gens qu'il a tués...

— Mais qu'est-ce que tu veux que je fasse ?

— Viens, si nous sommes deux, nous pourrons peut-être nous en sortir, moi je ne peux rien avec ma jambe !

— Mais s'il décide de partir tout de suite ?

— Écoute, je vais essayer de lui faire comprendre que le *Sylvia II* n'est pas assez solide, de le retenir ; de toute façon, il veut aller à Gibraltar, et ensuite aux Caraïbes. Ça j'en suis sûr.

— Papa ? Tu tiendras le coup ? J'arrive ce soir, je prends l'avion...

— Je tiendrai le coup, fils. Mais sois prudent. Pas la police !

— Ne t'inquiète pas. On improvisera. J'arrive, papa, tiens bon. »

M. Spruck a les larmes aux yeux. Il se précipite dans un café pour avaler un cognac et court après ses provisions en boitillant. Il ne faut pas donner l'alarme à Meyer. Il faut gagner du temps.

Meyer, lui, fait toujours la conversation à Sylvia pendant ce temps :

« Je l'avais remarqué, votre bateau, c'est pas exactement ce que je voulais, mais votre mari est handicapé, alors je me suis dit : avec lui, j'aurai pas de problème. C'est vrai, un type qui a une patte en moins se bagarre pas comme un autre, forcément. »

Sylvia pousse un soupir de soulagement quand Harald Spruck, avec sa « patte en moins », rapporte les provisions. Il est onze heures du matin à Majorque. Il a eu le temps de consulter un horaire d'avion. Si tout va bien, le fils sera à Palma en fin de journée. Le temps de faire la route en voiture et à minuit, une heure, il sera là.

En attendant, il chuchote la bonne nouvelle à sa femme. Meyer les a enfermés et s'affaire sur le pont.

« Sylvia, il faut sympathiser avec lui, gagner du temps...

— Alors parle-lui de bateaux, il en est fou. »

La journée s'écoule, presque dans la bonne humeur. Meyer raconte les avatars qu'il a subis sur son bateau volé, et Harald lui raconte comment il a choisi son bateau, et pourquoi. Il glisse de temps en temps sur la longue course que représente les Caraïbes, et le voilier qu'il faudrait. Il trace même la route avec son ravisseur. Les voilà plongés dans les cartes et les calculs, les provisions et les escales. À minuit, Meyer déclare :

« Bon. Vous allez dormir, j'aviserai demain. »

Il semble réfléchir et estimer le *Sylvia II*. Il enferme le couple dans la cabine.

« Je vais prendre l'air sur le pont, j'aime bien regarder les étoiles. J'aime la nuit sur la mer. »

À deux heures du matin, le fils, Herbert Spruck, arrive à Porto Cristo en voiture. Il est accompagné de deux journalistes. Un charter les a déposés à Palma et ils ont foncé sur la route. Les voilà sur le quai, cherchant le *Sylvia II*. Ils le repèrent. Rien ne bouge à bord, tout est silencieux.

Les trois hommes se retirent dans l'ombre, pour réfléchir à l'attaque. Le mieux serait d'attendre l'aube. Si Meyer monte seul sur le pont, ce sera l'occasion. En attendant, il faut surveiller.

Il est presque trois heures du matin lorsque les guetteurs voient quelque chose bouger du côté du *Sylvia II*. C'est le yacht voisin, qui se détache du quai, et file sans bruit vers la sortie du port.

Herbert et les deux journalistes croient comprendre ! Ce bateau qui file sans lumière et sans bruit, c'est Meyer qui s'enfuit !

D'un bond, ils sautent à bord du *Sylvia II*. Herbert a la gorge serrée en criant :

« Papa ? Maman ? Où êtes-vous ? »

Ils sont là, recroquevillés sur leur couchette, mais vivants. Ils ne se sont même pas aperçus que leur gardien avait filé à l'anglaise. Le bateau voisin était plus gros, plus solide, plus beau, et surtout, il était vide d'occupants. Alors, tandis que père, mère et fils s'embrassent et se racontent, les deux journalistes foncent sur une vedette, suivent le yacht, qui file vers le large. Sur le pont, une silhouette solitaire se débat avec les voiles, c'est Meyer. Les journalistes regagnent le port, et alertent la police. Mais il faut des heures avant que la *Guardia civil* comprenne ce qui se passe.

Il est sept heures du matin lorsque enfin la chasse s'organise. Mais le bateau fuyard a disparu derrière une anse rocheuse. La police espagnole essaie de le suivre par voie de terre, mais le chemin est pénible, et c'est dans le courant de l'après-midi qu'ils retrouvent enfin le yacht, toutes voiles envolées.

Meyer cette fois avait choisi trop gros. C'est à peine s'il avait réussi à hisser la misaine. Incapable de manœuvrer seul, il s'est échoué. Quelques traces de pas dans le sable, et c'est tout. Le marin présomptueux a disparu. Nous sommes le 8 septembre 1980.

Le 12 septembre 1980, les mains de deux policiers s'abattent sur les puissantes épaules de Meyer dans une rue de Palma de Majorque. Il rêvait à un autre bateau, à la liberté des mers, aux Caraïbes... Il aura la perpétuité dans une prison allemande. C'est le prix de trois assassinats, dont celui d'une enfant de treize ans, et d'un kidnapping. Les experts le croyaient réintégré par son amour de la mer et des bateaux. Or il avait tué pour la même raison, et il aurait tué encore, s'il en avait eu besoin.

Comme il disait à ses otages :

« Qu'est-ce que vous voulez qu'ils me fassent de plus, maintenant ? C'est la perpète, c'est tout ? Alors, un de plus ou de moins... »

À propos d'une cause célèbre

Comment un simple fait divers peut-il devenir ce que l'on appelle ensuite une « cause célèbre ? ». Et d'ailleurs qu'est-ce qu'une cause célèbre ? C'est un procès qui dépasse les juges eux-mêmes, en ce sens qu'il rebondit sur le public. Cela tient parfois à la victime, parfois à l'assassin, parfois à l'avocat qui défend cet assassin, et qui est célèbre lui-même. Parfois aussi à l'horreur du crime malheureusement. Plus rarement à l'innocence possible de l'accusé, c'est-à-dire au doute et à la crainte de l'erreur judiciaire. En France nous avons toute une série de causes célèbres, depuis la malle de Lyon, jusqu'au procès de Marie Besnard, en passant par l'affaire Seznec. À partir du moment d'ailleurs où le nom de l'accusé est précédé du mot « affaire », la cause est entendue célèbre.

Ainsi en Angleterre, il y eut dans les années 50 « l'affaire Scorse ». Une drôle d'affaire, qui mit en scène des personnages que nous connaissons mal. Des personnages que nous avons tendance à juger *a priori*, car ils ne nous ressemblent pas.

Bertha Scorse était une marginale. C'est pourquoi sa cause est devenue célèbre. Son physique, sa personnalité, la nature de son crime, tout était réuni pour cela. Ainsi que le verdict final de la Cour du Devonshire.

Aux assises d'Exeter, le président du jury vient de se lever pour annoncer d'une voix morne :

« Coupable, sans circonstances atténuantes. »

Et le silence qui pesait dans la salle devient écrasant. Le juge coiffe selon le rite la toque de soie noire par-dessus sa perruque blanche, et prononce l'unique sentence permise par le verdict :

« La mort par pendaison. »

L'accusée ne bronche pas. L'accusée est allongée sur une civière, mourante, elle le sait. Un médecin et une infirmière sont à ses côtés, prêts à intervenir en cas de malaise fatal. Et cette condamnation pourtant grave perd de son importance. Mourir pendue, ou sur une civière, par ordre d'un jury, ou de personne, où est la différence ? Même à vingt et un ans. Car Bertha a vingt et un ans. Et à vingt et un ans, elle est prête à mourir, de sa propre main si on la laissait faire. L'Histoire vraie de cette jeune fille désespérée a donc secoué l'Angleterre. Une affaire simple, à condition d'admettre la personnalité de l'accusée. Ce qui n'est guère facile.

Meurtrière à vingt et un ans, cela suppose presque toujours une enfance compliquée. Bertha enfant est racontée par sa mère au cours du procès. Une mère partagée entre l'horreur et l'indulgence.

« Elle a commencé très jeune à nous poser des problèmes. Ses rapports avec les enfants de son âge étaient malsains. Nous l'avons mise en pension, espérant que la discipline et l'exemple lui serviraient de guides, sans résultat. »

Le président se racle la gorge. Il est gêné. C'est que le procès vient seulement de commencer, et il tente d'éclaircir la personnalité de l'accusée. Lui la connaît, mais pas les jurés. Il se doit donc de poser des questions précises.

« Voulez-vous dire qu'elle faisait à ses camarades des propositions de jeux, comment dirais-je... sexuels ?

— Oui, monsieur le Président.

— A-t-on essayé de la punir ?

— Elle était punie constamment, mais les pires sanctions ne donnaient rien, alors nous l'avons retirée du pensionnat, pour la montrer à un médecin. C'est là que nous avons découvert sa maladie. Bertha était atteinte de tuberculose. Le médecin nous a affirmé que la maladie avait fait de sérieux ravages, non seulement physiques mais mentaux...

— C'est-à-dire ? A-t-il associé sa maladie à son comportement ?

— Oui, monsieur le Président. Il nous a dit que chez certains sujets, la tuberculose provoquait des désordres sexuels. Il m'a donc conseillé de la soigner à la maison. Cela a duré des années, et elle ne guérissait pas.

— Parlez-nous de son caractère, Madame.

— C'était une adolescente, enfin une créature étrange. Je ne l'ai jamais comprise. Vous comprenez nous avions honte, son père et moi. Il était dur de l'aimer. Elle était égoïste, autoritaire, aigrie même. La maladie en était peut-être responsable, mais aux pires moments de faiblesse, alors qu'elle tenait à peine debout, je l'ai vue prendre des colères si violentes qu'elles faisaient peur. Elle ne se connaissait plus, et j'étais obligée de l'enfermer dans sa chambre.

— Quelles étaient les raisons de ses crises de colère ?

— Je l'ignore, monsieur le Président. Nous faisions tout pour elle...

— Accusée, pouvez-vous répondre ? »

Les yeux de la foule et des jurés se tournent avec avidité vers la civière où gît Bertha. Un peu redressée, la tête soutenue par un énorme oreiller, la jeune fille a l'air perdu dans des pensées qui n'ont rien à voir avec son procès. Une créature étrange, a dit sa mère. C'est vrai. Bertha est laide. Irrémédiablement. Un corps maigre, un cou décharné, et un visage qui paraît énorme, aux traits épais, au regard noir, insoutenable. Elle ne répond pas immédiatement.

« Accusée, je répète la question, quels étaient les motifs de ces crises de colère envers vos parents ? »

La voix de Bertha est rauque, mais puissante. Étonnante, venue de ce petit corps malingre. Le ton est sans réplique.

« Ils m'empêchaient de vivre ! »

La mère fond en larmes, et regagne sa chaise. Le juge doit maintenant poursuivre l'interrogatoire de Bertha. Car elle est seule à pouvoir témoigner pour cette période de son existence. À dix-sept ans, le médecin l'envoie dans un sanatorium. Il n'est que temps. Les soins familiaux n'ont pas enrayé la maladie. Bertha ne mange pas, jette la nourriture par les fenêtres, et s'épuise en nuits d'insomnie, ou en colères délirantes.

« On m'empêchait de vivre », a-t-elle dit. Au sana, elle va vivre. Être heureuse même, c'est là qu'elle va rencontrer sa future victime. Et c'est là que le public et les jurés font la grimace. Car cette victime est une femme. Et Bertha en tombe amoureuse, jusqu'à la folie.

Au sanatorium, Bertha, qui a dix-huit ans à ce moment-là, se sent libérée de la domination familiale. Elle éclate. De toutes les manières possibles. Elle joue de son physique ingrat et de son caractère dominateur pour impressionner même les infirmières pourtant habituées aux malades difficiles. Et voilà que le hasard lui attribue comme compagne de chambre une jeune femme, Joyce Dunstan, son amour et sa folie. Joyce est exactement le contraire de Bertha. À vingt-six ans, elle a gardé un visage de collégienne bien nourrie. Avant d'atterrir dans ce sanatorium, elle a passé trois ans à se soigner chez elle, avec son mari. À grands renforts de régimes reconstituants et de repos forcé. Cette bonne volonté n'ayant pas suffi, Joyce doit passer par le sanatorium. Voilà donc cette jeune femme plantureuse et lymphatique, au caractère aimable, qui rejoint dans la même chambre Bertha l'agressive. Bertha la dure, la laide, Bertha à la volonté d'acier, et aux désirs torturants.

Le Président exprime la situation d'une phrase courte et définitive.

« Vous avez terrorisé cette jeune femme, dès son arrivée !

— Je suis tombée amoureuse d'elle, immédiatement. Je l'aimais, je ne lui voulais aucun mal.

— Cet amour était malsain, vous le saviez...

— Rien n'est malsain. Je suis comme ça. Si Dieu m'a faite ainsi c'est qu'il admet le malsain. Donc ce n'est pas malsain. Je l'aimais, je l'aime encore, vous ne pouvez pas comprendre cela ?

— Je n'ai pas à comprendre cela. Il s'agit d'amour contre nature.

— Et après ?

— Vous avez forcé cette jeune femme. Elle était mariée, heureuse en ménage, vous n'avez songé qu'à la détourner de son bonheur.

— C'est faux, complètement faux. Elle était heureuse avec moi. Elle acceptait tout.

— Elle ne vous aimait pas. Vous le saviez. Il s'agissait là de jeux sordides et immoraux !

— Vous ne comprenez pas. Vous êtes bien portant, vous. Vous êtes à l'aise dans votre peau, et vous ne connaissez de l'amour que le côté immergé de l'iceberg...

— Accusée, je vous rappelle à l'ordre. Il s'agit de vos agissements coupables, et c'est tout. Tenez-vous-en aux faits. »

Bertha se laisse aller au fond de sa civière. L'oreiller glisse et une infirmière le redresse. Le président est mal à l'aise. Il ne fait que son métier. Mais son métier aujourd'hui consiste à torturer une jeune fille mourante. Il préfère appeler une infirmière, comme témoin.

L'infirmière, qui a suivi pendant 17 mois les deux malades, Bertha et Joyce, fait un récit froid et précis.

« Je ne pouvais pas ignorer les relations de mes deux malades, bien que je n'aie jamais eu à sévir. Elles se cachaient. Mais j'ai entendu les disputes et les reproches. Cela a commencé lorsque Joyce a parlé de rentrer chez elle. Elle allait beaucoup mieux. En fait, sa santé faisait des progrès considérables, et le médecin lui avait annoncé une guérison certaine. À ce moment-là, Joyce a repoussé Bertha. Elle voulait se consacrer uniquement à sa guérison. Elle voulait appliquer strictement, et même au-delà, les prescriptions du médecin.

C'est-à-dire calme, repos, du corps autant que de l'esprit.

« Bertha l'a très mal pris. J'ai été le témoin d'une scène monstrueuse, à tel point que j'ai dû intervenir. Nous avons séparé les deux femmes, et comme il était prévu, Joyce a guéri rapidement. Elle est même rentrée chez elle plus tôt que prévu.

— Et Bertha ?

— Son cas était désespéré. Il n'a fait que s'aggraver. Les médecins ont décidé de la renvoyer chez elle, car ils la croyaient perdue.

— A-t-elle manifesté des colères, ou une jalousie quelconque, après le départ de la jeune femme ?

— De l'abattement surtout. Un désespoir terrible, cela n'aidait pas le traitement. »

Ce désespoir, Bertha va le traîner encore pendant 15 mois. À nouveau enfermée chez elle, à bout de forces, maigre à faire peur, toussant et s'arrachant les côtes au moindre énervement, elle écrit à sa bien-aimée des lettres passionnées.

« On ne veut pas que je vive avec toi, et je ne peux vivre sans toi. Ton souvenir me laisse au bord de la folie. J'essaie de ne plus me souvenir, mais cela me rend plus folle encore de souffrance. »

Sa mère lit ces lettres, et ne les envoie pas. Par contre, elle les conserve, bien que le dégoût la torture. Elle sent venir la crise finale, mais que faire ? Le plus simple pour elle est d'attacher Bertha. De la ligoter sur son lit. Pour l'empêcher de délirer, de se lever, de crier dans les couloirs, un amour obscène, que personne ne peut comprendre, que personne ne peut admettre. Et pourtant, il existe, il faut le croire.

Au bout de 15 mois de souffrance, Bertha ne résiste plus. Elle, qui ne pèse que 30 kilos, dont le visage ingrat ressemble à celui d'une morte, elle qui n'a plus ni force ni raison, elle se lève. Elle arrache ses liens, elle s'habille et se traîne dans la rue. Assise sur le trottoir, elle arrive à héler un taxi. Il est là, ce chauffeur aujourd'hui. Il témoigne d'un air hébété.

« Elle avait l'air d'une morte-vivante. Son visage était si pâle, ses yeux tellement bizarres qu'elle m'a fait peur et pitié à la fois. Elle m'a donné une adresse à 30 kilomètres, en me disant : dépêchez-vous, je n'ai plus beaucoup de temps à vivre, voilà de l'argent prenez-le, mais dépêchez-vous.

— Avait-elle l'air de préparer une mauvaise action ? Ou vous a-t-elle donné l'impression d'être folle ?

— Non, Monsieur, elle avait l'air malade et désespéré. Je lui ai même demandé si elle voulait voir un médecin. Elle m'a répondu une drôle de chose... Je ne me souviens plus très bien, mais ça disait à peu près : "Je me moque de crever pourvu que j'y arrive." Alors je lui ai demandé où elle allait si vite. "Chercher quelqu'un que j'aime", elle m'a dit. Si j'avais su, monsieur le Président... »

Pauvre témoin. Il a l'air outré. S'il avait su quoi ? Qu'il s'agissait d'un amour démoniaque, ainsi que le dira le procureur de la Reine ?

Car il se passe, en cette cour, une chose étrange. On a oublié la victime. Elle est devenue prétexte, entité, on ne lui donne pas de nom, elle n'existe que dans la mesure où elle met en évidence la monstruosité de Bertha. Il n'y a qu'elle, Bertha, à se souvenir.

« Je l'ai tuée, mais je ne voulais pas lui faire de mal. Je l'aimais. Je voulais vivre avec elle.

— Vous n'avez pas pensé une seconde qu'elle préférait son mari ?

— Je ne pouvais pas y croire. Pas après notre existence à deux et ce que nous avions vécu.

— N'insistez pas sur cet aspect des choses. La Cour est suffisamment avertie, et les jurés aussi. Dites-nous comment vous avez tué.

— Avec un coupe-papier qui traînait sur la table. C'est ce qu'on m'a dit.

— Pourquoi ? Vous ne vous souvenez pas ?

— Je ne sais pas. J'étais en colère, je voulais qu'elle revienne et elle, elle faisait semblant d'avoir oublié, de me reconnaître à peine. Je me souviens, elle riait, d'un petit air gêné, ridicule. J'ai vu rouge. Je ne sais rien de plus.

— Vouliez-vous tuer en arrivant ?

— Je ne voulais qu'elle. »

Bertha a le visage couvert de sueur, elle est grise, ses cheveux lui collent aux tempes. Cet interrogatoire a quelque chose d'indécent. Bien que nécessaire, il procure une impression étrange. Cette jeune fille, laide et mourante, semble déjà torturée par autre chose que les questions qu'on lui pose.

Et l'observateur a envie de dire : « Condamnez-la puisqu'elle a tué, mais laissez-la tranquille, ça ne sert à rien tout ça, elle est malade, et à moitié folle, qu'on en finisse. »

Folle, oui. C'est ce que déclare le docteur Craig cité comme expert.

« Elle était, au moment du crime, en proie à une démence telle qu'elle a réussi à enfoncer l'arme avec une vigueur démesurée. Un athlète professionnel n'aurait pas déployé autant de force que cette mourante. Pour accomplir un geste pareil, pour tuer sur le coup avec un simple coupe-papier, il faut une force ou une volonté exceptionnelle. Cette femme était hors d'état de distinguer le bien du mal, puisqu'elle était hors d'elle-même... »

C'est fini. Il ne reste que la défense. Prouver que Bertha est mourante, qu'elle l'était déjà au moment du crime, est simple. C'est évident. En énumérant tous les avis des médecins qui ont soigné Bertha, son avocat espère obtenir les circonstances atténuantes. Et seulement cela. Car en Angleterre, le crime passionnel n'existe pas. Tuer est un acte impardonnable, quel qu'en soit le mobile.

Les jurés se retirent. S'enferment une heure et quinze minutes. Il y a là des fermiers, des petits commerçants, un ou deux bourgeois du Devonshire. Ils regardent la civière que l'on ramène pour entendre le verdict.

Bertha ferme à demi les yeux, elle semble dormir, épuisée. Ce sera la mort par pendaison. Elle ne réagit pas.

Les circonstances atténuantes paraissaient acquises, pour le public et la presse. Nul n'imaginait que l'on allait pendre une mourante. Eux, l'ont voulu. Ce sont d'honnêtes Britanniques, issus du comté le plus puritain d'Angleterre.

Et l'Angleterre se demande alors si ces puritains n'ont pas exigé la pendaison moins pour le crime que pour les amitiés particulières de Bertha Scorse.

La reine lui accordera sa grâce. Ce sera la grâce de mourir, dévorée par la tuberculose et la demi-folie, quelques mois plus tard. Mais l'affaire Scorse est née. Des polémiques s'engagent, juridiques et passionnées. Le procès de Bertha devient ce que l'on appelle une cause célèbre. Avec une restriction.

Si l'on interroge les juristes en Grande-Bretagne, ils précisent : c'est un cas « plus ou moins » célèbre chez nous, un cas « particulier ».

Plus ou moins, et particulier. C'est normal pour une meurtrière plus ou moins femme, plus ou moins responsable, aux amours plus ou moins particulières.

L'homme et l'enfant

C'est une religieuse à l'uniforme incertain, bleu gris, sandales de cuir et petit bonnet blanc. Sœur Phœbée est américaine. Elle vit à Brooklyn et elle a près de soixante-dix ans en 1955.

Elle est assise dans la salle d'attente d'un psychiatre de New York. Une religieuse dans le cabinet d'un psychiatre, c'est étonnant. Sœur Phœbée n'a d'ailleurs pas pris de rendez-vous. Elle est arrivée de bonne heure, et a demandé à voir le docteur d'Ambrosio.

L'infirmière un peu surprise n'a pas osé la renvoyer.

« Vous serez obligée d'attendre... le docteur a énormément de travail en ce moment !

— Ça ne fait rien.

— C'est pour une consultation ?

— Oui.

— Excusez-moi, je dois remplir une fiche. Voulez-vous me donner le nom du malade ? Est-ce que c'est vous ? »

Sœur Phœbée lève un regard bleu et souriant vers l'infirmière.

« En quelque sorte, oui. Mais ne remplissez pas de fiche, le docteur décidera lui-même, il me connaît, vous savez. »

Sœur Phœbée n'a pas l'air malade. Et si un petit grain de folie l'habite, Dieu seul le sait. Assise sur le canapé du salon d'attente, elle tient sur ses genoux une pile de dossiers. Que veut-elle ?

L'infirmière croit le deviner. Encore une quête pour une œuvre quelconque. Elle croit avoir raison. Les religieuses comme sœur Phœbée passent leur temps à réclamer aux riches ce que les pauvres n'ont pas.

Mais la richesse, ce n'est pas toujours l'argent. Et ce que vient mendier sœur Phœbée aujourd'hui dans le cabinet d'un psychiatre est beaucoup plus sérieux. Elle vient mendier la vie. Et en cela, elle n'est pas loin de considérer le docteur d'Ambrosio comme une sorte de Dieu sur terre. Voici donc Richard d'Ambrosio. Quarante ans, psychiatre, et nouveau dans le métier. Son cabinet commence à prendre de l'importance, c'est un passionné au visage ouvert, au front large, souriant. Il ne ressemble pas à l'image (souvent fausse) que l'on se fait des gens comme lui. Il a plutôt l'air d'un athlète.

L'infirmière le cueille au vol dans son bureau.

« Docteur... c'est une bonne sœur ! Elle n'a pas rendez-vous et je ne sais pas ce qu'elle veut. »

Richard d'Ambrosio paraît surpris lui aussi.

« Ah ? Eh bien faites-la entrer, nous verrons bien. »

Sa pile de dossiers sous le bras, sœur Phœbée pénètre dans le cabinet confortable, s'arrête sur le seuil, et regarde le médecin des pieds à la tête, avec un sourire entendu.

« Alors, petit Richard ? On ne me reconnaît pas ? On ne se souvient plus de sœur Phœbée et du collège de Brooklyn ? »

Le « petit Richard » a un moment d'hésitation devant cette vieille femme. Un court moment. Et tout lui revient d'un seul coup : Brooklyn, le quartier pauvre de son enfance, la misère, les taudis, et la chance qu'il a eue. Sœur Phœbée était un merveilleux professeur de mathématiques. C'est un peu grâce à elle qu'il est devenu ce qu'il est aujourd'hui. Il se souvient très bien à présent. Il revoit la religieuse, cette grande femme énergique, tapant sur la table pour calmer une quarantaine de gamins braillards et mal élevés. Il entend encore sa voix haute dominer la classe.

« Les enfants, la vie est telle que Dieu l'a voulue. Aussi y a-t-il des imbéciles parmi vous. Que les imbéciles se taisent et que les autres travaillent. Nous ferons le tri en fin d'année ! »

Richard avait décidé alors qu'il ne serait pas du côté des imbéciles.

Les retrouvailles sont brèves. Avec sœur Phœbée on entre toujours très vite dans le vif du sujet. Elle dépose la pile de dossiers sur le bureau de son ancien élève, et attaque :

« Voilà. Tu as grandi, j'ai su que tu avais un cabinet de psychiatre à New York. Or j'ai besoin de quelqu'un comme toi. Mais je t'avertis, je n'ai pas d'argent. Ma communauté s'occupe d'un orphelinat pour enfants déshérités. Nous avons de tout. Tu connais Brooklyn, les gosses y poussent comme de mauvaises herbes dans un jardin en friche. J'ai en ce moment une bonne centaine de petites filles. La plupart s'élèvent vaille que vaille. Mais les problèmes graves sont là. Vingt dossiers que j'ai faits moi-même. Vingt gamines, qui vont de l'attardée mentale à l'hystérique, en passant par tous les stades possibles et imaginables.

« Alors voilà, j'ai fait ce que j'ai pu jusqu'à présent, avec les moyens du bord, mais je ne suis pas spécialiste, et il y a sûrement là-dedans quelques enfants que tu pourrais soigner. Ces gosses ont besoin d'un psychiatre, c'est à toi que je voudrais les confier. D'abord parce que je te fais confiance. Tu es sûrement devenu un bon médecin. Ensuite, parce que je ne peux pas payer. Le peu d'argent dont nous disposons sert à la nourriture et l'habillement. Nous faisons les soins nous-mêmes, l'école nous-mêmes. Tout. Seulement voilà, Richard, nous ne savons pas soigner les enfants fous. Et je ne veux pas qu'on les enferme. Aide-moi.

— D'accord ! Je vais voir ça. D'abord, les dossiers. Comment sont-ils établis ?

— Le plus précisément possible. Antécédents des enfants, bilan médical, âge et comportement depuis leur arrivée chez nous. Les observations sont notées par moi. J'espère que tu t'y retrouveras. Je ne connais rien au jargon médical. C'est du charabia. Quand un gosse fait une crise de nerfs, j'appelle ça une crise de nerfs. Mais je dis pourquoi il l'a faite. »

Richard d'Ambrosio sourit. Sœur Phœbée n'a pas changé.

« Je les étudierai cette semaine et je vous promets une matinée de visite par semaine. Je ne peux pas faire mieux. J'ai des clients difficiles et je débute.

— Je sais, mais n'oublie pas une chose, petit Richard, mes enfants aussi débutent ! »

Voilà comment le docteur Richard d'Ambrosio s'est retrouvé chaque semaine dans un orphelinat de Brooklyn, et surtout, voilà comment il a fait la connaissance du dossier numéro 8. Celui qui a marqué sa vie et sa carrière, celui à propos duquel il a écrit plus tard un livre intitulé : *Pas d'autre langage que le cri.*

Pour l'heure, en cette année 1955, le dossier numéro 8 est ouvert sur sa table. Les autres sont simples. Pas celui-là. Les autres sont des problèmes à résoudre, qu'il pourra résoudre, pas celui-là. Les autres parlent de misère mentale, celui-là parle d'horreur. Une horreur silencieuse. La plus terrible qui soit.

Le dossier numéro 8 porte le nom de Laura S... Âge : douze ans. Taille : 1,40 m, poids : 27 kilos, cheveux bruns, yeux bleus.

De son écriture ferme et ample, sœur Phœbée a résumé la vie de Laura, depuis sa naissance jusqu'à l'entrée à l'orphelinat à l'âge de quatre ans. Laura est née de parents alcooliques, en 1943. Alcooliques, chômeurs, et misérables. Jud et Betty, nés eux-mêmes dans les bas-fonds de Brooklyn, habitent une cabane et ils ont déjà deux enfants. Mais le père a des crises de délirium et la mère a tenté deux fois de se suicider. Ils sont régulièrement internés l'un et l'autre, désintoxiqués, soignés et remis en liberté. Mais leur cas est désespéré. Les deux enfants disparaissent à l'âge de dix et douze ans. Ils vont faire leur vie tout seuls, c'est dramatique, mais cela vaut mieux pour eux.

En 1943, entre deux internements, Betty attend un troisième enfant, c'est Laura. Elle naîtra dans des conditions affreuses, d'une mère amaigrie, malade et imbibée d'alcool. Laura pleure, comme tous les bébés. Mais le père ne supporte pas les cris de l'enfant. Il la bat, les voisins le savent. Mais dans ce quartier, on ne se mêle pas souvent de la misère des autres. Un soir pourtant, les hurlements de l'enfant sont si terribles qu'une voisine appelle la police. Il faut enfoncer la porte du taudis pour découvrir le drame épouvantable qui s'y passe. Le rapport du policier est éloquent :

« Le père était ivre mort par terre, la mère dormait, et j'ai eu du mal à la secouer. J'ai découvert une petite fille de dix-huit mois. Elle était couchée dans une poêle à frire, sur le feu. Le père a déclaré plus tard qu'il l'avait mise là pour la faire taire. »

Atrocement brûlée, l'enfant est confiée à un hôpital où elle survit miraculeusement, mais dans quel état... Deux ans de soins n'ont pu effacer les horribles cicatrices. La petite Laura est alors confiée à l'orphelinat et sœur Phœbée note le jour de son arrivée :

« Les brûlures ont endommagé le dos, les épaules et les reins. Une jambe est particulièrement atteinte, et le muscle n'existe plus. Les veines ont éclaté en varices, le visage n'est pas atteint, mais l'enfant louche considérablement. Elle marche avec difficulté et refuse tout contact. »

Et puis, au fil des années, sœur Phœbée note des détails tout aussi terribles.

Cinq ans : Laura ne parle pas. Elle ne supporte pas la présence des autres enfants, qui la prennent souvent comme souffre-douleur. Elle ne sourit jamais. Elle pleure toutes les nuits, sœur Margaret la tient dans ses bras pendant des heures, sans arriver à la consoler.

Six ans : Laura n'a toujours pas prononcé un seul mot. Elle ne réclame ni à manger, ni à boire. Il faut l'obliger à se nourrir. Les crises de larmes ont cessé depuis quelques mois. Mais elle ne dort presque pas. Elle garde les yeux ouverts dans le noir, en silence.

Sept ans : Laura est muette. Si elle tombe et se fait mal, elle ne crie même pas. Elle suit l'école avec les enfants de son âge, mais n'y participe pas. Elle refuse de dessiner comme les autres, et ne veut pas regarder les livres d'images. Pourtant elle observe autour d'elle, en tout cas elle regarde, sans aucune manifestation. Elle dort un peu mieux, mais semble faire des cauchemars. Les sons qu'elle émet alors sont bizarres : des sortes de plaintes et de grognements semblables à ceux d'un animal.

Ainsi passent les années d'enfance de Laura. Sans amélioration notable. Jusqu'à l'âge de douze ans, et jusqu'à la décision de sœur Phœbée de confier son dossier avec d'autres à son ancien élève devenu médecin psychiatre.

Aujourd'hui, pour la première fois, Richard d'Ambrosio demande à rencontrer Laura. Il est bouleversé. Peut-il quelque chose pour cette enfant martyre et silencieuse ? Il va s'y acharner en tout cas.

Sœur Phœbée lui amène l'enfant. Il faut la soutenir. Laura marche avec difficulté, en s'appuyant contre les murs, courbée, la tête basse, et les bras pendant le long du corps. On l'aide à s'asseoir et immédiatement l'enfant se recroqueville sur elle-même, comme si elle voulait disparaître à la vue du médecin. Elle dissimule son visage derrière une petite main brûlée. Richard d'Ambrosio n'aperçoit qu'une tignasse noire :

« Laura ? Bonjour, Laura. Je m'appelle Richard. Veux-tu me regarder ? Montre-moi tes yeux, Laura... »

L'enfant ne bouge pas d'un millimètre. Petite boule de terreur silencieuse. Richard écarte sa main sans effort, et découvre un visage curieux, triangulaire, aux traits fins, à la peau presque transparente. Le regard de l'enfant se perd dans le vide. Elle ne regarde pas le médecin, un mur invisible les sépare.

Immédiatement le psychiatre décide :

« Vous allez me la laisser. Je l'installe chez moi. L'infirmière prendra soin d'elle dans la journée. Je veux pouvoir lui consacrer chaque minute de liberté. »

Sœur Phœbée décide de rester elle aussi. Laura la connaît, la transition sera moins dure pour elle. Et puis il y a les nuits de cauchemars, ou de pleurs silencieux. Depuis des années, Laura a pris l'habitude d'être bercée comme un bébé dans les bras des religieuses, c'est le seul contact qu'elle ait jamais accepté. La seule communication entre cette enfant muette et un autre individu.

Courageusement le psychiatre entame son travail. Il a décidé de parler à Laura. De lui parler tout le temps. Il décrit tout ce qui les entoure, tout ce qui pourrait l'intéresser, et l'environne d'objets divers. Des jouets de toute sorte bien sûr, mais aussi d'un matériel hétéroclite. Chaque fois que le regard de Laura se pose sur un objet, Richard le lui donne. Il espère une réaction.

Mais en réalité, le regard de Laura effleure les choses, sans les voir. Et quand on les lui donne, elle n'y prend pas garde. Des semaines et des semaines d'observations méticuleuses, de monologues interminables, ne donnent rien. Laura ne réagit toujours pas.

Richard essaye alors une autre méthode. Il s'installe devant elle avec un paquet de bonbons. Et il mange les bonbons jusqu'à l'écœurement. Il espère agir sur la gourmandise. Laura ne bronche pas, jusqu'au moment où par mégarde, Richard laisse tomber un bonbon. Et là, il manque sauter de joie ! L'étincelle a jailli, il en est sûr. Laura a bougé, elle a esquissé le geste de tendre la main. Elle a « regardé », vraiment « regardé » le bonbon, et sa main a « voulu » le prendre. Mais cette première réaction n'a duré qu'une seconde. La main est retombée, le regard s'est à nouveau perdu dans le vide.

Pendant des mois encore, Richard d'Ambrosio s'acharne, invente, il est sûr que le cerveau de l'enfant n'est pas atteint. Sûr qu'elle doit réagir à quelque chose, et que le reste suivra. Mais par quel bout démêler cet écheveau de silence ?

Dans la rue, Laura a peur du bruit et surtout des autres enfants. Elle s'accroche au médecin, c'est un début, mais qui ne sert à rien. Cela veut dire simplement qu'elle s'est habituée à lui, et n'a plus peur de lui. C'est tout. Que faire d'autre ? À force de réfléchir, le psychiatre construit une théorie.

Selon lui, le choc s'est produit à l'âge d'un an et demi, le jour des brûlures. C'est ce jour-là que la souffrance et la peur ont rendu Laura muette et indifférente au monde extérieur. C'est ce jour-là qu'elle s'est repliée définitivement sur elle-même. Or qu'a-t-elle vu ce jour-là ? Un père et une mère qui crient dans une cuisine. C'était ça, son foyer, des personnages qui crient dans une cuisine. L'idée du psychiatre peut paraître folle, mais il y croit.

Richard d'Ambrosio se met en quête d'une maison de poupée, avec des meubles et deux personnages en celluloïd. Deux petites poupées. Et il se remet à expliquer, à monologuer tout seul devant Laura : là, il y a la chambre, avec le lit de maman et de papa. Là il y a l'armoire avec les vêtements. Ici c'est la cuisine, avec la table, les chaises et le fourneau. Assis à la table, il y a papa et maman, et Laura.

Inlassablement, Richard décrit la vie d'un foyer, père, mère et enfant. Et un jour, alors qu'il ne s'y attend plus, Laura bouge ! Laura se traîne près de lui, Laura tend sa petite main, la plonge à l'intérieur de la maison de poupée et d'un geste renverse les meubles !

Richard en crierait de joie. Il remet les meubles en place, rassoit les personnages, et Laura recommence. Elle met les poupées par terre, et renverse les meubles.

Richard est presque sûr d'avoir trouvé. Le voilà le souvenir, l'unique souvenir conscient de Laura. La scène qui a précédé son martyre. Elle a vu des meubles renversés, des gens qui se battaient et qui criaient...

Alors il hésite. Peut-il aller plus loin ? En a-t-il le droit ? C'était son idée depuis le début en jouant avec Laura à la maison de poupée, mais à présent il hésite... Reconstituer la scène ? C'est peut-être dangereux pour le cerveau fragile de Laura. D'un autre côté, où est l'espoir ? Alors lentement il se décide. L'estomac noué, la gorge serrée. Il installe un personnage dans la maison de poupée, un petit poupon. C'est Laura, et il entame son théâtre tragique. Il joue tous les rôles.

Le père et la mère se disputent, ils crient très fort des injures, ils tapent sur la table et renversent les chaises. Soudain le père crie : « Cette enfant crie trop fort, je vais la battre », et il prend le poupon et le bat, en criant de plus en plus fort.

Cette fois Laura s'agite, un son curieux, rauque et furieux sort de sa gorge, elle se précipite sur les jouets représentant ses parents et se met à frapper, à frapper, à frapper ! Puis dans un effort surhumain, elle crie : « N... Non ! »...

C'est le premier mot qu'elle prononce depuis l'âge de dix-huit mois. Il fallut encore des mois et des années d'efforts pour lui apprendre à parler. Richard d'Ambrosio s'occupa de tout. Il réussit même à la faire opérer gratuitement par un chirurgien de ses amis.

À quatorze ans, Laura ne portait plus de cicatrices visibles. Elle n'était plus une enfant martyre. À quinze ans, elle avait compris qu'on pouvait l'aimer, et qu'elle pouvait aimer les autres. À seize ans, elle revit son père qui voulait la « connaître ». Il faillit tout gâcher, et Laura essuya une grave dépression nerveuse, qui vit sa raison au bord du gouffre à nouveau.

Mais lorsque sa mère, à son tour, voulut lui rendre visite, elle la jeta dehors. Et à vingt ans, Laura entreprit des études d'infirmière puéricultrice. Elle voulait soigner les nouveaux-nés. C'est ce qu'elle fait depuis des années dans une clinique new-yorkaise. Les bébés la rassurent. Et selon le docteur Richard d'Ambrosio, il n'y a pas de meilleure thérapeutique contre l'angoisse que le sourire d'un bébé.

Ce fou de Wilson

Sur le campus de l'université d'une ville du Nebraska règne une agitation normale, en ce milieu d'année scolaire 1966. On y parle beaucoup rock and roll, sport, mode, et un peu travail selon les groupes. On y parle flirt, voitures et parents, on y parle mathématiques, sciences et psychologie, cinéma, drogue, racisme et guerre.

Ils ont entre dix-sept et vingt-cinq ans, ils viennent de tous les coins, de la ville, de la campagne, des usines, des industries locales. Ils viennent de ce monde qui appartient aux adultes, et ils le discutent indéfiniment. Vont-ils y entrer, comment et pour y faire quoi ?

Le campus est un vaste domaine planté d'arbres, où les étudiants refont le monde entre deux cours.

Les professeurs ont leur coin réservé, un fumoir-bar-bibliothèque, où ils discutent à peu près des mêmes choses, mais dans le sens inverse. Chacun de ces deux petits mondes, étudiants et professeurs, voit les choses de la vie par un bout différent d'une même lorgnette.

Un seul homme les regarde par les deux bouts : James Broock Wilson.

Ce matin-là, il traverse le campus. Sa silhouette caractéristique se reconnaît de loin : grand, mince, avec des bras et des jambes d'une longueur démesurée. Il est vêtu d'un costume trop vaste pour lui, et sa cravate, transformée en ficelle, flotte sur son épaule.

Les étudiants le saluent cordialement au passage. Ils l'aiment bien, ce professeur de psychologie un peu fou. Ils aiment bien cet air lunaire, ce regard bleu perpétuellement étonné, ce nez long orné d'énormes lunettes de myope.

Mais ce matin-là, James Broock Wilson, traverse l'université au pas de course, sans répondre à leur salut. Sans s'asseoir dans l'herbe avec eux pour parler de n'importe quoi. Il fonce véritablement vers le repaire des professeurs, ouvre la porte, marquée « réservé », la referme d'un coup de pied brutal et dans le silence qui s'est fait instantanément, annonce d'une voix grave et tendue :

« Messieurs, vous êtes tous des imbéciles ! De dangereux imbéciles. Vous ne méritez pas l'énorme tâche qu'on vous a confiée. Mais ça ne se passera pas comme ça, si vous cherchez un adversaire à votre taille, me voilà ! »

C'est la première fois, en cinq ans de professorat, que James Broock Wilson pénètre dans le sanctuaire des profs. Et c'est la première fois qu'il élève la voix pour s'adresser à qui que ce soit, depuis quarante ans qu'il existe. C'est donc que la situation est grave.

Elle est grave en effet, mais ses collègues ne s'en rendent pas compte. Un silence méprisant accueille cette tirade. Alors, James Broock Wilson ouvre la porte à nouveau pour sortir, et avant de la refermer :

« Okay. Vous vous foutez complètement de savoir qu'un gamin de vingt ans a voulu se suicider à cause de vous... Moi, non ! »

Et vlan... Il disparaît, toujours au pas de course, en direction du bureau du président de l'université.

Voici que commence la dernière journée de James Broock Wilson à l'université d'Ashland, au Nebraska. Tout sera fini au coucher du soleil, ainsi que le veut la tradition de l'Ouest américain. Car James Broock Wilson joue aujourd'hui la dernière scène de son western personnel.

La porte du bureau présidentiel s'est ouverte comme la précédente en coup de vent, et la secrétaire, une petite rousse aux ongles peints en rouge, a sursauté au point d'en perdre sa lime à ongles.

« Professeur Wilson ! Que se passe-t-il ? Qu'est-ce qu'il y a ? Vous êtes fou ! le président est en conférence !

— À propos du jeune Edward je suppose. Eh bien ça m'intéresse !

— Mais je ne peux pas vous laisser entrer, c'est impossible.

— Pourquoi ? Vous êtes chargée de le protéger ? Il a peur de moi ? Il a raison !

— Professeur Wilson, calmez-vous je vous en prie. Il va vous entendre.

— Je m'en fous, vous entendez ! D'ailleurs il faut qu'il m'entende, alors si je dois crier derrière cette porte, je crierai ! Et je crierai ce que j'ai à crier ! Que vous êtes des criminels, des assassins, des monstres d'intolérance, et qu'un gosse est en train de jouer sa vie dans cette histoire. À vingt ans, il a cru qu'il fallait mourir, parce qu'on le renvoie de ce sanctuaire à distribuer les diplômes ! Mais de quel droit ? »

Une voix sèche et distinguée l'interrompt brutalement :

« Du droit de la simple logique, professeur Wilson. Si vous avez des réclamations à formuler, je vous serais reconnaissant d'utiliser les voies habituelles. C'est-à-dire de demander un rendez-vous à ma secrétaire, et de vous y présenter au jour et à l'heure fixée, avec calme. »

C'est le président Nickols lui-même qui vient de parler. Visage froid, regard dur, il observe ce Wilson débraillé avec autant de mépris que l'assemblée des professeurs, il y a dix minutes.

Nickols est président depuis vingt ans. Il se targue de diriger une université où règne le calme, et où les agitations du monde extérieur ne pénètrent pas. Il le croit sincèrement, et il considère que les 2 000 élèves qui la fréquentent sont bâtis sur le modèle de ses propres enfants. Tête bien pleine, cheveux ras, dents saines, et Américains bon teint. C'est-à-dire de préférence Blancs et de préférence conservateurs.

Derrière lui, son adjoint Maxwell, professeur de sociologie. Un petit homme sévère, d'une culture et d'une intelligence redoutables.

Wilson agite nerveusement un énorme mouchoir à carreaux, s'essuie le visage, se mouche et reprend son souffle :

« Monsieur Nickols, les conventions sont des cailloux que les hommes déposent sur leur chemin, afin de buter dedans. Ils feraient mieux de faire comme les enfants et de jouer avec les cailloux.

— Très intéressant, Wilson. Si c'est là l'essentiel de votre cours de psychologie, plus rien ne m'étonne ! Mais nous en reparlerons plus tard.

— Oh non ! Oh non, monsieur le Président, nous allons en parler tout de suite. La mort n'attend pas, elle. Elle est en train de rôder autour du petit Edward, mon élève, le vôtre, monsieur Maxwell ! »

Maxwell, prudemment, passe une tête derrière le large dos du président, et se permet un commentaire :

« Le petit Edward est un cancre de la pire espèce, si je puis me permettre, Wilson. Vous ne pouvez pas le nier !

— Je ne nie jamais rien. Je ne suis pas comme vous, et je dis que les cancres ont le droit d'exister. Je dis que s'il y a un cancre, c'est à cause de vous. Parce que nous ne savons pas quoi leur enseigner. Cancre ! bon à rien, inutilisable, rebut de la société, niveau intellectuel déficient ; ce sont vos propres mots, professeur Maxwell, des mots qui tuent un gamin de vingt ans. Pour un sociologue, c'est un coup réussi ! Qui dit que le cancre ce n'est pas vous ? Qui dit que ce gamin n'a pas une autre vision de la société ? Qui dit que cette vision n'est pas respectable ? »

Cette fois, le président Nickols en a assez.

« Wilson, cette discussion est stupide. Nous étions en train de décider du sort de ce jeune homme, justement. Et je tiens à ce que la décision soit prise en toute objectivité. N'y mêlez pas d'éléments passionnels.

— Objectivité ? À deux ? Comment voulez-vous que l'objectivité de deux personnes représente la vraie objectivité ! Vous êtes d'accord tous les deux, vos opinions se confondent, et celles de mes collègues suivront la marche. Je récuse votre objectivité. Je lui apporte ma contradiction, et vous devez l'entendre ! Nous sommes dans un pays démocratique, où chacun a le droit de s'exprimer clairement. Quitte à se faire tuer par un soi-disant paranoïaque, en traversant la ville de Dallas !

— Professeur Wilson, vos opinions sur la mort du président Kennedy ne nous intéressent pas. Vous gonflez démesurément le problème. Il s'agit de savoir si l'élève Edward peut être réintégré à l'université, ou non. C'est tout. Et cette décision m'appartient !

— Je veux en parler aussi ! Vous ne m'en empêcherez pas, je ne quitterai pas ce bureau avant d'avoir exposé mes arguments. Edward n'est pas là pour le faire, et pour cause, hier soir il s'est tiré une balle dans la tête avec ça !

— Comment avez-vous cette arme ?

— Peu importe, cette arme est une pièce à conviction, c'est un symbole, elle doit figurer aux débats. Vous ne pouvez pas parler d'Edward sans regarder en face ce joli jouet de mort que l'on vend dans toutes les armureries de la ville, en vente libre, à la disposition des fous, ou des désespérés. Alors posez-la sur votre bureau, asseyons-nous et parlons ! Parlons d'Edward avant qu'il ne meure à cause de vous ! »

Bousculant le président Nickols, bousculant le professeur Maxwell, Wilson pénètre dans le bureau confortable du chef de l'université. Il pose le revolver sur la table, bien en vue, sur le dossier de l'étudiant Edward, s'essuie le front, desserre sa cravate, et s'assoit dans un immense fauteuil de cuir, en annonçant :

« La séance est ouverte ! »

Ses deux adversaires hésitent, la petite secrétaire rousse fait un geste pour s'esquiver, mais le président la retient :

« Jenny, vous prendrez note des déclarations du professeur Wilson, prenez un bloc, je veux un rapport détaillé, au mot près... »

Wilson a un sourire désabusé :

« Pour vous en servir, et me virer ensuite peut-être ? N'ayez pas peur, Jenny, je parlerai lentement, je connais votre sténo. »

Et la porte du bureau du président se referme sur cette étrange conférence.

L'objet de tout ce remue-ménage, à l'université d'Ashland, le jeune Chris Edward, est dans le coma à l'hôpital voisin. La balle unique qui devait le faire mourir a raté la tempe, et fracturé tout le bas du visage. S'il vit, Edward n'aura plus de visage. À vingt ans.

Et pourquoi ? C'est Wilson qui entreprend de l'expliquer au président Nickols et à son adjoint.

« Parce qu'on lui a trop dit et répété qu'il n'était qu'un minable ! Voilà un garçon comme un autre, somme toute, mis à part qu'il est fils de fermier, et qu'il a préféré les études à l'élevage du bétail. C'est ce que vous croyez, mais ce n'est pas le cas. Edward aurait élevé du bétail, si son père n'avait pas décidé qu'il lui fallait un fils universitaire. Voilà Edward bombardé étudiant, qui affronte une première année universitaire, en traînant de la paille à ses chaussures. Et que se passe-t-il ? Je vais vous le dire : Edward n'est pas à l'école, il est devant un tribunal permanent. Chaque maladresse, chaque erreur, lui est renvoyée au visage comme un coup-de-poing. Chaque note est un coup de poignard. »

Le président intervient :

« Wilson ! Nous ne pouvons tout de même pas donner des notes correctes à un élève qui manifestement est largement au-dessous de la moyenne de ses camarades, votre argument est ridicule !

— Ce n'est pas un argument, encore une fois cessez de considérer cette affaire comme un cas de justice. C'est une explication que je vous donne. Edward est incapable de suivre les cours, bon, pourquoi ne pas l'orienter autrement ? Pourquoi ne pas aller voir son père et lui expliquer la chose ? Au lieu de cela vous prenez la décision de le renvoyer en fin de trimestre !

— Cette décision ne concernait pas uniquement ses résultats scolaires ! Vous le savez !

— Nous y voilà. Alors j'écoute, faites-moi part de vos griefs.

— Il n'en est pas question.

— Vous n'osez pas ! Vous n'osez pas avouer que vous avez viré Edward parce qu'il a osé participer à une manifestation anti-raciale !

— Wilson, vous vous égarez. Cette manifestation ne concernait pas que les Noirs, il y avait des homosexuels, une chienlit insupportable, le campus n'est pas fait pour ça !

— Edward n'est pas homosexuel !

— C'est vous qui le dites ! Moi je n'en jurerais pas !

— Non seulement vous n'en jurez pas, mais vous le lui flanquez à la figure en public ! Vous le traitez de minable, à l'esprit dégénéré ! Les élèves vous ont entendu ! Et vous n'avez pas le droit de faire ça ! Vous n'avez pas le droit de renvoyer ce pauvre gosse à un père intraitable, avec l'étiquette de dégénéré sexuel et de minable intellectuel. Vous n'avez pas le droit de lui cracher : "Quand on est le dernier partout, il est normal que l'on se mette du côté des derniers." Vous savez ce qui s'est passé ? vous savez que la moitié du campus l'a traité de sale homo ? que son père l'a tabassé ? qu'il l'a ramené aux cours en le traînant comme un chien au bout d'une laisse ? Vous savez que personne n'a pris sa défense ? vous savez que c'est un enfant fragile, déséquilibré, que vous l'avez poussé au suicide ! Vous l'avez poussé à acheter ça, et à se tirer dans la tête !

— Wilson, cette fois c'en est trop ! Vos accusations sont ridicules, et votre comportement n'est pas digne d'un professeur responsable. J'ai déjà noté à plusieurs reprises que vos cours de psychologie s'écartaient dangereusement des bornes admises, mais cette fois !

— Les bornes admises ? elles sont où, vos bornes ? Elles ne vont pas plus loin que les œillères que vous portez.

— Wilson, cet entretien est terminé ! Je ne suis pas disposé à suivre un cours de psychologie du genre du vôtre. Je connais vos principes : liberté, paresse, contestation, remise en question, mépris des lois et des principes. J'ai eu tort de vous laisser faire œuvre de subversion chez moi !

— Ce n'est pas chez vous ! Cette université est aux jeunes, ils y sont chez eux. Ils ont le droit d'y recevoir toutes les idées, je ne fais pas de politique, moi, je n'impose rien, ni morale, ni religion, ni comportement ! J'en discute ! Et aucun de mes élèves n'aurait acheté ça, pour se tirer dessus, si vous ne vous en étiez pas mêlé. Vous avez profité de mon absence pour renvoyer ce gosse !

— Vous allez prendre la porte, Wilson, mais avant cela, considérez que cette malheureuse affaire est de votre faute ! Si vous n'aviez pas entretenu ce garçon dans l'idée qu'il était aussi capable que les autres, nous n'en serions pas là ! Maintenant prenez la porte ! J'en ai assez entendu, et ne remettez pas les pieds ici. Vos déclarations sont suffisamment instructives, vous irez professer ailleurs ! et Edward ira aussi étudier ailleurs ! »

Wilson est devenu pâle. D'un bond, il a soulevé son grand corps maigre, et ses yeux bleus ont viré au noir.

« Vous osez insinuer que c'est moi qui ai tué ce garçon ? »

Il s'approche du bureau et s'empare du revolver.

« Vous osez rejeter la responsabilité sur le dos de ce pauvre Wilson ? Un caractériel, selon vous... un homme bizarre, un subversif ! Vous osez prétendre que ce pauvre gosse a acheté ça, à cause de moi ? »

Le professeur Maxwell, qui s'était tu jusque-là, intervient maladroitement :

« Allons, Wilson, ne jouez pas avec ce revolver, vous n'allez pas ajouter l'intimidation à ce discours complètement fou ! »

Le canon de l'arme vacille dangereusement vers Maxwell, puis revient vers Nickols.

Wilson est hors de lui, il semble étouffer des sanglots, en parlant, sa pomme d'Adam fait des bonds sur son long cou maigre...

« Vous... Vous êtes ignobles... nuisibles... C'est vous qui ne méritez pas de vivre, vous ! »

La secrétaire pousse un cri, et lâche son bloc en criant :

« Professeur... Non !... »

Son cri est étouffé par le premier coup de feu tiré sur le président Nickols.

Elle hurle au secours à présent, et se précipite sur la porte, au moment où le deuxième coup de feu abat le professeur Maxwell.

Une galopade dans les couloirs, étudiants et professeurs surgissent, à l'appel de la pauvre fille, qui ne peut plus parler, qui montre la porte du doigt, qui montre Wilson, debout, le regard fou, l'arme à la main.

De l'autre côté du bureau les corps de ses deux victimes sont immobiles.

On entend Wilson murmurer encore dans le silence soudain...

« Nuisibles, c'est ça, nuisibles... »

Puis il retourne l'arme vers lui, appuie le canon sur son front, en plein milieu, et tire une dernière fois.

Le choc le projette en arrière, et il s'effondre, tué net, dans l'immense fauteuil de cuir, où son corps dégingandé ressemble soudain à un pantin ridicule et désarticulé.

Le soleil se couche, sur le campus de l'université d'Ashland au Nebraska, sur trois morts.

Deux seront inhumés avec des discours, des veuves, des larmes, et des manchettes de journaux.

Le troisième, mort solitaire, sans femme, ni enfant, ni couronne, restera « ce fou de Wilson qui assassina deux éminents directeurs d'université, au cours d'une crise de paranoïa, parce qu'il était renvoyé ».

Et le jeune Chris Edward retournera dans la ferme paternelle, défiguré à jamais.

La grand-mère de l'Est

Le mur de Berlin est à 150 mètres. Dick Traum l'aperçoit de sa fenêtre. La nuit parfois on entend tirer. Ce sont les policiers de l'Est qui s'acharnent après l'ombre d'un fuyard.

La grand-mère de Dick habite du côté de l'Est. Sa fille et son petit-fils, côté Ouest. Deux fois par an, mère et fils franchissent le mur pour rendre visite à la vieille dame. Aujourd'hui est jour de visite. La grand-mère de l'Est accepte volontiers les sucreries, le café, et les livres que son petit-fils lui rapporte de l'Ouest. À l'Ouest, il y a toujours du nouveau pour elle. Nouveau aussi, ce sourire détendu sur les lèvres de Dick, qui vient de fêter ses vingt et un ans. Nouveau toujours, cet air heureux sur le visage de sa mère.

La grand-mère de l'Est observe son petit-fils. Cette grande carcasse de roux, aux yeux bleus, aux larges mains, n'est pas un séducteur. Le nez est gros, la lèvre inférieure épaisse et tombante, contraste avec la supérieure, mince, fine, comme un trait. Dick est un garçon faible, triste, beaucoup trop doux de caractère, et qui voue à sa mère un amour démesuré. La grand-mère de l'Est n'aime pas cela. Et elle n'aime pas ce nouveau sourire aux lèvres de Dick.

« Comment va ton père, Dick ?

— Il est parti, Mamy. Il y a six mois.

— Parti ? Comment ça ?

— Maman et lui se sont disputés une fois de plus, et papa a fichu le camp. Il était furieux, il a dit qu'il ne reviendrait pas de sitôt. »

La grand-mère observe maintenant sa fille.

« Elsa ? Regarde-moi ! Il t'a battue ?

— Oui maman, il avait bu, tu sais. On rentrait d'une petite soirée chez des amis, et... oh et puis à quoi bon, tu sais bien de quoi il est capable !

— Je sais. Tu n'avais qu'à divorcer plus tôt. Tu aurais évité à ton fils de prendre des raclées toute sa vie. Il serait peut-être moins minable aujourd'hui.

— Maman !

— Minable, oui. Regarde les choses en face une fois dans ta vie. À son âge qu'est-ce qu'il a réussi, dis-le-moi ? »

Dick baisse la tête, l'air mauvais, son visage veule n'ose pas affronter la terrible grand-mère, qui continue sans se soucier de lui à invectiver sa fille.

« Je vais te le dire, moi, ce qu'il a réussi. Rien. Sauf la mort des autres, en attendant la sienne un jour ou l'autre.

— Maman, tu exagères, ce n'est pas de sa faute ! c'était des accidents !

— Des accidents ! la mort d'une gamine de quatorze ans, piquée à l'héroïne, tu appelles ça un accident ? Ton fils dans le coma, piqué à l'héroïne, c'est un accident ? On le sort de là à coups d'électrochocs, et qu'est-ce qu'il invente pour faire mieux ? La mort d'un autre copain dans un terrain vague, toujours à l'héroïne...

— Il m'a promis de ne plus se droguer, maman.

— Ma pauvre fille, tant que tu lui donneras de l'argent sans que ton mari le sache, que crois-tu qu'il fera ? Au fait, il est où, ton mari ?

— On ne sait pas, maman. Il est parti, on te l'a dit... Il n'a pas dit où, et nous n'avons pas de nouvelles.

— Alors il est mort. »

Dick et sa mère sursautent en même temps avec la même terreur. Dick surtout. Ses mains tremblent, son regard est devenu fixe.

« Pourquoi dis-tu ça ?

— Parce qu'il n'a pas téléphoné à sa mère le 27 juillet pour son anniversaire, elle me l'a dit. Et ça, il n'a jamais oublié. Parce que tu ne me l'as pas écrit, toi non plus, parce qu'un homme ne disparaît pas pendant six mois sans donner de nouvelles. Je connais Peter, c'est un alcoolique, une brute dès qu'il a bu un verre de trop, mais il n'aurait pas quitté son métier.

— Qui t'a dit qu'il l'avait quitté ?

— Sa mère. Elle me téléphone de temps en temps, elle s'est renseignée. Peter a laissé tomber son camion du jour au lendemain. C'était le meilleur chauffeur de sa boîte. Alors je dis qu'il est mort. »

La grand-mère de l'Est se tait un moment, elle fixe le regard fuyant de sa fille, puis enchaîne :

« Et tu as l'air heureuse, délivrée. Donc tu sais qu'il est mort... »

Elle regarde son petit-fils avec la même intensité.

« Et Dick aussi le sait. Il n'a jamais souri autant de sa vie... »

Andrea Locnig, soixante-douze ans, la grand-mère de l'Est, vient d'ouvrir elle-même la première page de cette Histoire vraie. Une Histoire vraie sur fond de drogue et de mur de Berlin, décor sinistre s'il en est.

Elsa Traum et son fils unique, Dick Traum, regardent avec terreur la grand-mère Andrea. Où veut-elle en venir ? Que sait-elle ?

La vieille dame range soigneusement les gâteaux venus de l'Ouest dans une boîte en fer. Puis elle s'installe dans son vieux fauteuil de cuir, et un chat énorme, noir comme le diable, lui saute sur les genoux. Elle prend son temps. Elle a dit ce qu'elle avait à dire. Ce qu'elle suppose depuis des mois. Elle n'a jamais débordé d'affection pour son gendre, ce colosse incapable d'avaler de la bière sans taper sur sa femme et son gosse à bras raccourcis. Peter Traum ressemblait à son fils, grand, roux et œil bleu. À cette seule différence que, chez lui, l'ail bleu était autoritaire, les cheveux et la barbe rousse drus et indisciplinés. À jeun c'était un homme supportable, si l'on exceptait son attitude envers son fils. Il le traitait de raté, d'imbécile, de chiffe molle, et les injures pleuvaient autant que les coups. Il y avait des raisons à cela : un fils qui se drogue, rate ses examens, et se fait renvoyer de tous ses emplois. Mais ce n'était pas la bonne manière de régler le problème. Dick se réfugiait vers sa mère, laquelle lui pardonnait tout. Ils mentaient tous les deux, sur tout, même les choses les plus graves.

Mais le jour où l'on a retrouvé Dick, mort cliniquement d'une « surdose » à côté d'une fillette de quatorze ans, ils n'ont pas pu mentir. La fillette était morte, et Dick a été ranimé *in extremis*.

Après trois mois de cure de désintoxication, il a trouvé du travail comme mécanicien, et sa première paie fut une nouvelle dose d'héroïne, avec cette fois un jeune camarade de vingt-deux ans. En le voyant mort dans ce terrain vague, la seringue plantée dans son bras, Dick s'était enfui, et réfugié dans les jupons de sa mère. La police avait eu bien du mal à l'en extirper, pour le coller en prison. Et le père avait recommencé à cogner dès sa libération. Chacun sa méthode, aussi inefficace l'une que l'autre.

C'est à cela que réfléchit la grand-mère, en caressant l'énorme chat noir qui ronronne sur ses genoux, en regardant sa fille, qui ne lui ressemble pas. Aussi fade qu'elle a du caractère, son petit-fils aussi laid qu'elle était belle à son âge...

« Alors ? Nous disions que Peter était mort... J'écoute ? »

Dick serre les poings autour des épaules de sa mère, comme pour la protéger.

« Tu n'as pas le droit de dire ça, grand-mère. Tu vois bien que tu fais de la peine à maman...

— De la peine ? Laisse-moi rire. Je parie que depuis six mois, vous menez tous les deux une petite vie de rêve, hein ? Le grand méchant loup n'est plus là pour te botter les fesses ! Ça doit valser, l'argent, valser, les seringues ! montre-moi ton bras si tu l'oses ? Allez ? viens là... »

Dick recule et bafouille :

— J'en ai besoin de temps en temps, on ne peut pas s'arrêter comme ça.

— Bien sûr. Il faut aller à l'hôpital pour ça, et tu n'y vas pas, bien entendu. Et ta mère te laisse faire, bien entendu. »

Elsa bondit de sa chaise :

« Il a eu trop de peine, trop d'ennuis, trop de malheurs... J'aimerais qu'il s'arrête, mais c'est trop lui demander d'un seul coup... Pas maintenant. Il se fera soigner plus tard, quand il aura oublié.

— Plus tard ? Quand ? Oublié quoi ? Que tu as tué son père, c'est ça ? »

Dick se met à hurler :

— Non ! Non ! Ne dis pas ça ! Je te défends de dire ça ! Je te défends. C'est pas vrai. Elle n'a rien fait, rien ! »

Le petit salon aux meubles de bois peint a résonné de ses cris, et le chat lui-même a craché de peur, en s'enfuyant, le poil retroussé.

Grand-mère Andrea se lève, s'approche de son petit-fils, et le gifle posément.

« Du calme. Ne te mets pas à délirer chez moi. Ici, on enferme les toxicomanes jusqu'à ce qu'ils crèvent, ou qu'ils s'en sortent. Alors du calme ! »

Dick se calme instantanément et se met à pleurer. Sa mère le console et quelques minutes passent. Puis la grand-mère décide :

« Bon. Je crois que le mieux est de tout me dire maintenant. De toute façon la mère de Peter a demandé à la police de faire des recherches. Donc vous serez interrogés. Voyons ça tranquillement. »

Et elle s'installe à nouveau dans son vieux fauteuil, tandis que le chat reprend sa place avec méfiance, sur ses genoux.

Il est tout à fait exceptionnel qu'un drame familial aussi grave nous soit rapporté avec autant de précision.

Mais la grand-mère de l'Est est un être exceptionnel. Elle a connu deux guerres et, veuve, elle y a perdu ses fils. L'un de ses fils, enrôlé dans l'armée d'Hitler, s'y est conduit de manière si admirable selon l'éthique nazie, et si monstrueuse selon la simple humanité, qu'elle l'a vu fusiller en 1946. Son commentaire à ce sujet, celui d'une mère pourtant, montre qui est cette femme :

« Mon fils a eu ce qu'il méritait, pour la justice des hommes, et moins qu'il ne méritait, selon moi, qu'on ne m'en parle plus. »

Quand le mur de Berlin a surgi devant elle, coupant en deux ce qui lui restait de famille, elle est restée à l'Est dans son petit appartement. Sa fille Elsa vivait à l'Ouest avec son époux. Commentaire à ce sujet :

« Ouest, ou Est... un mur n'est qu'un mur, il barre l'horizon, pas la mémoire, c'est tout ce que peut faire un mur. »

Voilà qui est grand-mère Andrea. Voilà pourquoi elle s'attaque avec autant de certitude à sa fille Elsa et à son petit-fils Dick en leur disant :

« Bon. Je crois que le mieux est de tout me dire maintenant... Qui a tué Peter ? »

Dick pleure toujours sur l'épaule de sa mère, il tremble et renifle, et bafouille :

« On était bien tous les deux, hein maman ? Pourquoi elle nous fait ça ? Dis... Pourquoi... Elle ne nous aime pas ! Elle est comme papa. Ne lui dis rien, c'est une méchante femme. On n'a qu'à partir et la laisser, hein ? Dis, maman... On a qu'à partir... Qu'est-ce que tu veux qu'elle fasse à l'Est ? Personne ne la croira ! »

La grand-mère soupire :

« Je comprends ton père, et les claques qu'il te distribuait, mon pauvre garçon. Décidément tu es pire qu'une larve. Lâche ta mère, et viens ici !

Viens ici je te dis ! Regarde-moi, imbécile. Que tu aies tué ton père, et je crois que c'est toi qui l'as fait, c'est une chose. Mais que tu te caches comme un cafard, que tu n'oses pas le dire tout haut, ça, je ne supporte pas !

« Ta grand-mère paternelle a déposé une plainte il y a une semaine, elle me l'a dit au téléphone. Elle habite à l'Ouest, comme vous. Et la police sera là demain, ou dans quelques jours. Tu t'es regardé ? Tu te vois devant un policier ? Mais pauvre fou, tu ne tiendrais pas une seconde. Alors parle. Je veux savoir, je veux décider moi-même ce qu'il y a lieu de faire. Je t'écoute, et toi aussi, Elsa. Et ne mentez pas ! Je le vois tout de suite, quand vous mentez. »

Dick jette un regard éperdu en direction de sa mère, qui lui fait signe d'un mouvement des paupières. Alors il commence, d'une voix peureuse, une confession pénible.

« C'était en janvier, on avait passé la soirée chez des amis. Papa avait bu. Il s'est jeté sur moi pour me battre.

— Pourquoi ? »

Dick se tait, le front buté, et la grand-mère crie :

« Allez ! Pourquoi ?

— À cause du procès dont j'étais menacé. Pour la mort de mon copain. On voulait m'accuser de non-assistance à personne en danger, mais il était déjà mort quand je me suis sauvé, c'est pas de ma faute !

— Pas de ta faute, pas de ta faute... Ne geins pas, s'il te plaît. Qui avait acheté la drogue, hein ? Allez continue.

— Je ne sais plus très bien, ça s'est passé vite. Maman a voulu me défendre, alors il s'est retourné contre elle. »

Elsa intervient :

« C'est vrai, maman, il m'aurait tuée tu sais, un jour ou l'autre...

— Possible. Mais des gifles n'ont jamais tué personne, et si tu n'en voulais pas, tu n'avais qu'à divorcer, je te l'ai assez dit. Après ? Qu'est-ce que tu as fait, Dick ?

— J'ai pris une carabine, et j'ai tiré sur lui. Trois fois. Il est tombé par terre. Maman a dit qu'il était mort.

— Et d'où elle venait, cette carabine ?

— Je l'avais achetée à l'automne précédent.

— Pour quoi faire ? Tu avais besoin d'une carabine pour réparer les voitures ?

— Pour l'avoir, c'est tout, c'est maman qui m'a donné l'argent.

— Ah, c'est maman ! décidément, entre les seringues et les carabines, tu le gâtes en jouets, ton fils !

— Mais je croyais qu'il voulait aller à la chasse.

— À la chasse à quoi ?

— Maman, je te jure qu'on n'a pas pensé à ça !

— Peut-être... Peu importe, finalement. Qu'est-ce que vous avez fait du corps ? »

Dick, cette fois, se tait et retourne se réfugier dans les bras de sa mère. Il transpire, il a les yeux exorbités...

La grand-mère s'attaque à sa fille, cette fois.

« Alors ? Vas-y... Puisqu'il n'a pas le courage.

— On avait peur. On a bu quelque chose pour se calmer. Dick était malade, on a attendu une heure ou deux, on ne savait pas quoi faire, et puis on l'a descendu à la cave, roulé dans le tapis.

— Il y est encore ? Vous l'avez enterré ?

— Non... »

Comme si elle se jetait à l'eau Elsa se décide. Tandis que son fils gémit sur son épaule, et qu'elle le berce, en lui tenant la tête, elle entame la dernière partie de la confession. La plus horrible.

« Dick l'a découpé à la hache, en plusieurs morceaux. Je n'ai pas vu, moi. Je n'aurais pas supporté.

— Mais lui, il a supporté !

— Il avait pris de la drogue avant, du LSD, sinon il n'aurait pas pu, il faut comprendre. »

La grand-mère se lève, un peu pâle, le regard dur et lointain. Elle écoute la suite en tournant le dos à sa fille, qui continue d'une voix tremblante :

« ... Il a mis les... morceaux dans des sacs en plastique, et il est allé les jeter dans les poubelles. Ça lui a pris trois jours. Il est allé jusqu'en banlieue pour ça. On n'a jamais retrouvé le corps, personne. Il y a des machines qui broient les ordures à Berlin, tout a disparu. La tête, on l'a jetée dans une décharge publique. C'était trop gros, j'avais peur qu'on ouvre le sac.

— Tu l'as aidé ?

— Oui. À transporter les sacs, la nuit. Autrement il n'aurait pas été assez vite, et c'était horrible. Après j'ai dû laver la cave, pendant une semaine, tous les jours, ça ne voulait pas partir. J'ai dû gratter le ciment, Dick y a versé de l'acide et de la chaux, on avait peur que la police vienne fouiller chez nous. Mais personne n'est venu. J'ai dit à son patron qu'il était parti à l'Est.

— C'est tout ? C'est fini ?

— C'est fini, maman.

— Bon. Rentrez chez vous. Je ne veux plus vous voir. Plus jamais.

— Maman ? Tu ne vas pas nous dénoncer, dis ? Pas maintenant ? On est si heureux, à présent, on est libres, tu comprends ? S'ils arrêtaient Dick maintenant, qu'est-ce que nous deviendrions ?

— Rien de plus que ce que vous êtes déjà. Filez maintenant, disparaissez, vous me donnez la nausée. Dehors ! Dehors ! »

Ils sont partis, en courbant le dos. Ils sont passés devant les policiers de l'Est, ceux de l'Ouest, en tremblant de peur et ils se sont enfermés dans l'appartement, comme des rats.

Le lendemain la police était là. La police de l'Ouest, avertie par la mère de Peter Traum.

À huit heures du soir, la veille, elle avait reçu un coup de téléphone de la grand-mère de l'Est. Un long coup de téléphone, qui racontait tout. Avec une conclusion sèche et sans appel de la vieille dame :

« Mes enfants sont des monstres. J'ignore pourquoi. Mon petit-fils est digne de sa mère et de ses oncles. Alors qu'ils l'enferment et qu'on n'en parle plus jamais. Qu'ils l'empêchent de donner le jour à des monstres comme lui. C'est tout ce que je peux faire, à moins de le tuer moi-même. »

Dick a tout avoué. Privé brutalement de drogue pendant les interrogatoires, il a failli mourir, et on a dû le soutenir par petites doses d'héroïne, tandis que sa mère était surveillée de près dans sa cellule, pour l'empêcher de se suicider.

La grand-mère de l'Est est venue au procès, avec une autorisation de séjour de 48 heures. Elle a entendu le verdict : réclusion à vie, pour la mère et le fils.

Et elle est repartie, de l'autre côté du mur. Qui n'est jamais qu'un mur et barre l'horizon, mais pas les souvenirs.

Deux cents trompettes plus une

Le train Glasgow-Londres est en gare à deux minutes du départ. Dans le compartiment n° 5, un homme seul, vêtu de gris, tient dans ses bras un bébé enveloppé d'un châle rouge. L'homme regarde sur le quai, où personne ne lui fait signe. Dans le couloir, un jeune couple hésite à prendre place à ses côtés. La femme qui paraît une vingtaine d'années fait un pas en avant, mais son compagnon la tire par le bras, et ils vont s'installer dans le compartiment suivant, le n° 7.

Lorsque le train démarre, il emporte avec lui deux mystères. Et lorsqu'il arrive à Londres, les deux mystères se confondent. En vérifiant les wagons de première classe, le receveur découvre sous la banquette du n° 5 un bébé mort dans un châle rouge. À l'arrivée de la police, le receveur décrit l'homme vêtu de gris :

« Je n'ai pas bien vu son visage. Une quarantaine d'années peut-être, mais je n'en suis pas sûr. Quant au bébé, il avait l'air de dormir. »

Cette maigre description ne mènera les enquêteurs nulle part. En fouillant le compartiment suivant, ils découvrent, abandonnée sur la banquette, une petite trompette en plastique jaune. Une sorte de jouet d'enfant. Le receveur se souvient du jeune couple qui occupait le compartiment n° 7.

« Des jeunes mariés sûrement. La jeune dame agaçait son mari en soufflant là-dedans. Elle a dû l'oublier. »

Espérant recueillir un témoignage plus précis sur l'homme au bébé, la police emporte la petite trompette jaune. Et dans les journaux du lendemain, on signale le fait, en demandant aux voyageurs à la trompette de se présenter à Scotland Yard pour un témoignage important.

Mais personne ne se manifeste. De plus l'autopsie de l'enfant démontre qu'il est mort de mort naturelle. Il n'y a pas eu crime, et l'homme qui a abandonné l'enfant n'est pas retrouvé. Le bébé sera enterré sans nom, le 16 octobre 1948.

La petite trompette jaune reste sur les étagères des pièces à conviction de Scotland Yard. Ce n'est pas important, une trompette Sauf pour Georges Muncey, dont l'Histoire vraie ne parle que de cela.

Georges Muncey est un étrange garçon. Élève par sa mère jusqu'à l'âge de vingt-six ans, déjà orphelin de père, il assiste en 1947 à l'enterrement de Mme Muncey mère, son seul soutien, sa seule famille. Sa mère était énergique. Elle était grande et autoritaire. Elle l'aimait, le dirigeait, l'étouffait peut-être, mais à présent Georges se sent perdu. Il est seul devant le prêtre. Seul devant les officiants et ce grand cercueil de chêne qui l'abandonne, lui arrache plus que des sanglots. Un désarroi total. Le magasin de sa mère à Chichester est vendu honorablement par un notaire, et il en retire 800 livres. Une somme assez importante en 1948.

Georges quitte la petite ville pour s'installer à Londres, où il loue une chambre modeste. Et il se met à vivre à sa manière, c'est-à-dire qu'il passe d'un cinéma à l'autre, et d'un théâtre à l'autre. Vivre en rêve, dans la fiction des autres, c'est son seul courage.

Il a loué un fauteuil au théâtre, où l'on joue une opérette célèbre cette année-là : *La veuve joyeuse*. Et il revient presque chaque soir pendant une semaine. C'est un garçon correct, timide, au visage un peu enfantin, et aux traits sans consistance. La dame mûre qui a loué le fauteuil voisin le trouve très sympathique.

« Vous aimez l'opérette ? Moi aussi. »

Elle a engagé la conversation. Georges ne l'aurait jamais fait de lui-même. Mais cette dame de quarante-trois ans, sans aucun attrait, un peu pédante et autoritaire, devient en peu de temps son amie, sa confidente, sa mère en quelque sorte. Cette amitié platonique en apparence est tout de même un peu trouble. Georges s'en rend compte, lorsqu'il parle d'une jeune fille qu'il a rencontrée.

« Une petite vendeuse ! »

Le ton de Mathilde Caller est méprisant. Il devient méchant lorsque Georges lui confie que la jeune fille veut l'épouser à tout prix.

« Mon petit Georges, débarrassez-vous de cette péronnelle, elle n'en veut qu'à votre argent.

— Mais je n'ai presque plus d'argent, l'héritage de ma mère a fondu.

— C'est à cause d'elle ! Vous l'avez traînée dans un palace à Ramsgate pendant quinze jours ! Je vous avais prévenu. À force de jouer les grands seigneurs... Débarrassez-vous de cette fille, Georges, croyez-moi, d'ailleurs je suis sûre qu'elle n'apprécie pas notre amitié ?

— En effet, elle voulait venir vous voir, elle est jalouse.

— Jalouse ? Décidément cette fille est d'une vulgarité ! N'en parlons plus, je pourrais me fâcher, mais avant, vous allez me promettre de vous débarrasser de ce boulet. C'est entendu ?

— Entendu. Vous avez raison. »

Georges ne parle plus de la jeune fille. Et quelques mois plus tard, Mathilde Caller devient sa femme. Il a vingt-sept ans, elle en a quarante-quatre. Il est veule, elle est autoritaire. Il n'a plus d'argent, elle est riche. Bref, il a retrouvé sa mère.

« Georges, tu vas travailler. Il n'est pas convenable qu'un mari ne gagne pas au moins de quoi nourrir sa femme. »

Mollement, Georges trouve une place de commis-vendeur dans un grand bazar, 2 livres sterling par semaine, plus les commissions sur les ventes.

Et c'est là que quelque chose se déclenche. Il y a un mois qu'il est là à vendre des bricoles sans intérêt, lorsqu'un jour, un petit bruit désagréable le fait sursauter : un collègue vient de lui souffler dans l'oreille, avec une petite trompette de plastique jaune...

« Arrêtez ce bruit, c'est stupide ! »

Georges a soudain changé de visage, et le farceur n'insiste pas. Il remet la trompette dans la vitrine, avec pour seul commentaire intérieur : « Ce type est lugubre. »

Le soir même, la trompette a disparu. Sur le registre de vente, elle est mentionnée pour un shilling et un penny, son prix. Rentré chez lui, Georges fait brûler le jouet dans le poêle, et une âcre odeur de plastique se répand dans l'appartement. Mathilde se met à tousser :

« Qu'est-ce que tu fais ? C'est une horreur !

— J'ai brûlé une trompette, elle m'embêtait !

— Une trompette ? En voilà une idée. Qu'est-ce qu'elle t'a fait cette trompette ?

— Oh rien, elle était là, elle m'embarrassait, c'est tout... »

Mathilde aère l'appartement et ne fait pas de commentaire. L'incident est d'ailleurs sans importance. Mais le lendemain, au magasin, le chef de rayon interpelle Georges :

« J'ai vu que vous aviez vendu la petite trompette jaune ?

— Euh... oui...

— C'est une bonne chose. Nous avons un stock de ce jouet, je ne sais pas pourquoi le patron a acheté ça, mais il faut s'en débarrasser, vous allez vous en charger. Si un gosse en a acheté une, nous risquons de vendre les autres. »

Et Georges se retrouve avec deux cents trompettes de plastique jaune, en vrac sur un rayon de vente promotionnelle, à 1 penny de réduction. La trompette se vend 1 shilling pièce. Le chef de rayon l'encourage :

« Guettez les femmes avec des enfants, et faites-leur l'article. Nous avons eu le lot à moitié prix. Sur 200, nous ferons encore 100 shilling de bénéfice ! »

Mais c'est étrange, Georges est tout pâle. Chaque fois qu'un enfant agrippe un jouet et souffle dedans, il a un sursaut nerveux. Et en même temps, il cherche à les vendre avec une frénésie curieuse. Mais le succès n'est pas évident.

Georges fait disparaître six douzaines de trompettes en même temps, il les brûle dans la chaudière du sous-sol. Mais ce n'est pas suffisant.

Il en reste encore une centaine. Alors, à bout de nerfs, il ramène de chez lui une grande valise en crocodile, cadeau de mariage de Mathilde. À l'heure du déjeuner, il enfourne tout le lot de trompettes jaunes dans la valise, et cache le tout dans son vestiaire. À son retour, le chef de rayon s'étonne :

« Vous avez tout vendu d'un coup ?

— Oui. Une chance. C'est un vieux monsieur, un peu farfelu. Il a acheté le tout pour une institution d'orphelins.

— Et il n'a pas demandé de remise ?

— Euh, non, même pas. C'est un vieux fou, je crois, il a payé sans rechigner. »

Le soir, Georges avec sa belle valise remplie de trompettes quitte le magasin sans encombre. Le chef de rayon a bien remarqué la valise, car elle se remarque mais son employé a le droit de partir en week-end, et il ne s'en étonne pas outre mesure. En prenant son billet de train pour rentrer chez lui, Georges dépose la valise à ses pieds. Il paye, ramasse sa monnaie, et... plus de valise ! Un voleur à la tire galope avec elle, persuadé de découvrir dans ce bagage de luxe des merveilles.

Georges ne court même pas derrière lui. Tant pis, et tant mieux. Il achètera une autre valise pour expliquer la disparition. Au fond il ne savait pas quoi faire de ces trompettes. Le voilà débarrassé.

Le lendemain d'ailleurs, son chef de rayon lui tape sur l'épaule en riant. Il tient le journal à la main.

« Votre vieux fou n'a pas eu de chance ! Écoutez : un certain Jack Mended, sans domicile fixe, a été arrêté à la gare centrale alors qu'il s'éloignait avec une valise qu'il venait de voler. Le voleur a été doublement malheureux. Arrêté, il a découvert que son butin était un lot de trompettes en plastique ! »

Et le chef de rayon de conclure :

« C'est votre original, sûrement. Il va être content de les retrouver ! »

Georges ne dit rien. Il vient de penser tout à coup que la merveilleuse valise de crocodile est irremplaçable. Elle porte ses initiales à l'intérieur. Et la marque du fabriquant en toutes lettres avec l'adresse. C'est un objet d'une grande valeur. La police voudra sûrement la rendre à ses propriétaires, et la chose est simple, car le marchand est connu à Londres. Il connaît ses clients, il connaît Mathilde sa femme, qui achète chez lui tous ses bagages. Dans quarante-huit heures, peut-être moins, la police va rapporter cette valise. Que dira-t-il ? Comment expliquer pourquoi il a fait disparaître un lot de trompettes jaunes en plastique ? Cela paraîtra ridicule.

Georges est affolé. Comme peut être affolé quelqu'un qui a une idée fixe. Et les trompettes sont une idée fixe. Elles lui sonnent à l'oreille, lui vrillent le crâne, il voudrait les piétiner toutes, les faire disparaître à jamais de son univers. Pourquoi est-il poursuivi par de ridicules jouets au son encore plus ridicule ?

Georges demande à rentrer chez lui, il a mal à la tête, il a besoin des jupons de sa mère, de sa femme en l'occurrence, et le chef de rayon le laisse partir, impressionné par sa pâleur.

Quelques heures plus tard, dans le bureau du commissariat central de Londres, un inspecteur examine la valise de crocodile, en écoutant le rapport d'un agent.

« Je suis allé chez le marchand, il a tout de suite retrouvé le nom du propriétaire. Georges Muncey. Pour aller plus vite, je lui ai demandé de téléphoner à son client. C'est une femme qui a répondu. Mme Muncey. Elle a dit être l'épouse de Georges Muncey, et a répondu que cette valise ne lui appartenait pas.

— Le marchand est sûr de lui ?

— Sûr, monsieur l'Inspecteur. Il se rappelle même que cette dame a offert le bagage à son mari juste avant leur mariage. C'était un cadeau somptueux. Alors je suis allé voir la dame en question, et elle m'a redit la même chose. Alors je vous l'apporte. On ne sait pas quoi en faire, nous ! »

L'inspecteur remercie l'agent, et regarde les petites trompettes avec attention. Elles ressemblent absolument à l'autre. Celle qui traîne sur un rayon des pièces à conviction, depuis la découverte de cet enfant, mort et abandonné dans un train il y a huit mois. Curieux.

L'inspecteur reprend le dossier. Sur une fiche, il lit que des recherches ont été faites pour retrouver les voyageurs du compartiment n° 7 du train Glasgow-Londres. L'enquête a simplement révélé que le jouet avait été acheté à Glasgow, dans une boutique de souvenirs, par une jeune femme. La jeune femme ne s'est jamais manifestée.

Quel rapport peut-il y avoir entre tout ça ? Un enfant mort abandonné par un homme en gris. Un jeune couple introuvable avec une trompette, et une valise en crocodile contenant une centaine de ces mêmes trompettes ? La valise étant refusée par son propriétaire apparent ?

L'inspecteur met une petite trompette dans sa poche, et lit le rapport de l'agent :

« Le dénommé Georges Muncey a déclaré : "Cette valise n'est pas la mienne, c'est une erreur." Questionné, il a également déclaré travailler au grand bazar de Kensington et ne pas avoir les moyens de s'offrir un bagage aussi luxueux. »

La trompette dans sa poche, l'inspecteur se rend au grand bazar, où le chef de rayon lui apprend deux choses intéressantes :

1° Georges Muncey a vendu le lot de trompettes à un original inconnu.

2° Il avait une valise ce jour-là, en crocodile, qu'il a emportée le soir-même.

La maison de M. et Mme Muncey est un petit pavillon bourgeois entouré d'un jardin. La sonnette tinte délicatement, et une femme d'âge mûr ouvre la porte elle-même.

« Inspecteur Benny, Madame, de Scotland Yard. Je désirerais voir votre mari.

— Il est souffrant.

— Je sais, Madame. Rien de grave, son employeur me l'a dit. Une petite migraine. Dérangez-le, s'il vous plaît !

— C'est encore à propos de cette valise ? Elle n'est pas à lui !

— Erreur, Madame, son employeur l'a confirmé. Et vous le savez, c'est vous qui l'avez achetée.

— En admettant ? Ce n'est pas un crime.

— Alors pourquoi ne pas la reprendre, si ce n'est pas un crime ?

— Que voulez-vous à Georges ?

— Savoir pourquoi il a menti à propos de ces trompettes.

— Il les a payées. Il ne voulait pas avoir l'air ridicule d'acheter ce lot de trompettes en plastique. C'est tout.

— J'aimerais qu'il me le dise lui-même, madame Muncey. Voyez-vous, j'ai un autre petit mystère, à propos de trompette... lié à la mort d'un enfant, un bébé de trois mois, peut-être pourra-t-il m'éclairer ? »

Mais Georges boude comme un enfant capricieux, devant l'inspecteur :

« Je n'ai rien à dire. Rien. Je déteste les trompettes, c'est tout. »

Le plus extraordinaire dans cette histoire absurde, c'est que l'inspecteur ne sait absolument pas ce qu'il cherche, ni s'il y a quelque chose à trouver d'ailleurs. Il pose sa question sans idée préconçue, un peu au hasard, simplement guidé par cette coïncidence :

« Une trompette, celle-là par exemple, dans un train, ça ne vous rappelle rien ? »

Tout va si vite, que le policier a du mal à suivre. Georges devient soudain hystérique, il se jette sur un divan, se met à hurler et à jeter les coussins partout. C'est un gamin malade, hoquetant qui pleure et qui geint :

« Mathilde, défends-moi ! maman, il va me faire du mal, empêche-le. Je l'ai tuée ! C'est pas de ma faute hein ? C'est toi qui l'avais dit. Elle l'a dit, c'est vrai Monsieur, je vous le jure. Elle a dit débarrasse-toi de cette fille. Hein tu l'as dit ? »

Mathilde tente de l'arrêter :

« Georges tais-toi ! Tais-toi, tu deviens fou, tais-toi ! »

Fou, Georges ?

Il en a l'air, mais il se calme aussi brutalement qu'il a éclaté :

« Je m'en fiche d'abord, c'est pas de ma faute. J'ai tué Ethel. Ethel c'était ma fiancée, hein ? Dites, Monsieur, elle était jeune, elle voulait qu'on se marie, on est allé à Glasgow pour faire un petit voyage, elle avait acheté une trompette. Elle faisait l'idiote, elle soufflait dedans sans arrêt. Maman voulait que je me débarrasse de ma fiancée. Mathilde aussi. »

L'inspecteur a du mal à comprendre. Maman ? Mathilde ? Ethel ? Quel rapport avec l'homme en gris, et le bébé mort dans un châle rouge ?

Il lui faudra des jours pour démêler cet écheveau bizarre et réaliser qu'il a découvert un crime sans le vouloir. Georges a tué Ethel sa jeune fiancée, en rentrant de voyage. Il l'a tuée à coups de tuyau de plomb, et a abandonné le corps dans l'appartement. Comme il avait donné un faux nom, il se faisait appeler Prince, Dieu sait pourquoi, la police ne l'a jamais identifié et le crime d'Ethel est resté impuni.

Mais dans la tête de ce garçon mythomane et un peu fou, il ne restait qu'un seul souvenir de ce crime. Une idée fixe. Il revoyait Ethel jouant de la trompette à son oreille en riant, dans le train. Cette obsession avait grandi, devant le stock de jouets à vendre. Grandi au point de lui faire faire des bêtises. En se débarrassant des jouets, il croyait se débarrasser de son crime.

Une fois ses aveux terminés, et Georges redevenu lucide, l'inspecteur a essayé d'aller plus loin :

« Vous étiez dans le train ce jour-là, en même temps qu'un homme avec un bébé. Vous vous en souvenez ?

— Oui. Ethel voulait s'installer en face de lui, elle adorait les bébés. Moi pas.

— Vous n'êtes pas restés dans son compartiment ?

— Non. On s'est installés à côté, j'ai dit à Ethel que le bébé pleurerait sûrement, et qu'on serait plus tranquilles. C'était en première, il n'y avait pas beaucoup de monde.

— Vous pourriez décrire cet homme ?

— Non.

— Vous ne lui avez pas parlé ?

— Non. Je déteste les bébés, je vous dis. Je n'ai pas fait attention à lui. Ethel y est allée, elle.

— Comment ça ?

— On s'était disputés à cause de la trompette, alors elle est sortie un moment, et elle a parlé avec l'homme dans le couloir.

— Il avait l'enfant dans ses bras ?

— Non. Je suppose qu'il dormait dans le compartiment, il avait fermé les rideaux je crois.

— Vous a-t-elle parlé de lui, de leur conversation ?

— Oui, mais je n'ai pas écouté. Elle m'agaçait, elle était toujours curieuse de tout, je crois qu'elle a dit quelque chose comme : « ce type a l'air malheureux » ; mais je n'en suis pas sûr...

— À votre avis, elle aurait pu décrire cet homme ?

— Oh oui, sûrement ! Rien ne lui échappait. »

Georges a un petit sourire mauvais :

« Ça vous aurait intéressé, hein ? Seulement je l'ai tuée le soir même, voilà. C'est tant pis pour vous, et moi je ne sais rien. D'ailleurs je m'en fiche, de votre bébé ! »

Georges Muncey a été pendu, pour le crime d'Ethel Fairbrass. Une jeune fille un peu écervelée de vingt ans, la seule à avoir parlé à l'homme en gris dans le train Glasgow-Londres. La seule, peut-être, qui détenait un petit morceau du châle rouge, ce voile de mystère qui enveloppait un bébé inconnu, dans les bras d'un homme inconnu, le 12 octobre 1948.

L'enregistrement

Comment peut-on entrer dans l'intimité d'un homme et d'une femme qui se déchirent ? Comment peut-on savoir ce qu'ils se disent, mot pour mot, intonation par intonation, menace par menace ? Comment peut-on deviner celui des deux qui va mourir, celui des deux qui va tuer ? Comment peut-on, puisqu'ils sont enfermés dans un appartement, seul à seul, et sans témoin vivant ?

C'est simple et c'est un peu monstrueux. L'un d'eux a appuyé sur le bouton d'un magnétophone. L'un d'eux, mais lequel ? Celui qui va mourir ? Cela voudrait dire qu'il le devine. Mais s'il le devine, pourquoi se servir uniquement d'un magnétophone et pourquoi ne pas se défendre mieux s'il tient à la vie ?

Alors peut-être celui qui va tuer. Cela voudrait dire qu'il a besoin de tuer d'une « certaine manière ». Et qu'il veut prouver la manière dont il a tué. Celle-là et pas une autre.

Dix-huit minutes de bande enregistrée, plus les vingt-cinq dernières secondes de la vie d'un être, voilà l'essentiel d'un procès d'assises, la fin de dix ans de mariage, l'unique témoignage irréfutable d'un crime pas comme les autres.

Voici d'abord ce que l'on sait des deux personnages, avant d'entendre leur voix.

Ils sont mariés depuis 1950. Ils vivent à Lucerne, en Suisse. Lui, c'est un homme de quarante-cinq ans, Johann B... Il est P.D.G. d'une affaire que son père dirigeait avant lui, et avant lui son grand-père. Milieu aisé, où l'argent n'est pas un souci, mais une manière de vivre. Il n'en connaît pas d'autre. Johann est un homme que l'on qualifie d'intelligent et d'efficace. C'est aussi un homme plein de charme et d'élégance. De taille moyenne, brun, au visage net et soigné, où l'on remarque des yeux plus gris que bleus.

Elle a trente-sept ans, c'est Maria. Origine italienne et noble. Son père est marquis. Elle a passé une partie de son enfance dans l'un de ces vieux palais fantastiques rongés par la lagune de Venise, entre des statues de bois peint, sous des plafonds immenses aux lustres scintillants. Elle est belle, d'une beauté animale, avec un visage d'oiseau, aux yeux noirs étirés vers les tempes, et blonde, comme le sont parfois les Vénitiennes.

Johann est arrivé au volant de sa voiture, il a donné congé à son chauffeur. Elle est arrivée en taxi, sortant de chez le coiffeur. L'appartement où ils se retrouvent n'est pas le leur. Pourtant Johann en a la clef. Il le loue depuis un an. C'est là qu'il trompe sa femme, avec qui lui plaît. Maria le sait. Elle connaît l'adresse. Comme elle savait que Johann s'y rendrait aujourd'hui.

Un petit immeuble luxueux et discret. Au dernier étage, pas de nom sur la porte. Une grande pièce unique, meublée dans un goût particulier. Tapis et divan bas, coussins, dans un coin un bar-cuisine pour soirée intime, dans l'autre une salle de bains somptueuse. Ce décor n'a qu'un but. On le devine aisément.

Lui est arrivé le premier, semble-t-il. Mais quand le magnétophone se déclenche, il est impossible de savoir qui l'a mis en marche. Une seule chose certaine, ce n'est pas un hasard. L'enregistrement commence en effet au milieu d'une phrase. On entend un vague bruit de fond, le déclic de départ, et quelques mots, c'est l'homme qui parle. Il est interrogatif :

« ... au moins pendant ce temps ?...

— Téléphone-lui pour dire que tu es occupé...

— Tu crois cela nécessaire ? Si je t'ai fait souffrir n'en parlons pas ici.

— Ici ou ailleurs, ça m'est égal, Johann. Est-ce que tu aurais peur de m'expliquer ? Je t'avais dit que je viendrais...

— Je n'y croyais pas.

— Maintenant tu es obligé d'y croire, alors téléphone ! »

Le ton est légèrement tendu, mais courtois. Les bruits que l'on devine sont ceux du téléphone que l'on décroche, assez loin de l'appareil. Puis on entend la voix de Johann.

« Allô ? C'est vous ? J'avais peur que vous soyez partie. Oui, un contretemps... un rendez-vous imprévu... vous m'excusez ? Oui, oui, bien sûr C'est ça... entendu... Mais non je vous assure... Au revoir ! »

Un silence traîne pendant quelques secondes. Puis la voix de Johann :

« Tu veux prendre quelque chose ?

— Tu dis ça comme si j'étais ta maîtresse...

— Écoute, Maria, je ne te comprends pas. Tu cherches à te faire souffrir. J'étais contre cette manière de s'expliquer. Comment veux-tu que je me comporte ?

— Comme si tu m'aimais, par exemple, est-ce que tu m'aimes encore ?

— Si nous parlons encore de ça, nous n'arriverons à rien.

— Mais je ne peux pas le supporter...

— Je sais...

— Tu sais, mais tu t'en moques ! Je peux mourir cent fois...

— Tu l'as déjà fait, et ça n'a servi à rien.

— On dirait que le suicide est un jeu pour toi...

— Non ! Pour toi !...

— Comment ? Explique-moi ça si tu le peux ? J'ai vraiment voulu mourir à chaque fois, tu ne vas pas me le reprocher, tout de même ?

— S'il faut être franc, si. Pour moi, vois-tu, les gens qui se suicident trois fois cherchent autre chose que la mort...

— Ah bon ? Et quoi à ton avis ?

— Si tu es prête à entendre la vérité je veux bien continuer, mais c'est dangereux. J'ai peur de te faire mal. Encore plus mal que tu ne crois...

— J'ai souffert bien plus que tu ne l'imagines, alors vas-y.

— Oh écoute... laissons tomber ce sujet, ça vaudra mieux...

— Non ! Ah non ! Ce sujet, comme tu dis, c'est l'essentiel. C'est ma vie actuellement, et mon problème. Un problème dont tu es responsable, d'ailleurs, alors parle. J'ai besoin de t'entendre.

— Tu vois, tu te mets tout de suite dans un état épouvantable. Tu dramatises tout !

— Parce que nous sommes dans le drame, et tu ne veux pas l'admettre !

— Non, pas nous. Toi. Toi seulement, c'est d'ailleurs pour ça que tu te suicides ! Un balayeur le comprendrait.

— Et tu comprends quoi, toi ?

— Que tu veux te faire remarquer et que tu cherches à m'attendrir. J'estime que le suicide, dans une histoire comme la nôtre, est un chantage, ni plus ni moins. Surtout quand on se rate. Pardonne-moi, je t'avais prévenue.

— Autrement dit, tu me préférerais morte ?

— C'est le but d'un suicide, non ? Et ce n'est pas moi qui devrais préférer, mais toi !

— Tu m'assassines, en quelque sorte ! Tu te débarrasses de moi.

— Ne passionne pas le sujet. J'essaie de parler logiquement et froidement si possible. Je parle du suicide en général, dans les histoires d'amour, et je dis : une fois, ça rate, c'est possible. Deux fois : c'est la malchance. Trois fois : c'est une tactique !

— Tu es un monstre !

— Non je ne suis pas un monstre. C'est toi qui fais de moi un monstre.

— Alors qui es-tu ?

— Ton mari.

— Tu n'es plus mon mari puisque tu me trompes. Combien y en a-t-il eu ici ? Vingt, trente ?

— Trois. Et tu le sais.

— Pourquoi ?

— Mais je ne sais pas. J'en ai eu besoin ou envie. Elles étaient jolies sans complication, peut-être que cela me repose.

— De moi sans doute ?

— Oui, de ta jalousie surtout.

— Mais je ne suis jalouse que parce que tu me trompes ! Non... Je vais te dire ce que je pense. La première fois, tu as cru que j'allais mourir. Malheureusement, c'était raté, alors tu recommences. Tu espères qu'un jour j'y arriverai. C'est plus facile de tuer les gens comme ça que de leur mettre un revolver sous le nez, il n'y a qu'à attendre qu'ils réussissent enfin leur suicide.

— Si tu le crois, c'est que tu me prends pour un lâche. Si je devais te tuer, je ne craindrais pas le revolver. Je ne suis ni un lâche ni un velléitaire.

— Alors tue-moi !

— Maria arrête ! Tu deviens dangereuse... »

Il y a un long silence sur la bande enregistrée. Comme il a dit ça drôlement : « Dangereuse ». Dangereuse pour elle, ou pour lui ? A-t-il peur d'être poussé à bout ? Pense-t-il qu'il pourrait tuer dans ce cas ? Va-t-il le faire ?

Maria pleure. La bande magnétique laisse entendre quelque temps des sanglots étouffés, rageurs, c'est une crise de nerfs et il ne dit rien. Il ne console pas. Il a peut-être l'habitude, il est peut-être cruel, en tout cas il se tait.

Ce dialogue a été entendu dans le silence d'une cour d'assises. Un silence impressionnant, gêné. Les jurés et les magistrats avaient le sentiment d'écouter aux portes, de violer la vérité finalement. Elle est si rare cette vérité. Il est si rare d'entendre, mot pour mot, intonation par intonation, la dernière conversation d'un homme et d'une femme, dont l'un va tuer l'autre, dans huit minutes maintenant. Car il ne reste que huit minutes de bande magnétique enregistrée.

Maria ne pleure plus et Johann s'énerve.

« Du calme maintenant. Du calme, du calme !

— Tu me dégoûtes...

— Si je pouvais te dégoûter vraiment, Maria, si tu pouvais partir, à cette minute, ce serait mieux !

— Partir ou mourir ? Disparaître de ta vie, ça t'arrangerait. Elles pourraient revenir, les autres ! Elles pourraient s'étaler sur ton divan, se déshabiller...

— Arrête !

— Ne me touche pas. Tu me fais mal...

— Mais tu le cherches, bon sang ! Tu ne vois pas que tu le cherches ? Et quand j'ai envie de te gifler, tu lèves la main, comme une gosse qui a peur ! Va jusqu'au bout de ton cinéma, offre-toi en holocauste ! Si tu veux que je t'étrangle, si tu le veux absolument, fais-le la tête haute ! Mets-toi devant le peloton d'exécution, sans bandeau sur les yeux !

— Tu me tuerais, n'est-ce pas ? »

Il crie :

« Non ! »

Elle crie aussi :

« Si ! Tu le ferais ! Je le sais !

— Tais-toi, Maria ! »

On entend des pas. Un bruit de verre renversé, puis la voix de Maria, basse et douloureuse :

« Tu l'aimes, la dernière ? Qu'est-ce qu'elle a, Johann ? Qu'est-ce qu'elle a de plus que moi. Qu'est-ce que tu cherches ?

— Ce que tu ne peux pas me donner.

— Quoi ? Mais quoi ? Nous nous aimions avant. Je t'ai donné un enfant, tu étais heureux, moi aussi, qu'est-ce qui s'est passé ?

— Rien. Il ne s'est rien passé. Je ne sais pas s'il s'est passé quelque chose, je ne veux plus en discuter, de toute façon.

— Pourquoi ? Je ne mérite pas de comprendre ?

— Écoute, Maria. Encore une fois, il y a des méthodes simples pour ne plus se faire de mal. Des méthodes que tout le monde emploie, sans en arriver là...

— Divorcer ?

— Divorcer, se séparer, vivre sa vie chacun de son côté. Rester calme en tout cas. Ne pas jouer un drame perpétuel.

— Il ne fallait pas me dire que tu me trompais !

— Tu me l'as demandé ! Et tu le savais d'avance !

— Non !

— Si ! Je t'entends encore : "Johann, il y a des choses qu'une femme sent instinctivement". Il est beau, ton instinct ! C'est l'instinct de mort, oui, la destruction, je ne te connaissais pas sous ce jour, ah non, tu n'existes plus pour moi d'ailleurs. Maria a disparu. Moi j'ai connu une autre Maria. Tu étais drôle, folle, raisonnable, je t'admirais pour tout ! J'aimais tes yeux, ton corps et ta certitude d'être belle. J'aimais ton intelligence, j'aimais ce côté raffiné, fin de siècle, j'aimais toute l'Italie à travers toi...

— Et tu aimes qui, maintenant ? La France ? à travers cette petite Parisienne vulgaire ?

— Je t'interdis d'en parler. C'est ça qui est vulgaire.

— Johann... »

Encore un silence, court cette fois, puis la voix de Maria qui reprend :

« Johann... c'est fini ?

— Qu'est-ce qui est fini ? Cette discussion ? J'aimerais bien.

— Nous deux, c'est fini ?

— Tu le sais. Tu sais aussi que je n'aime personne d'autre. Pas pour l'instant en tout cas.

— Alors selon toi je pourrais mourir pour rien ?

— Exactement.

— Et toi, si tu mourais ? Ce serait pour rien ?

— Non. Moi je ne veux pas mourir. Et surtout pas pour rien.

— C'est moi, alors ?

— C'est toi.

— Qu'est-ce que je peux faire ?

— Une fois pour toutes, ce que tu veux !

— Ça t'est égal...

— Non. Indifférent. Pire, même, je m'en fous. Parce que je n'en peux plus, et qu'il faut que ça finisse.

— Je voudrais boire quelque chose, je me sens mal. »

On entend à nouveau un bruit de verre renversé. La fin de l'enregistrement approche, et Maria continue de parler sur ce bruit de verre.

« Tu m'as tourmentée, tourmentée, sais-tu ce que c'est qu'une tourmente ? C'est quelque chose qui secoue tout, qui brise tout, qui arrache les arbres et les tord. Quand elle est passée, on n'est plus pareil, plus pareil, plus jamais pareil... Johann, qu'est-ce que tu fais ? »

Elle a crié.

« Rien, je te sers à boire...

— Retourne-toi... Regarde-moi... »

Un silence de quelques secondes, puis un autre cri :

« Maria ! »

Un coup de feu résonne, suivi d'un murmure incompréhensible. Puis le bruit d'un corps qui tombe, celui d'un verre qui se brise. Un deuxième coup de feu et un silence à nouveau. Un silence terrible. Long de dix secondes, avec seulement le bruit de la bande qui défile. Enfin une voix, bizarre, neutre, une voix qui récite.

« Je l'ai fait. Je l'ai tué... ça y est... je l'ai tué... Je l'ai tué... »

Puis un autre coup de feu. Une sorte de râle, le bruit d'un corps qui se traîne. Et plus rien. La bande défile, défile... il restait six minutes d'enregistrement, et de silence, jusqu'au déclic de fin, automatique.

Maria a parlé la dernière. Elle a tiré sur son mari, deux fois. La première balle l'a touché au ventre. La seconde en plein visage. Il est mort.

La troisième balle était pour elle. Dans la tête. Elle n'a fait que détruire Maria, sans lui prendre la vie.

Maria, aux assises, elle est muette, défigurée, presque aveugle. Elle s'est ratée une dernière fois. Pourra-t-elle vivre longtemps, comme elle est, souffrant d'atroces douleurs et pratiquement inconsciente, folle ?...

A-t-elle entendu, aux assises, les dernières minutes de la vie de Johann et de la sienne ? Il semble que non. Elle est l'accusée muette et immobile d'un procès qui se déroule sans elle. Qui, de Johann ou de Maria, a voulu laisser à des juges l'enregistrement témoin de leur dernière bataille ?

Johann ? Qui tenait un pic à glace en mourant...

Maria ? qui avait un revolver dans son sac...

Qui était sûr de tuer l'autre ? Qui voulait tuer l'autre ?

Maria, ont dit les uns. Johann, ont affirmé les autres. Crime passionnel, de toute façon, qu'aucun témoin n'a pu éclaircir.

Et suicide définitif. Quelque temps après le procès. Dans l'établissement de soins où elle était prisonnière, Maria a avalé trop de barbituriques. Silencieusement, pendant des semaines, elle avait caché les comprimés que lui donnait l'infirmière, jusqu'à obtenir la dose mortelle. Cette fois, elle n'avait rien raté. Johann n'était plus là pour en être malheureux ou soulagé. On ne saura jamais.

L'apprenti sorcier

En 1945 l'un des héros de cette histoire, David Carry, n'est pas encore professeur. Il n'est que médecin et travaille dans les laboratoires de l'Université de Californie à Berkeley. Ce grand garçon mince est une sorte de James Stewart, portant lunettes, avec un grand front légèrement bombé au-dessus d'un visage ouvert. Il rayonne de vitalité et d'enthousiasme, d'une sorte d'autorité généreuse.

C'est à cette époque qu'il rencontre le principal personnage de cette histoire : Hélène. Il est très important de savoir qu'Hélène est une héroïne hors du commun, un grand caractère de femme, un très beau personnage au propre comme au figuré. C'est une fille d'1,75 m, blonde aux yeux clairs, une des plus belles femmes des États-Unis, dira-t-on, à laquelle le docteur David Carry fait aussitôt une cour ardente.

Mais cette cour n'est pas uniquement inspirée par un attrait physique. David a eu la joie de découvrir qu'Hélène est une femme très cultivée, d'une intelligence très au-dessus de la moyenne, et d'une grande sensibilité.

Malheureusement, Hélène, épouse d'un officier de l'armée des États-Unis, alors en service à l'étranger, a une petite fille de trois ans et des principes très stricts, hérités d'une éducation plutôt sévère, et ce détail est tout à fait essentiel.

Face à cette droiture, il y a l'intelligence généreuse et l'enthousiasme du docteur David Carry. Tout de suite Hélène porte un intérêt passionné aux recherches du docteur. Bref, le coup de foudre est réciproque. Mais il y a un hic. Un jour, le docteur l'invite à déguster une merveilleuse langouste chez Scoma's sur le ravissant port de plaisance de San Francisco. Et le plus simplement du monde lui déclare :

« Hélène, je vous aime. »

Ce à quoi elle répond tout aussi simplement :

« Moi aussi. »

Elle le regarde en souriant avec tendresse. Tout dans cette femme est d'une éblouissante clarté, on pourrait même dire d'une merveilleuse solidité. David ressent à la voir la même impression que devant une de ces belles églises romanes de campagne qui dégagent tant de sérénité en ne cachant rien de la simplicité de leur plan. Elles sont rassurantes parce qu'elles sont sans secret, sans tricherie. On voit d'un seul regard tous les aspects de leur harmonieuse mais inébranlable architecture.

Ainsi parle Hélène :

« Moi aussi je vous aime, David. Mais vous devez savoir que jamais je ne serai à vous. Je ne peux pas tromper mon mari. Je ne saurais lui mentir. Je ne peux pas y consentir, David. Ce serait abaisser et compromettre cet amour. »

Belle tirade en vérité, mais il y a encore un hic.

La morale est une chose, la passion en est une autre. Hélène sent bien que le moment approche où elle ne pourra plus résister à l'attrait qu'exerce le docteur David Carry. Elle décide donc de divorcer.

Avec les étonnantes facilités que la loi américaine donne aux femmes désireuses de retrouver leur liberté, elle pourrait sans peine découvrir un moyen d'obtenir le jugement de divorce à son avantage. Mais non. Là encore elle révèle son horreur des compromissions.

« Que reprochez-vous à votre mari ? demande le juge... Aucun grief ne figure dans votre dossier.

— Je n'expose aucun grief dans mon dossier parce que je n'ai rien à reprocher à mon mari.

— Si vous n'avez rien à lui reprocher, pourquoi voulez-vous divorcer ?

— Parce que je ne l'aime pas et que j'aime un autre homme. »

Le juge, étonné de tant de franchise, consulte l'avocat :

« Maître, dit-il, nous apprécions la franchise de votre cliente, mais elle ne facilite pas la tâche du tribunal. Peut-être pourriez-vous m'aider ?

— Le reproche que ma cliente passe sous silence coule de source, votre Honneur : elle reproche à son mari de ne pas avoir su se faire aimer d'elle. »

Le juge fait la moue :

« C'est bien mince comme argument. C'est en tout cas insuffisant pour que le Jugement soit prononcé aux torts du mari. Et dans ces conditions, Madame, je ne vois pas comment je pourrais lui retirer la garde de votre petite fille. »

Hélène ne proteste pas. Elle aime son enfant sans doute, mais elle ne croit pas devoir exiger qu'on la retire à un père auquel elle n'a rien à reprocher. Tout ceci est parfait. Mais il y a un troisième hic.

Apparemment tout cela importe peu à Hélène, très amoureuse, et à David devenu le professeur David Carry. Donc ils devraient être au comble du bonheur. Hélas il leur faut vite déchanter. La calme et souriante créature qu'Hélène a été jusque-là devient du jour où elle s'appelle Mme Carry un être tourmenté, rongé par d'inexplicables crises de désespoir, et en proie à une neurasthénie chronique.

Or le professeur David Carry est psychiatre. C'est-à-dire qu'il soigne les malades mentaux en médecin. Il soigne les corps en utilisant pour cela des moyens matériels. Il se rend compte que chez sa femme, cette machinerie n'est pas atteinte. En surface elle est solide. Comme l'église romane à laquelle il la comparait ; les murs, les piliers, tout cela est parfaitement sain. Donc, si l'édifice tremble sur ses assises, c'est que le sous-sol bouge. Que se passe-t-il donc dans le sous-sol ?

David démissionne de l'Université de Berkeley et va s'établir avec Hélène à Los Angeles pour y suivre les cours d'une école où l'on enseigne la dianétique. Il s'agit d'une « science », fondée par un romancier célèbre répondant au nom ronflant de Lafayette Ronald Hubbard.

Cette science prétend guérir les troubles de l'esprit en dénombrant ces troubles et en les éliminant l'un après l'autre. Pour cela, le malade doit revivre mentalement toute son existence en partant du présent et en remontant, s'il le faut, jusqu'à la vie prénatale. En effet, Lafayette Ronald

Hubbard prétend que des incidents survenus entre la conception et la naissance peuvent, sans que le sujet s'en rende compte, laisser en lui des traces profondes.

Bien que le dictionnaire ne mentionne pas la dianétique, il semble que celle-ci ne soit en réalité qu'une classique méthode psychanalytique, simplifiée et pouvant se pratiquer entre soi et avec moins de formalisme. Et là encore, il y a un hic, le quatrième. Il est de taille, puisqu'il va conduire tout droit à un double meurtre.

Dès qu'il croit en savoir assez sur la dianétique, le professeur David Carry entreprend de soigner lui-même sa femme. Il la fait asseoir dans son bureau silencieux plongé dans une demi-obscurité, et la prie de compter lentement jusqu'à sept en se laissant aller à une rêverie aussi totale que possible. Ensemble, ils étudient alors tous les souvenirs qui viennent à l'esprit d'Hélène, même les plus personnels. Chaque événement est analysé. S'il a laissé la moindre trace de mécontentement ou de regrets, David Carry et sa femme le dissèquent jusqu'à ce qu'il devienne évident qu'il n'y a pas de raisons sérieuses de s'en souvenir encore.

Dès le début, la cure s'avère très efficace. En quelques séances, Hélène ressent un soulagement progressif. Aussi dit-elle à son mari :

« Je crois que ça va beaucoup mieux, peut-être pourrions-nous en rester là ? »

Mais le professeur David Carry n'est pas de cet avis. Depuis des mois, animé d'un grand espoir, il se donne passionnément à sa tâche, sentant le bonheur à portée de la main.

« Ce serait dommage, dit-il, nous sommes sur le chemin de la guérison complète. »

Et c'est sans doute l'inconscient qui pousse Hélène à suggérer :

« Mais pourquoi ? Puisque l'essentiel est fait. Maintenant tu vas perdre ton temps. Tu as ta carrière à reprendre en main. Peut-être devrais-je poursuivre la cure avec un autre ?

— Inutile. Cette fois il suffit d'une seule séance. Je suis sûr que j'ai mis le doigt sur ton problème essentiel. Il faut définitivement vider l'abcès. Il suffit d'une séance, je t'assure, une seule séance.

— D'accord, dit Hélène à regret, pressentant peut-être la catastrophe.

Ils sont deux ombres dans la pièce silencieuse plongée dans la demi-obscurité de ce soir du 20 février 1951. Avec infiniment de douceur, David Carry conduit sa femme vers le fauteuil où elle s'assoit.

« Là... Tu es bien, mon amour ?

— Oui, mon chéri. »

Le professeur s'assoit à son tour, met en marche un magnétophone et demande à sa femme de compter jusqu'à sept. Ce qu'Hélène fait immédiatement.

« Un... deux... »

Le professeur rassemble son courage et s'apprête à prononcer un mot, un seul mot.

« Trois... poursuit Hélène... Quatre... »

Le professeur a compris que ce mot, c'est celui autour duquel tourne toute la maladie de sa femme. Il n'a pas eu besoin de remonter bien loin. Aucun besoin d'évoquer son enfance. Ce mot concerne des événements tout récents.

« Cinq... Six... Sept. »

Hélène se tait.

Le professeur avec émotion va donc prononcer le mot. C'est un prénom. Il le prononce d'une voix un peu rauque :

« Jeanne. »

Hélène tressaille, se raidit, et se lève. Fait deux pas comme une somnambule vers la table de travail de son mari, toute proche, et avant que celui-ci ait eu le temps de réagir, elle plonge la main dans un tiroir entrouvert, sort un revolver, et fait feu sur l'homme qui vient de se dresser dans l'obscurité.

Lorsque le professeur David Carry s'écroule, elle s'approche de lui, contemple à ses pieds le corps inanimé, lève vers sa tempe le canon du revolver et se fait sauter la cervelle.

Jeanne, c'est le prénom de la petite fille d'Hélène. Mais comment la seule évocation de cette enfant a-t-elle pu provoquer un tel drame ?

Lorsque ce fait divers est connu, il cause à travers tous les États-Unis une émotion profonde. Tous les spécialistes cherchent passionnément ce qui a pu pousser une des plus belles femmes des États-Unis à tuer ce professeur intelligent, charmant et respecté qu'au demeurant elle semblait aimer infiniment.

Seules deux thèses seront émises pour expliquer le réflexe de cette malheureuse.

La première émane des psychiatres unanimes. Ceux-ci affirment que dans l'obscurité et le silence du bureau du professeur Carry, Hélène se trouvait dans un état quasi hypnotique. Aussi, lorsque celui-ci a prononcé « Jeanne », en entendant le prénom de sa petite fille, pendant quelques secondes, la malheureuse a cessé de voir devant elle le mari qu'elle aimait. Elle n'a vu soudain que « l'autre », celui dont l'image est étroitement liée à celle de Jeanne : son premier mari, qu'elle hait soudain parce qu'il lui a pris sa fille. Et elle a tué. Lorsqu'elle a réalisé son instant de confusion mentale, elle s'est suicidée.

Personne n'est convaincu par cette explication qui n'en est pas une. En effet, cette thèse suppose un instant de confusion mentale. Elle le suppose, mais ne l'explique pas. Elle n'explique pas comment Hélène aurait vu brusquement son premier mari à la place du second. Comment aurait-elle vu, à la place de l'homme qu'elle aime, celui qu'elle déteste ? C'est un phénomène que chacun a l'impression de comprendre mais qu'en réalité personne n'explique. Il y a peut-être une autre hypothèse. Cette hypothèse, seule note discordante dans l'unanimité des spécialistes, est celle du médecin légiste.

À l'évocation du prénom de sa fille, Hélène aurait ressenti une douleur. Non seulement la douleur d'être privée de cette enfant qu'elle aime mais aussi la douleur que pose le remords violent d'avoir failli à son devoir. Hélène a des principes très stricts hérités d'une éducation sévère. C'est une femme loyale, incapable d'hypocrisie. Aussi, lorsque David Carry l'a conquise avec l'autorité de son charme et de son intelligence, elle n'a pas cherché la compromission qui lui aurait permis de conserver la chèvre et le chou. Elle a choisi, et choisir, c'est renoncer.

C'est ainsi qu'elle a décidé d'accepter que Jeanne soit confiée à son ancien mari. Parce qu'elle n'avait rien à reprocher à celui-ci. C'était elle qui le quittait et pour des raisons très personnelles, donc c'était à elle de souffrir. Et elle a souffert.

Elle essayait d'oublier l'absence de son enfant et ses remords auprès de cet homme assis dans la pièce obscure et silencieuse qui avait été son but. Et alors tout est devenu clair pour elle. Tout venait de cet homme ! Cet homme qui l'avait voulue, conquise, et volée à son premier mari. C'est à cause de lui qu'elle a divorcé, trahi sa morale, abandonné sa fille. Et tout cela pourquoi ? Puisqu'elle n'était pas heureuse, puisqu'elle en était malade.

Bref, en entendant le prénom de Jeanne, la malheureuse Hélène aurait soudain réalisé que depuis six années, elle vivait hors du réel, et qu'elle avait, sous l'influence de David Carry, sacrifié à un mythe son bonheur de mère de famille.

Sous le coup de cette prise de conscience brutale, elle aurait eu alors un geste, exagéré par l'exaspération, mais somme toute un réflexe normal : tirer sur lui.

Et lui ? Lui, ignorant de la puissance que peuvent avoir les courants souterrains de la vie intérieure, il a joué les apprentis sorciers. Il est bien connu qu'un psychanalyste ne peut soigner ses proches et surtout sa femme. Trop d'affectivité les en empêche. Si Hélène avait été soignée par un inconnu, la révélation brutale qu'elle eut sans doute ce 20 février 1951, passé l'instant de profond désespoir, l'aurait conduite à prendre des décisions, tout simplement.

Mais son mari, la cause de tout, était là. Et la décision, à la hauteur de l'émotion, leur fut fatale à tous les deux.

Les conformistes

Il a quarante-cinq ans. Il est marié, il a deux enfants, des costumes de président-directeur général, une cravate choisie par sa femme et toujours l'air de commander quelqu'un. Mais il va au temple le dimanche, les enfants sont instruits dans la religion protestante, et il offre un brillant à sa femme à chaque anniversaire de mariage. Moins par amour que par goût du placement. C'est un homme bien assis dans l'existence, environné de respect, de confort et de conformisme. Mais jusqu'où va le conformisme pour un homme comme lui ? Loin. Affreusement loin.

Tout d'abord, il y a le conformisme de l'homme d'affaires de quarante-cinq ans qui se doit d'avoir une maîtresse et qui se doit de le cacher à sa femme, bien entendu. C'est le mensonge traditionnel. Le conformisme réclame aussi que la maîtresse soit jeune, vingt-huit ans, jolie, et se laisse entretenir. Mais pas trop. Il ne faut pas que les excès de l'homme nuisent aux affaires. Elle travaille donc dans un bureau d'exportation, lequel bureau dépend de l'une des trois sociétés que dirige son amant.

S'aiment-ils ? C'est difficile à dire. Il y a tant d'amours différents. Comment savoir à quoi ressemble le leur. Il est fait de rencontres clandestines, de week-ends camouflés sous des voyages d'affaires, de coups de téléphone rapides et codés :

« Cher ami, je ne pourrai pas vous voir aujourd'hui, voulez-vous que nous remettions ça à plus tard ? Jeudi, par exemple... »

À l'autre bout du fil, la maîtresse, qui s'entend appeler « cher ami », répond sur un autre ton :

« Ah c'est toi, Madeleine ? Tu ne viens pas dîner, dommage, à jeudi alors... »

Comment fait-on pour s'aimer dans ces conditions ? Mais peu importe finalement...

Jean S... et Christie B... sont des amants terribles, que leur conformisme va mener au crime. Et à quel crime ! Un crime de conformistes. Un crime de lâches. Un crime d'un instant dont voici l'épilogue.

Il s'est déroulé en Hollande et nous respecterons l'anonymat des acteurs de ce drame, mais il faut également signaler que deux affaires identiques ont existé en France et en Italie, avec une curieuse similitude dans le déroulement des événements. Tant il est vrai que le conformisme et une certaine lâcheté n'ont pas de frontière.

Christie est donc hollandaise. Elle habite La Haye et travaille dans un bureau d'import-export appartenant à l'une des sociétés de son amant. Elle y mène une vie relativement tranquille, et l'essentiel de sa tâche se résume à transcrire et à diffuser des télex. Son salaire officiel ne lui permettrait pas d'acheter le tailleur qu'elle porte ce jour-là. Il vient de Paris et la griffe en est prestigieuse.

C'est un jour de novembre, un jour de brume. La porte du bureau s'ouvre, et une petite femme mince pénètre dans la pièce surchauffée. Elle a l'air d'une représentante. Son imperméable est trempé, ses chaussures boueuses et elle porte un genre de cartable bourré de documents, au point de ne plus fermer.

« Bonjour ! Je suis Mlle Nils, j'aimerais parler à Mlle Christie B..., s'il vous plaît.

— C'est moi, que désirez-vous ?

— Puis-je m'asseoir ? J'ai à vous parler, mademoiselle, c'est pour une enquête. »

La petite femme se débarrasse de son imperméable et cherche un endroit où poser sa sacoche. Elle a l'air de vouloir s'installer pour un moment, et Christie lui demande d'un ton sec :

« Qu'est-ce que vous voulez ? Je n'ai pas beaucoup de temps à vous accorder.

— Il le faut, pourtant. J'appartiens à l'Assistance Publique. Je suis enquêtrice et je viens vous demander des nouvelles de votre enfant. »

Christie s'est immobilisée. Elle regarde cette petite femme grise et insignifiante avec méfiance.

« Pourquoi ? Mon enfant ne regarde que moi.

— Bien sûr, mademoiselle, mais voilà. Dans le dossier qui vous concerne, je vois que vous avez placé chez nous vos deux fils. Le premier en 1961, à l'âge de huit jours, le second en 1965, à l'âge de trois jours.

— Je croyais que l'on ne devait plus m'en parler ? J'ai signé l'abandon.

— C'est exact. Il ne s'agit pas d'eux d'ailleurs. Mais vous serez peut-être heureuse de savoir qu'ils sont en bonne santé ? »

Christie détourne les yeux. Cette petite femme l'énerve, et il est dur de l'affronter. On se sent tout de même un peu monstrueuse dans ce genre de situation, elle devrait, en tout cas.

« Je ne désire pas avoir de leurs nouvelles. Si j'ai décidé de ne pas les élever, ça me regarde.

— Rassurez-vous, mademoiselle. Je ne suis pas là pour remuer des souvenirs anciens. D'ailleurs la loi m'interdit de vous en dire plus à leur sujet, ils ne vous appartiennent plus.

— Alors, vous voulez savoir quoi ?

— Eh bien je vois que vous avez eu un troisième enfant, déclaré à l'état civil le 3 avril 1967, et vous avez pressenti l'administration pour un nouvel abandon qui n'a pas été fait.

— J'ai changé d'idée.

— Ah ? C'est bien. »

Un court silence s'installe entre les deux femmes. Manifestement l'enquêtrice se dit : « Bizarre. Elle abandonne les deux premiers, elle garde le troisième. » Sa pensée doit transparaître, car Christie se croit obligée d'expliquer.

« Ma situation n'est plus la même. Il se trouve que j'ai les moyens d'assurer son avenir. Vous pouvez considérer que ma demande est nulle.

— Vous gardez votre fille ?

— Oui.

— Parfait. Pouvez-vous me donner quelques renseignements à son sujet ?

— Comment cela, des renseignements ? Je vous dis qu'elle est à moi, je la garde, vous n'avez pas besoin d'avoir des renseignements sur elle, ça ne vous regarde pas !

— Je suis désolée mademoiselle, si ! À partir du moment où vous avez manifesté le désir d'abandonner l'enfant, nous enquêtons, d'autant que vous avez déjà pratiqué deux fois ce genre de choses. Nous sommes responsables, nous devons savoir comment il vit actuellement, et dans quelles conditions. C'est très simple d'ailleurs. Je suis là pour ça. Si vous voulez bien me dire où je peux voir votre fille...

— Mais enfin, pourquoi ?

— Pour m'assurer qu'elle est en bonne santé, qu'elle n'a besoin de rien, que l'éducation et les soins reçus sont adéquats !

— Mais enfin, c'est incroyable ! Vous n'avez aucun droit sur elle.

— Si, mademoiselle, tous les droits. La loi nous les donne. Qui élève votre fille ? Vous ou une nourrice agréée ?

— Moi.

— Où se trouve-t-elle, à votre domicile ?

— Non, elle est en voyage, elle séjourne chez une amie.

— Puis-je rencontrer cette amie ?

— Écoutez, je refuse votre enquête. Je refuse de vous montrer ma fille une fois pour toutes. J'ai le droit, je suis sa mère.

— Très bien. Voulez-vous signer là ? »

Signer là, cela veut dire signer un questionnaire, au bas duquel se trouve une petite phrase : « J'accepte ou non de me soumettre à l'enquête de l'Administration, concernant mon enfant (prénom, âge, née le)... »

Christie signe le document. Elle est nerveuse, pâle, surexcitée. La petite femme se lève, comme à regret, enfouit le papier dans son énorme serviette, et s'apprête à partir. Mais sur le pas de la porte, elle dit encore de sa voix nette et tranquille :

« Il est possible, et même certain, que le juge des enfants vous convoque, et vous devrez présenter l'enfant de gré ou de force, c'est désolant. Avec moi c'était plus simple. Au revoir, mademoiselle. Je vous laisse mon téléphone, on ne sait jamais. »

Et elle disparaît dans le brouillard de la ville, tandis que Christie, affolée, se précipite sur le téléphone. Pour la première fois, elle va rompre un contrat et appeler elle-même son amant chez lui, à son domicile, ce qui lui est interdit depuis dix ans. C'est donc que la situation est grave.

Le P.-D.G., l'homme marié, l'amant de Christie depuis dix ans, c'est Jean S..., quarante-cinq ans. La femme de chambre lui passe une communication d'un ton pincé.

« C'est une dame, elle dit que c'est urgent et personnel...

— Je suis occupé, enfin ! De quoi s'agit-il ?

— Je ne sais pas, Monsieur, cette dame ne veut pas dire son nom.

— Comment ça ?...

— Non, Monsieur. J'ai eu beau lui dire que je ne pouvais pas passer une communication de ce genre, elle insiste, elle dit que c'est très important pour vous. »

Jean lève les sourcils d'étonnement. Il a le front haut et le sourire hautain. Les traits fins, presque immobiles :

« C'est une plaisanterie ?

— Non, Monsieur, cette dame a l'air affolé...

— Passez-la-moi ! »

Il a dit ça en maître, excédé d'être dérangé pour rien, mais à peine entend-il la voix de Christie qu'il bougonne :

« Bon sang, qu'est-ce qui se passe ? Tu es folle, rappelle-moi au bureau ! »

Et il raccroche ! Il a raccroché ! Il ne veut même pas savoir ce qu'il y a d'urgent. Il ne réalise pas que sa maîtresse vient de transgresser pour la première fois leur règle de discrétion, et que si elle l'a fait, c'est pour une chose grave. Il est comme ça : dictateur, maître en tout, et en tout lieu. Prétentieux jusqu'à la bêtise, ce qui est le comble pour un homme intelligent comme lui.

À l'autre bout du fil, Christie contemple l'appareil. À la peur, qui la torture depuis la visite de l'enquêtrice, vient s'ajouter l'angoisse. Celle d'être abandonnée lorsqu'un homme ne vous consacre que quelques heures par semaine. Abandonnée, quand il vous dit : « Je ne veux pas de cet enfant »... Elle le sait depuis longtemps, Christie. Mais la voilà qui, tout à coup, se sent vraiment abandonnée pour la première fois. Parce qu'il a raccroché, alors qu'elle meurt de peur, qu'elle sanglote de peur en fixant devant elle sur la table la carte de visite de l'enquêtrice, avec son numéro.

Et si elle lui racontait tout ? Si elle le dénonçait, lui ? Non, ce ne sont que des menaces, l'administration n'a pas le droit de l'obliger, c'est impossible, et pourtant...

Alors elle n'a qu'à partir. C'est ça, partir, et le laisser se débrouiller seul avec la justice. Il n'avait qu'à répondre, il n'avait qu'à l'aider, lui dire quoi faire. Puisqu'il ne veut pas, elle va disparaître, c'est le mieux. Ainsi personne ne remontera la piste jusqu'à lui, puisque personne ne sait qu'ils sont amants.

En une minute Christie s'est décidée. Elle quitte le bureau, rentre chez elle, et fait sa valise, très vite. À la concierge étonnée, elle dit :

« Je pars pour plusieurs semaines, une histoire de famille. »

Et elle se réfugie à l'hôtel. Car elle ne sait pas où aller, et elle n'a pas suffisamment d'argent sur elle pour un voyage à l'étranger.

Une semaine passe. Elle imagine que Jean doit s'inquiéter, il a dû téléphoner dix fois depuis son départ, mais tant pis. Il faut que l'enquête de l'administration se tasse, elle reprendra contact plus tard.

Quinze jours passent. Christie passe le plus clair de son temps enfermée dans sa chambre d'hôtel. La peur commence à s'évanouir. Lorsqu'on frappe à sa porte, elle ouvre sans méfiance...

« Bonjour, mademoiselle, police... »

On l'a retrouvée fort simplement, par les fiches d'hôtel déposées à la préfecture de police.

L'homme est chargé de la conduire auprès d'un juge d'instruction qui réclame son témoignage. Une information a été ouverte. Christie doit justifier des conditions dans lesquelles elle élève son enfant.

Le juge est un homme. Il a le visage sévère.

« Mlle Nils, enquêtrice de l'Assistance Publique, a signalé que vous refusiez de vous soumettre au contrôle ? »

Christie se tasse sur sa chaise.

« Monsieur le Juge, j'ai une déclaration à faire.

— Je vous écoute.

— Mon enfant est mort.

— Mort ? Mort comment, vous n'avez pas signalé ce décès à l'état civil ?

— Non.

— Pourquoi ? Il est mort d'une manière anormale ?

— C'était un accident...

— Puisque c'était un accident, je ne vois pas pourquoi vous ne l'auriez pas déclaré !

— Nous nous sommes affolés.

— Qui nous ?

— Le père et moi.

— Qui est le père ? »

Christie se tait, en se mordant les lèvres.

« Qui est le père, mademoiselle ?

— Jean S... Il est industriel, il est marié, vous comprenez ?

— Peu importe. Que s'est-il passé ?

— Le bébé est mort, dans un accident de voiture, deux jours après sa naissance. C'était dans sa voiture, sa voiture à lui. Il ne pouvait pas déclarer l'accident sans que tout le monde sache.

— Sache quoi ?

— Qu'il était le père de l'enfant, mon amant, et sa femme aurait tout appris. »

Le juge a l'air passablement dégoûté lorsqu'il demande :

« Qu'avez-vous fait de l'enfant ?

— C'est lui qui l'a enterré. »

Christie est en prison depuis deux heures lorsqu'un policier se présente dans le bureau du P.-D.G. Jean S... Il ne bouge pas un cil, en écoutant les motifs de cette visite surprise. Il renvoie sa secrétaire et demande qu'on ne le dérange pas. Puis il parle. Sèchement.

« Ma maîtresse a eu deux enfants. Elle les a placés à l'Assistance Publique, et elle devait faire de même pour le troisième. Nous prenions des précautions pour que notre liaison ne soit pas connue. Dans ma position, c'est normal. Elle a dissimulé ses grossesses et accouché dans une clinique privée, différente à chaque fois. Elle venait d'accoucher d'une fille, avec difficulté, et le médecin ne voulait pas la laisser sortir. Je me suis donc chargé d'emporter l'enfant. »

Il a dit « emporter » comme s'il s'agissait d'un paquet, et il continue sans s'émouvoir.

« J'ai placé le bébé dans un berceau, sur la banquette de la voiture et je suis parti en direction de La Haye. La clinique était à 40 kilomètres au sud de la ville. Je conduisais un peu vite. Dans un virage, ma voiture a dérapé, j'ai heurté le fossé, puis un arbre, et j'ai eu la chance de m'en tirer. L'enfant a été projeté contre le tableau de bord. Il est mort sur le coup.

« C'est là que j'ai pris la décision de l'enterrer. Je ne pouvais pas me présenter à l'Assistance Publique avec un enfant mort. Je ne pouvais donner aucune explication, sans que ma liaison avec Christie ne devienne évidente. Christie a compris d'ailleurs. Je reconnais m'être affolé. J'aurais dû laisser les choses suivre leur cours, mais c'était inutile, au fond. Cela ne changeait rien à la mort de l'enfant.

— Et vous l'avez enterré où ?

— Dans un champ à quelques kilomètres de ma propriété de campagne.

— Je suis obligé de vous arrêter, monsieur, l'enquête ne fait que commencer, et le juge vous a déjà inculpé d'homicide, de non assistance à personne en danger, et d'inhumation illégale, sur le témoignage de la mère de l'enfant.

— Puis-je prendre contact avec mes avocats ?

— Faites... »

Il prévient ses trois avocats, avec précision et sans mots inutiles, puis il demande à sa secrétaire de téléphoner à sa femme.

« Qu'elle se mette en rapport avec les avocats, ils lui expliqueront...

Parce qu'il ne prend pas, même pas, la responsabilité d'annoncer à sa femme qu'il la trompe depuis dix ans, et qu'il est un assassin présumé. Car il est un assassin présumé. Le juge le lui fait comprendre immédiatement :

« Vous affirmez qu'il s'agissait d'un accident. L'autopsie prouvera peut-être le contraire. N'avez-vous pas cédé à un autre affolement ? N'avez-vous pas supprimé consciemment cet enfant, pour vous en débarrasser ?

— Monsieur le Juge, soyons logiques. Les deux premiers ont été confiés à l'État. Le troisième devait l'être également, je n'avais aucune raison de le tuer. Je ne suis pas un monstre.

— Alors pourquoi vous être affolé à ce point ? Un accident est un accident, l'enquête ne vous aurait pas inquiété outre mesure.

— Je suis marié. Ma femme ne devait pas savoir. Personne ne devait savoir. Ma maîtresse était entièrement d'accord à ce sujet.

— Mais pourquoi faire des enfants dans ce cas ? Il existe des moyens, tout de même...

— Je vous comprends monsieur le Juge, mais dans ma famille et dans mon milieu, nous n'utilisons pas ces moyens-là. Nous sommes protestants pratiquants, et je refuse l'avortement.

— Je ne parlais pas de cela, mais de contraception tout simplement.

— Il me semble que vous abordez là un sujet privé, et qui n'a rien à voir avec les faits qui me sont reprochés. Permettez-moi de ne pas répondre à cette question ».

Ce n'était même pas une question de la part du juge. Plutôt une simple constatation.

L'autopsie ne donna rien de précis. Plusieurs mois avaient passé, l'enfant garderait pour toujours le secret de sa mort. Il n'avait pas été abandonné, lui, il avait eu moins de chance. Peut-être s'agissait-il vraiment d'un accident, d'ailleurs. Mais qui peut dire la part d'inconscient qui préside à ce genre de chose ? Pourquoi le père avait-il placé l'enfant sur la banquette avant, au risque du moindre coup de frein ? Pourquoi roulait-il si vite ?

Parce que l'enfant ne comptait pour lui que dans la mesure où il voulait s'en débarrasser. Et se débarrasser d'un être, c'est déjà le tuer dans son esprit, même s'il s'agit en fin de compte d'un accident.

La loi hollandaise est plus sévère que la nôtre dans ces cas-là. Jean S... fit sept ans de prison, et Christie trois ans pour complicité. Leur conformisme ridicule et criminel valait au moins cela. Leur lâcheté beaucoup plus.

Le long cauchemar de Jens

Le petit Jens rentre de l'école le 17 octobre 1956, à cinq heures du soir. Il fait presque nuit à Hambourg. Il dépose sa bicyclette dans le couloir de l'immeuble, et monte en courant les quatre étages qui mènent à l'appartement de ses parents. La vie de Jens n'est pas très gaie. Il partage avec son père la responsabilité d'une mère infirme. Mme Lohen est en effet paralysée, son existence se limite à son fauteuil roulant.

Dès qu'il sort de l'école, Jens, qui est fils unique, rejoint sa mère. Il ne s'attarde jamais, c'est lui qui doit faire les courses, et mettre le dîner du soir en train, sur les indications de sa mère. Le père travaille et rentre plus tard. C'est pourquoi Jens ne joue pas avec les autres enfants. Il a d'autres responsabilités.

En entrant, il entend la voix de sa mère, impatiente :

« C'est toi, Jens. Dépêche-toi, mon fils, il y a une bonne nouvelle ! »

Les bonnes nouvelles sont rares. Mais celle-ci est vraiment bonne : l'appartement du rez-de-chaussée est enfin libre. Mme Lohen l'attend depuis des années. Au rez-de-chaussée elle pourra sortir seule avec son fauteuil, sans l'aide de personne ; c'est enfin un peu de vie, un peu de liberté et un soulagement pour tout le monde. Mme Lohen pourra faire les courses, Jens pourra jouer un peu pendant ce temps et redevenir un enfant comme les autres. Mme Lohen est surexcitée par cet espoir.

« Jens, il ne faut pas perdre une minute, tu vas aller porter ce papier et le chèque à l'adresse qui est sur l'enveloppe. C'est pour le contrat de location. Il ne faudrait pas que ça nous passe sous le nez, tu comprends ? Prends ton vélo et va vite, le bureau ferme à sept heures. »

Et voilà Jens qui redescend quatre à quatre l'escalier et saute sur son vélo, le précieux papier en poche. Il arrive dans une banlieue noire, trouve l'adresse indiquée, remet le chèque et le contrat de location, et repart. Il pleut à torrents maintenant mais il est content et il pédale avec ardeur sur les pavés de Hambourg. Le rayon de son phare éclaire faiblement les arbres, il arrive presque en ville, voici le métro. Oui, mais ce n'est pas la bonne direction, Jens s'est un peu perdu. Il n'a pas fait très attention à l'aller, à force de demander son chemin, et à présent il ne sait plus très bien où il en est.

Personne dans les rues. Il fait noir, et soudain, Jens aperçoit un homme dans l'ombre, près du métro. Il est à vélo lui aussi, et semble avoir des problèmes avec son engin, qui date d'avant-guerre.

Jens demande sa route à l'homme, dont il distingue le visage sous un chapeau à larges bords. Il pleut tellement d'ailleurs que le gamin parle en courbant la tête sous l'averse. Il ne voit pas les yeux bizarres, sinon il se sauverait peut-être, mais il est trop tard.

« Pardon, M'sieur, je me suis perdu, vous pourriez m'indiquer la route de Hambourg ? »

L'homme vêtu d'un long manteau noir lui propose de le guider jusqu'à l'entrée de la ville. Sa voix est rauque :

« Tu n'as qu'à me suivre en roulant. »

Voici donc l'homme et l'enfant roulant sous la pluie et dans le noir presque total d'une rue de banlieue déserte. Jens a l'impression que l'homme n'a pas pris la bonne direction, mais comme il s'est déjà trompé lui-même, il ne dit rien.

Puis l'homme s'arrête en grommelant, et met pied à terre :

« Ma lumière ne marche pas ! L'ampoule est fichue. »

Jens a de quoi réparer. Il a même des ampoules dans sa sacoche. C'est un petit garçon organisé et raisonnable. Il se penche sur le vieux vélo, avec gentillesse.

Et c'est fini pour lui. Il n'a même pas réalisé, rien vu, il tombe sans savoir ce qui l'assomme avec tant de violence.

À huit heures du soir, lorsque son mari rentre, Mme Lohen n'est pas trop inquiète. Mais à onze heures, c'est l'affolement et le père va prévenir la police. Il décrit son fils : treize ans, mince, cheveux blonds, vêtu d'un pantalon bleu, d'un pullover bleu et d'un imperméable kaki. Il était à vélo. Mais il n'a pas le temps d'expliquer la suite. Derrière son bureau, un policier dit :

« Ça doit être lui... »

Qui, lui ? Un petit garçon hospitalisé en banlieue. Son état est grave, il est dans le coma, et n'a pas pu dire son nom. On l'a trouvé vers neuf heures du soir. Le père bondit à l'hôpital, c'est Jens en effet. Mais dans quel état ! Des automobilistes l'ont découvert évanoui dans un jardin public, et ont prévenu police-secours. Il est allongé sur un brancard dans la salle des urgences, on attend l'arrivée du chirurgien qui doit l'opérer. Les infirmières découpent ses vêtements au ciseau. Des vêtements tachés de sang. Son visage est labouré, griffé, gonflé de marques de coups. Le corps est dans le même état : indescriptible. Cet enfant a été battu à mort, à l'aide d'un gourdin quelconque. L'agresseur s'est acharné avec un sadisme et une violence inouïs. Il l'a laissé pour mort. Peut-être étaient-ils plusieurs.

Personne n'ose le toucher, il respire à peine. C'est un enfant cassé en plusieurs morceaux. Il a le crâne ouvert, et les yeux clos.

Jens disparaît dans la salle d'opération. Le chirurgien est prêt, et au père qui le supplie de lui dire ce qu'il va tenter, l'homme en blouse blanche répond :

« Je ne sais pas, Monsieur. Tout. Et je ne sais pas s'il en sortira vivant, il vaut mieux que vous le sachiez. En dehors des fractures, il y a des lésions internes graves, mais avec les enfants on ne sait jamais, gardez de l'espoir, je vais tout tenter. »

La porte de la salle d'opération se referme, il est minuit ; elle ne s'ouvrira à nouveau qu'à six heures du matin. Le père est toujours là, immobile. Il a gardé cette porte comme un planton hagard et désespéré, debout, malade et glacé d'angoisse. Il ose à peine demander :

« Je peux le voir ?

— Non, Monsieur. Impossible, il est en réanimation et dans le coma. S'il tient le coup, et j'espère qu'il le tiendra, ce sera long. Rentrez chez vous. Vous ne pouvez rien faire ici.

— Il n'a pas parlé ? Il n'a pas dit qui lui avait fait ça ?

— Il est incapable de parler, même sous anesthésie il n'a rien dit. La fracture du crâne est sérieuse, mais rassurez-vous, le cerveau n'est pas atteint. S'il guérit, il aura oublié ce qui lui est arrivé je pense. Le choc a été terrible. »

À la police qui lui demande son avis, le chirurgien précise :

« J'ai du mal à croire qu'il s'agisse d'un agresseur unique. Je pencherais plutôt pour une bande de voyous. Le nombre des fractures et des coups est invraisemblable. J'ai rarement vu cela. »

Ce fait divers tragique paraît donc dans les journaux, avec cette explication : « Un enfant lâchement agressé par un groupe de voyous. Il est entre la vie et la mort. »

L'homme au long manteau noir et au chapeau à larges bords lit le journal comme tout le monde. Une fois de plus, il est tranquille. Car il n'en est pas à sa première agression. Ni à la dernière. Et tandis que le petit Jens, muet sur son lit d'hôpital, se bagarre pour vivre encore, l'homme se dit :

« Je ne l'ai pas tué. Au fond c'est intéressant de savoir qu'un corps souffre encore quelque part à cause de moi. C'est une sensation plaisante. J'aime bien. La prochaine fois j'essaierai de ne pas tuer Ça prolonge le plaisir. »

Ce monstre, ce fou, qui a toutes les apparences d'un être normal, va donc continuer à vivre pendant longtemps encore. Et sa capture sera difficile.

Il faudra à Jens quatorze ans de cauchemars et de souvenirs arrachés de force, pour le permettre. En attendant, il reprend peu à peu conscience de ce qui l'entoure. Les premiers jours, il ne peut rien voir. Il ne peut pas bouger, même un doigt. Il a soif. Toujours soif. Il sent la main de l'infirmière sur son poignet, c'est là son seul contact avec l'extérieur.

Au bout de deux semaines, il ouvre les yeux et distingue des ombres, ce sont les bouteilles d'oxygène. Jens se met à hurler. C'est la première fois qu'il ouvre la bouche, et il crie qu'on veut le tuer : il a pris les bouteilles pour des êtres vivants. L'infirmière de nuit le rassure :

« Calme-toi, c'est pour t'aider à respirer. C'est du gaz, n'aie pas peur. »

Alors Jens se met à hurler qu'on veut l'empoisonner, et il faut le faire dormir pour le calmer.

Un inspecteur de police vient le voir la troisième semaine. Il tente doucement et avec précaution d'obtenir des renseignements sur l'agression. Mais l'enfant dit n'importe quoi. D'abord qu'il s'agit d'une femme (à cause du chapeau et du long manteau peut-être). Ensuite, que c'est un homme chauve qui ne voulait pas enlever son chapeau. En réalité, il ne se souvient de rien. Seules quelques images lui traversent l'esprit. Il sent de la terre humide dans sa bouche. Il entend la sirène de l'ambulance. Il se souvient avoir eu mal, très mal, mais c'est tout. Le reste est un brouillard de peur. Il a oublié tout ce qui a précédé. C'est une forme d'amnésie partielle extrêmement courante après un choc aussi violent, qui n'inquiète pas encore le médecin. Jens souffre d'autre chose, d'une idée fixe : la peur qu'on le tue. Une ponction dans la tête et il crie au meurtre. Une piqûre dans la jambe et il crie au meurtre. Dès qu'on le touche, il se sent agressé. Il ne fait plus la différence entre les soins et les tortures qu'il a subies. Le moindre contact physique le révulse de terreur. Il ne reconnaît pas ses parents avant deux mois. On essaie de le lever, il tombe, il faut lui réapprendre à marcher. Mais il s'en sort, jour après jour, mois après mois, lentement, comme en une nouvelle naissance.

L'année suivante, Jens est redevenu un petit garçon à peu près normal, si l'on veut oublier les dizaines de cicatrices qu'il porte sur tout le corps. Il peut retourner à l'école, mais plus question de lycée. Sa mémoire ne lui permet pas de retenir ce qu'il apprend. Il est tout juste capable de jouer avec des enfants de cinq ans. Chaque fois qu'on essaye de le questionner, il fait des efforts désespérés pour se souvenir, mais rien ne vient. Là aussi il faudra du temps, des exercices, de la patience, pour lui rendre un semblant de mémoire pratique.

Deux ans plus tard. Jens fait partie d'une chorale qui va chanter des noëls dans un établissement pour personnes âgées. Soudain dans la salle, il voit passer un homme, et une sorte d'éclair lui déchire la tête. Il en oublie de chanter. C'est lui, c'est son assassin. Jens se faufile derrière ses camarades, et court jusqu'au poste de police. Pour la première fois, il a « vu » quelque chose dans sa tête.

On arrête l'homme. En face de lui, Jens trépigne d'excitation. Des souvenirs se bousculent, il revoit le vieux vélo, le phare qui ne marchait plus, et le chapeau à larges bords, le même que celui de cet homme. Il est sûr de l'avoir reconnu.

Hélas, l'inconnu est interrogé, mais le policier acquiert la certitude que Jens s'est trompé. C'est le chapeau et la silhouette qui ont déclenché la mémoire, une coïncidence, rien de plus.

Pourtant, le garçon s'acharne. Ce n'est pas l'assassin, mais il lui ressemble sûrement. Ce visage ne lui est pas inconnu... Ce front, ce menton, ces yeux, il les a vus cette nuit-là. À présent il est capable de décrire un visage.

Grâce à cela, la police peut dresser un portrait-robot de l'agresseur, mais qui va dormir encore longtemps dans les archives.

Un autre jour, Jens a seize ans, il est apprenti chez un commerçant. Un journal traîne sur le comptoir. Il lit un gros titre :

« Un enfant sauvagement agressé a été découvert sur les quais du port. Il est mort sans avoir pu parler. »

Jens a un vertige. Sa mémoire éclate à nouveau, et une petite image en sort, floue, qui se précise peu à peu.

On le traîne dans la terre, par les cheveux, il se débat, il cogne lui aussi avec quelque chose, il ne sait pas quoi. Au-dessus de lui, un visage blanc et grimaçant, des yeux noirs cernés. C'est le visage, le visage... Il le voit bien maintenant. Et, mieux, il se rend compte de la ressemblance avec l'homme qu'il a cru reconnaître. Ce n'est qu'une ressemblance, effectivement. Les traits de son agresseur sont plus durs, les yeux plus noirs, et plus fixes. Il ne les oubliera plus à présent. Ce visage diabolique est gravé dans sa tête. Il devient une obsession. Alors Jens se met à scruter les gens dans la rue, à observer tout le monde. Il cherche son assassin, obstinément.

À dix-neuf ans, il voit au loin un homme habillé de noir, qui marche sous la pluie. L'homme porte un chapeau, et Jens se précipite à sa rencontre, et sa mémoire s'entrouve à chaque pas. Il ressent les à sa rencontre, et sa mémoire s'entrouvre à chaque pas. Il ressent les coups, sur chaque cicatrice. Il voit un bras armé d'un énorme gourdin de bois rugueux, il se tortille sous les coups, il s'entend hurler à l'intérieur de lui-même. Quand il arrive face à l'homme, il a revu toute la scène, jusqu'à son évanouissement définitif, et une douleur vrille son crâne, insupportable.

« Excusez-moi »... dit-il à l'homme.

Ce n'est pas lui. Ce n'est pas son visage...

Le 18 février 1968, Jens a vingt-cinq ans. L'agression date de douze ans, mais il n'a toujours pas oublié le visage.

En douze ans, on a parlé de plusieurs crimes, commis sur des enfants, ou des adultes. Voici le dernier, en date d'aujourd'hui. Un petit garçon, Gerald, est mort roué de coups, comme Jens il y a douze ans. Mais cette fois, des témoins ont vu monter l'enfant dans une Volkswagen verte. Ils ont décrit vaguement le personnage : un nez long et droit, des sourcils épais, un menton écrasé.

Jens court à la police. Le commissaire le connaît bien maintenant, il l'écoute :

« C'est lui, commissaire. Je suis sûr que c'est lui. Donnez-moi le portrait qu'on a fait. Regardez : les gens ont vu ça, le nez, les sourcils, le menton. Moi je m'en souviens aussi, et les yeux surtout, les gens n'ont pas vu les yeux. Moi je les ai vus. Si vous rapprochez mon dessin du leur, c'est lui : ce sont les mêmes oreilles un peu décollées. »

Le commissaire Gesler a maintenant devant les yeux, dessiné par un spécialiste, un portrait définitif. Il se lève, prend son manteau, et accompagné de Jens, va consulter le fichier central, car on ne sait jamais. L'homme a pu être arrêté pour un délit quelconque et relâché. Ce genre de fou ne passe pas éternellement au travers du filet.

Les photos défilent. Celles de tous les sadiques répertoriés en Allemagne, et surtout à Hambourg depuis vingt ans. Puis on apporte au commissaire et à Jens une sélection (si l'on peut dire) de trois sadiques, qui ont fait de la prison pour affaire de mœurs.

Et il est là ! Jens tremble de peur devant cette photo d'identité judiciaire, laide et glacée, mais il la dévore des yeux.

Il s'appelle Ludy. De 1948 à 1952, il était en prison pour une vilaine histoire d'attentat à la pudeur sur un couple de promeneurs. Il a été relâché depuis, et ne s'est pas fait reprendre. Le commissaire est prudent.

« Tu es sûr, Jens ? J'ai peur que ta mémoire te fasse des blagues, il y a si longtemps !

— Je suis sûr, commissaire. Il me fait encore peur. Je le vois penché sur moi, son bâton à la main. Il cognait, et de l'autre main il m'étouffait, il voulait m'entraîner dans le petit jardin, mon vélo était par terre, j'ai attrapé un tournevis, c'est avec ça que je lui tapais dessus, je m'en souviens maintenant. Son visage est au-dessus de moi. Je sens le gravier et la terre, et les bordures de ciment dans mon dos. Je crie, et il me frappe en plein visage. Je ne vois plus rien maintenant, mais j'ai mal... mal... »

Jens revit véritablement l'angoisse terrible de cette nuit d'il y a douze ans. Cet homme est l'assassin du petit Gerald, c'est le sien.

Le commissaire Gesler part en chasse, et à partir de cette date Ludy est un homme traqué, mais imprenable. Deux ans passent encore.

Jens à présent est marié, il a deux enfants. Il se porte bien, sauf la nuit où les cauchemars le hantent. Tant que ce visage ne sera pas derrière les barreaux d'une prison, il ne dormira pas, il le sait.

Le commissaire Gesler non plus ne dort pas. Il enquête sans relâche et, enfin, le hasard se met de son côté.

Le policier est arrêté en voiture à un feu rouge. Un peu plus loin sur une avenue, il aperçoit une Volkswagen verte, comme celle que les témoins ont vu il y a deux ans. Alors le commissaire ne démarre pas. Il regarde, machinalement, il laisse passer les voitures. Là-bas, sur l'avenue, un homme descend de la Volkswagen. Il va se dissimuler dans une porte cochère et ne bouge plus, il observe sur sa droite.

Le commissaire regarde dans la même direction, et voit un petit garçon qui joue aux billes tout seul, entre les arbres. Le policier descend de voiture, silencieusement, marche sur l'avenue en rasant les murs et d'un seul élan, ceinture l'homme qui ne se débat même pas, surpris de l'attaque.

C'est Ludy. C'est le visage qui hante les nuits de Jens. Une espèce de tête d'oiseau sans menton, au regard perçant et mauvais. Un fou.

Il avoue sans grandes difficultés une dizaine de crimes, et autant d'agressions. Il se souvient même parfaitement de Jens. Il connaît même son nom, pour l'avoir lu il y a quatorze ans dans les journaux :

« J'ai essayé de ne plus tuer après lui. J'aimais bien savoir qu'ils étaient vivants, et qu'ils souffraient. »

Le jour de la confrontation, Jens, vingt-sept ans, et père de famille, s'est évanoui, comme le soir de ses treize ans. Et il a appris avec rage que son assassin vivait à 800 mètres de chez lui, dans le même quartier ! Et pendant quatorze ans, il ne l'avait jamais rencontré. Comment peut-on imaginer que le monstre qui vous hante marche sur le même trottoir et achète son pain dans la même boulangerie ?

Jens a dû subir encore le procès, en se bourrant de tranquillisants et de somnifères pour dormir la nuit. Il ne supportait pas que l'on traite cet homme en homme. Il le voulait mort ; il l'aurait tué de ses mains s'il avait pu le faire. Et il n'était pas le seul. Il y avait là des parents, des frères, des sœurs de victimes, dont les yeux disaient la même chose.

Mais Jens était le seul à avoir porté dans sa tête, et pendant quatorze ans, le cauchemar de ce visage d'assassin.

Un cauchemar qui avait servi d'enquêteur, image par image, mieux que la police elle-même.

Ludy est en prison. La peine de mort n'existe plus en Allemagne, et il survit. C'est tout ce que l'on peut dire d'un fou.

Sous les rosiers jaunes

Une petite maison de garde-barrière, avec des géraniums en pot et des salades dans le jardin. Mme Van Beck vient de relever la barrière, l'omnibus de 7 heures 56 vient de passer. De loin elle aperçoit le facteur sur sa bicyclette, qui franchit les rails pour venir jusqu'à elle.

« Voilà le journal, madame Van Beck, et du papier bleu !

— Du papier bleu ? Qu'est-ce que c'est ?

— Oh, un truc. Tenez, c'est marqué là : ministère des Armées. Personnel. C'est pour votre fils ! »

Mme Van Beck remercie le facteur qui s'éloigne déjà, et rentre dans sa petite cuisine, le papier bleu à la main. Elle cherche ses lunettes pour mieux lire, et ne les trouve pas, comme d'habitude. Tout en fouillant dans sa corbeille à ouvrage, sur le buffet, sous les coussins du fauteuil, elle se dit : « Ça doit être pour Pierre. Voyons, il a fait son service il y a trois ans et ils l'ont réformé. Qu'est-ce qu'ils peuvent bien lui vouloir ? »

Enfin, elle déniche ses lunettes entre deux pelotes de laine, et déchiffre lentement l'adresse : « Monsieur Jean Van Beck, route de Blavent, par Zichem ».

Jean ? Une sorte de vertige s'empare de Mme Van Beck. Jean ! Mais qui est Jean ? Jean n'est rien, il n'existe pas, il n'a jamais existé ! Comment peuvent-ils écrire à Jean ? Et pourquoi, mon Dieu, pourquoi ?

Fébrilement, elle déchire le papier bleu, et parcourt le texte imprimé :

« Vous êtes prié de vous présenter le 7 juillet 1954, à huit heures du matin à la caserne de Zichem pour y subir les examens du conseil de révision. En cas d'aptitude au service, vous serez incorporé... »

Mme Van Beck ôte ses lunettes. Elle n'y voit plus clair. Ses yeux sont pleins de larmes. De grosses larmes, épaisses, venues de loin, de si loin, et qui tombent silencieusement sur le papier bleu, en y laissant des taches rondes.

Il n'y a personne dans la maison. Son fils Pierre est en Afrique, il y travaille comme forestier. Et il n'y a plus de M. Van Beck depuis longtemps. M. Van Beck l'a épousée en 1930 et il est parti en 1934 dans la Légion étrangère. Elle ne l'a jamais revu. C'est un papier qui lui a appris sa mort en Indochine quelque temps plus tard. Un papier presque comme celui-là.

Mme Van Beck froisse ce papier bleu, et le fourre dans la poche de son tablier. Toutes ces images qui lui reviennent, tous ces souvenirs oubliés... lui tournent la tête...

Maria Van Beck est une femme simple. Mariée à dix-neuf ans, veuve à vingt-quatre ans, elle a obtenu de conserver ce poste de garde-barrière pour pouvoir élever son fils Pierre, âgé de trois ans.

Son père était déjà garde-barrière, elle a toujours vécu dans cette petite maison, toujours. Et le secret de sa vie y est enterré. Elle le croyait enterré pour toujours. Ce maudit papier a tout réveillé.

Maria erre dans sa maison, toute la matinée. Elle cherche à prendre une décision difficile. C'est dur, très dur quand on est seule à quarante ans, sans personne à qui se confier. Puis elle se décide. Maria décroche le téléphone mural et appelle son chef de centre. Il lui faut prendre la journée du lendemain et se faire remplacer. Le chef de centre, qui la connaît depuis toujours, s'inquiète amicalement.

« Vous êtes malade, madame Van Beck ?

— Oh non ! Mais je dois aller voir quelqu'un dans l'administration à Zichem.

— Ah bon. Eh bien je vous envoie quelqu'un pour la journée. »

Toute la nuit, la petite lumière a brillé dans la chambre de Mme Van Beck. Et au matin, bien avant le train de 7 heures 56, elle est habillée, son chapeau sur la tête, et son sac serré contre elle. Le papier bleu, soigneusement défroissé, est plié en quatre à l'intérieur.

Au moment de partir, Maria hésite devant le portillon du jardin. Puis elle retourne en arrière, et se dirige vers un massif de roses. Des roses jaunes, splendides, épanouies au soleil du printemps. Elle les regarde longuement, puis se met à genoux, et cueille la plus belle.

C'est ainsi qu'elle se rend à pied à la gare, tenant dans sa main la rose jaune couverte de rosée. Et c'est ainsi qu'elle arrive à Zichem, par le train. À la gare, elle se renseigne. La voilà maintenant devant une bâtisse énorme et sans grâce, gardée par deux gendarmes. Très poliment, elle demande :

« S'il vous plaît, Monsieur, je voudrais voir le chef.

— C'est pour quoi, Madame ? »

Maria Van Beck ouvre son sac et montre le papier bleu.

« C'est pour ça... »

Le gendarme examine le papier et sourit :

« Mais Madame, c'est une convocation pour le mois de juillet, et ce n'est pas vous qui êtes concernée !

— Si, Monsieur, il faut que je voie le chef s'il vous plaît, c'est important.

— Ah bon. Si vous voulez me suivre. »

À travers les bureaux de la caserne de gendarmerie, le planton guide Maria Van Beck jusqu'à une porte où se trouve inscrit : « capitaine Zeller ». Il la laisse seule un moment, en la priant de s'asseoir sur une banquette de moleskine, et revient bientôt.

« Si vous voulez entrer, Madame. »

Le capitaine de gendarmerie Zeller est un moustachu, au visage rond et sanguin. Il regarde entrer cette femme menue, au visage fin et au regard bleu passé, qui tient une rose jaune dans ses mains.

Maria Van Beck n'est pas vraiment timide, mais le motif de sa venue est terrible. Elle ne sait plus que dire soudain. Comment faire pour raconter, pour expliquer ? Cet homme va-t-il comprendre ? D'une main tremblante, elle tend le papier bleu et, en ravalant sa salive, arrive à sortir quelques mots de sa gorge serrée :

« Est-ce que vous pouvez m'écouter ? »

Le capitaine à moustache devine qu'un drame est derrière ce papier bleu, cette petite femme et sa rose jaune qu'elle pétrit entre ses doigts, et dont les épines lui rentrent dans la chair, sans qu'elle y prenne garde.

« Alors voilà, Monsieur. C'est une longue histoire. Je l'avais oubliée, je vous le jure. Il me semblait que tout cela s'était passé dans une autre vie, mais ce papier bleu a tout réveillé.

— Qui êtes-vous, Madame ? Quel rapport avec nous, avec ce papier ? C'est une convocation pour un conseil de révision ! Il s'agit de votre fils ? »

Maria Van Beck a un sursaut.

« Mon fils ? Oui, c'était mon fils, Monsieur. Jean. Je l'avais appelé Jean comme son grand-père. C'était mon fils.

— Que lui est-il arrivé ? Il lui est arrivé quelque chose, c'est ça ? »

Maria Van Beck hoche la tête, essuie une larme qui dégouline sur sa joue, sans un sanglot, comme ça, et puis se met à parler. La rose jaune, sur ses genoux, commence à flétrir.

« C'était il y a presque vingt ans, Monsieur. Mon mari venait de s'engager dans la Légion. Il m'avait laissée seule avec mon fils aîné Pierre, qui avait trois ans, et Jean le petit dernier. Jean avait dix-huit mois.

« Un soir, j'étais au rez-de-chaussée, j'attendais le passage du train de 22 heures 30. Je suis garde-barrière, vous comprenez. Les enfants étaient couchés depuis longtemps. Je leur avais fait une soupe au riz et du flan au caramel. Ils dormaient chacun dans leur petit lit au premier étage. Tout était silencieux. Après le passage du train, je suis montée les voir. Ils étaient tranquilles. Pierre était couché sur le ventre comme à son habitude, et mon petit Jean dormait comme un ange. Je le revois encore, ses petits poings serrés sur le drap. Il souriait toujours en dormant. Alors je suis redescendue me coucher. Je dors toujours en bas. La maison est petite, il n'y a qu'une chambre à l'étage. J'ai mis le réveil à cinq heures comme d'habitude, pour le premier train de 5 heures 30. Et puis je me suis endormie. J'étais fatiguée. J'avais fait la lessive et le jardin, mon dos me faisait mal. Vers le matin, je me suis réveillée bien avant la sonnerie. Quelque chose était bizarre. C'était une odeur. Une odeur de brûlé. J'ai couru dans la cuisine d'abord, mais ce n'était pas là, c'était en haut, au premier, dans la chambre des enfants. »

Maria Van Beck s'interrompt un moment, le visage crispé sur un souvenir douloureux. Le capitaine de gendarmerie la regarde, puis ose poser la question.

« Il y avait le feu ? »

Elle fait « oui » de la tête d'abord, sans pouvoir parler, puis se reprend très vite.

« J'ai d'abord vu le berceau de Jean. Tout avait brûlé autour de lui, l'oreiller, les draps, la couverture, ça s'était consumé presque sans flammes. Ses vêtements aussi, et lui, il était tout noir. Il était mort, Monsieur. Il ne respirait plus, son cœur ne battait plus. Je l'ai secoué, je l'ai mis sous l'eau froide, j'ai soufflé dans sa bouche, mais il était mort.

— Et votre deuxième fils ?

— Il dormait dans son lit. La fumée ne l'avait pas atteint vraiment. J'ai essayé de le réveiller, mais il grognait. Il était un peu intoxiqué, mais sans plus. Alors j'ai ouvert la fenêtre. Je pleurais, je ne savais plus quoi faire, et c'est là que j'ai compris ce qui s'était passé. Au pied du lit de Pierre, il y avait une boîte d'allumettes renversée, et par terre, des morceaux de papier brûlés. Il avait joué avec, dans la nuit, sûrement. Je suppose qu'il s'est réveillé après le passage du train de 22 heures 30. Peut-être ne dormait-il pas quand je me suis couchée. En tout cas, il était descendu à la cuisine, et il avait pris les allumettes sur la cuisinière. Il a dû se rendormir en jouant. Il y avait du papier brûlé sous le berceau de son frère, et le feu avait pris au volant d'organdi. »

Maria Van Beck semble revoir des images terrifiantes, et le capitaine de gendarmerie se racle la gorge avant de demander :

« Si je comprends bien, Madame, votre fils Jean est mort à l'âge de dix-huit mois ?

— Oui, Monsieur, c'est ça. Il avait dix-huit mois, c'était un bébé, un bébé...

— Alors cette convocation est une erreur de nos services, c'est ça ?

— Non Monsieur. C'est normal, vous ne pouviez pas savoir.

— Mais il a dû se passer quelque chose, je vais faire une enquête. C'est une histoire de mention à l'état civil, sûrement ! On a dû omettre de porter le décès, il n'y a pas d'autre d'explication.

— Si Monsieur, il y en a une. C'est moi qui n'ai pas déclaré la mort de mon bébé.

— Comment ? Mais pourquoi ?

— Oh c'est simple, Monsieur. Très simple. Quand j'ai réussi à réveiller mon fils aîné Pierre, il s'est mis à pleurer en voyant son frère. Il n'avait que trois ans vous savez, il ne comprenait pas. Il disait : « Maman, il est malade, Petit Jean ? » Alors je l'ai consolé. Je lui ai dit que ce n'était rien, et que son frère allait bien. Je l'ai vite emmené dans mon lit, je lui ai fait boire un lait chaud. Et il s'est rendormi. Ensuite, j'ai réfléchi, je me suis dit : « Pierre est responsable de la mort de son frère, mais à quoi cela sert-il qu'il s'en rende compte ? » À trois ans on ne sait pas ce qu'on fait, n'est-ce pas. On ne sait même pas ce que c'est que la mort. Il ne fallait pas qu'il grandisse et qu'il vive en portant le poids de cette chose-là.

— Mais... son frère était mort, vous étiez bien obligée un jour de le lui dire !

— Non... Non... J'ai tout arrangé, voyez-vous. Je ne sais pas où j'ai pris ce courage, mais je l'ai fait. Il fallait le faire. J'ai tout enlevé de la chambre, le berceau brûlé et les affaires du petit. J'ai pris mon bébé, je l'ai enveloppé dans un drap, et je l'ai couché dans une petite caisse de bois que j'ai bien nettoyée et recouverte de tissu. Ensuite je l'ai caché pour la journée. Et le matin, j'ai dit à Pierre que son petit frère était parti pour se soigner dans une belle maison, chez des gens très gentils, qui prendraient soin de lui. Il n'a pas eu trop de peine, c'était un enfant gai et joyeux, qui oubliait vite les bêtises qu'il faisait.

— Et qu'avez-vous fait ensuite ?

— La nuit suivante, j'ai donné une sépulture à mon bébé. Dans le jardin, derrière la maison. J'y ai planté des rosiers. Ils ont grandi sur sa tombe, ils y sont depuis près de vingt ans maintenant. Vingt ans. J'avais presque oublié, voyez-vous, Monsieur. J'ai tellement raconté d'histoires pendant des années, pour que Pierre ne sache pas.

— Quelles histoires ? À qui ?

— Aux voisins, aux gens qui me connaissaient. J'ai dit que j'avais confié Jean à une famille riche qui allait l'élever beaucoup mieux que moi et l'adopterait plus tard. Tout le monde m'a crue, Monsieur. J'étais si pauvre à l'époque et sans mari, c'était bien pour l'enfant. Je disais qu'il était petit et qu'il ne se souviendrait pas de sa vraie maman et que c'était mieux comme ça. Je gardais Pierre qui était plus grand...

— Et personne ne s'est jamais douté de rien ?

— Non. Jamais.

— Votre fils non plus ?

— Oh non. Il croit encore que son petit frère a été adopté. Il ne s'en souvient même plus. Les enfants oublient vite, vous savez... si vite.

— Mais, quand il vous en parlait, il n'avait pas envie de le connaître ?

— Je lui ai fait comprendre qu'il valait mieux ne pas se revoir, voyez-vous. Je lui ai dit que cela me ferait trop de peine. D'ailleurs j'ignorais où il était. J'avais fini par y croire moi-même, Monsieur. Je ne sais pas comment cela a pu se produire, mais mon fils n'était pas mort, il n'était pas dans le jardin, sous les rosiers, il était ailleurs. Je rêvais qu'il vivait dans une belle maison, au milieu des fleurs et des oiseaux, dans un pays lointain. Il y avait la mer autour de lui, et le soleil. Il était grand et beau. Je n'étais pas malheureuse. Seulement il y a eu ce papier bleu, avec son nom écrit dessus. Cela m'a fait comme une déchirure.

— Vous deviez bien vous douter qu'un jour, une chose comme cela arriverait ?

— Non. Je n'y pensais pas. Mon fils était vivant ailleurs. Vous comprenez. Mais maintenant ! »

Le capitaine de gendarmerie est bien ennuyé. La sincérité de cette femme est émouvante, certes, mais il y a la loi. Et la loi veut que l'on déclare la mort de son enfant.

« Je suis désolé, Madame, mais il va y avoir une enquête, il va falloir officialiser la chose, et vérifier vos dires. Vous avez commis une faute grave en ne déclarant pas le décès. Je dois en avertir le procureur, c'est obligatoire.

— Alors, mon fils va l'apprendre ?

— Malheureusement oui. Mais vous êtes sûre qu'il ne se souvient de rien ? Il n'a jamais fait la relation entre les allumettes et la disparition de son frère ?

— Non, jamais. Je lui ai simplement défendu de toucher au feu. Je lui ai montré que cela faisait mal, dès le lendemain.

— Comment ?

— Je me suis brûlée moi-même à la main et je lui ai montré, vous voyez, c'est là. J'ai encore la cicatrice. »

Maria Van Beck montre la paume de sa main gauche, où une cicatrice de brûlure est nettement visible. Elle termine sa phrase :

« Il a vu que je pleurais et que j'avais mal pendant plusieurs jours. Il a compris. Et puis il a oublié. Il n'a jamais su qu'il avait tué son frère, Monsieur, jamais. Alors voilà, c'est ce que je suis venue vous demander, qu'il ne sache jamais. Il est en Afrique pour cinq ans, il est loin, heureusement.

— Mais c'est pratiquement impossible, Madame. Même s'il ne sait pas maintenant, un jour ou l'autre, pour une histoire d'état civil quelconque, il apprendra que son frère est mort à dix-huit mois.

— Je sais. J'y ai réfléchi maintenant. Mais ça ne fait rien, je lui dirai que je lui ai menti pour qu'il n'ait pas de peine. Je lui dirai que son frère est mort d'une maladie. S'il vous plaît, Monsieur, si vous faites une enquête, ne lui en parlez pas. Il a vingt-quatre ans maintenant, et un bon métier. Ce serait dur pour lui. Trop dur. Il ne faut pas. »

Maria Van Beck est repartie en laissant sur sa chaise quelques pétales de rose jaune, éparpillés. L'enquête a été discrète. Le capitaine s'en est chargé, en vérifiant simplement la sépulture, et en prenant des renseignements sur la vie passée et présente de Maria. Une vie de travail et de dévouement. Sans histoire, apparemment. Et Pierre n'en a rien su au fond de la lointaine Afrique.

Et Maria Van Beck ne s'appelle pas Maria Van Beck, par respect pour elle, et le petit enfant qui dort sous les rosiers jaunes.

Groënland

Vue d'avion, la côte du Groenland n'est qu'un immense désert de roches noires zébrées de neige, coupées de fjords profonds où des icebergs bleuâtres flottent sur une eau de velours sombre. En hiver, tout se confond en une immensité blanche, infinie, tourmentée et malgré tout monotone. Dans ce désert glacé où souffle le blizzard, un trait minuscule, rectiligne dans les champs de neige et zigzaguant dans les collines : un traîneau.

Un traîneau, c'est un homme et des chiens. Que font-ils ? Depuis quand sont-ils partis ? Où vont-ils ? Arriveront-ils quelque part ? Est-ce que l'homme souffre, ou est-ce qu'il chante ?

À la fin de l'hiver 1943, onze chiens, serrés l'un contre l'autre, tirent un traîneau quelque part sur la côte ouest du Groenland, au sud d'Angmagssalik. Les deux hommes qui trottent derrière le traîneau ne voient des chiens que leurs queues en trompette et leurs derrières touffus. Lorsque l'un d'eux ralentit en écartant les pattes pour faire ses petits besoins, l'Esquimau a vite fait de le rappeler à l'ordre d'un coup de fouet. Alors le chien rejoint la meute et, poussant des épaules, reprend sa place. On n'entend que le glissement sur la neige, le raclement des patins lorsqu'ils heurtent la pierre ou les rochers, le halètement des chiens et celui des hommes.

Ceux-ci s'appellent : Kamssassiak, un Esquimau de trente ans, cheveux noirs et gras, visage plat et large de Mongol, figé dans un éternel sourire. L'autre est un soldat danois de vingt-six ans : Waldemar Olsen. Si son visage n'était totalement dissimulé par un passe-montagne où scintillent des cristaux de glace, on verrait qu'il est blond et qu'il a les yeux bleus. C'est un pur produit de la race viking, au profil de dieu germanique.

Il y a plusieurs jours que ces deux hommes, dissemblables et qui n'ont en commun que leur ancestrale habitude du froid, parcourent cette partie de l'immense côte atlantique, lorsque l'Esquimau montre au Danois un point sur la neige. Le Danois sort ses jumelles. C'est une tente. Une tente d'un modèle qu'il ne connaît pas. En tout cas ce n'est pas une tente esquimaude.

Quelques instants plus tard les chiens essoufflés se laissent tomber dans la neige tandis que les deux hommes passent la tête dans l'ouverture de la tente. Il n'y a pas de tapis de sol. Mais sur la neige damée un vêtement. Or un vêtement, ici, c'est quelque chose d'important. Ce n'est pas un vêtement de fourrure. C'est un drap de coupe militaire. Il n'est ni kaki, ni bleu, ni marron. Il est vert ! Lorsque les deux hommes l'examinent à bout de bras dans le soleil il leur faut bien reconnaître, usée, délavée, trouée, la veste d'un lieutenant de l'armée allemande.

C'est qu'il se joue un drame extraordinaire dans ces solitudes glacées. De petits vapeurs tout barbouillés de neige et de suie déposent parfois quelques météorologues allemands dont la mission est de se terrer, de s'ensevelir sous la pierraille et la neige, de survivre dans des baraques minuscules pour envoyer chaque jour par radio des informations météorologiques. C'est grâce à ces hommes-là, ou à cause d'eux, que les Allemands remportèrent certains avantages comme par exemple le passage de la Manche à la barbe des Anglais par leurs cuirassés en déroute.

Contre ces robinsons volontaires, la lutte était difficile. Comment les découvrir dans ces immensités, sinon par d'incessantes reconnaissances ? Et c'est la première fois que l'une de celles-ci est couronnée de succès.

Près de la tente, la trace de l'urine d'un attelage de chiens, la marque de leurs fourrures encore imprimée dans la neige, et les traces de leur repas de poisson séché. Une dizaine de chiens sans doute. Les deux traits parallèles d'un traîneau s'éloignent et les pas d'un homme. Un seul homme.

L'Esquimau et le Danois se regardent. Ils n'ont pas d'émetteur radio, et la consigne est précise : s'ils détectent des Allemands, ils doivent retourner au poste de Cap Brewster afin que des avions légers munis de patins déposent à proximité un groupe d'intervention. Seulement la consigne ne dit pas ce qu'il y a lieu de faire lorsqu'il s'agit d'un seul homme et qui ne doit pas être loin. S'il a abandonné sa tente c'est probablement qu'il a fui au plus vite. Sans doute les avait-il aperçus, car les traces sont toutes fraîches, et il est peut-être encore derrière la colline qui barre l'horizon...

Dans ce mélange de danois et d'esquimau qu'on appelle le groënlandais, Waldemar Olsen interroge son compagnon :

« On y va ? »

Kamssassiak répond par un haussement d'épaules, avec la belle insouciance qui caractérise les Esquimaux. Il s'en moque.

Les deux hommes sortent alors d'un étui leurs deux fusils et une course folle commence.

L'Allemand est bientôt en vue. Le poursuivi et les poursuivants courent comme des fous. La longue lanière de cuir du fouet a cessé de traîner derrière eux dans la neige et claque sans arrêt sur le flanc des chiens épuisés. La neige fondante s'infiltre dans leurs bottes, jaillit au visage. À la tombée de la nuit, l'Allemand se perd : il s'engage dans l'Inlandsis. L'Inlandsis, c'est le plus grand glacier du monde : 1 000 kilomètres de large, 2 000 kilomètres de long, 3 000 mètres d'épaisseur de glace. Si on le déplaçait d'un kilomètre, il ferait peut-être basculer la terre. Sur cet océan immobile, c'est toujours l'hiver polaire, où ce jour-là, il fait moins trente.

Les Esquimaux, retenus par une terreur superstitieuse, répugnent à s'engager sur l'Inlandsis. Alors que Waldemar Olsen et Kamssassiak discutent en allumant leurs pipes, des coups de feu claquent et des balles sifflent autour d'eux.

Les deux hommes ont à peine le temps de répondre que l'Esquimau, à genoux derrière le traîneau, blessé, se redresse brusquement et qu'une nouvelle balle le frappe, dans un bruit mou, écœurant. Il glisse sur le sol, mort.

Waldemar Olsen continue seul. La poursuite dure toute la nuit puis à nouveau tout le jour, dans le froid, le brouillard ou bien dans le soleil aveuglant qui ricoche sur la neige et luit à travers les glaces bleuâtres. L'Allemand, manifestement, s'est perdu.

C'est extraordinaire, mais ils vont se poursuivre comme cela pendant plusieurs jours, dormant peu, mangeant encore moins, pleins de rage et de fatigue. Ils ne se voient pas, mais se devinent. C'est un combat de fantômes. Olsen n'a plus de sucre. L'Allemand, lui, n'a plus de café. Olsen imagine l'Allemand faisant au même moment les mêmes gestes que lui : déroulant son sac de couchage ou bien allumant un réchaud semblable au sien. Évidemment, sur les boîtes de conserves, l'étiquette est écrite en allemand au lieu d'être en danois... Mais la faim est la même. Le froid est le même. L'angoisse est la même. Et ils souffrent de la même solitude. Lorsque le Danois regarde dans le ciel un météore, il pense qu'à quelques kilomètres de là l'Allemand le regarde aussi. Bientôt sur l'Inlandsis un blizzard atroce se lève, et il fait quarante degrés au-dessous de zéro...

De temps en temps, le Danois entend un coup de feu. Quelques instants plus tard il rencontre le cadavre d'un chien. Le fugitif tue ses chiens, épuisés, l'un après l'autre. Parfois aussi l'Allemand, dissimulé, l'attend et tire sur lui. Mais c'est un mauvais tireur, et à chaque fois, il le rate.

Enfin l'Allemand abandonne son traîneau et ses deux derniers chiens incapables de le tirer. L'attelage du Danois ne vaut guère mieux. Il ne lui reste que cinq chiens qui titubent devant son traîneau pourtant allégé de tout ce qui l'encombrait. Trois autres, dételés, trottent autour. Le poursuivi et le poursuivant sont au bout du rouleau. Tout va se jouer en quelques minutes.

C'est la fin. Olsen voit de grandes traces dans la neige, car l'Allemand s'assoit fréquemment. Puis les traces sont plus grandes car il tombe maintenant.

Alors Olsen s'arrête. À une centaine de mètres devant lui, une forme noire est allongée dans la neige au bout d'une ligne de pas en zigzag.

Le blizzard souffle au point de jeter sur les fesses le Danois qui avance en courant. Alors Waldemar Olsen ralentit. Ce n'est pas par méfiance, ce n'est pas par calcul, c'est tout à fait inconscient, parce qu'il a le doigt sur la gâchette de son fusil et que, malgré sa rage, le doigt n'appuie pas. Bientôt, en effet, il se posera cette question depuis plusieurs jours, courait-il après cet Allemand pour le tuer ou pour ne plus être seul ?

Avançant toujours, le Danois voit un fusil abandonné à quelques pas du corps. Puis de nouveau Olsen s'arrête. Son regard vient de saisir quelque chose de vivant, les yeux de l'Allemand qui l'observe. Tuer cet homme ? Et après ? Après, se coucher, dormir enfin près du cadavre, ou parler, mais tout seul.

Olsen laisse glisser son sac et ramasse le fusil. L'Allemand le laisse faire. Il a quarante ans, un visage dur, la peau affreuse ; à la fois desséchée et striée de crevasses où la chair est à nu. Le Danois, pétrifié de n'avoir pas tiré, réalise qu'il est maintenant trop tard. Il fallait le tuer tout de suite ou jamais.

« Vous êtes mon prisonnier. »

Celui-ci grimace un sourire, et le Danois le secoue :

« Levez-vous ! Vous allez geler sur place

— Fichez-moi la paix ! »

L'Allemand a répondu dans un souffle et les deux hommes se regardent en silence. Olsen, pour relever cet homme vaincu qui ne souhaite plus que la mort, glisse ses mains sous ses épaules.

L'Allemand est officier météorologiste. Il s'appelle Schraeder. Le Danois fait l'inventaire des vivres et objets contenus dans son sac c'est-à-dire très peu de choses.

Alors l'Allemand ricane :

« Avec ce que nous avons comme vivres et le chemin qu'il faut faire pour rejoindre la côte, à deux, nous ne nous en tirerons pas.

— Si.

— Non. Vous, ou moi, peut-être, mais pas nous deux. »

Olsen hausse les épaules :

« Vous devez être livré aux autorités danoises.

— Soit. Mais je n'ai plus de sac de couchage.

— Nous coucherons tous les deux dans le même sac. »

Serrés dans le même sac, par moins trente, ils vont passer leur première nuit. L'Allemand est assommé de fatigue, mais le Danois qui se méfie reste éveillé. Le prisonnier, désarmé, accablé par le froid, la faim et le désespoir, semble peu dangereux. Pourtant Olsen n'a pas confiance et l'inquiétude le tient dans une veille épuisante.

C'est un soleil resplendissant qui éclaire au matin suivant le groupe minuscule des deux hommes perdus sur l'Inlandsis où rien ne bouge, sauf le blizzard faisant courir au ras du sol une neige poudreuse où se joue la lumière.

« Je vous préviens, a dit le Danois, il faudra marcher droit. Moi, je veux vivre. »

Le prisonnier, qui se tient plusieurs pas devant Olsen, s'est retourné subitement après quelques heures d'une avance harassante.

« Hier, dit-il, vous aviez le droit de me supprimer et de vous emparer de mes vivres pour sauver votre peau. Aujourd'hui, je suis votre prisonnier, me tuer serait un crime. Si vous devez le commettre, faites-le tout de suite. »

Quelques heures plus tard, l'Allemand se retourne de nouveau :

« L'homme qui était avec vous, je l'ai blessé ?

— Il est mort. »

Plus tard, le Danois considère gravement une photo puis la tend à l'Allemand :

« Vous voulez le voir ?

— Qui ?

— L'Esquimau que vous avez tué... »

L'Allemand prend la photo et la regarde :

« Il n'avait pas l'air intelligent. »

Olsen arrache la photo :

« Salaud ! Pourquoi dites-vous ça ?

— Vous n'aviez qu'à ne pas me la montrer. À ma place, vous l'auriez tué aussi. Vous êtes aussi fou que moi. »

Mais le soir, le Danois, qui découpait à coups de hache un morceau de poisson séché, se retourne et, brutalement, interroge son prisonnier :

« Qu'est-ce que vous mangez ? »

L'Allemand pâlit :

« Vous ne croyez pas que j'en ai volé ?

— Si ! Crachez ! »

Comme l'Allemand refuse, le Danois serre les doigts sur la crosse du revolver. Il essaie de lire la vérité sur le visage du prisonnier.

« Je vous donne dix secondes pour cracher ! dit Olsen. Un... deux... trois... »

Mais le fusil, par malheur, est resté chargé et l'Allemand l'a saisi. Le Danois dit froidement :

« Lâchez cette arme !

— Vous êtes un gamin... J'en ai assez ! »

Ils sont face à face tous les deux. Doucement la neige recouvre leurs épaules, Olsen s'énerve :

« Lâchez cette arme !

— Lâchez la vôtre, alors. »

Comme un fauve, Olsen se rue dans les jambes de l'Allemand qui chancelle et lâche le fusil.

D'une main, l'Allemand saisit le poignet d'Olsen. Ils roulent dans la neige. Le revolver en tombant s'enfonce. La main de l'Allemand le cherche à tâtons. Il murmure dans un souffle :

« C'est idiot... Je vous assure que c'est idiot ! »

Il se sent frappé au visage puis à l'estomac. Il se plie en deux, esquive un geste implorant. Mais le Danois, à genoux, cherche et trouve dans la neige le revolver. L'Allemand, le visage en sang, s'enfuit en criant :

« Vous avez gagné ! »

Olsen, à genoux, regarde son ombre se fondre dans la nuit et l'entend hurler au loin :

« Comme ça, nous crèverons chacun de notre côté. »

Quand une fourmi erre toute seule au milieu du carrelage d'une cuisine, on ressent pour elle une folle angoisse. Quelle solitude et combien de dangers la menacent ? Que fait-elle là ? S'est-elle perdue ? Va-t-elle quelque part ? L'aventure de cette fourmi, sa solitude et les dangers qu'elle affronte ne sont rien, comparés à ceux que connaissent, perdus dans l'immensité du Groenland, le soldat danois Waldemar Olsen et son prisonnier. L'Allemand est revenu. Ils ne peuvent pas rester seuls. Être seul, c'est être mort.

Olsen veut rejoindre Cap Brewster, le poste militaire le plus proche, mais la distance est tout de même bien grande. Aussi, pendant des jours, soutenus par un vague espoir, les deux hommes vont poursuivre leur route sur l'énorme glacier qui craque, se démantibule et parfois laisse apparaître ses entrailles au fond des crevasses.

Depuis longtemps ils ont tué le dernier chien. Ils traînent tour à tour l'unique traîneau et cherchent en vain leur chemin. Avançant comme des larves. Ils se débattent dans le froid, rusant avec le blizzard qui les paralyse et se glisse jusque dans leur cerveau. Et les nuits ! Nuits boursouflées, violettes. Le froid les serre à pleins bras, mord leurs visages, les embrasse sur la bouche pour leur glacer les poumons. Alors ils se dressent comme des spectres, les lèvres fendues, hirsutes, le regard inquiétant, à demi fous.

C'est alors que se situe un épisode qui, lorsqu'il sera connu, inspirera bien des auteurs.

Le Danois surtout est épuisé, à bout de nerfs par ses nuits sans sommeil. Aussi propose-t-il à l'Allemand de lui lier les mains pour la nuit. L'Allemand refuse. Le Danois a beau insister, sortir son revolver, le prisonnier se dérobe. Non seulement il se dérobe mais il lui propose un marché. Tout pourrait être résolu en quelques secondes. Il suffirait que le Danois lui prête son revolver un instant. L'Allemand tiendrait ce revolver dans sa main et le lui rendrait. Ainsi il aurait la preuve de sa loyauté et de sa soumission. Désormais, ils n'auraient plus besoin de se regarder en chiens de faïence. Ils auraient confiance l'un dans l'autre.

Olsen refuse. Il n'a pas confiance. L'Allemand se moque de lui :

« Jeune homme... lui dit-il. Cette nuit ne finira pas comme elle a commencé. Vous êtes jeune mais je vous aurai à l'endurance. Déjà vos yeux papillotent. Vous pleurez de sommeil. Moi, je tiendrai le coup. Le moment viendra où vous vous écroulerez. »

Ce duel étrange va durer des heures. Le Danois doit réagir violemment contre le sommeil. Il se mord les joues, chantonne puis retombe le visage incliné en arrière, regardant sous ses paupières mi-closes l'Allemand souriant. Puis celui-ci se met à parler doucement. Il lui raconte un tas de choses, lui dit que tout ce qui peut arriver désormais lui est complètement indifférent et ce murmure endort encore un peu plus Waldemar Olsen.

Soudain, l'Allemand se tait, car le Danois s'est endormi.

Depuis ce jour les deux hommes marchent côte à côte. Mais ils sont perdus et n'ont plus de vivres. Leurs bottes sont en lambeaux, leurs pieds ne sont plus qu'une plaie et le poste est encore bien loin.

Olsen est tellement convaincu qu'il va mourir qu'il en finirait bien tout de suite. C'est l'Allemand qui l'oblige à vivre et le réconforte.

Mais lorsque l'Allemand tombe dans une crevasse, à son tour, il souhaite en rester là, et le Danois ne l'en sort qu'au prix d'efforts inouïs.

C'est le miracle : ces deux hommes, ces deux brutes acharnées et féroces, sont devenus des êtres qu'on peut aimer. Deux êtres ne peuvent avoir l'un pour l'autre plus d'attrait et plus de prix. Voilà pourquoi ils sont dignes d'être aimés.

Serrant la nuit leurs corps transis, se soutenant le jour, essayant de faire oublier à l'autre sa détresse et son visage hideux où la famine et le froid entrecroisent des faisceaux de crevasses, ils sont enfin dignes d'être aimés.

Mais le Danois ne peut plus marcher, plus du tout. À chaque pas ses pieds tombent comme s'ils tombaient pour toujours.

Pourtant il y a des traces, maintenant, des traces fraîches d'un traîneau. Les deux hommes se séparent. Le Danois reste sur place, l'Allemand va faire une dernière tentative. Comme le soir va tomber et que les traîneaux vont s'arrêter, il peut les rattraper dans la nuit. Il se met donc à trotter sur la piste.

Le soleil se couche. Il marche. La nuit tombe, il se traîne encore. La nuit venue il se traîne toujours, semant sur son chemin tout ce qui l'alourdit et le gêne. Vers le matin, il aperçoit deux hommes en train de plier leur tente. Il s'approche en titubant et les appelle. Les deux hommes ne le comprennent pas. Ce sont des Esquimaux. L'Allemand essaie de se faire comprendre par gestes puis se résout à poursuivre sa route.

Les kilomètres qui séparent Schraeder et Olsen s'élargissent.

Alertée par les Esquimaux, une colonne de secours danoise retrouve Olsen avant qu'il ne soit trop tard. Olsen, dès qu'il est sauvé, veut savoir ce qu'est devenu l'Allemand. La colonne de secours suit donc les traces de Schraeder. Ces traces émouvantes d'un homme titubant se poursuivent jusqu'aux ruines d'une station météorologique allemande désertée par ses occupants. Après enquête, il sera établi que Schraeder avait rejoint ce poste la veille même du jour où les Allemands quittaient le Groënland !

Ils ne se sont donc pas revus.

Un événement pourtant pourrait les réunir : en 1949, le Danois raconte son histoire à un journaliste qui la publie dans une gazette groënlandaise. Jacques Antoine en tire un scénario de film. Eric von Stroheim doit tenir le rôle de l'Allemand et Pierre Vaneck celui du Danois. De grands réalisateurs se proposent pour le mettre en scène. Malheureusement, Deutchmaster, le producteur qui en avait acquis les droits, ne se décide pas : « Deux hommes seuls dans la neige, dit-il, c'est pire qu'un combat de nègres dans un tunnel ! Et les films de ce genre n'ont jamais marché. Adaptez-moi cette histoire pour qu'elle se passe au soleil... »

Il faut donc attendre encore une quinzaine d'années pour que l'histoire de l'Allemand et du Danois au Groenland, modifiée, triturée, décomposée, devienne un film français d'ailleurs excellent : *Un taxi pour Tobrouk*.

Malheureusement personne ne fit le rapprochement et s'ils avaient vu le film, l'Allemand et le Danois ne s'y seraient pas reconnus.

À coups d'océans, de montagnes, de barbelés, de monnaie, de familles et de jargons, la vie les avait définitivement séparés.

Ils ne se reverront jamais.

Table des matières

Imprimé en Italie par Puntoweb srl
Dépôt légal : mars 2009